NOUS ÉTIONS FAITS POUR ÊTRE LIBRES

La résistance
avec De Gaulle et Jean Moulin

CLAUDE BOUCHINET-SERREULLES

NOUS ÉTIONS FAITS POUR ÊTRE LIBRES

*La résistance
avec De Gaulle et Jean Moulin*

LE GRAND LIVRE DU MOIS

*A la
mémoire de
Jacques Bingen*

Si rudes que fussent les réalités, peut-être pourrais-je les maîtriser, puisqu'il m'était possible, suivant le mot de Chateaubriand, d'« y mener les Français par les songes ».

GÉNÉRAL DE GAULLE.

17 novembre 1940

PRÉFACE

Ce que Charles de Gaulle a appelé la « guerre de trente ans » (de 1914 à 1945) fut une période chargée d'angoisses, de honte, d'atrocités et de gloire, tellement sanglante que l'humanité n'en a jamais connu de pareille. Pour culminer à soixante millions de morts, victimes d'une poignée de tyrans ! D'un pôle à l'autre, la surface entière de la terre a été secouée de convulsions.

Déjà les plus grands auteurs se sont penchés sur cette période. En premier lieu, deux acteurs, deux génies, deux champions de la paix, Winston Churchill et Charles de Gaulle, ont livré leurs Mémoires. Beaucoup leur ont emboîté le pas, des penseurs, des philosophes, des historiens, des biographes. Jusqu'aux plus humbles comparses. C'est ainsi que, depuis cinquante ans, la question m'est posée : « Quand donc écrirez-vous vos souvenirs ? » J'ai longtemps renâclé. Il me semblait n'avoir rien à ajouter à tout ce qu'écrivaient les autres ! J'ai finalement cédé à l'« appel à témoins », comme on dit dans les prétoires. Pour ce qui concerne la seule part de la France dans cette tragédie universelle, des œuvres capitales sont déjà entre nos mains : l'*Histoire de la France Libre* de J.-L. Crémieux-Brilhac, les six tomes, consacrés à Jean Moulin et à son siècle, par Daniel Cordier, sont d'une valeur fondamentale. Aucun historien dans les siècles futurs ne pourra manquer d'y puiser, car la probité des auteurs n'a d'égale que leur science. Les trois tomes des *C'était de Gaulle* d'Alain Peyrefitte, écrits à l'écoute du président de la République pendant dix ans, sont d'un intérêt majeur. Dans le passé, aucun témoin n'a sans doute pu rapporter si longtemps les propos d'un tel personnage. Rendons aussi hommage à Jean Lacouture qui, dès 1984, dans sa biographie a eu le courage, avec succès, d'aborder, l'un des premiers, un sujet difficile, en un temps où les sources étaient rares.

Nous ne sommes, d'ailleurs, qu'à l'aube des études gaulliennes. Des générations d'auteurs de toutes langues analyseront ce personnage dont la taille, avec le temps, ne fera que grandir. Ils en vanteront le génie, lui refuseront toute gloire, débattront de ses mérites. Ils le situeront par rapport à son siècle, aux continents, à l'Europe, à la France. Pour moi, ce que j'aurai retenu d'essentiel de Charles de Gaulle, après deux ans et demi de relation quotidienne, tandis que s'accomplissait son ascension dans les affaires du monde, c'est la grandeur d'âme. Par là, j'entends un désintéressement absolu à ce qui touche à sa personne, un détachement de tout ce qui est subalterne. Et aussi une passion dévorante pour la France, celle qui était l'objet de son culte, cette Notre-Dame à lui.

Charles de Gaulle est mort il y a trente ans. Sans doute suis-je parmi les derniers témoins.

Le hasard m'aura servi. J'aurai suivi son ascension depuis son entrée dans l'Histoire ; de juillet 1940 à fin 1942 je ne l'aurai pas quitté. Tel que je suis, je livre au lecteur les notes prises sur l'instant et sur le vif, entrecoupées de souvenirs et de réflexions écrits depuis, et jusqu'à présent.

Ce livre comporte donc le récit abrégé de ce que j'ai connu au cours de cette guerre, cela sous deux éclairages totalement différents, qui refusent toute unité à l'ouvrage.

I. — Dans l'ombre du général de Gaulle à Londres. Observateur.

II. — Avec et après Jean Moulin en France occupée. Scaphandrier.

Ce qui précède indique, clairement je l'espère, que je n'ai nullement prétendu faire œuvre d'historien. Je me borne à raconter. Je n'apporte aucune révélation. Si tel chercheur me dispute sur une erreur ou un oubli, il ne pourra s'en prendre qu'à mon défaut de mémoire.

Quant à Jean Moulin, il est partout dans ce volume, bien au-delà de sa propre fin. Je le situe au premier rang de ceux qui ont le mieux servi leur chef, le plus passionnément, avec la plus grande intelligence, l'oubli de soi-même, au service du même idéal. Mais à ce premier rang, il faut aussi placer ceux qui, dans les geôles et sur les bûchers, sans l'avoir jamais vu, sont morts en criant son nom.

C.B.S.

N.B. Mes remerciements vont à mon ami Max Armanet, directeur de collection qui, le premier, a voulu que j'écrive, et aux Editions Grasset, dont la patience a été inlassable, tant j'ai tardé à leur remettre ma copie. Jean-Paul Enthoven s'est montré un guide sûr et bienveillant. Sans mon jeune ami Joseph-Frantz Zimet et Shohreh Naghchbandi, ce livre n'aurait jamais vu le jour ; ils ont tenu, à mes côtés, un rôle précieux pour débroussailler un fatras et donner forme à mon ouvrage. Enfin je dis ma gratitude à ma collaboratrice, Mme Bire, qui aurait pu perdre la vue à déchiffrer mes notes de guerre et à transcrire mes textes.

Je remercie également *la Revue des Deux Mondes, le Nouvel Observateur, l'Express, le Monde,* pour l'accueil qu'ils m'ont toujours réservé dans leurs colonnes. *Espoir,* revue de l'Institut Charles-de-Gaulle, m'a, au surplus, permis de faire de larges emprunts à mes propres articles parus dans le passé.

De Gaulle !

22 juillet 1940. Londres, Saint Stephen's House

Geoffroy de Courcel m'annonce au Général. Il m'introduit :

Le Général se lève, il est dos à la fenêtre. Une immense silhouette démesurément allongée, et que prolonge une tête petite, se détache en ombre chinoise. L'homme est très mince, sanglé dans sa vareuse. L'impression première, c'est la jeunesse. Il a quarante-neuf ans et paraît moins encore. Quel contraste avec tous ces généraux souvent bedonnants et hors d'âge que j'avais vus en France. Autre surprise : la distance. Pas trace de ces poignées de main trop chaleureuses de tant de généraux rencontrés naguère et d'abord soucieux, semblait-il, de soigner leur popularité, en feignant une apparente camaraderie. Je vois maintenant mieux le visage : avant tout, un regard qui perce l'interlocuteur. Autour de ces yeux, aux paupières fanées, s'ordonnent des traits à décourager les caricaturistes, car toutes les accentuations qu'ils recherchent y figurent grandeur nature. En quelques mots je résume mon emploi du temps depuis le 17 juin où j'ai décidé de déserter.

« Ah bon ! Vous arrivez de France... Vous avez vu Courcel. La semaine prochaine, nous quittons ces bureaux pour nous transférer à Carlton Gardens où vous prendrez votre service. Ici, il n'est même pas question de vous donner une chaise, un guéridon, il n'y a rien. Voyez Courcel... »

Je lui fais face. C'est bref. Je n'ai plus qu'à me raidir dans le « mes respects mon Général » que je proférerai quotidiennement et à pivoter sur mes talons. Cet entretien mémorable a duré deux minutes et décide de mon engagement dans les Forces Françaises Libres.

PROLOGUE

Jeunesse

Je suis né avec une cuillère d'argent dans la bouche ! C'est ce que me disaient mes parents quand j'étais enfant. Non pas comme un reproche, mais pour me faire sentir combien j'étais privilégié. Par référence à cet avant-guerre, c'est-à-dire à ce XIXe siècle qui se prolongea jusqu'en 1914, ils avaient raison. Pour la bourgeoisie, les valeurs étaient restées inchangées depuis Louis-Philippe. Le franc-or régnait, la rente restait la référence par excellence. En 1914, la guerre, soudaine, fut un terrible choc, dont notre pays ne se remit jamais qu'à demi.

Mon père, mon grand-père étaient nés avec la même cuillère. Pour moi, elle fondit à vue d'œil. La Grande Guerre, l'impôt sur le revenu, l'inflation, la crise profonde de 1929 et la suite en eurent vite raison. Cela ne m'empêcha pas d'avoir une enfance et une jeunesse heureuses. Mon père, soldat d'infanterie, fut grièvement blessé à la tempe en 1915. Il connut une année d'hôpitaux et ma mère et moi le suivions, en Bretagne, de ville en ville. Lorsqu'il fut versé dans l'auxiliaire, dans une branche toute nouvelle, la défense contre avions, Maman partit pour Lourdes, remercier Bernadette, de lui avoir conservé son mari... Il n'était pas mort ; il avait recouvré la santé ! Chance rare. Notre cellule familiale demeurait intacte. Je grandissais entre des parents étroitement unis, auprès d'un demi-frère, mon aîné de onze ans, pour qui j'avais un culte : c'était un littéraire. Quelle chance pour un petit garçon de vivre dans un milieu où les Lettres et l'Art sont à l'honneur. Je n'avais pas quinze ans, que mon frère était rédacteur en chef d'une petite revue hebdomadaire publiée chez Plon. Il était dans le bain des gens de lettres. Il vivait à la maison. Il avait sa chambre dans la bibliothèque, très grande pièce toute tapissée de livres. Toute la littérature française du XIXe siècle et aussi contemporaine y figurait. Sans parler des classiques. J'avais un père qui lisait Tacite dans le texte avec aisance, ce qui m'aida singulièrement quand j'en vins à mes versions et thèmes latins, dont la nullité le désespérait.

Licencié ès lettres à dix-huit ans, mon père fut interrompu dans ses études universitaires par une typhoïde, maladie grave et longue en ce temps, et aussi parce que son père lui recommanda de renoncer à la diplomatie, par souci de sécurité. Aussi mon grand-père lui acheta-t-il une maison de commerce, au vu des résultats des dix ou vingt années précédentes ; ceci apportait toute garantie que le revenu resterait le même pour l'éternité. Rien n'avait changé depuis Balzac !

Abonné à la *NRF,* lecteur de Proust comme de Delteil ou de Radiguet, mon père n'eut jamais la passion des affaires. Il préférait l'art roman et les peintres fauves. La bibliothèque s'enrichissait d'œuvres d'auteurs comme Alain-Fournier, Péguy ou Martin du Gard. Tout cela était à ma disposition, dès que fut dépassé le stade de la Bibliothèque rose, dont Mme de Ségur fit, un temps, mes délices.

Mon frère menait son existence à l'écart de celle de mes parents, mais j'ai le net souvenir qu'un jour de mes douze ans, il m'emmena aux Jeux olympiques de 1924, à Colombes, voir courir Nurmi, l'athlète le plus célèbre de l'époque, coureur de fond dont les records restèrent longtemps invaincus. Nous étions en compagnie d'un jeune homme qui venait de publier *les Onze devant la porte dorée,* Henry de Montherlant. Voir de près un écrivain authentique produisait sur moi un tel effet que je restai bouche bée tout l'après-midi. Découvrir une demi-douzaine d'autres célébrités (en herbe) me fut offert lorsque mon frère demanda quelque temps plus tard à mes parents de lui prêter le salon, pour recevoir, de cinq à sept, quelques-uns de ses amis. C'était un jeudi, je rentrais du foot ; il me fit descendre au salon ; j'étais glacé d'intimidation. Il y avait là René Crevel, Robert Desnos, Jacques de Lacretelle, Julien Green, d'autres encore... Jusque-là, leurs noms ne figuraient qu'en tête de livres. Je ne croyais pas qu'il m'arriverait de les voir en chair et en os : je m'en tirai en servant les orangeades.

Etre quasi fils unique expose à quelques risques, notamment d'être une poule mouillée. Je rentrai de classe en me plaignant d'avoir reçu « des coups » d'un camarade. « Lui as-tu rendu coup pour coup ? » me demanda mon père. « Non, il était plus fort que moi ! » J'étais pourtant grand pour mon âge. Mon père ne fit ni une, ni deux, il m'inscrivit à une salle de boxe, près de la place Péreire. J'y allais deux ou trois fois par semaine en fin de journée : beaucoup de travail au tapis, poids et haltères, sérieuses leçons de boxe anglaise. Je mordis si bien à ce sport que j'ai continué de boxer toute ma jeunesse, emballé par les exploits de Georges Carpentier ! Vint la quatrième. J'aurais pu ne rien connaître de l'Allemagne d'avant-guerre, si mon père n'avait jugé que je devais commencer par l'allemand. D'abord parce que c'est une langue plus difficile que l'anglais, avec ses déclinaisons et conjugaisons (auxquelles le latin familiarise, toutefois, dès l'abord), ensuite parce qu'il estimait bon qu'au sortir de 1914-1918 les jeunes Français s'initient à la culture allemande dans tous les domaines de la connaissance et de l'art. Plus tard viendrait l'anglais que, par comparaison, j'ai bu comme du petit-lait, mais, je le déplore, avec un temps de retard et de graves lacunes.

Initiation à l'Allemagne

Mon père, dès mes treize ans, me jeta dans le bain, variant chaque été les régions d'Allemagne, et les situations les plus diverses, au gré de ses trouvailles. Un été ce furent les villes hanséatiques, je logeais à Brême chez un professeur du gymnasium. Découverte de Lubeck, merveille médiévale, des canaux innombrables et des plages de la Baltique dont certaines, comme Worpswede, fréquentées par les peintres. Promenades à bicyclette le long d'un cours d'eau, chastes baisers échangés avec la fille du directeur du collège.

L'année suivante, je plongeais dans la profonde Thuringe. J'étais pris en main par un pasteur et ses quatre grandes filles, dont l'une me donnait des leçons. Grâce à la laideur de chacune d'elles, on ne peut plus gentilles, rien ne me détournait des verbes irréguliers. J'apprenais dans cette maison ce qu'était la rigueur luthérienne.

Six semaines de séjour dans cette maison ne me laissèrent pas deviner où étaient les chambres à coucher de mes hôtes : je sentais qu'il eût été de la dernière indécence de m'en enquérir ! Je vois encore, repas après repas, comme si j'y étais, la boule flottant dans le bouillon. Bien sûr, il y avait le rituel de la prière avant et après le repas. Dans ma mémoire est encore ancré :

Komm, Herr Jesus, Sei unser Gast, Und segne was Du uns Bescheret hast.

Il se répandit très vite dans le bourg qu'un jeune Français était en pension chez le pasteur. Ce devait être en 1926 : j'étais le premier Français à fouler le sol de Schleiz depuis la fin de la guerre ! On me regardait à la dérobée et, autour de moi, les yeux reflétaient une intense curiosité. Voyant des jeunes partir en chantant en groupe pour des excursions dans ce beau pays peuplé de forêts, j'obtins sans difficulté de me joindre à eux.

Quelques jours après mon arrivée, le pasteur me dit qu'il y avait à Schleiz une section d'anciens combattants. Ceux-ci s'étaient réunis et avaient délibéré sur ma présence en ces lieux. Ils voulaient me rencontrer et me parler du traité de Versailles !

Je ne pouvais me dérober, mais j'étais angoissé compte tenu de ma faiblesse en allemand ! J'en discutai avec mon pasteur et avec sa fille et fis répondre que je serais très flatté de rencontrer des anciens combattants (comme l'avait été mon père) mais demandais que la rencontre eût lieu à la fin de mon séjour, pour améliorer quelque peu mon rodage dans leur langue.

L'heure de l'épreuve sonna. Le pasteur, pour marquer sa neutralité, n'assista pas à l'entretien, mais me précisa qu'à sa connaissance au moins deux de mes interlocuteurs appartenaient au Stahlhelm (association d'anciens combattants nostalgiques de l'Empire). Un petit groupe formant la délégation vint donc frapper à notre porte.

Le chef de file prit la parole et je compris très vite qu'il devait avoir l'habitude de parler en public, car sa voix était forte, très timbrée ; il regardait au loin comme si, derrière moi, il y avait un large public. Il m'aida beaucoup en répétant sans cesse les mêmes arguments : l'Allemagne n'a pas perdu la guerre, elle a été trahie. Nos armées n'ont cessé de se battre à l'intérieur de votre pays, occupant profondément vos territoires. Aucun soldat allié n'a jamais foulé le sol allemand ! L'armée et le Kaiser ont été trahis par la social-démocratie.

Mais les autres s'impatientaient et voulaient aussi parler. Un second vint donc pour dire exactement la même chose et insister sur le « diktat de Versailles ». Puis, un troisième qui rappela ses souvenirs de Verdun. Un quatrième reprit les mêmes thèmes et en vint à évoquer Soissons où il était en 1918. Las ! la trahison l'avait emporté. Sans elle, ils étaient sûrs de gagner la guerre, ajouta-t-il, sans animosité particulière mais avec un profond dépit. Il termina avec force sur l'insupportable diktat.

Cela avait duré une heure et demie !

Nous nous séparâmes avec un certain contentement. Eux pour s'être déchargés devant ce gamin de ce qui les oppressait encore, huit ans après. Moi-même soulagé de n'avoir eu à répondre à aucune question embarrassante.

Voyager seul, c'est se condamner au silence. Je ne pouvais toutefois me dispenser d'une visite à Weimar, berceau de culture exceptionnel. Se trouver là, soudain, dans l'ambiance de Goethe, de Schiller, en plein romantisme allemand, là même où furent produites des œuvres de valeur universelle. C'était la patrie de Jean-Sébastien Bach.

Cet été-là m'a assez profondément marqué pour que j'en conserve, le reste de ma vie, un souvenir ineffaçable, malgré tout ce que j'ai vu d'affreux par la suite.

Les étés suivants me virent successivement en Bavière et à Heidelberg. Je reçus là l'hospitalité d'un professeur d'histoire à l'université. Pangermaniste non repenti, il entreprit de m'endoctriner. Pendant ce temps, sa femme chantait des lieder et, au piano, jouait du Chopin.

Pangermanisme et chemises brunes

C'est vers 1928 que je commençai à entendre parler d'Adolf Hitler et à voir défiler dans les rues ses escouades de SA, les fameuses chemises brunes.

Heidelberg a été l'étape décisive de mon initiation à l'Allemagne contemporaine et m'a préparé à la lecture de *Mein Kampf,* ouvrage qui est l'aboutissement logique d'un siècle de chauffe. Tout au long du XIXe siècle est exalté le culte de la force, est proclamée la vocation de la race allemande à la direction du monde et est développée la « métaphysique » de la guerre. « L'exaltation est le plus haut état de l'homme», écrit Fichte au lendemain d'Iéna. Le Germain est «l'Aryen du Nord» qui a gardé l'énergie primitive de la race; sa mission est d'être le guide de l'humanité. Génération après génération, historiens, critiques d'art, philosophes, savants, économistes, théologiens, se succèdent pour affirmer de façon pseudo-scientifique ce qu'est dans le monde la mission des Germains. Leur supériorité sur les autres peuples leur fait un devoir de s'étendre, au besoin par la force. Parmi les apôtres, Hegel. Ils prêchent plus qu'ils ne démontrent. La suprématie du génie germanique est un postulat : l'Aryen seul est créateur...

Rosenberg n'a rien inventé. Le racisme éclate dans toutes les œuvres. L'antisémitisme est en germe dans le pangermanisme.

Ma curiosité enchantait le prosélytisme de mon mentor; je suis bien loin d'avoir lu le dixième de ce qu'il me proposait, mais je ne manquais pas de repères. J'ai vu chemin faisant l'usage que les nazis ont fait de Nietzsche — lui l'indépendant à tout crin — pour se l'approprier et en faire un de leurs précurseurs. Quelle aubaine pour eux que ce dernier ait écrit : «Heureux ceux dont l'âme est grande et l'esprit libre, car ils entreront dans le Walhalla!» N'ayant que faire d'un christianisme qui n'apportait rien à son moulin, Hitler s'y voyait déjà! A son tour, il eut tôt fait de glorifier les dieux barbares et, dans la pratique, de remplacer la croix par la croix gammée.

Ce qui comptait pour le Führer, Rosenberg et les docteurs de la foi nouvelle, c'était de trouver dans les textes de cette pléiade d'auteurs les matériaux nécessaires à l'édification de la doctrine national-socialiste. Tout y figurait, y compris les transferts forcés de populations, justifiés par la raison d'Etat et imposés par l'exiguïté du territoire national. Au sein du pangermanisme de papa, l'antisémitisme devint la pierre angulaire de la politique hitlérienne.

Jusque-là, les Juifs, bien que considérés comme de seconde zone parce que non aryens, étaient laissés en paix. Ils accédaient à de nombreux emplois, notamment dans l'Université. Ils étaient officiers de réserve. Ils étaient banquiers, médecins, scientifiques, artistes, etc., et pouvaient compter parmi les loyaux sujets de l'Empereur. Mais, dans la défaite, il fallait aux nazis des boucs émissaires.

C'est là que se trouvait désormais la réponse à toutes les questions que posaient la crise économique, le chômage, la défaite, la trahison supposée. C'étaient les Juifs qui, dans la coulisse, tiraient toutes les ficelles. C'étaient eux qu'on devait marquer au fer rouge, du signe d'infamie.

Tout cela figure dans *Mein Kampf.* Il n'était pas nécessaire d'attendre qu'Hitler fût au pouvoir pour savoir ce qui suivrait. Il fallut, gorgé de pacifisme, tout l'aveuglement occidental pour refuser d'y croire.

On pensait communément que, parvenu au pouvoir, Hitler s'embourgeoiserait ! En 1933, Hitler est chancelier par les voies légales, et avec la précieuse bénédiction d'un vieux maréchal affaibli par l'âge. Dans des circonstances différentes, il est clair qu'il aurait aussi bien recouru à un coup de force, tant sa soif de puissance était exigeante. Ses SA d'abord puis ses SS n'auraient pas laissé les choses traîner et les membres de son état-major, bientôt promus ministres, ses repris de justice en uniforme et ses reîtres étaient également impatients. L'incendie du Reichstag offrit un avant-goût des méthodes employées bientôt pour mettre au pas les récalcitrants.

C'était tout ignorer de ce dictateur enragé, de ce dément. C'était d'autant plus impardonnable qu'il ne se cachait nullement : il s'offrit complaisamment à la vue, en pleine frénésie. Jamais il ne se refusait à une déclaration incendiaire, à une menace sans voile ! Mais non, cela ne suffisait pas. On continuait à n'y pas croire, aussi bien dans les chancelleries que dans nos journaux ; nos opinions publiques restaient comme anesthésiées.

Voilà ce qui, dans ma jeunesse, m'a le plus marqué et a fait de moi pour toujours un farouche adversaire de tous les totalitarismes, la touche antisémite en étant un des aspects les plus hideux. De la « nuit des longs couteaux » jusqu'à Munich, puis à la percée des Ardennes, j'ai souffert de l'aveuglement tragique de nos dirigeants, les Chamberlain, Daladier, Georges Bonnet... Les faire comparaître plus tard devant une Haute Cour et même les fusiller aurait compté pour peu. Le mal était fait.

Les années sombres

Les archives révèlent que dès fin 1935 les gouvernements français et anglais s'attendaient à un geste du Führer en direction de la rive gauche du Rhin et s'étaient consultés sur les mesures à prendre. Pour se donner bonne conscience, ils avaient fait semblant de consulter les états-majors. Réponse : « Nous ne disposons pas des moyens adéquats pour nous y opposer. » C'était vrai. La loi de 1934 * nous avait privés de toute force mécanique d'intervention. Conclusion : Nous protesterons à la tribune de la SDN (Société des Nations) devant la non-application du traité de Locarno ! Un point c'est tout.

Même question aux état-majors concernant notre garantie des frontières de la Tchécoslovaquie et de la Pologne. Même réponse.

Comment n'être pas bouleversé devant cette couardise organisée. Hélas ! dans le même temps, la France, comme l'Angleterre, s'avilissait, allant d'abandon en abandon.

Ribbentrop, de retour de son ambassade à Londres, avait bien raison de rapporter à son Führer que nous étions des « ploutocraties pourries » ! Il avait raison, à un détail près. Ce détail, personne ne le connaissait, ni lui, ni le petit « Français moyen » que j'étais. Le détail avait nom Winston Churchill.

Quant à mon horreur du totalitarisme, elle n'a jamais cédé. Durant cet été 1940, j'ai partout été frappé de ma solitude en la matière. En métropole, pendant la « drôle de guerre », au Maroc, sur le cargo nous emmenant en Angleterre, parmi nos futurs camarades de combat, qu'ils fussent français ou polonais, Jacques Bingen et moi n'avons rencontré personne qui se sentît motivé contre le fascisme. Par bonheur, ils étaient enflammés de patriotisme.

Berlin 1937-1938

En 1937-1938, j'étais attaché du conseiller commercial à l'ambassade de France à Berlin. André François-Poncet était, de loin, la personnalité la plus forte du corps diplomatique. Il était l'image vivante, hélas trompeuse, d'une France puissante et sûre d'elle-même.

Je fus saisi à la gorge : ce peuple était positivement nazifié. La délation régnait partout. Chaque individu était étiqueté. Toute liberté dans les relations humaines avait disparu. Ils étaient enrégimentés, depuis le jardin d'enfants. Chacun avait peur de son voisin, de son plus proche. Chaque père de son fils, chaque mère de

* Loi de programmation militaire.

sa fille. Il suffisait d'une lettre anonyme ajoutée à votre dossier pour se voir classé parmi les suspects et sous la menace d'être envoyé dans un camp.

Un simple exemple : ma femme et moi, à Berlin, entretenions des relations fort agréables avec un jeune Allemand d'excellente éducation qui nous ouvrait son cœur et nous disait son horreur du nazisme... à nous, Français... entre quatre murs ! N'était-il pas un provocateur ? Nous nous défendions de voir en lui un mouchard, mais comment faire la différence ? En 1945, à Paris, sonne à notre porte un moribond. Sortant de Buchenwald où il avait été déporté dès 1939 ! Ce moribond, c'est notre ami Walter Humelsheim. Il n'était pas juif, simplement opposant.

D'ordinaire, les Allemands nous évitaient, de peur d'être compromis. Tout ce qui appartenait à l'appareil d'Etat n'était pas autorisé à fréquenter des étrangers, sauf sur autorisation écrite ! Aussi ne fréquentions-nous guère que des diplomates occidentaux, ce qui n'était guère enrichissant. Rentré en France, j'écrivais à des amis allemands de naguère, ils ne me répondaient pas ou de façon si embarrassée qu'il valait mieux ne pas insister. Naturellement, tout était sur table d'écoutes et la correspondance censurée.

A cela se greffait la question juive. Dès 1935-1936, le port obligatoire de l'étoile, les rafles, les incursions inopinées dans les boutiques et commerces de toutes sortes, les abus insensés perpétrés par les SS en toute impunité, les chantages, rackets de SS mafieux dont les victimes pouvaient, d'un instant à l'autre, disparaître et voir leurs biens confisqués ; ces procédés étaient monnaie courante.

Tout cela rendait l'air irrespirable. En 1937 je suivais les problèmes d'ordre social. Je circulais en Allemagne, je croisais partout, sur les routes, en ordre superbe, des régiments motorisés en constant mouvement.

Lorsque, au ministère du Travail à Berlin, je demandais à voir les responsables de la main-d'œuvre, quels qu'aient été mes efforts pour trouver une approche neutre auprès de professionnels, j'étais invariablement reçu par des chargés de propagande qui me récitaient tous le même catéchisme. Avec quelle emphase et quelle prolixité ! J'en étais abasourdi et sortais de ces séances sans avoir reçu la moindre réponse à des questions précises et statistiques. Si j'interrogeais sur un point précis : l'absentéisme ? « Il n'y a pas d'absentéisme ! Le travailleur allemand est trop heureux de répondre à l'appel de son Führer, etc. » Le tout à l'avenant. Tandis que les quarante heures faisaient notre joie, toutes les usines allemandes tournaient à soixante heures, et les ouvriers étaient, pour partie, payés avec des « bons pour » une voiture du peuple (Volkswagen), qui sortirait un jour...

Les camps de concentration fonctionnaient dès 1933, au grand jour : c'était le secret de Polichinelle. Ces camps furent créés pour y recevoir les Allemands hostiles au régime, une majorité de Juifs naturellement, mais aussi les adversaires idéologiques, des sociaux-démocrates non convertis, des intellectuels, quelques universitaires, bref, des suspects visiblement rebelles et aussi des droit-commun jugés trop dangereux pour être versés dans les SS.

Drôle de guerre et débâcle — Instantanés 1939-1940

Je me garderai de traiter de la drôle de guerre ; des centaines d'ouvrages de toute nature y ont été consacrés : les témoignages sur l'exode abondent, beaucoup ont raconté leur propre histoire. Des spécialistes ont élevé le débat. Les grandes signatures, telle celle de Duroselle, ont analysé jour après jour notre descente aux enfers, le colonel de Gaulle a vu son livre *(Vers l'armée de métier)* dépouillé avec grand soin — et profit pour la Wehrmacht — par Guderian. Tout est limpide dès qu'on sait que depuis Versailles jusqu'à 1939 notre politique extérieure a été en discordance absolue avec nos programmes militaires. Nous apportions des garanties de frontières à des pays auxquels nous étions incapables d'aller porter le moindre secours (Pologne, Tchécoslovaquie, Europe danubienne). Le fin mot était à la défensive (des milliards-or engouffrés dans la ligne Maginot...). Nous nous interdisions de disposer d'une force d'intervention. Nous mourions de peur de passer pour « bellicistes ». Le pacifisme régnait : qu'Hitler fût à nos portes ne troublait ni l'opinion ni nos chefs. Nos gouvernants suivaient, au lieu de précéder. Le projet de loi défendu en 1935 à la tribune du Parlement par Paul Reynaud — projet qu'inspirait Charles de Gaulle — fut rejeté. Ses auteurs prêchaient dans le désert.

Quand les Panzerdivisionen dévalèrent des Ardennes en mai 40 avec leurs chars et leurs stukas, que trouvèrent-elles à Sedan en face d'elles ? Des régiments de cavalerie à cheval ! Des divisions d'infanterie, modèle 1918 ! Et l'on s'étonnera que nos soldats n'aient pas eu le moral...

Avant d'aborder mon témoignage proprement dit, qui se rapporte à l'action du général de Gaulle telle que je l'ai vécue, j'ai fixé seulement quelques instantanés saisis dans l'hiver 1939-1940 puis le récit de la débandade, vue du Grand Quartier général. J'évoque les conditions dans lesquelles j'ai gagné Londres, romanesques mais dépourvues de tout héroïsme.

En 1939, lieutenant de réserve, je suis appelé aux armées et rejoins mon unité. En décembre de la même année, l'armée recherche des officiers et sous-officiers parlant l'anglais pour servir de liaison avec la division britannique présente sur le front français. Le besoin doit être urgent, car ma candidature est vite retenue. Je gagne Arras.

Mercredi 6 décembre 1939

J'ai vu Gamelin dimanche dernier et cette rencontre avec le généralissime ne peut être passée sous silence.

Le capitaine de Vogüé et moi sommes allés à son QG au fort de Vincennes, pour régler le protocole de la venue du roi George en France cette semaine. Nous étions en train de travailler dans un bureau séparé de celui de Gamelin par un couloir, je tournais le dos à la porte, il est entré sans que je le voie. Chacun se dresse, je me dresse. Voilà Gamelin ; voilà ce malheureux sur qui tant de vies reposent, ce malheureux chargé d'une responsabilité écrasante. Je n'ai pas besoin de décrire au physique cet homme dont l'effigie est sur tous nos murs. C'est un ancien rouquin qui a blanchi. Le bas de joue est flasque mais, bien photographié, cela peut avoir l'air d'une forte mâchoire.

Nous sommes tous les quatre debout autour de lui. Son officier d'ordonnance nous présente, Robert de Vogüé, un inspecteur des chemins de fer et moi. Il lui explique brièvement pourquoi nous sommes là. Le silence se prolonge pendant une ou deux minutes. Il en sort pour dire : « Il faudra penser aux précautions aériennes » puis s'en va et retourne à son bureau en nous disant un « merci » à la cantonade, assez hautain et non sans dignité.

Pendant l'heure qui suit, il entrera bien sept ou huit fois dans notre bureau, le plus souvent pour rien, venant chercher un journal, en réclamant un autre, en rapportant un troisième, quelquefois entrant dans la pièce puis soudain rebroussant chemin. « Il s'ennuie, me confie un de ses officiers, il tourne comme un lion en cage. Il lui faudrait prendre de l'exercice, mais, dans ce sacré donjon, il n'y a pas de parc où se promener et il est vite lassé de la cour du quartier.

— Il n'y a donc rien aux environs ? demande Vogüé.

— Non, rien, absolument rien. Il n'y aurait que le Zoo, mais on ne peut tout de même pas le lâcher seul dans le jardin zoologique avec les singes et les kangourous !... »

La liberté d'expression de ce commandant de spahis est amusante. Il ajoute tout de même : « Le général a une grande puissance de travail ; il a d'ordinaire un labeur immense et ce n'est calme que depuis quelques jours. Il est soudain désœuvré. Il réclame *l'Ere nouvelle*, il n'y a naturellement rien dans un tel canard, mais ça l'amuse. Après cela il demande *l'Epoque*, et ainsi de suite... »

La guerre tactique est du ressort des commandants en chef des différents théâtres. Georges est commandant en chef du théâtre d'opérations Nord-Est. Il a son QG à La Ferté-sous-Jouarre.

Quant à la stratégie de la guerre, qui s'en occupe ?

Le généralissime s'ennuie.

Février 1940. Défaitisme

Quand il passe par Arras, notre mess accueille à déjeuner le capitaine de Chambrun, officier de liaison auprès d'une unité anglaise. Avocat international notoire, René de Chambrun a la particularité d'être à la fois gendre de Pierre Laval et filleul du maréchal Pétain. C'est un brillant causeur, je dirais même intarissable. Son discours est riche en anecdotes parfois piquantes. Lointain héritier de Lafayette, il a la double nationalité américaine et française ; il compte autant d'amis à New York, Cincinnati et Washington qu'à Paris. Aujourd'hui, de sa voix bien timbrée, il nous donne à entendre qu'un plan de paix est à l'étude. Il baisse le ton d'une octave : c'est confidentiel. Il s'en entretient déjà avec un petit nombre d'amis journalistes et politiques des deux côtés de l'Atlantique. La question est prise au sérieux. On suggère une décision du gouvernement français assurée d'un grand retentissement : la France, spontanément, déclarerait « villes ouvertes » les vingt plus grandes villes de France. Ce beau geste affirmerait de façon irrécusable l'ardent désir de paix de nos concitoyens avec tous les peuples ! Il frapperait les imaginations. Il prendrait le IIIe Reich à contre-pied : pour ne pas perdre la face, Hitler serait obligé de s'aligner sur l'offre française ! Ce serait la paix pour plusieurs générations.

Quelqu'un se hasarde à demander à Chambrun ce qu'il se passerait si Hitler ne « s'alignait pas sur l'offre française ».

« Impossible ! répond Chambrun, les opinions publiques l'en empêcheraient !... Ce n'est, du reste, qu'une idée qui circule, mais elle mérite considération. Tout cela serait, bien entendu, à mettre au point, dans le détail, mais témoignerait éloquemment de notre volonté de paix. »

Le repas s'achève dans un silence gêné. Malgré la diversité des opinions de chacun, nous n'avions jamais imaginé que le défaitisme pût pousser si loin son audace.

Visite au Grand Quartier général

C'est dans la nuit du 18 au 19 mai 1940 que j'ai, pour la première fois de ma vie, entendu prononcer les deux syllabes « de Gaulle ». Appartenant à l'état-major de la mission française de liaison de l'armée britannique, je suis chargé, en compagnie d'un autre officier, d'aller au GQG solliciter certaines instructions destinées au général Gort qui commande le corps expéditionnaire anglais. Le téléphone est embouteillé, et gare aux oreilles ennemies !

Le GQG est installé depuis l'automne 1939 dans le bourg de La Ferté-sous-Jouarre et a disposé ses bureaux dans de nombreux pavillons et villas réquisitionnés. Il est minuit lorsque nous arrivons au 4e bureau, celui des « mouvements », bureau surchargé, car toute l'armée est en mouvement. Je trouve des officiers de garde qui paraissent dépassés par les événements. Ils ne savent où donner de la tête ; une demi-douzaine de téléphones sonnent en permanence : ce sont les états-majors de groupes d'armées qui appellent, en quête d'instructions... qu'ils ne recevront jamais. Je tente ma chance dans un autre pavillon, au 3e bureau chargé des « opérations », bureau désert, le silence règne : il n'y a pas d'opérations ! L'officier de garde est au calme, les murs sont tapissés de cartes de tout le Nord-Est. Pour l'armée Gort, il me conseille d'aller aux « Bondons », grande villa où siègent le général Georges, commandant en chef du théâtre d'opérations Nord-Est, et le général Doumenc, major général. Mon interlocuteur me suggère d'attendre le début de la matinée et de finir la nuit à l'hôtel de la Gare. Ma visite semble l'avoir sorti de sa torpeur, car il ne résiste pas à la tentation de me faire un « amphi » : il saisit aussitôt sa baguette et commente ce qui tient lieu de front : l'ennui, dit-il, c'est que partout où l'ennemi surgit, il n'y a plus de front. « Une seule chance de résistance, le groupement de Gaulle. En hâte, ces derniers jours, des unités de chars ont été rassemblées et placées sous ses ordres. Il fonce », me dit-il.

Au bout de sa baguette, je vois Montcornet, Crécy-sur-Serre... « Mais si on ne lui envoie pas en renfort, dès ce matin, l'armée Touchon qui est par là sur ses arrières, de Gaulle va s'essouffler. Il ne pourra poursuivre sa percée ; il risquerait même d'être encerclé. Au contraire, si Touchon élargit la brèche que de Gaulle vient d'ouvrir, ils peuvent isoler les éléments allemands de reconnaissance qui, n'ayant rien trouvé devant eux jusque-là, foncent à toute allure vers l'ouest et la côte. Ils sont parfois fluides à force de vouloir aller trop vite. Ils s'éloignent de leurs échelons de ravitaillement en carburant. Ils deviennent vulnérables sur leurs flancs. Mais Touchon est-il en état de faire mouvement ? En a-t-il les moyens ? De toute façon il n'y a personne là haut [sous-entendu aux Bondons] pour lui donner des ordres... Huit nuits sans sommeil. Ils sont liquéfiés... », ajoute l'officier breveté qui me parle.

Je risque alors une question : « Le groupement de Gaulle, qu'est-ce que c'est ? » Réponse laconique : « Des éléments de chars ramassés en hâte un peu partout : une sorte d'embryon de division cuirassée aux ordres du colonel de Gaulle : un officier de chars très gonflé. » Malgré cette lueur d'espoir chez mon interlocuteur, ses propos ne reflètent pas l'optimisme. Comment pourrait-il en être autrement alors que ne convergent en ce lieu que des nouvelles désastreuses ?

J'apprendrai plus tard que dans un ouvrage prophétique, *Vers l'armée de métier*, ce même colonel de Gaulle avait exhorté le haut commandement à accomplir sa mutation vers une armée moderne, dotée de « forces mécaniques ». Ces mêmes forces mécaniques inspirées de sa doctrine bousculent sur le moment nos armées, nullement préparées, et nos chefs militaires, depuis longtemps résignés. La description du baroud d'honneur de cet « officier de chars très gonflé » tranche sur le sentiment de désarroi qui nous gagne tous progressivement, au regard de la déroute du reste de nos armées. Enfin, en un endroit, la France ne plie pas.

Pour l'heure, je vais me coucher : il est bientôt trois heures. Mais dès six heures du matin je suis réveillé par l'éclatement d'une bombe qu'un avion allemand vient de larguer sur la gare. Peu après, les officiers que je rencontre sont stupéfaits : une bombe sur un quartier général ! Quel manque de savoir-vivre !

Il s'agit là d'une tradition séculaire, qui remonte sans doute aux temps de la « guerre en dentelles » : les généraux en chef ne s'importunent pas mutuellement... jusqu'à ce que le sort des armes ait tranché. Mais pas avant.

Le bourg de La Ferté-sous-Jouarre ne comporte d'ailleurs aucun abri antiaérien. Lorsqu'ils circulent en ville, les militaires négligent même de prendre leur masque à gaz. Tous ces pavillons de meulière pourraient s'écrouler comme fétus de paille sous un chapelet de bombes incendiaires. Le Haut Etat-Major pourrait même disparaître au grand complet !

Je me dirige vers la villa des Bondons. Arrive au même instant le général Gamelin. Le généralissime est comme toujours tiré à quatre épingles, bottines vernies et visage poupon. Dans la nuit il sera limogé.

A la villa des Bondons on m'introduit dans le bureau du général Doumenc, major général des armées. Je me faufile dans un groupe d'une bonne quinzaine d'officiers supérieurs, tous dépêchés par leurs corps d'armée respectifs, et avides de repartir au plus vite avec des instructions. Doumenc nous apprend que le corps expéditionnaire britannique doit désormais se considérer comme coupé du reste de la France et, par conséquent, de ses bases arrière situées dans la région du Mans. Le seul approvisionnement en munitions et carburant envisageable doit désormais venir directement d'Angleterre ! Nous rétorquons que rien n'a jamais été prévu en ce sens. On me demande au contraire si le corps expéditionnaire britannique pourrait porter assistance à l'armée voisine de Blanchard coupée du Sud elle aussi. Le bureau bourdonne de conversations particulières ; il est quasiment impossible de capter l'attention du major général plus de quelques secondes tant il est assailli par chacun, et tiraillé en tous sens. La confusion qui règne dans ce bureau est indescriptible, à l'image de la situation sur le terrain. Je saisis au vol des bribes des propos du général qui va et vient furieusement devant sa vaste carte murale où sont plantés autant de drapeaux que de grandes unités. Mais lorsque chaque visiteur précise sa position réelle sur le terrain, bien éloignée de celle vue du GQG, la confusion est à son comble et les adjoints du major général déplacent sans relâche les petits drapeaux ! Combien de divisions, supposées avoir fait mouvement, sont restées engluées dans les colonnes de réfugiés et ne parviendront jamais au lieu de destination, sinon parfois pour y être reçues par des chars allemands arrivés avant elles !...

Je quitte ce lieu sinistre avec un sentiment de désespoir que partagent l'ensemble des officiers qui en sortent. Je descends en ville pour régler des affaires de détail au 4ᵉ bureau et gagne Paris en fin d'après-midi d'où je pense rejoindre Arras dans la nuit, afin d'éviter les petites routes engorgées de réfugiés.

Passage éclair par Paris

Avant le dîner, je rejoins ma femme et sa sœur chez mes beaux-parents. Je m'isole dans un salon avec mon beau-frère Hervé Alphand qui est directeur des accords commerciaux et du « blocus » ! Il me presse de lui donner des nouvelles, « mes » nouvelles, qui ont le mérite, tragique, d'être fraîches. En des moments pareils, je considère qu'il n'y a plus de secret militaire ; je sens bien que notre monde est en train de basculer. Je déplie ainsi sur une table ma carte Michelin de la moitié nord de la France. Faute d'un crayon rouge, j'emprunte un bâton de rouge à lèvres dans la pièce voisine et je trace à grands traits le sinistre tableau de notre situation militaire tel qu'il est gravé dans ma mémoire depuis quelques heures. J'évoque le « groupement de Gaulle », seule et dernière chance d'un redressement même partiel, mais qui semble déjà à bout de souffle, faute de mesures énergiques du GQG.

Alphand est bouleversé par la gravité de la conjoncture. Il mesure le décalage entre la situation de nos armées sur le terrain et la perception que l'on en a, à Paris, dans les milieux soi-disant « informés ». Il me dit immédiatement qu'il faut contacter Paul Reynaud, qu'il connaît, le soir même. Je lui fais remarquer que Paul Reynaud n'est pas le commandant en chef. « C'est vrai, rétorque-t-il, mais il doit savoir ! »

Comment joindre le président du Conseil en pleine débâcle ? Hervé Alphand s'y emploie avec énergie pendant une heure, multipliant les appels téléphoniques. Mais celui-ci est hors d'atteinte. Mon beau-frère sait qu'un conseil de cabinet aura lieu vers minuit; à défaut de mieux, il s'efforce d'atteindre l'un de ceux qui y assisteront. Après quelques essais infructueux il parvient à joindre Anatole de Monzie, ministre des Travaux publics. Il nous recevra à son cabinet à 22 h 30. Je sais en mon for intérieur que Monzie n'est pas l'homme idoine pour une telle démarche : il n'est pas vraiment un « jusqu'au-boutiste » et s'est fait connaître jusque-là comme le champion de l'amitié franco-italienne, ce qui en dit long sur ses sympathies. Mais dans le monde sens dessus dessous où nous sommes ballottés, pourquoi ne pas tenter une telle démarche, même si elle est vouée à l'échec ? Nous partons, en attendant, dîner au Berkeley, en compagnie de nos épouses respectives. Nous sommes rejoints par Maurice Couve de Murville, directeur au mouvement des fonds. Il nous écoute d'une oreille distraite. Son scepticisme naturel juge vaine notre agitation.

A l'heure H, nous sommes dans le bureau d'Anatole de Monzie, boulevard Saint-Germain; à ses côtés, Berthelot, son directeur de cabinet. Ce dernier sera bientôt, à Vichy, secrétaire d'Etat. Je déplie ma carte balafrée de rouge à lèvres et expose la situation de nos armées.

Monzie est à son tour effaré. Nul ne se doute à Paris de la gravité du péril, de l'imminence de la tragédie. Il jure qu'il va en parler à Reynaud, tout à l'heure. Il tentera de le prendre à part. Soudain, il prend la mesure du caractère extravagant et insolite de sa situation. Une telle démarche, si éloignée de ses attributions ! Et, dans son bureau, un officier de liaison accompagné de son beau-frère qui lui apporte les dernières nouvelles du front... au ministère des Travaux publics. « Au point où nous en sommes », murmure-t-il. Nous sortons tous ensemble; le ministre part pour l'hôtel Matignon appuyé d'un côté sur sa canne, de l'autre sur l'épaule de Berthelot. Alphand rentre chez lui et moi je prends la route d'Arras.

J'apprendrai, quelques jours plus tard, qu'Anatole de Monzie avait avoué au téléphone à Hervé Alphand n'avoir pu saisir l'attention du président du Conseil qui venait d'informer le cabinet que, la nuit même, Weygand, succédant à Gamelin, devenait commandant en chef.

Le 20 mai ce dernier nomme l'« officier de chars très gonflé » général de brigade, à titre temporaire, sur le champ de bataille. Dès lors, les syllabes du nom de De Gaulle ne quitteront plus l'actualité : le 5 juin, il devient sous-secrétaire d'Etat à la Guerre ; le 9 juin, les téléscripteurs font état de sa visite éclair à Londres. Le 19 juin, à Bordeaux, je me heurte en ville à un caporal du 2e bureau, diplomate de son état, qui sort de sa poche une bande de téléscripteur, dont un fragment d'un discours prononcé la veille à Londres. Il fait la moue. « Ce n'est pas très sérieux », observe-t-il.

Mon journal fait état de mes déambulations en pleine débâcle.

Exode du GQG

Samedi 8 juin (soir)

Le Grand Quartier reçoit l'ordre de quitter dans la nuit les rives de la Marne pour celles de la Loire. Le déménagement s'effectue dans la plus grande confusion, dans la nervosité et le désordre. Nous arrivons à Briare où rien n'a été préparé pour nous recevoir. Faute de téléphone, c'est l'isolement complet. En un pareil moment nous sommes coupés des armées. En l'absence de commandement et d'ordres, chacun fait un peu ce qu'il veut. Tout le monde naturellement est écœuré. L'un décide d'aller poursuivre son travail au ministère à Paris, tel autre d'installer un PC avancé à Fontainebleau, tel autre, etc. Anarchie à peine croyable qui engendre le défaitisme.

Arrivé à 10 km de Briare, je croise sur le pont de Châtillon-sur-Loire d'énormes files de camions, puis je reconnais des visages. C'est le Grand Quartier général qui déménage. Destination : Vichy. Voici le général Georges et son état-major qui passent dans dix limousines noires : badauds, militaires et civils sans les reconnaître sont nettement hostiles. La vue de tous ces képis aux lauriers dorés est tragique en ce lieu. En chemin, je m'éloigne de la grande route et vais coucher dans un petit village. Je trouve des paysans dont la solidité du raisonnement, le bon sens, l'attachement à leur sol — qu'ils ne quitteront pas —, le courage, m'impressionnent et me font peine ; ils ne méritent pas le sort qui leur est réservé. « Donnez-nous des fusils, mon lieutenant, nous les recevrons, les Allemands. »

Ceux qui n'ont pas vécu le drame de l'exode de juin 1940 marquent souvent leur surprise, au récit tant de fois répété des populations du nord et de l'est de la France abandonnant par millions leurs foyers pour aller chercher refuge plus au sud. Pourquoi ces foules ne sont-elles pas demeurées chez elles, se demande-t-on. A l'instar de ce que les Britanniques avaient reçu l'ordre de faire, en cas d'invasion. Pourquoi la moitié du peuple français s'est-elle lancée sur les routes, s'exposant à toutes les horreurs qui en ont fatalement découlé, paralysant sans remède et tout au long de la campagne les possibilités de manœuvre des armées ? A-t-elle été prise de panique ? On ne rappellera jamais assez que ces populations n'ont fait qu'obéir à des ordres : il existait, de longue date, un plan général d'évacuation ; tout habitant de la zone des armées s'était vu assigner un éventuel lieu de repli quelque part au sud de la Loire. En mai-juin 1940, ce plan joue. En lui-même, il est funeste, mais en raison de la rapidité terrible de l'avance ennemie, il s'exécute, au surplus, dans les pires conditions. Chacun, selon ses moyens ou l'inspiration de l'heure, tente de prendre un train, de fréter n'importe quel véhicule ou, en désespoir de cause, part à pied.

Paris n'échappe pas à la vague. Les gares, prises d'assaut, ont dû refouler par dizaines de milliers des âmes en détresse. Sur les routes qui de la capitale rayonnent en éventail ont avancé par secousses et moins vite qu'au pas les limousines des beaux quartiers et les vieux clous rafistolés de partout. Foule silencieuse, foule angoissée.

Paris la nuit

Jeudi 13 juin

Ce matin, de Chartres, nous devons gagner Paris. De la situation générale on ne sait pas grand-chose. La radio ne dit rien ; il n'y a plus de journaux. On croit savoir que les Allemands sont sur la Seine et sur la Marne, mais on est convaincu que la bataille s'engagera sur le « secteur fortifié de la région de Paris » et que, pendant un certain temps, les boches y seront contenus.

Ce « secteur fortifié » est alors un de ces mythes à l'aide desquels le courage et l'espoir du peuple s'entretiennent.

La remontée vers Paris par la route nationale est impraticable à cause des embouteillages désespérés, enchevêtrement inextricable de civils et de militaires, d'animaux et de moyens de locomotion les plus divers : tracteurs, charrettes, bicyclettes... Nous remontons alors ce flot à contre-courant, comme la truite remonte le torrent.

Maintenon, Epernon, Rambouillet. Les aviateurs allemands, en promenade, volent en rase-mottes et, pour se distraire, passent de temps en temps la route à la mitrailleuse. Une ou deux voitures s'enflamment. Saint-Cyr, Versailles. Nous ne croisons quasiment plus d'automobiles, mais en revanche une nuée de cyclistes. Puis, des piétons apparaissent, allant mécaniquement en file indienne. A partir de Ville-d'Avray, la voie devient libre ; plus de voitures, de rares bicyclettes, le flot des piétons s'est tari. Nous avons vu défiler tout à l'heure l'arrière-garde retardataire d'une population citadine de quatre millions d'âmes. Arrivés à Saint-Cloud nous voyons d'épaisses colonnes noires monter vers le ciel. J'interroge un agent : on a mis le feu ce matin aux grandes citernes d'essence de la banlieue. Pourquoi ? Il n'en sait rien. « N'aura-t-on donc pas besoin de ces réserves pour la défense de Paris ? » Défense de Paris ! L'agent me regarde médusé. Nous traversons le Bois, nous entrons dans la capitale. Paris est vide, Paris est noir. Après l'échec de notre mission au ministère de la Guerre (vide), nous repartons, avant la nuit. Demain matin, les armées allemandes s'empareront d'une ombre, de la dépouille mortelle de ce qui fut la « Ville Lumière ».

Vichy

Dimanche 16 juin 1940

J'arrive à Vichy à l'aube. Le Grand Quartier général est installé dans des palaces hâtivement vidés de leurs curistes. Nous passons la journée comme des âmes en peine, lamentables, à ne rien faire ; pendant ce temps-là la France fout le camp.

Lundi 17 juin 1940

Vichy, hôtel Majestic, appel du maréchal Pétain

La France n'a plus d'armée de terre en situation de combattre. Elle conserve une armée de l'air dont les cadres sont nombreux. Sa flotte est intacte. L'armée allemande poursuit sa marche en avant, visant apparemment les ports de l'Atlantique d'une part, la jonction avec l'Italie d'autre part.

Je choisis l'hypothèse la plus probable : l'Allemagne ne se montre pas trop cruelle et accepte des conditions de paix « raisonnables ». Si cette hypothèse se vérifie, c'est qu'elle entend neutraliser tout de suite la flotte.

A l'échéance de quelques mois ce n'est pas seulement la France qui disparaît de la carte, c'est le concept même de la France qui s'éteint.

Que peut-on sauver aujourd'hui de la France ?

La marine, l'aviation, l'or, quelques élites, des cadres, noyaux de la France de demain, l'Empire mais d'abord *l'idée de la France* *.

Cette idée, elle s'incarne en l'espèce d'un gouvernement qui n'abdique pas, qui ne renonce à aucun de ses droits, qui préserve l'avenir de la République. Elle est précieuse comme le vase du Graal.

Le territoire français occupé, la France doit poursuivre du dehors la lutte, conduite par son gouvernement.

Le matin du 17 juin, Pétain lance son appel à l'Allemagne pour rechercher, « dans l'honneur et de soldat à soldat », les moyens de mettre fin à la lutte.

Déserter ?

J'entends de mes oreilles l'appel du maréchal de France. Bien entendu, chacun ne parle que de ce cataclysme. Etant aux premières loges, je savais que la situation était désespérée. Il était clair que nous ne disposions plus des forces capables de s'opposer à l'ennemi. Certains évoquaient la nécessité pour l'armée d'une capitulation en rase campagne afin d'obtenir l'arrêt immédiat des combats. Mais personne, autour de moi du moins, n'envisageait que le gouvernement prendrait l'initiative de demander les conditions d'un armistice ! C'est la pire des solutions puisqu'elle est, avant tout, un acte politique. Elle est au surplus d'effet moins immédiat. La radio répète l'appel d'heure en heure. Nous sommes au mess. Chacun a le nez dans son assiette, abasourdi. Dans la nuit précédente, Paul Reynaud a démissionné et Albert Lebrun a confié à Pétain le soin de former le cabinet. Loin d'être pris au dépourvu, le maréchal l'a constitué en un clin d'œil et c'est en qualité de président du Conseil qu'il s'adresse aux Français. C'est le parti de l'abandon qui est au pouvoir. En un instant s'écroulent tous nos espoirs de continuer la lutte aux côtés des Anglais, avec un prési-

* Je ne triche pas. Ce sont bien les mots qui figurent sur mon carnet.

dent de la République à Alger et un gouvernement de guerre. C'est l'abîme et le silence.

Mais à notre table, en conclusion de ce discours, le colonel d'artillerie X., breveté d'état-major, s'exclame : « Bravo ! nous allons continuer avec les Allemands et flanquer une sacrée pile aux Anglais ! » Un silence et il ajoute : « Vivement les étoiles ! » Car il ne pense qu'à son tableau d'avancement...

Je suis pris de nausée et m'excuse auprès de mes camarades de devoir quitter la table. Me voilà seul dans le couloir et pour la première fois s'impose à moi l'idée qu'il faut déserter ! Déserter d'une armée qui déserte la patrie. Je dois rejoindre ceux qui continuent la guerre... Ils auront toujours besoin de parachutistes. Mais comment prendre une telle décision dont je mesure toute la gravité, sans conseils, sans avis, sans concertation ? Suis-je donc le seul à y penser ? Mais à qui m'en ouvrir ? Je décide alors de retourner à l'hôpital où j'ai vu le matin même le commandant Ely. Je sais que je peux me confier à lui, tout officier de carrière qu'il soit, comme à un père. Le commandant Ely est chef de bataillon, breveté d'état-major. Une sorte de François d'Assise soldat. C'est lui qui m'a fait muter en décembre 1939 à l'état-major de la mission française de liaison auprès du corps expéditionnaire britannique, à Arras. Huit jours plus tôt, un éclat d'obus lui a brisé l'épaule lors d'une visite à un PC de corps d'armée. Il sera amputé d'un bras. En 1942 il rejoindra le mouvement de résistance l'ORA, l'Organisation de résistance de l'armée, fondée par le général Frère. En 1954, il sera le dernier commandant en chef et haut-commissaire en Indochine.

Je cours donc à l'hôpital et la première question que je lui pose, après m'être assuré qu'il a bien entendu l'appel, phrase dont j'ai pesé les termes, est la suivante : « Mon commandant, dans la vie d'un soldat, y a-t-il des heures où la désertion devient le plus sacré des devoirs ? » Sa voix est faible, mais son regard brûlant : « Si je n'étais rivé à ce lit d'hôpital, me dit-il, je partirais avec vous. Il y a des cas où, devant la trahison générale, il faut savoir n'obéir plus qu'à sa conscience. » Ses paroles me bouleversent et me transportent. Il est lui aussi très ému. Nous nous disons adieu et il me souhaite bonne chance. C'est à partir de cet instant précis que je décide de quitter la France. J'avais la chance d'être, depuis Boulogne, lieutenant haut le pied au Grand Quartier général et de n'avoir donc pas d'hommes sous ma responsabilité. Je peux ainsi, sans remords, déserter de cette armée qui me rejette et qui vient elle-même de déserter le combat. Je gagne Bordeaux en quête de toute occasion de départ. Je viens de prendre la décision la plus importante de ma vie, poursuivre la guerre en terre étrangère, aux côtés de l'Angleterre.

Bordeaux

A Bordeaux, je retrouve mon beau-frère Hervé Alphand. Arrivé la veille il a téléphoné à Germaine Dumézil, une vieille tante qu'il n'avait pas vue depuis des années. Sa maison était déjà pleine, mais elle l'a fait coucher sur des coussins au salon. « Tu peux venir, me dit-il. Elle te couchera avec moi sur le tapis du salon. » Elle habite quai des Chartrons, sa maison est archipleine ! Ne pas être perdu, seul, dans une ville inconnue, avoir un toit sous lequel dormir, c'est le paradis ! J'apprends que ma femme a pris contact avec lui et qu'elle s'apprête à nous rejoindre, le surlendemain, avec sa voiture sanitaire. Lorsqu'elle arrivera, un coin du même tapis dans le même salon lui sera offert. Alphand me donne les nouvelles qu'il a obtenues par téléphone : la ligne Paris-Bordeaux fonctionne normalement. Je songe à mon départ et au fait que je vais, si possible, emmener Janine avec moi. Elle est, ainsi que sa sœur, une ardente patriote. Je n'ai aucun doute quant à sa réaction.

La journée du 18 juin, je déambule dans les rues de Bordeaux. Je vais chez les Belges, où je retrouve le capitaine Médard, de la mission française de liaison, qui s'entremet pour me faire embarquer sur un bateau belge, le *Prince-Baudouin.* Fausse piste. Chez les Polonais, même musique. Je vais de consulat en consulat, chez tout ce qui est allié ou a son pays occupé par les nazis. Partout, la même réponse : « Nous n'avons rien, nous n'avons aucun moyen de transport, nous n'avons pas de bateaux, nous n'avons aucune possibilité de vous aider. » Chez les Anglais, c'est totalement fermé. Ils ont interdiction de faire du recrutement, et, même, de vous donner le moindre espoir. Ils vous disent de rester chez vous. Les journées des 19 et 20 juin se passent en démarches. Grâce à Souza-Dantas, le « juste de Bordeaux », j'obtiens sur mon passeport diplomatique le visa d'entrée au Portugal et celui de transit pour l'Espagne. J'ignore en fait que depuis le 20 au matin sont arrêtés à la frontière tous les hommes entre dix-huit et cinquante ans, même munis de toutes les autorisations régulières.

Bordeaux offre en ces heures un spectacle indicible. La circulation y est tellement dense qu'il est presque impossible d'avancer dans les rues : celles-ci sont noires de monde. Depuis quelques jours vient s'y déverser tout le Paris politique, administratif et journalistique, sans compter les centaines de milliers d'évacués qui arrivent, pour certains, jusque de Belgique et de Hollande. Bordeaux accueille ainsi peut-être un ou deux millions de réfugiés en plus de sa population habituelle. Dans les hôtels, les gens dorment dans les salles de bains, dans les fauteuils des salons, dans les halls. La municipalité a distribué des tickets de logement chez les particuliers. Chaque famille bordelaise abrite chez elle une ou deux familles de réfugiés.

Le soir, je retrouve Alphand, fatigué. Il dort. Je le réveille et lui dis que je continue à chercher. Le 20 juin, coup de théâtre ; Hervé me dit : « Si ça peut te servir, on me propose deux laissez-passer non nominatifs sur le *Massilia* signés de Pomaret. » Pomaret est le nouveau ministre de l'Intérieur. Dans l'après-midi, Alphand a reçu de ce dernier une circulaire informant les parlementaires et les hauts fonctionnaires qu'un bateau, le *Massilia*, partait le lendemain pour l'Afrique du Nord. Joint à cette circulaire, un ordre d'embarquement signé par le ministre mais laissant en blanc le nom des passagers. Alphand sait déjà, par des collègues, qui doit partir sur ce bateau. Il sait aussi qu'un certain nombre d'entre eux n'ont pas reçu cette circulaire ; il n'est pas très chaud pour gagner l'Afrique du Nord par ce moyen. Il me demande si je veux profiter de l'occasion : j'accepte avec enthousiasme d'autant que jusque-là j'ai frappé en vain à toutes les portes. Je décide ainsi d'embarquer avec ma femme sur ce bateau ; s'il doit nous conduire au Maroc, je me figure que, de là, gagner Gibraltar sera un jeu d'enfant.

Je me sens contraint de déserter et de quitter ma terre natale pour poursuivre ailleurs le combat. C'est un point dont Hervé Alphand et moi-même avions débattu durant ces trois jours de tourmente à Bordeaux. La question se posait alors en ces termes : partir ou ne pas partir ?

Alphand était déjà fixé sur mes opinions, aussi n'est-il nullement surpris de ma décision. Il sait que je n'ai qu'une idée, continuer la guerre, parce que c'est mon honneur qui est en jeu ou l'idée que je m'en fais. Il m'approuve. Il observe que je suis libre de mes mouvements. Il a, lui, un collier au cou. Nos cas sont très différents. Ce n'est pas qu'il attende rien de ce gouvernement, truffé de « défaitistes » comme il dit. Mais il se considère comme un fonctionnaire, responsable d'une grande direction. Chacun le sait favorable à la poursuite de la guerre dans l'Empire, aussi sa surprise lorsqu'on lui propose des places sur le *Massilia* n'en est-elle pas tout à fait une. Après tout il a une direction, son personnel, ses responsabilités. Je le comprends tout à fait. De son côté, il approuve mon choix sans réserve.

L'appel du 18 juin

A Bordeaux, personne ne me parle de l'appel du 18 juin, mais je trouve tout de même un entrefilet dans *la Petite Gironde.* Pour moi, c'est une bonne nouvelle : c'est excellent pour la France ! En ville, je tombe sur un ami, Jacques Pila, lieutenant de réserve, 2e bureau. Il m'entraîne dans son bureau, tout proche, et me montre la pile de dépêches de l'agence Havas. Une seule fait référence à la présence du général de Gaulle à Londres ! Je ne me découvre pas.

Le soir, ma femme arrive à Bordeaux et vient loger à son tour dans le salon de la tante Dumézil. Je lui annonce que je pars le lendemain sur le *Massilia.* D'avance, je connais sa réponse : « Et moi ? » Je lui dis que j'ai deux laissez-passer. Elle brûle d'un feu sacré, mais n'en est pas moins émue à l'idée de tout quitter. En ce qui me concerne, je suis surpris de ma froideur face à l'événement. Le port d'embarquement est Le Verdon, à quelque 80 kilomètres. J'ai libéré la veille le chauffeur de ma voiture de fonction, il se présentera au dépôt du train le plus proche.

Le 21 juin, nous frétons un taxi pour Le Verdon tandis que sur la route tournent en rond, un peu hagards, des réfugiés. En chemin, je ne peux m'empêcher d'admirer en silence la beauté de ces paysages du Médoc qui défilent devant nous. Je tourne les yeux pour ne pas m'attendrir. Malgré le désordre qui règne, il n'y a pas d'entrave à la circulation et nous trouvons enfin le *Massilia,* qui est en rade. Nous avions peur qu'il ne soit déjà parti.

Nous arrivons cependant trop tard le soir pour pouvoir embarquer aussitôt. On nous informe que nous devons dormir sur le quai, et qu'une embarcation nous conduira le lendemain matin à bord ; le *Massilia* est à quelques centaines de mètres. Sur ce quai, où nous passons la nuit, nous rencontrons Paul Bastid qui, lui aussi, attend de monter à bord du *Massilia.* Il est un des rares parlementaires que je connaisse. Alphand a été son directeur de cabinet, quatre ans plus tôt, au ministère du Commerce. C'est à lui qu'il doit sa nomination au poste de directeur des accords commerciaux, en 1936, à l'âge de vingt-neuf ans. Paul Bastid est un universitaire de la vieille école, habillé en noir de la tête aux pieds, chapeau melon, haut col empesé. Ce soir-là, nous le retrouvons fidèle à son équipage traditionnel, moustache noire assortie. Peut-être est-il juste un peu plus sinistre qu'à l'ordinaire, fort embarrassé de sa personne et mal à l'aise dans une telle conjoncture. Il est là, erratique, une valise à la main. Cet éminent juriste est plus à l'aise dans une bibliothèque ou dans sa chaire de professeur de faculté. Nous lui apportons quelque réconfort, et lui suggérons de trouver refuge dans une voiture afin d'y passer la nuit. Tard dans la nuit, nous sommes réveillés par des avions allemands qui viennent lâcher quelques bombes dans l'estuaire. Le *Massilia* est sauf... Au matin, une vedette nous conduit à bord du paquebot qui prend le large peu après.

Sur le « Massilia », en route pour Casablanca

Nous quittons Le Verdon, c'est un premier adieu à la France. Ma femme est plus émue que moi. Je suis trop concentré sur les perspectives d'avenir pour m'abandonner au chagrin. Ce sera pour plus tard.

J'apprendrai, bien après, qu'au lieu de m'obstiner à trouver à Bordeaux un bateau en partance pour l'Angleterre, si j'étais allé à Saint-Jean-de-Luz, j'aurais embarqué sur l'heure, comme l'ont fait Eve Curie, François Jacob, René Cassin, Raymond Aron, Daniel Cordier et tous ses camarades. Mais il me faudra attendre la mi-juillet pour débarquer à Liverpool après avoir transité par Casablanca et Gibraltar. Nous avons droit sans peine à une cabine de deuxième classe, un rêve. L'agitation ne saisit que ceux qui ont des titres à faire valoir pour être mieux logés. Les nerfs de chacun sont à fleur de peau et les officiers de bord ont bien du mal à satisfaire celui qui exige plus d'égards que son voisin... Il y a moins de postulants qu'il n'y a de cabines, c'est notre chance.

Le *Massilia* emporte avec lui une trentaine de parlementaires ainsi que les membres de la questure de la Chambre et du Sénat. Pour faire vite, tout le personnel politique et administratif dont Darlan a voulu se débarrasser. Mandel, Daladier, Mendès France sont là. Laval, Pétain et Lebrun sont supposés partir de Sète. Tous embarquent, sur l'assurance qu'un train va ensuite les conduire de Casablanca à Alger. On leur a garanti qu'à Alger ils retrouveraient les gros bonnets. Le président du Conseil, Paul Reynaud, a dit, à qui voulait l'entendre, qu'il partait ; il a même dit à de Gaulle, le 16 juin * : « Vous me retrouverez à Alger. » Il ne semble pas qu'il y ait eu, de sa part, duplicité. Il s'est simplement effondré, comme un coureur qui abandonne avant la ligne d'arrivée. Leca a-t-il soufflé à son patron, parlementaire pourtant chevronné : « Pétain va échouer car les conditions allemandes seront draconiennes. Pétain démissionnera et Lebrun se hâtera de vous rappeler. Vous reviendrez avec une nouvelle équipe et serez plus fort. » Par Geoffroy de Courcel, j'apprendrai plus tard que l'idée venait de Chautemps.

A bord, les esprits les plus avisés ont vite fait d'observer que, comme par hasard, il n'y a là que des hommes hostiles au nouveau pouvoir : Mandel, Campinchi, Jean Zay, Yvon Delbos, Daladier... Il y a également de jeunes parlementaires déjà connus pour être récalcitrants : Mendès France avec sa femme et ses deux fils ; Gabriel Delattre, Georges Izard, jeunes élus issus des élections du Front populaire de 1936. Les plus animés, les plus éloquents, sont Mandel et Campinchi. Ce dernier était une grande figure du barreau avant de se lancer dans la politique. Ils s'enquièrent de l'état d'esprit du capitaine et du personnel de bord. Les passagers les plus avertis subodorent que Darlan a sauté sur l'occasion pour se défaire des gêneurs. L'arrivée de Pétain au pouvoir a tout changé. Le « ticker », devant lequel on s'agglutine, annonce que des plénipotentiaires français sont partis en direction du lieu de rencontre ; ce sera Rethondes, où le vaincu de 1918 les attend en vainqueur. On spécule à tout va sur les conditions d'armistice. La salle à manger des premières classes est une véritable volière, où virevoltent les vraies-fausses nouvelles avant d'être immédiatement démenties.

Dans de telles circonstances tout le monde parle à tout le monde. Et puis, je suis en uniforme ; c'est plus commode pour me situer. J'interroge tous ceux qui sont devant le téléscripteur. On parle, on parle... sauf Daladier qui reste muet et prostré. Il s'est enfermé dans sa cabine et ne veut voir personne. Il retrouvera ses esprits en 1945

* Celui-ci partait pour sa dernière mission officielle, à Londres.

pour se faire réélire à la Constituante ! Je bavarde avec Jean Perrin, prix Nobel de physique, Julien Cain, administrateur de la Bibliothèque nationale, et Suzanne Schreiber, l'éternelle égérie du parti radical.

Le lendemain, le bruit court que le *Massilia* se déroute sur l'Angleterre ! Je vois quelques parlementaires tenir de longues parlotes avec le capitaine, qui finit par démentir cette rumeur et interdit tout contact entre son personnel et les personnalités embarquées. Il s'en tient à son ordre de mission, cosigné par Darlan. Campinchi est un des passagers de marque les plus écoutés. Au bar, il vitupère le nouveau pouvoir : « C'est une lourde erreur que de croire aujourd'hui que le Reich a gagné la guerre, sous prétexte que la France a été vaincue sur terre », dit-il. Selon lui, l'industrie américaine gagnera cette guerre. « Notre défaite d'aujourd'hui a les mêmes conséquences sur la guerre que celles de la Belgique ou de la Serbie en 1914, ajoute-t-il. Il faut nous appuyer sur notre magnifique flotte. » Il a été ministre de la Marine jusqu'au 16 juin... Nous apprenons qu'Edouard Herriot et Jules Jeanneney étaient prévus sur le bateau. Notre départ aurait même été retardé jusqu'au 21 au matin afin de les attendre. C'est donc à eux qu'avec ma femme nous devons d'être à bord. Le paquebot partira finalement à 14 heures, sans eux.

23 juin. A bord du SS « Massilia »

Nous touchons le fond du précipice et de la honte. Le gouvernement Pétain-Weygand, constitué la semaine dernière, pour faire la paix à tout prix, a conclu l'armistice hier avec le Reich et a demandé ses conditions à l'Italie. Le programme adopté est très exactement à l'opposé de celui que je considérais lundi dernier comme le seul honorable et le seul possible. Tout ce qui devait être sauvé — et j'oubliais l'or — est sacrifié à la sauvegarde d'une portion de territoire français en résidence surveillée. Nos malheureux plénipotentiaires ont reçu la consigne d'obtenir à tout prix la cessation du combat et l'octroi d'une France-croupion soi-disant indépendante. Il ne manque pourtant pas de gens clairvoyants en France, doués de bon sens, pour voir ce qui nous attend. Le gouvernement est confié à une dizaine d'hommes aveugles et sourds qui n'agiraient pas autrement s'ils étaient à la solde de Hitler.

Le cataclysme touche à son comble dans tous les domaines. Non seulement la France est détruite, anéantie, mais elle est déshonorée.

Prisonniers à bord ?

Le 24 juin au matin, nous arrivons devant Casablanca. Notre bateau s'immobilise à environ un mille de la côte. Alors qu'une vedette de la marine accoste le *Massilia,* un officier monte à bord et informe le commandant de bord que son bâtiment n'est pas autorisé à entrer dans le port. Seuls les passagers ordinaires sont autorisés à descendre à terre. Les parlementaires, dont il possède la liste, sont consignés à bord. Ces instructions, dit-il, émanent de Bordeaux.

Le vacarme qui suit ces nouvelles est indescriptible. Les parlementaires prennent subitement conscience du piège : « Mais alors, nous sommes prisonniers ! » s'exclament-ils. Par réflexe professionnel, ils entrent sur-le-champ en délibération et signent un télégramme à l'attention du gouvernement, à Bordeaux, un autre au général Noguès, à Alger. Nous apprendrons bien plus tard à Londres l'arrestation de ceux qui la veille encore étaient ministres de la République.

Pour ma part, je fais partie des passagers ordinaires, aussi nous dépêchons-nous de profiter de l'autorisation qui nous est donnée de gagner la terre ferme. Nous bouclons nos bagages et gagnons le port. Ma femme et moi avons mis notre traversée à profit pour réfléchir sur notre avenir immédiat : descendre à l'hôtel et nous mettre en contact avec des gens que Janine connaît au Maroc.

Casablanca

Nous tâcherons d'éviter de dilapider le peu d'argent dont nous disposons en frais d'hôtel, en essayant de nous faire héberger le plus rapidement possible. Le problème va être de gagner Gibraltar... Nous descendons pour le moment à l'hôtel de Paris. Janine connaît les Noguès avec qui ses parents sont liés depuis fort longtemps. Il y a aussi les Le Dantec, qui l'ont connue petite fille. Elle feuillette l'annuaire et trouve le numéro des Le Dantec. Ces derniers, surpris et finalement heureux de la savoir à Casablanca, nous invitent à dîner le soir même. Je crois qu'ils sont surtout avides de nouvelles. En attendant, je tâche, pour la forme, de me mettre en règle au point de vue militaire. Je cours me présenter au général Petit, commandant la place de Casablanca. Les témoins venant de France se font rares, aussi me reçoit-il immédiatement, avec la plus grande cordialité. J'éprouve le sentiment que mon interlocuteur perçoit la situation en métropole d'une manière extrêmement confuse. Plus généralement, les gens que nous côtoyons ici s'imaginent que cet armistice sollicité par le maréchal Pétain est un « truc » pour gagner du temps, afin de préserver la zone sud et parachever l'évacuation vers l'Afrique du Nord d'un maximum de troupes, d'armes et d'aviation. Nul ne doute de la poursuite de la guerre de ce côté-ci de la Méditerranée. Ainsi, personne ne s'étonne de la venue au Maroc d'officiers de France. Je dis simplement que j'ai sauté dans un bateau afin de ne pas être fait prisonnier ! Le général m'approuve chaleureusement : les occasions de servir et de me battre ne vont pas manquer ! Je me fais affecter à une unité de spahis. Dans l'immédiat je compte à l'escadron du train de Casablanca où je devrai me présenter pour toucher ma solde. J'apprécie dans un moment comme celui-là les bienfaits de l'administration militaire... et la perception de ma solde !

On croise ici toutes sortes d'uniformes : français, belges, polonais, tchèques, norvégiens, marins anglais... J'ai même aperçu les membres d'un gouvernement allié, le Premier ministre belge Pierlot accompagné de son ministre des Affaires étrangères, Paul-Henri Spaak. Ils se demandent s'ils doivent rentrer à Bruxelles ou gagner Londres. Le cabinet belge mettra trois mois avant de se décider à prendre le chemin de l'exil londonien. Du côté de la Royal Navy, on plie bagage, mais les ordres sont stricts et les officiers restent sourds à toute sollicitation. Les Tchèques semblent les plus désorientés, ignorant tout de leur avenir. Les Polonais, avec des aviateurs nombreux, sont arrivés en France après le désastre de leurs armées en août 1939. Ils ont entrepris un long périple à travers les Balkans et sur le pourtour méditerranéen. La majorité d'entre eux proviennent d'un corps que le général Sikorski avait regroupé à Angers à la fin du mois d'août 1939. Ces éléments, très bien formés et aguerris, ont attendu pendant l'hiver d'être pourvus par le commandement français d'appareils en vue d'un nouvel engagement. Ils ont échoué au Maroc, échappant une seconde fois à l'ennemi. Et ils sont résolus à gagner l'Angleterre au plus vite.

Nous partons dîner chez les Le Dantec. Ils nous apparaissent vite craintifs et réservés. Le Dantec a été mobilisé comme capitaine de corvette. Il appartient à l'état-major de la marine, que commande l'amiral Platon qui m'avait été signalé, un mois plus tôt, pour sa conduite superbe lors de l'évacuation de Dunkerque. Le Dantec prétend être bien informé par l'état-major. Il fait une confiance aveugle à ses chefs militaires : Pétain, Darlan, Weygand. Eux seuls possèdent, assure-t-il, une vue d'ensemble de la situation. Ce réserviste, qui vit au milieu d'officiers d'active, leur a déjà emprunté, par mimétisme, leurs réactions.

Janine et moi nous regardons du coin de l'œil ; nous pensons en silence que nous n'aurions pas pu plus mal tomber ! Au reste, leur cuisine est bonne, aussi modérons-nous notre langage et taisons nos projets.

La presse du 25 juin apporte des détails sur les conditions de l'armistice. Nous voyons les premières cartes de cette nouvelle France, coupée en deux, par la ligne de démarcation. Entre-temps, Janine a appelé à Rabat la Résidence, où demeurent les Noguès. Mme Noguès doit être de retour le lendemain. Ma femme finit par la joindre ; elle l'invite à venir la voir dès le lendemain à Rabat. Elle lui envoie une voiture.

De retour à l'hôtel, nous rencontrons un des compagnons de fortune du *Massilia,* jeune lieutenant plein d'entrain et d'allant. Candidat comme nous à un départ vers Londres, il est en contact avec des aviateurs de la base de Casablanca qui sont en pleins préparatifs pour gagner Gibraltar à bord d'un Glenn-Martin. Malheureusement pour nous, l'avion est complet.

Il y a ici à Casablanca environ un millier de soldats, de nationalités diverses, rescapés de la drôle de guerre. Leur transit vers Gibraltar pose à leurs autorités des problèmes de logistique et d'intendance ; il faut trouver les bateaux, les affréter, les payer et obtenir des autorités militaires les visas de sortie. J'ai le sentiment que c'est de leur côté que la situation pourra se débloquer pour nous. Interdiction à tous les Français, civils ou militaires, de quitter librement le territoire ! Aussi, Janine et moi nous partageons-nous les tâches : elle intrigue du côté des Polonais tandis que j'agis auprès des Tchèques.

Jacques Bingen

Les Le Dantec nous convient à nouveau à déjeuner. Nous ne nous faisons pas prier. Alors que nous pénétrons dans le salon, je remarque la silhouette d'un jeune homme qui se découpe dans le cadre de la fenêtre. Il est debout, et s'appuie sur une canne. Janine marque un moment d'hésitation et finalement le reconnaît : c'est Jacques Bingen, qu'elle a connu avant-guerre chez des amis communs.

Il est grand, maigre, le front très haut. Son large sourire ne suffit pas à dissimuler des traits tirés et une extrême pâleur. Il porte l'uniforme distribué aux malades dans les hôpitaux militaires. Maladroitement cousus sur le rebord de sa veste, deux bouts de galons trahissent sa qualité d'officier. Il entame alors le récit qui va occuper le reste de notre déjeuner.

Jacques Bingen a été, comme moi, officier de liaison auprès de l'armée britannique au début de la guerre.

Après avoir passé quelques mois dans une batterie d'artillerie au début de l'hiver 1939, Jacques Bingen avait été affecté auprès de la 51e division écossaise, célèbre division de highlanders, connue pour ses faits d'armes pendant la Grande Guerre et considérée comme une unité d'élite du corps expéditionnaire britannique. Cette unité était une des rares parmi le BEF à avoir réussi à s'extirper de la poche de Dunkerque, en franchissant la Somme à temps, après de vaillants combats à Abbeville les 27 et 28 mai 1940. Ayant combattu aux ordres de la 4e division cuirassée du colonel de Gaulle, fraîchement promu général de brigade, elle avait reçu l'ordre de faire retraite vers Le Havre où des renforts anglais étaient censés la rejoindre. La 51e division s'était finalement retirée le long des côtes et s'était fait déborder sur son flanc par les blindés allemands. Dos à la mer, cernée à la hauteur de Saint-Valery-en-Caux, elle allait livrer bataille du 9 au 12 juin sous le commandement héroïque du général Fortune, jusqu'à épuisement de ses munitions et de ses forces. Alors que la majorité de son unité était décimée ou faite prisonnière, Jacques allait réussir, le 12 juin, à se jeter à l'eau et, bien que blessé, à nager quelques centaines de mètres jusqu'à une barque de pêcheurs, visible du rivage. A bout de force, il réussissait à atteindre l'embarcation de fortune où d'autres rescapés avaient pris place ; de là ils gagnaient le large à la rame et finissaient par croiser un bateau de pêche qui consentit à les amener jusqu'à Cherbourg. C'est l'hôpital militaire de Cherbourg qui allait lui prodiguer ses premiers soins. Mais déjà, l'avancée des Allemands menaçait Cherbourg.

Transporté en train à Bordeaux, il avait craint d'y être précédé par les Allemands. Il avait ainsi fait halte à La Rochelle où existait une succursale de la SAGA, compagnie de navigation qu'il dirigeait avant-guerre. Après s'être rendu au siège de la société et avoir obtenu, par chance, une place sur un caboteur qui se rendait en Afrique du Nord, naviguant au large de l'Espagne et du Portugal, il avait échoué à Casablanca. Le siège local de la SAGA, sa destination naturelle, était dirigé par le commandant Le Dantec.

Pendant le déjeuner, et malgré les réticences déjà évoquées à l'égard des Le Dantec, les propos que nous échangeons avec Jacques Bingen, pour nous, sont sans équivoque : nous partageons les mêmes préoccupations. Il est arrivé le matin même et nous considère déjà comme de vieux routiers. Son sort va se sceller au nôtre.

Au fil du repas, son visage s'est détendu. A présent, il rayonne d'un large sourire qui révèle une denture parfaite, d'une blancheur éclatante. L'état pitoyable de ses mains, en revanche, attire mon attention. Je sens qu'il a hâte de sortir pour parler avec nous en toute liberté. Il décide, sur-le-champ, de descendre à notre hôtel. Comme moi, il ira à son tour se présenter devant le général Petit. Nous prenons congé des Le Dantec et nous sautons dans un fiacre.

Visite à la générale Noguès

Le général Noguès, résident général au Maroc, est en outre depuis l'automne 1939 commandant en chef du théâtre d'opérations d'Afrique du Nord. Il habite à ce titre à Alger mais sa femme est restée à Rabat. Les Noguès sont, de longue date, des amis de la famille de ma femme *. Elle envoie à Janine une voiture de la Résidence. Janine est reçue avec chaleur par Mme Noguès qui lui livre son sentiment sur les affaires du monde : à première vue, elle est

* De 1906 à 1914, Robert Raynaud, père de Janine, était directeur-fondateur de *la Dépêche du Maroc*, seul journal de langue française au Maghreb. Il résidait à Tanger avec sa famille. Avec le consul général Revoil et le concours de son ami Si Kaddour Ben Gabbrit, il fut l'un des artisans les plus agissants de ce qui conduisit en 1912 au protectorat de la France sur le Maroc, triomphant des assauts répétés de la Grande-Bretagne, de l'Allemagne et de l'Espagne.

persuadée que l'Afrique du Nord va rester dans la guerre ; son mari vient d'ailleurs d'adresser à Weygand un télégramme plaidant éloquemment en ce sens. En digne fille de Delcassé, elle a bu l'Entente cordiale à la source et reste une anglophile fervente. Selon elle, il faut être patient, un retournement de situation va se produire. Elle nous propose gentiment de nous héberger à l'annexe de la Résidence de Casablanca, afin de nous épargner les frais d'hôtel !

La position de Noguès est paradoxale : il a pesé de tout son poids auprès de Weygand et de Pétain pour les entraîner dans la poursuite de la guerre. Il a fourni de solides arguments en ce sens. C'est un colonial, qui n'a pas d'affinités particulières avec ces deux « métropolitains ». Ils sont néanmoins ses chefs et détiennent le pouvoir ; lorsque l'ordre impératif d'obéir lui parviendra, Noguès obéira comme un sous-lieutenant.

Profitant de son passage à Rabat, Janine a la brillante idée de se rendre au QG de l'aviation qui s'y est repliée, commandé par le général d'Astier de La Vigerie. Il est le frère d'Emmanuel d'Astier, futur fondateur du mouvement de résistance métropolitaine Libération-Sud, et membre du comité directeur des mouvements de zone sud. Emmanuel d'Astier succédera par la suite à André Philip à la tête du commissariat à l'Intérieur à Alger. L'officier d'ordonnance du général est l'excellent Robert de Billy, dont les réceptions fastueuses dans son hôtel de la rue Saint-Dominique attiraient les hommes politiques et les mondains.

Ses interlocuteurs, avides de nouvelles de la métropole, l'accueillent à bras ouverts ! Ils vivent dans l'ignorance la plus totale des événements dramatiques qui se déroulent en France. Pas question d'évoquer nos projets londoniens avec eux ; ils ne pourraient pas comprendre. Ils lancent au hasard une idée saugrenue qui se révélera en réalité très fructueuse : ils souhaitent organiser une soirée — c'est bien le moment — au mess des officiers et expriment le désir que Janine, dont Billy connaît le talent d'amateur, revienne à Rabat avec sa guitare.

Compagnon de la Libération à titre posthume

Le lendemain de son retour à Casablanca, Janine nous fait son rapport. Pas grand-chose à se mettre sous la dent ! Elle est abordée, au bar de l'hôtel de France, par un officier d'aviation français, le lieutenant Duplessis. Elle engage la conversation : « Mais, au fait, ne nous sommes-nous pas déjà rencontrés ? Il me semble que nous avons dîné ensemble cet hiver chez les B. à Paris, où vous étiez en permission », lui dit-elle. Duplessis tressaille et l'entraîne hors du bar afin d'éviter les espions qui sont partout. Ils parlent librement et elle lui révèle qu'elle fait équipe avec deux officiers français, dont l'un est son mari, et qu'elle recherche une solution pour fuir au plus vite vers l'Angleterre. Il lui confie à son tour qu'il projette de se rendre à Gibraltar avec son Glenn-Martin. Deux autres appareils l'accompagnent, mais il ne reste qu'une place. Janine refuse de se séparer de ses compagnons d'infortune, même pour deux heures de vol. Il lui propose alors de la présenter au colonel Ijiski qui commande le détachement des aviateurs polonais et qui s'apprête à embarquer d'ici peu à Port-Lyautey sur un cargo avec trois cents pilotes et mécaniciens et un petit voilier, l'*Iskra.* Il a fallu à Ijiski pas moins d'une semaine de formalités administratives avec l'Amirauté à Bordeaux pour obtenir les autorisations voulues. Le 30 juin, il touche au but.

Sur ces entrefaites, Bingen et moi-même rejoignons Janine au bar de l'hôtel de France. Elle est au comble de l'enthousiasme et nous déverse ce torrent de nouvelles. En hâte, elle doit partir à l'autre bout de la ville en taxi avec Duplessis, qui est en contact avec les Polonais, afin de rencontrer le fameux colonel Ijiski.

En l'attendant, Jacques et moi dînons tête à tête à l'hôtel. Il est près de minuit quand elle rentre. Elle a conquis le colonel qui est prêt à nous embarquer... et à faire passer Janine pour sa femme en cas de contrôle ! Le lendemain matin, nous devrons entrer en relation avec son adjoint, le capitaine Michel Kowalski. Celui-ci pose deux conditions à notre départ : nous devons gagner Port-Lyautey par nos propres moyens en nous présentant le 2 juillet au soir et Janine doit emporter sa guitare !

Nos propres moyens, cela signifie rallier Port-Lyautey en taxi, ce qui est a priori impossible sans laissez-passer. Nous faisons nos adieux émus à Duplessis et le remercions chaleureusement. Nous apprendrons quelques semaines plus tard à Londres que son avion s'est écrasé après avoir été pris dans le feu des tirs de la DCA espagnole. Les deux premiers appareils sont passés, pas le sien. Lui-même et les deux autres pilotes, plus heureux, seront faits Compagnons de la Libération par le général de Gaulle, à titre posthume quant à lui, lors de la création de l'ordre en novembre 1940. Ils étaient les premiers volontaires à faire le sacrifice de leur vie au lendemain de l'armistice, pour rejoindre le général de Gaulle !

Sous l'aile de la Pologne

Le lendemain, à l'aube, nous retrouvons Michel Kowalski. Il nous expose avec pondération les plans d'évacuation et d'évasion : le colonel, lui-même et quelques officiers vont embarquer le lendemain soir à bord de l'*Iskra,* navire-école de l'Amirauté polonaise qui quittera Port-Lyautey dans la nuit du 2 au 3 juillet en direction de Gibraltar. Un cargo avec le gros de la troupe suivra. Nous sommes invités à bord de l'*Iskra !* Encore une fois, la guitare de Janine a tapé dans l'œil du colonel Ijiski, cela nous permettra de voyager avec les officiers.

Reste le problème des laissez-passer. Il faut découvrir d'urgence un moyen de quitter Casablanca. Janine, encore une fois, trouve la parade ! Elle se souvient que le général d'Astier l'a conviée à venir donner un concert à Rabat. Il n'y a là rien qui puisse éveiller la méfiance d'un commissaire de police. Nous dépêchons Janine au commissariat. D'un air très naturel, elle demande un laissez-passer pour aller donner un concert à l'état-major de l'aviation à Rabat. Elle ajoute que sont avec elle deux musiciens accompagnateurs. Impressionné, le commissaire vérifie auprès de la puissance invitante à Rabat et accorde le tout sur l'heure. Janine, depuis notre arrivée à Casablanca, s'est dépensée sans compter et nous voilà récompensés de ses efforts !

Nous sommes dans un état second ! Reste une demi-journée pour nous organiser. Janine sait Mme Noguès de passage à Casablanca pour la journée et souhaite la remercier de son accueil, tout en l'informant de nos projets. Celle-ci écoute en silence et jure aussitôt qu'elle n'a rien entendu. Elle a les larmes aux yeux. Elle alerte cependant Janine sur le fait que la flotte anglaise cingle vers les côtes algériennes où stationne une partie de la flotte française. Les nouvelles concernant l'Angleterre sont alarmantes. « Si les Britanniques perdent la guerre, lui dit-elle, vous ne reverrez peut-être jamais la France. » Elle souhaite à Janine tout le bonheur possible et l'embrasse longuement. Pendant ce temps, Jacques et moi nous procurons des vêtements civils pour quitter Casablanca. A Port-Lyautey, nos amis polonais nous fourniront des uniformes polonais et Janine revêtira sa blouse d'infirmière. Nos uniformes français seront dissimulés dans nos sacs de marin.

Nous arrivons à la gare maritime de Port-Lyautey, et constatons que Kowalski a décidément pensé à tout : il a fait descendre à quai trois aviateurs dont nous utilisons les laissez-passer pour monter à bord de l'*Iskra*. Après un tour de passe-passe, ils récupéreront ces précieux documents et pourront à leur tour franchir les grilles. Une fois à bord, on nous informe que les douanes françaises vont visiter le bateau. Il faut aller vite. Nous nous cachons au fond de la cale, dissimulés sous les sacs de ravitaillement. On nous fait entrer la tête la première dans des sacs à pommes de terre, pour mieux nous mêler au reste des provisions. Nous restons un bon moment dans la cale, jusqu'au départ du pilote qui regagne la terre.

Dans la nuit du 2 au 3 juillet, avant le jour, l'*Iskra* quitte les eaux territoriales françaises et nous pouvons monter sur le pont. Le temps est radieux. Le soir, la radio nous informe de la tragédie de Mers el-Kébir. Le récit de Radio-Paris, orchestré par la propagande allemande, explique aux Français que la flotte anglaise, face à la baie d'Oran, a ouvert le feu sans préavis sur notre escadre, l'envoyant par le fond tout en faisant deux mille morts et autant de blessés.

Mers el-Kébir

Le 13 juin, en Conseil interallié, Paul Reynaud avait posé à Churchill la question de savoir quelle serait l'attitude de la Grande-Bretagne au cas où, contrairement au pacte conclu en mars 1940 par les deux pays visant à refuser toute paix séparée, la France se sentirait contrainte de solliciter un armistice ? Le 14 juin, le Premier ministre anglais lui a répondu que son pays s'inclinerait, mais à une condition : que la flotte française rejoigne les ports anglais pendant la durée des négociations. Le gouvernement de Vichy ignorera sciemment cet engagement dans les instructions données à ses plénipotentiaires *. Or, la position géographique d'Oran met cette flotte de Mers el-Kébir à deux heures de vol de l'Italie. Notre escadre avait pour seul ordre de l'Amirauté de franchir le détroit

* M. Churchill a omis de demander sur-le-champ un accord écrit du gouvernement français sur la condition posée par Londres.

de Gibraltar et de se répartir entre deux sites : Mers el-Kébir * et Oran. En outre, en plus de la flotte de Mers, d'autres bâtiments mouillent au large d'Oran, comme le porte-avions *Commandant-Teste,* divers torpilleurs et avisos, ainsi que quatre sous-marins. Bien des semaines plus tard, à Londres, je pourrai reconstituer le drame tel que l'ont vécu les Anglais et, dans cette affaire, leur bonne foi est indiscutable.

Winston Churchill a parfaitement conscience que cette flotte, à portée des Allemands, représente une menace mortelle et permanente. Il convoque son état-major de guerre. Il explique son inquiétude. Pour l'amiral Sir Dudley Pound, commandant en chef, il ajoute : « Ils étaient hier encore vos camarades ! Entre marins, il y a toujours moyen de s'entendre ; arrangez-vous ! » Il prescrit qu'on donne l'ordre à l'amiral Somerville, dont l'escadre est en Méditerranée, de faire cap sur Oran et d'entrer en contact avec le commandant de l'escadre française, l'amiral Gensoul. Il devra lui expliquer que cette flotte est une menace insupportable pour l'Angleterre. Soit son escadre fait mouvement dans l'immédiat vers la Martinique, soit elle est coulée. Somerville est autorisé à donner à ce qui précède la forme d'un ultimatum. « Après tout, déclare Churchill, ce n'est pas nous qui avons créé cette situation ! » La concertation entre Somerville et Londres nécessitera de longs échanges de câbles et s'étendra sur quelques jours. Le commandant français se voit offrir le choix entre quatre solutions :

1) L'escadre française rallie la flotte de Sa Majesté britannique et continue la guerre.

2) L'escadre française se saborde.

3) L'escadre française est coulée.

4) L'escadre française, à effectifs réduits, gagne sous escorte anglaise l'Atlantique et va s'embosser à Fort-de-France aux côtés de celle de l'amiral Robert. L'Amirauté britannique s'engage à rapatrier les personnels désirant le retour.

Le 3 juillet, à 7 heures du matin, l'amiral Gensoul reçoit de l'amiral Somerville par radio une invitation à venir le rencontrer à son bord. L'amiral Gensoul refuse de s'y rendre et ne répond pas. Il témoigne d'une grande nervosité. L'amiral Somerville confie au

* L'escadre de Mers el-Kébir comprenait quatre cuirassés, *Dunkerque,* battant pavillon du vice-amiral Gensoul, *Strasbourg, Provence, Bretagne,* et six contre-torpilleurs, *Volta, Mogador, Terrible, Lynx, Tigre* et *Kersaint.*

commandant Holland le soin d'aller porter le message qu'il aurait voulu lui remettre lui-même en mains propres. Holland parle le français à la perfection, il a été adjoint de l'attaché naval à Paris. C'est un ami déclaré de la France. Gensoul fait signifier à Holland son refus de le recevoir, par le truchement de son officier d'ordonnance. Malgré le manque de tact d'un tel procédé, le commandant insiste pour obtenir une entrevue avec l'amiral afin de lui remettre un pli en mains propres. Découragé, il remettra le pli à l'officier d'ordonnance. Celui-ci témoignera ultérieurement de la fébrilité de Gensoul en ouvrant l'enveloppe ; il ne lira que les premières lignes, refusant de prendre la moindre initiative sans l'aval de Darlan. Malgré ses efforts répétés pour se décharger d'une responsabilité qui l'écrase, il ne pourra joindre Darlan.

Le gouvernement Pétain quitte Bordeaux pour Vichy. Le 3, l'amiral Darlan est sur la route entre Bordeaux et Vichy et fait halte en chemin dans sa famille. Personne à Vichy ne sait comment le joindre. Les câbles de Gensoul sont de plus en plus pressants, mais sans résultat. L'ultimatum posé par les Britanniques prend fin à 14 heures puis est différé d'une heure dans le vain espoir d'un revirement de Gensoul. Celui-ci s'entête à vouloir obtenir un ordre de Darlan à tout prix, alors que l'heure tourne. Il s'enferme dans un mutisme dramatique. Pendant ce temps, Holland fait la navette entre Somerville et les Français, tentant d'éviter le pire par tous les moyens. Gensoul ne sort pas de son silence fiévreux. Holland rejoint finalement son bord, les larmes aux yeux. A 16 h 57, le canon tonne pendant dix-huit minutes.

Comme le dit un marin rescapé présent sur la base au moment de l'attaque : « En dépit d'une atmosphère incertaine, en dépit de craintes imprécises, personne ne prévoyait ce qui allait se passer. Nous étions encore trop imprégnés de l'alliance anglaise pour imaginer une agression brutale. »

Le gouvernement anglais et le général de Gaulle apprendront seulement à la fin de la guerre que, dans ses câbles à l'Amirauté, Gensoul n'avait pas mentionné la quatrième option proposée par les Britanniques ! Précisément celle qui lui offrait de cingler vers la Martinique ou vers un port américain ; la seule compatible avec l'honneur militaire.

Dans le même temps, face à Alexandrie, l'amiral Cunningham négociait avec l'amiral Godfroy, commandant de l'escadre française de la Méditerranée. La situation était légèrement différente, parce que Alexandrie ne se trouvait pas directement menacée par une mainmise germano-italienne. Il signe avec lui sans difficulté un gentlemen's agreement aux termes duquel l'escadre française sera désarmée sur place.

Fin juin, Mme Noguès avait mentionné à ma femme le passage devant Gibraltar d'une force navale anglaise en direction de l'est ; c'était l'escadre de l'Atlantique britannique qui se rendait devant Oran.

Mais pour trouver un terrain d'entente avec les Anglais, il eût fallu que l'amiral acceptât de causer avec son camarade de la veille. C'était son devoir, car le règlement stipule qu'en cas de « forteresse assiégée » le commandant d'escadre *décide* et rend compte.

Dès l'été 1940, Spears avait informé le général de Gaulle de ce que l'on savait à Londres de l'affaire. L'Amirauté anglaise continuera longtemps de s'interroger sur la raison de l'entêtement du Français. L'interprétation du Foreign Office fut que l'affaire avait été probablement soumise par Vichy à la commission d'armistice de Wiesbaden ! Elle reflétait le vœu des Anglais de trouver une explication plausible à une attitude insensée...

Passé les heures de la Libération, il était devenu en France impossible d'instruire une telle affaire sans ruiner tous les efforts faits par de Gaulle pour assurer l'union des Français, l'unité de nos forces si difficile à obtenir, l'amalgame ! Un procès fait à Gensoul aurait déclenché une nouvelle poussée d'anglophobie — surtout de la part des marins — à une heure de notre histoire nationale où il fallait panser toutes les plaies, oublier ce qui divise et exalter ce qui rassemble.

Le beau livre d'Alain Peyrefitte *C'était de Gaulle,* en son tome 1 *, évoque un entretien que l'auteur eut avec le Général. Il lui demandait s'il avait eu, pendant cette guerre, des heures où, saisi de découragement, il avait songé à renoncer : Oui ! Pour Dakar ? Non ! pour Mers el-Kébir **.

Ceci est le mot de la fin.

Mais le plus étrange est que, jusque dans leurs élites, les Français en soient restés à la fable génialement diffusée par Goebbels et naturellement reprise par Radio-Paris et toute la presse.

---

* Cf. Alain Peyrefitte, *C'était de Gaulle,* Editions de Fallois/Fayard, 1990, tome 1, p. 145.

** Cf. *La Tragédie de Mers el-Kébir,* par Albert Kammerer, ambassadeur de France, Editions Médicis, Paris, 1945.

Des manuels scolaires continuent aujourd'hui encore d'accréditer cette horrible légende.

Jacques Bingen et moi sommes alors atterrés. Quelques semaines plus tôt marins français et britanniques conjugués formaient ensemble une des principales puissances navales du monde, proche en tonnage et en puissance de feu de celles des Etats-Unis ou du Japon. Nos sous-marins contrôlaient l'Atlantique Nord et la Méditerranée. Malgré notre anglophilie, au fond de nous-mêmes, nous ressentions cette affaire comme un suprême outrage. L'ordre donné par Churchill d'envoyer par le fond un fleuron de notre flotte nous parut être une faute grave, et surtout incompréhensible. Notre marine ne se rallierait jamais à l'idée de la poursuite de la guerre aux côtés de l'Angleterre, et un regain d'anglophobie allait à nouveau l'envahir. Pour beaucoup, Mers el-Kébir sera la preuve vivante que l'Anglais est bien l'ennemi traditionnel de la France et que cette affaire n'est qu'une répétition de Trafalgar ou de Fachoda, après la brève parenthèse de l'Entente cordiale, miroir aux alouettes d'Edouard VII et de Delcassé. En dépit de ce chagrin intime, il nous restait cependant assez de lucidité pour mesurer que l'ennemi demeurait, malgré tout, le IIIe Reich et qu'il nous fallait poursuivre notre décision de rallier le seul pays encore en guerre. Le débat s'était engagé avec nos amis aviateurs polonais, le ton monta très vite, nous étions unanimes dans notre sentiment d'horreur. Oui, nous étions pour la poursuite de la guerre aux côtés de l'Angleterre, mais nous condamnions sans réserve l'agression de Mers el-Kébir.

A partir de 1942, de Gaulle n'eut qu'une idée, l'amalgame. L'unité, le rassemblement des forces de tous les théâtres d'opérations. Unité de la Résistance, on le verra, et unité de l'armée, de la marine. Amalgame de la colonne Leclerc, déboulant du désert en Tunisie, après un baroud de près de trois ans à travers l'Afrique, avec l'armée dite d'Algérie, restée l'arme au pied depuis les armistices et qui avait opté pour Giraud. On sait qu'en ce qui concerne les forces terrestres, la rancune entre unités de diverses obédiences sera tenace. Il faudra les exploits de la campagne d'Italie et la bataille du Garigliano pour fondre ces hommes dans le creuset d'une seule et même armée, d'une seule France. La campagne qui les conduira jusqu'au-delà du Rhin achèvera cette fusion. Les rancunes seront plus tenaces dans la marine dont les cadres étaient majoritairement restés fidèles au maréchal Pétain. Cette fidélité aveuglera bien des officiers, parfois de manière déconcertante, à l'image de l'amiral de Laborde, commandant de l'escadre de Toulon. Recevant, en 1942, l'appel pressant de Darlan de rallier Alger avec son escadre, il considérera l'amiral Darlan comme l'otage des Américains et sabordera sa flotte, au nom de sa parole donnée en 1940... au maréchal Pétain. C'est ainsi que l'essentiel de la plus belle flotte qu'avait possédée la France au cours de son histoire aura disparu morceau par morceau. Elle n'aurait jamais combattu depuis 1940 si notre petite marine des Forces Françaises Libres n'avait pas sauvé l'honneur.

La mémoire conflictuelle de cet événement dramatique ne s'est pas éteinte avec Gensoul, mort dans son lit sans avoir jamais été inquiété, comme en témoigne l'histoire qui suit. Le 12 novembre 1998, au lendemain de l'inauguration de la statue de Winston Churchill à Paris, les mains de ce grand homme, héros moderne d'une nouvelle *Iliade,* avaient été barbouillées de peinture rouge. A l'occasion de l'appel de fonds pour l'érection de la statue, un de ceux que je sollicitais m'avait sèchement répondu : « Pas un sou pour le boucher de Mers el-Kébir ! »

Mers el-Kébir : annonciateur du fiasco de Dakar

On ne peut, selon moi, comprendre le fiasco de l'expédition de Dakar qui aura lieu trois mois plus tard, si l'on fait l'impasse sur Mers el-Kébir. La résistance acharnée qu'opposeront les défenseurs de Dakar à l'expédition navale franco-britannique s'explique avant tout par la volonté de laver l'affront et la honte de Mers el-Kébir ! Cet échec de Churchill et de De Gaulle devant Dakar s'inscrit dans le droit fil du drame de Mers el-Kébir.

La fièvre retombée, nous sommes trop malheureux pour profiter du climat merveilleux de cette traversée. Hors du temps et arrachés à la sinistre réalité de la guerre, nous cinglons sur l'Océan. Janine, sur le pont, avec sa guitare, chante des ballades nostalgiques. Nous participons à un instant particulier où le destin semble soudain s'accélérer, s'emballer. En quittant ce continent africain, qui nous est désormais fermé, nous quittons un univers, une époque. Bien sûr, la guerre a fait fi de nos habitudes, mais ce nouveau départ achève une révolution en nous ; nous basculons bel et bien dans un autre monde. Nous disons adieu à notre jeunesse. J'ai vingt-huit ans et je souhaite désormais être un acteur à part entière de ce drame qui s'amorce.

Gibraltar

Alors que les côtes du continent s'estompent, nous voyons poindre le rocher de Gibraltar. Nous ne sommes pas les seuls à nous présenter. Les autorités britanniques ont pris toutes les dispositions pour canaliser et filtrer les *aliens* civils et militaires et assurer leur transbordement immédiat sur des cargos ancrés en rade. On nous informe qu'à notre arrivée en Grande-Bretagne nous passerons par des camps de transit. Notre groupe est aussitôt dirigé vers l'*Arzion,* cargo réquisitionné. Il bat pavillon palestinien. Il déborde déjà d'aviateurs polonais. Comme prévu, le colonel Ijiski fait passer Janine pour son épouse. Elle est la seule femme à bord et se voit octroyer une des rares cabines du bateau. Recouvrant sur-le-champ mon privilège de mari, je profite également de sa cabine.

Elle est conviée à prendre ses repas à la table du commandant et ceci se révèle une aubaine dans la mesure où les vivres sont rares. Pendant les douze jours de navigation de notre cargo, en zigzag à travers l'Atlantique, jusqu'à Liverpool, notre petite équipe subsistera essentiellement des restes que cette invitée de luxe réussira à dissimuler dans un couffin, posé sur ses genoux pendant les repas. La vodka, en revanche, ne manque pas et coule à flots.

Cette jeunesse polonaise est magnifique : débordante de vie, d'entrain et de force athlétique. Son moral est intact alors que sa patrie a plié sous les bombes du blitzkrieg de l'été 39 et est à présent sous la botte allemande, dans un cortège de ruines. Ces aviateurs sont désœuvrés. Malgré la répétition de leur exil, ils gardent la foi. Ils se projettent dans un avenir meilleur, où sans aucun doute ils seront reconstitués en escadrilles et participeront à de nouvelles batailles. Parmi eux, nous sommes cinq ou six Français. Deux aviateurs, les frères Langer, qui n'ont en tête que de reprendre le combat. Ils appartiendront au groupe Lorraine et seront décorés plus tard de la croix de la Libération, dont l'un à titre posthume. Ils sont encore indécis sur Pétain, Weygand et de Gaulle, dont on sait alors peu de choses.

La voix de De Gaulle

Pourtant, le 14 juillet, le commandant de bord nous informe que « notre général de Gaulle » va parler à la BBC. A tour de rôle, Bingen et moi-même coiffons le casque du poste à galène. Nous ne recueillons que quelques bribes de la fin du discours mais la fermeté de ses propos nous confirme qu'il est là, ce qui est pour nous à la fois essentiel et réconfortant. Aucun de nous ne souhaite revêtir l'uniforme britannique s'il a le droit de choisir : c'est une unité française que nous souhaitons rallier. Avec de Gaulle, nous espérons que cela sera possible. La majeure partie de nos discussions à bord porte sur l'hypothèse d'une invasion de l'Angleterre. Les avis divergent, mais tous sont unanimes à penser que le sort des armes se scellera dans les airs. Au pire, l'Angleterre vaincue poursuivrait sans aucun doute la guerre depuis le Canada avec le soutien des Etats-Unis... Pour l'heure nous redoutons surtout une torpille allemande qui nous enverrait par le fond.

Nous approchons de Liverpool où l'arrivée est prévue pour le 16 juillet. Nous retiendrons de ces camarades polonais un souvenir impérissable, fait d'allégresse et de gratitude. La fraternité de ces merveilleux compagnons aura décidé de notre sort. Sans eux, quitter le Maroc serait resté un vœu pieux.

J'en conserve aujourd'hui une profonde gratitude. A Michel Wierusch Kowalski, au futur général Ijiski et à tous ces Polonais qui furent nos frères dans cette épreuve. Fils d'un peuple illustre, toujours menacé, jamais vaincu, ils se distingueront dans le ciel d'Angleterre et d'Europe.

Dans l'instant présent, je songe au général de Gaulle, à Londres. Dans ma candeur naïve, je m'imagine le sous-secrétaire d'Etat à la Guerre de Paul Reynaud rassemblant autour de sa personne un faisceau serré des notabilités françaises présentes à Londres ; elles sont nombreuses. La France et l'Angleterre se sont engagées dans ce conflit main dans la main, en 1939, et je fais l'inventaire de la multitude des missions couvrant tous les domaines qu'elles sont chargées de couvrir : activités militaires, scientifiques, économiques, financières, sociales, etc. Tous les ministères techniques ont en principe un délégué à Londres. Il y a ainsi plusieurs centaines de représentants de l'administration, du patronat, de l'industrie, de la banque, de la presse, des transports maritimes, des syndicats... Coiffant toutes ces missions, un diplomate en disponibilité et écrivain illustre : Paul Morand. L'ambassade, sous l'autorité de Corbin, fonctionne sûrement grâce à un renfort de personnel. J'imagine le comité hautement représentatif que de Gaulle a déjà pu constituer, autour de lui.

PREMIÈRE PARTIE

LONDRES

Liverpool

Le 16 juillet, nous arrivons à Liverpool. Sur le quai, j'aperçois avec réconfort un képi français. Il s'agit du lieutenant Lahana, chargé par les services du général de Gaulle d'accueillir les nouveaux venus, en provenance du Maroc. Cette source va vite se tarir avec la fermeture des frontières consécutive à Mers el-Kébir. Une question me brûle les lèvres : « Qui est autour du général de Gaulle ? » A ma grande surprise il ne me cite que quelques rares noms, inconnus pour la plupart. J'en conclus que de Gaulle est seul. Je retiens à la volée un nom qui me dit quelque chose, celui de l'officier d'ordonnance du Général, un certain lieutenant de Courcel, mais mon informateur n'en sait pas plus. L'orthographe de son nom ? Courcel ? Courcelles ? Cinq années de lutte réserveront ainsi leur lot de surprises, pour le meilleur et pour le pire. Pour l'heure, c'est un hasard heureux. Geoffroy de Courcel a usé les mêmes bancs que moi au collège Stanislas. Je suis comme le petit Poucet et mon prochain repère vers de Gaulle est Courcel.

Surprise ! Aucun contrôle d'aucune sorte. Les espions de l'amiral Canaris doivent s'en donner à cœur joie.

Pourquoi venez-vous ?

A partir de juin 1940 jusqu'à la fin des hostilités, la Grande-Bretagne s'est réellement mise sur pied de guerre aux ordres de Churchill. Elle a notamment renforcé tous les ports d'immigration et soumis à de sévères interrogatoires tous les arrivants. Il s'agissait notamment de démasquer les espions. A Londres, le lieu de passage obligatoire était installé dans une ancienne école, Patriotic School. Tous les Français, depuis les jeunes volontaires encore imberbes jusqu'aux marins pêcheurs, femmes et hommes, étaient passés au crible.

Il s'est trouvé qu'à notre arrivée à Liverpool le 16 juillet 1940, ce service n'a pas fonctionné. Nous avons échappé, à notre descente de l'*Arzion,* à toute formalité et nous nous sommes mêlés aux autres voyageurs prenant le train pour Londres.

Il me semble que le temps est venu de me mettre enfin en règle avec les services de police et de répondre à la question rituelle qui devait m'être posée à Liverpool le 16 juillet 1940 : « Pourquoi venez-vous en Angleterre ? »

C'est pour une raison simple, sinon simpliste : à mes yeux notre intérêt, autant que notre honneur, exige que nous poursuivions la guerre aux côtés de ceux qui n'ont pas déposé les armes. Il ne reste dans le monde que les Anglais. Rejoignons les Anglais ! Puisque nos institutions s'effondrent, qu'au moins des individus témoignent pour la France. A ce réflexe national, j'apprendrai bientôt que je n'aurai pas été le seul à obéir. Un peu partout dans l'univers d'autres Français, rares certes mais résolus, se dresseront dans leur absolu dénuement. Gestes isolés, dérisoires, mais même affirmation. Parmi eux, il en est un qui le fera avec son génie, Charles de Gaulle, mais nous n'en aurons la révélation que plus tard.

Pourtant ce sursaut de l'instinct s'appuie aussi sur le raisonnement. Jour et nuit, j'ai l'obsession que nous avons une flotte intacte, et quelle flotte ! L'or de la Banque de France est en sécurité à Dakar et à la Martinique. Nous disposons d'un Empire ; d'abord il y a l'Afrique.

Ce que veut Hitler, c'est en finir au plus vite avec l'Angleterre, afin de mieux régler ensuite le sort de la Russie.

Au fond de moi il y a la conviction en ce mois de juin 1940, qu'il ne cherchera même pas à s'aventurer en Afrique du Nord : à l'abri des flottes alliées, celle-ci est invulnérable. La Méditerranée doit être pour nous ce que fut la Marne pour Joffre. Elle représente par sa profondeur un obstacle formidable, avec sur son flanc une Espagne incertaine. Il ne faut pas être grand clerc pour voir cela. J'écume de rage que les gouvernants de mon pays tournent le dos à ces évidences.

Après la guerre, le dépouillement des archives allemandes a révélé qu'en juillet 1940 il n'existait pas de plan d'invasion de la Grande-Bretagne. Le Haut Commandement, qui peaufinait depuis des lustres les plans d'invasion de la France, était démuni de toute instruction concernant l'Angleterre ! A fortiori l'Afrique du Nord était terra incognita. Quand, plus tard, Hitler verra les forces italiennes en difficulté face aux Anglais, il lui faudra de longs mois pour mettre sur pied le corps expéditionnaire de Rommel.

Ce que j'en dis ici est pour répondre à tous les défaitistes, à tous les peureux pour qui vouloir continuer la guerre à partir de l'Afrique du Nord était pure folie : « Hitler n'en ferait qu'une bouchée ! »

On est en droit de s'interroger sur les causes de cette immense lacune, quand on sait à quel point les Allemands ne laissent rien au hasard, n'improvisent rien et quelle préparation longue et minutieuse est requise pour des opérations aussi complexes. Peut-être peut-on tenter de l'expliquer par la confiance quasi aveugle qu'accordait Adolf Hitler aux avis de Ribbentrop, considéré à Berlin, depuis son ambassade à la cour de Saint James, comme le grand expert ès affaires britanniques. Ribbentrop affirmait péremptoirement à chaque occasion que l'Angleterre avait perdu tout ressort, qu'elle était en pleine déchéance et qu'elle ne survivrait pas un seul jour à une défaite de la France. Il est vrai que les gouvernants anglais que Ribbentrop avait fréquentés n'offraient pas un spectacle imposant ; les Baldwin, Chamberlain, Halifax, Runcinam, R.A. Butler... étaient des munichois bien avant la lettre et, s'il n'avait pas abdiqué en 1936, ce n'est pas le roi Edouard VIII qui aurait dressé beaucoup d'obstacles à des accommodements avec Hitler. Vint Munich ! Ce fut le triomphe de Ribbentrop. Il avait annoncé la veulerie des « ploutocraties » anglaise et française, il avait tout prédit. Qu'Hitler accroisse toujours davantage sa pression et il verrait les Occidentaux aller d'abandon en abandon. Ribbentrop se portait fort des intelligences qu'il entretenait sur place à Londres, comme Abetz à Paris. Il se trouverait là, de même qu'ailleurs en

Europe, des personnalités éminentes qui voleraient au secours de la victoire allemande. A l'ouest, il faudrait d'abord donner un coup de boutoir et enfoncer l'armée française. Dès lors, l'effet de dominos jouerait à plein et les gouvernements français et anglais, de concert, négocieraient des armistices.

Certes Ribbentrop n'avait pas prévu la déclaration de guerre simultanée de Londres et de Paris. Mais il n'eut pas de peine à convaincre son Führer qu'il ne s'agissait de leur part que d'un dernier soubresaut. La meilleure preuve : cet état de non-guerre prévalant pendant l'hiver 1939-1940 et se prolongeant au printemps. Une guerre-éclair ferait tomber le dernier rempart !

Les choses ne se passèrent ainsi qu'à demi. Ribbentrop vit juste pour la France, mais se trompa lourdement sur l'Angleterre. C'est qu'il avait ignoré le phénomène churchillien. De son temps, à Londres, Winston Churchill était isolé dans son opposition et ne comptait pas, aux yeux de l'ambassadeur allemand. Personne ne saura pourtant jamais ce qui serait advenu du Royaume-Uni en juin 1940, sans Churchill.

Bien des politiciens britanniques, sous le choc du désastre français, auraient pu, en toute bonne foi, estimer que la rupture de l'alliance laissait l'Angleterre dans une situation désespérée et qu'il importait de rechercher au plus vite les conditions honorables d'un arrêt des combats.

C'est le phénomène churchillien qui prend Hitler de court. Pour la première fois, après des années de succès ininterrompus ou de conquêtes, ce n'est plus lui qui décide du sort des peuples. Celui dont l'Europe attend désormais les messages avec avidité c'est un lion qui de Londres rugit et lance à Hitler un NON sans appel. Eh bien ! fin juin 1940, Ribbentrop éprouve la cruelle déception de ne pouvoir, contre son attente, s'emparer de l'Angleterre par téléphone, pour la mettre aux pieds de son Führer !

Ma seconde certitude quant à l'obligation qui s'impose de poursuivre la guerre est que nous n'avons pas affaire à un ennemi quelconque, mais à l'hydre nazie. Avec elle, aucun compromis n'est possible : il faudra la terrasser, la détruire. Le salut n'est qu'à ce prix. Je viens de passer deux années à Berlin. J'ai vu Hitler à l'œuvre chez lui et chez ses voisins. Je l'ai vu éliminer par système les élites réfractaires, bâtir les camps où il jette ses opposants, ériger en théorie philosophique sa haine des « races inférieures », résolu à assurer la domination des grands Aryens blonds — fussent-ils des repris de justice bombardés ministres ou des gouverneurs tortionnaires — sur cette civilisation judéo-chrétienne qui depuis deux mille ans est la nôtre et qu'il exècre. Je le sais décidé à dépecer la France dès qu'il le pourra, comme il a mis en pièces la Pologne et la Tchécoslovaquie et comme il entend mettre en esclavage tout ce qui respire encore librement en Europe. Je ne détiens aucun secret, monsieur. C'est du domaine public et tout est dit dans *Mein Kampf* depuis vingt ans.

Là où mon analyse sera prise en défaut, c'est que, contrairement à mon attente, Hitler devra d'abord ménager la France à cause de sa flotte et de ses possessions d'outre-mer. Il lui faudra donc différer l'application de ses plans d'asservissement mis au point de longue date. Mais si je me trompe, c'est seulement sur le calendrier, et non pas sur les buts ultimes.

Cela me semble être plus qu'il n'en faut pour vouloir à tout prix rejoindre ceux qui restent debout. Et l'on dit, au surplus, que de Gaulle se démène à Londres. Si d'aventure il réussissait dans son entreprise ! Quel bonheur ce serait pour chacun de nous de garder son képi, son drapeau... ce serait trop beau. Voilà, pourquoi, monsieur, je viens en Angleterre !

Londres, 17 juillet 1940

Je sors de l'hôtel Cumberland où nous sommes descendus ainsi que Jacques Bingen. En descendant à pied Park Lane, à la hauteur du Dorchester, je tombe sur Eve Curie qui cherche un taxi. Nous parlons de ce qui nous habite tous ici, de notre obsession du moment, le sort de la France. Elle me raconte son départ de Saint-Jean-de-Luz, j'évoque brièvement mon périple jusqu'à Londres, via le *Massilia,* le Maroc et Gibraltar. Nous évoquons de Gaulle, nos premiers contacts avec le sol d'Angleterre et échangeons ainsi quelques informations qui semblent bien étrangères à ces passants qui circulent sur ce bout de trottoir. Je lui dis que je suis à la recherche d'un officier du nom de Courcel, car je crois le connaître. Elle le connaît et me donne l'adresse du bureau provisoire qu'il occupe avec son Général, un immeuble crasseux des bords de la Tamise. Nous échangeons nos adresses respectives et décidons de garder le contact.

Il fait beau. Je marche vers Piccadilly. J'arbore fièrement mon uniforme un peu froissé par son séjour forcé dans mon sac de marin. Par précaution, j'avais acheté un képi neuf à Casablanca et son bleu horizon tranche au milieu de cette foule cosmopolite où défilent les uniformes alliés : belges, norvégiens, tchèques, polonais. En me dirigeant vers Westminster je croise une femme qui, dans un français teinté de cet exquis accent britannique qui fait le charme de ces Londoniens, me souffle « vive la France ». Jacques Bingen et moi-même nous interrogions souvent, durant notre traversée, sur l'accueil que nous réserveraient les Anglais. Nous hésitions entre les manifestations de soutien et les quolibets. Quelle France accueilleraient-ils ? Celle, éternelle, à laquelle nous étions attachés, ou celle de la trahison ? Me voilà désormais fixé. Je salue cette Anglaise avec un large sourire plein de reconnaissance.

Entre Whitehall et la Tamise se trouve un vieux quartier composé de tristes bâtisses et de rues sinueuses. On pourrait se croire dans un roman de Charles Dickens ou dans un décor de *l'Opéra de quat'sous.* Même dans les beaux jours, le soleil n'y pénètre pas. C'est là que le mouvement des *Free French,* ce ramassis de combattants épars, a été logé à l'improviste, dans des annexes plus ou moins désaffectées de Scotland Yard. Un drapeau tricolore me signale le bâtiment que je cherche. Devant l'immeuble, un marin à pompon rouge, en armes, assure la garde.

L'entrée est obscure ; je distingue quelques cartons épinglés au mur. Ils signalent « général de Gaulle », « amiral Muselier », etc. Des flèches dirigent ensuite le visiteur vers les bureaux « EM1 », « EM2 »... Un planton m'envoie au troisième étage que j'atteins après avoir emprunté un ascenseur victorien en piteux état. Sur les portes des bureaux, des cartons sont fixés à l'aide de punaises. La porte « aide de camp » est grande ouverte. Dans le bureau, un homme seul face à deux téléphones qui retentissent en même temps, entouré d'une pile de dossiers qui envahissent tout l'espace, y compris la chaise du visiteur : c'est Geoffroy de Courcel. Calme et souriant, il se dit surpris de me trouver ici avant de se raviser ; les événements survenus depuis le 6 juin le mettent, me dit-il, à l'abri de tout étonnement. Il doit porter un document au général de Gaulle et s'excuse de devoir me faire attendre. Pendant son absence, les téléphones continuent de sonner. Un capitaine de corvette arrive, essoufflé, et me demande où est Courcel, avant de repartir en dévalant l'escalier. Courcel finit par revenir : il observe avec tranquillité : « C'est comme cela tout le temps. » Il me dit qu'ils vont déménager rapidement, et qu'il lui faut trouver un moment pour aller voir les nouveaux bureaux.

J'ai à peine le loisir de lui raconter par bribes mon arrivée le 16 à Liverpool. Dans le vacarme des sonneries de téléphone, il parvient à me dire qu'il serait enchanté de me revoir, car dans l'immédiat, il n'a pas une minute à me consacrer, il doit sortir avec le Général. Il prend tous ses repas avec celui-ci et n'est donc jamais libre, sauf le samedi soir et le dimanche où le Général lui donne congé. Il me fixe ainsi rendez-vous pour dîner le samedi soir du 20 juillet à 7 heures au bar du Berkeley, face au Ritz. Alors qu'il note le rendez-vous sur son carnet, il n'a pas le temps de me dire au revoir car la sonnette du Général retentit !

Casse-tête du recrutement

Le général de Gaulle est alors aux prises avec un épineux problème, qui est celui du recrutement des militaires français stationnés en Grande-Bretagne et des difficultés extrêmes que son entourage rencontre pour prendre contact avec eux. Les services anglais y mettent beaucoup d'obstacles. Ces derniers cherchent à rapatrier le plus de Français possible et au plus vite pour être débarrassés d'éléments dont ils ne connaissent pas trop la valeur. Ils ont plutôt tendance à incorporer chez eux des volontaires, plutôt que de les voir se constituer en une force autonome. Il y a quelques milliers de soldats et hommes de troupes en Angleterre, encore groupés dans des camps de l'armée de terre : les uns ont été rapatriés de Dunkerque, les autres de Norvège. Le Général a le plus grand mal à prendre contact avec eux. Influencés par leurs officiers et prévenus contre lui, les soldats le reçoivent mal ou refusent le contact. Une exception cependant, les éléments commandés par Béthouart parmi lesquels le Général recrutera le plus clair de sa petite troupe : il s'agit d'une demi-brigade de Légion étrangère, aux ordres du colonel Magrin-Verneret (alias Montclar) qui revient de Norvège et où figurent Pierre-Olivier Lapie, le capitaine Kœnig, le capitaine Dewavrin, et de quelques éléments de chasseurs alpins et d'artillerie.

Comme tout officier breveté d'état-major qui se respecte, le général de Gaulle a créé dès son arrivée à Londres ses quatre bureaux d'état-major, mais il manque cruellement d'officiers d'active. C'est ainsi, un peu par hasard, que le capitaine Dewavrin, polytechnicien, deviendra chef du 2e bureau, sans avoir très bien su au départ ce qu'on attendait de lui à ce poste, ni ce qu'il pourrait y faire.

Vive la France

Je quitte ce lieu sinistre. J'ai devant moi la fin de la matinée, j'en profite pour effectuer parcimonieusement quelques emplettes avant de rentrer au pas de promenade jusqu'à l'hôtel. En chemin, j'ai encore droit à quelques « Vive la France » accompagnés de sourires. Pour un peuple que l'on juge traditionnellement peu démonstratif, cela me semble exceptionnel. Suis-je approuvé dans mon choix par cette masse anonyme de passants ? Cette solidarité des premiers instants est assez inexplicable. Les Britanniques sont conscients qu'ils sont seuls et que leurs îles, réputées hors de danger, sont sous la menace directe des armées allemandes. La France n'est plus une alliée et on annonce pour bientôt une invasion allemande. *« We shall never surrender »*, a dit Winston Churchill. J'interprète ces signes discrets qui me sont adressés comme une sorte de réconfort moral pour ces habitants : tout le monde ne les a pas abandonnés !

En rentrant, je rends compte de ma matinée à ma femme et à Jacques Bingen. Je sursois aux visites que je me proposais de faire à mes quelques amis anglais. Je déciderai la semaine prochaine, après avoir vu Courcel, si je dois rejoindre les FFL.

Un peu plus tard, au grill du Berkeley, je croise Jean-Marc Boegner, attaché d'ambassade, en surnombre ici. Nous nous arrêtons un instant pour bavarder. « J'arrive », lui dis-je. « Moi, je repars ! » me répond-il. Je lui fais part de mon trouble, estimant que c'est ici, à Londres, qu'il faut résister. Il en est convaincu mais me parle de l'« équation personnelle » de chacun. Il est serviteur de l'Etat, de fraîche date, et cela lui impose des devoirs, dont celui d'aller juger sur place. Je connais ce discours, ce n'est pas la première fois que je l'entends. Il ne me choque ni ne me convainc. C'est une réaction classique que celle de ces jeunes fonctionnaires qui ne peuvent rompre brutalement avec la fonction publique. Beaucoup franchiront le pas et rallieront de Gaulle un peu plus tard. Jean-Marc Boegner repart pour la France sur le bateau des missions. Il retrouvera les siens, dont son père, le pasteur Boegner, personnalité éminente, qui a déjà pris position très vivement à l'encontre du nouveau pouvoir. Deux années plus tard, je retrouverai Jean-Marc à Beyrouth, au cabinet du général Catroux, ayant « sauté le pas ».

Depuis septembre 1939, la guerre menée en commun par la France et l'Angleterre a eu pour effet de multiplier les contacts entre les administrations et les industriels des deux pays. La guerre a fait déferler à Londres quantité d'experts : ils forment le noyau des missions, sous la direction de Paul Morand. Sous sa houlette, un paquebot affrété par la Croix-Rouge ramènera sa troupe en France. A l'instar de Boegner, la grande majorité des personnels des missions est décidée au retour, de même que l'ambassade de France qui rentre quasiment au grand complet. L'ambassadeur Corbin déclare qu'après avoir consacré sa vie à l'Entente cordiale et étant proche de la retraite, il entend s'éloigner de toute activité politique ou diplomatique. Il partira, non sans donner au préalable sa bénédiction à de Gaulle. Son absence sera longtemps ressentie par le Général.

De Gaulle est, dès lors, privé de la précieuse collaboration de ceux qui entretenaient à divers échelons les meilleures relations avec leurs alter ego de l'administration anglaise et tout particulièrement avec le Foreign Office. L'Anglais n'a jamais été connu pour être d'un abord facile. Par tempérament, il se tient longtemps sur la réserve et ne donne sa confiance et son amitié qu'après un long temps de fréquentation. Ceci est particulièrement vrai des diplomates de ce pays qui, naturellement, peuplent le ministère des Affaires étrangères, du haut au bas de l'échelle, et perdent soudain leurs points d'appui français. Le Premier ministre est emballé par de Gaulle. C'est bien. Mais on connaît les foucades churchilliennes : il faudra le juger sur pièces, ce général. Autour du Général, personne ! Personne qu'on connaisse ! Personne des amis anciens. Les conditions de l'effacement de Corbin sont comprises mais c'est tout de même bien dommage qu'il parte. Quant à Roland de Margerie, qui, au cabinet de Paul Reynaud, comptait parmi les jusqu'au-boutistes les plus affirmés, et qui, par ses antécédents familiaux autant que par sa valeur, inspirait confiance, eh bien ! il s'en va.

Dans le flot des Français qui s'en vont, il y en a de toutes sortes. Les fidèles du maréchal considèrent le général de Gaulle comme un félon. La majorité est tiède et chacun évoque son... équation personnelle. Beaucoup se disent de cœur avec nous et admirent notre « courage » tout en s'étonnant de notre « inconscience ». Chez tous, on retrouve le même souci de « voir venir », avec les éternelles questions familiales, obligations professionnelles, etc. Nous avons beau leur dire que le vent du défaitisme a soufflé trop fort sur notre pays, que le drapeau à croix gammée flotte sur nos bâtiments publics, ils se bouchent les oreilles. Il y a parmi eux de nombreux journalistes, correspondants de leurs journaux, qui « veulent voir » eux aussi.

Pour les Anglais, conservateurs ou non, c'est un monde qui bascule, dans lequel ils ont du mal à retrouver leurs amarres. Tout change. Qu'est-ce que ce rameau de la France qui apparaît tandis que la France traditionnelle s'éclipse ? Qui a raison ? Qui va dans le sens de l'histoire ? Où est la fidélité ?

Cette incertitude dépasse la personne de De Gaulle. Où se situe la France profonde ? Si elle est en mue, dans quel sens se portera-t-elle ? Voilà donc de nouveaux émigrés ! Les anciens, ceux de la grande Révolution, on savait de quoi ils se réclamaient : de la Couronne. Mais ceux d'aujourd'hui ? Dès le début la défection de la France, toute récente, hante les esprits.

Ma femme, dès son arrivée, est tombée sur une amie d'enfance, Jacqueline Laroche, dont les parents sont liés aux siens depuis toujours. Jacqueline est la femme de Roché, qui vient d'être nommé à notre ambassade à Dublin. Elle nous présente aux Bredin, lui est marin, adjoint de l'attaché naval. Ils rentrent sur le paquebot des missions mais nous proposent de nous aider à nous loger, ce qui se révèle être une aide de la Providence. Bredin m'affirme que nous n'avons que l'embarras du choix : tous les beaux quartiers se vident de leurs habitants qui vivent à la campagne, pour se prémunir du blitz. Une seule hantise les habite, celle de laisser leurs maisons et appartements vides ! Ils risquent le vol, le pillage. La majorité des immeubles ne comporte pas de concierges, aussi leur rêve est-il de trouver de bonnes âmes pour occuper les lieux. Bredin me cite un exemple parmi ses relations, les demoiselles Dalglish qui vivent dans le Sussex. Elles habitent leur propriété et ont d'importants domaines où elles cultivent la lavande. Je ne me fais pas prier pour les rencontrer ! Le 29 juillet, nous visitons l'appartement, beaucoup plus vaste que ce à quoi nous prétendions. Il n'y a qu'à entrer, tout est prêt pour nous recevoir. Nous nous y installons le soir même. Le 73, Eaton Square, à quinze minutes à pied de Carlton Gardens.

C'est un des quartiers les plus enviables de Londres, propriété du duc de Westminster pour la majeure partie. L'appartement est un rez-de-chaussée avec cour anglaise ; il se compose de deux chambres avec deux salles de bains et d'un grand salon avec trois fenêtres. La décoration est sobre et de bon goût. Reste le prix à débattre. « Nous sommes trop heureuses de vous inviter. Vous ne nous devez rien ! Nous sommes locataires et s'il y a des frais nous les réglerons à la gérance. Nous vous sommes tellement reconnaissantes ! » Leur joie n'est pas feinte. J'insiste pour payer un loyer symbolique et le marché est conclu pour deux livres sterling par semaine ! Quelques semaines plus tard, Jacques Bingen et ma femme iront passer le dimanche dans leur propriété du Sussex, tandis que je serai retenu au bureau.

Nous trouverons ensuite par hasard une femme de ménage en la personne d'une réfugiée involontaire de Dunkerque ! Elle travaillait dans une ferme des environs lorsque, prise sous la mitraille des Allemands, elle s'est réfugiée auprès des soldats qui l'ont embarquée avec eux. Il n'est plus question pour elle de rentrer ; elle restera en Angleterre pour la durée de la guerre. Encore une fois la chance nous a souri, car les femmes anglaises étaient introuvables : elles remplaçaient les hommes à la ferme, à l'usine et même sous l'uniforme. Nous avons mis notre employée à disposition d'autres Français du voisinage dont l'un, si je ne me trompe, était André Dewavrin, qui logeait à deux pas. André Manuel habitait également le quartier, bénéficiant du même privilège que nous. Vers la fin de l'année 1940, le gouvernement belge, finalement sorti de ses hésitations, arrivera à Londres en provenance de Lisbonne. Ses services occuperont de nombreux immeubles d'Eaton Square qui abriteront des ministères. Notre *square* sera ainsi du jour au lendemain rebaptisé « rue de la Loi » par les Belges ! Quant à René Pleven, il avait dans ce même quartier de Belgravia, depuis l'avant-guerre, un agréable appartement où lui et sa femme se montreront très accueillants.

Nombreux furent les Français qui passèrent à la maison, le soir. L'un amenait un autre, des journalistes, des garçons et des filles qui travaillaient à la BBC. En 1942 nous eûmes aussi la visite, très discrète, de personnages mystérieux venant de France à Londres entre deux lunes *, notamment Jean-Pierre Lévy, Christian Pineau, Emmanuel d'Astier. Nous ne les connaissions alors que sous leurs

* Parachutage et atterrissage n'avaient lieu qu'en fonction de la lune.

pseudonymes. Oiseaux rares, ils éveillaient en nous une immense curiosité, tels d'étranges spécimens arrivés d'une autre planète. Notre appartement eut aussi le grand honneur de recevoir à dîner, en 1941, le général de Gaulle, accompagné de son épouse, de passage à Londres. Je dus à une heureuse circonstance de me risquer à demander au Général s'il accepterait mon invitation : je l'accompagnais pour un voyage en Ecosse, où il devait inspecter nos marins stationnés là-haut et rendre visite à un de nos bateaux marchands pourvu d'un équipage français libre. Le train pour Edimbourg partait assez tard, vers les 10 heures du soir. Il fallait tuer le temps, aussi le Général accepta de bonne grâce pour lui et son épouse. Je me posai la question de savoir si je le recevrais seul ou avec d'autres convives. Je lui soumis l'idée d'inviter lord Vansittart qu'il aimait bien. Ce dernier avait passé plusieurs années comme ambassadeur à Paris. Retraité de la Carrière, il siégeait à la Chambre des lords. Ami de la France, il donnait régulièrement des articles au *Times,* favorables à la France Libre. Le Général accepta l'idée sans hésitation et j'ai le souvenir que ce dîner se déroula sans heurts, le Général et Vansittart finissant au salon en se livrant à leur sport favori : la géopolitique. A travers nos pérégrinations, Janine ne s'était pas séparée de sa guitare mais j'ai le souvenir qu'elle ne la sortit pas pour nos hôtes illustres. Elle avait trouvé entre-temps un « job » passionnant à l'information, consistant à publier un bulletin destiné à tous nos comités outre-mer.

Arrivée des Américains

Ce confort matériel dura jusqu'à l'été 1942, suivant l'entrée en guerre des Américains. De plus en plus nombreux, ils déferlaient sur les îles Britanniques. La ville de Londres perdit en quelques mois ce charme feutré et ses mœurs d'antan qui nous avaient tant réconfortés lors des premiers jours de notre exil. Elle était désormais une métropole cosmopolite en effervescence permanente. Ce fut l'invasion, les logements recherchés à prix d'or, les restaurants pris d'assaut, Soho grouillant d'une faune nouvelle, les demoiselles sur Piccadilly, par tradition supposément françaises, ne sachant où donner de la tête ! Celles-ci, généralement accueillantes, ne laissèrent désormais plus la moindre chance à nos permissionnaires à la bourse dégarnie. Les boîtes de nuit les plus sélects regorgeaient soudain de monde. C'était la fin d'un âge d'or que nous avions connu, celui de cette étrange guerre menée aux côtés des Anglais dans une sorte d'intimité tranquille. Je reçus un beau matin un coup de téléphone d'une des demoiselles Dalglish qui me dit, avec une certaine gêne, que pour le loger, elle recevait une offre de cent livres par mois d'un colonel américain, et ajoutant qu'à prix égal elle nous accorderait la préférence. Même nommé capitaine et tout compte fait, cela représentait pour nous trois mois de solde ! Nous n'avions plus qu'à déguerpir, ce que nous fîmes très rapidement. Jacques Bingen nous avait quittés depuis quelque temps ; il avait pris un *service flat* pour être chez lui. Janine et moi nous transférâmes dans un *service flat* d'un autre quartier, suffisamment modeste pour n'être pas pris d'assaut par les soldats du Nouveau Monde.

Arrive enfin le 20 juillet, date de mon rendez-vous avec Courcel, dont j'attends beaucoup. Je lui exprime sommairement mon opinion et mes convictions : le jusqu'au-boutisme décliné sous toutes ses couleurs et à tous les temps. Je lui dis ma honte que le gouvernement ne se soit pas transféré à Alger avec ce que nous pouvions sauver de forces combattantes. J'évoque le *lease-lend* qui aurait fonctionné pour nous comme pour les Anglais. Il écoute en silence ma profession de foi, amusé. Courcel me narre à son tour son histoire, en réalité une page de l'histoire de France, car il a suivi, comme son ombre, le général de Gaulle depuis le 6 juin 1940. Il est aujourd'hui son plus proche collaborateur.

Un peu plus tard, dès que j'en ai eu le loisir, j'ai transcrit le récit qu'il m'en fit et je le lui ai soumis pour m'assurer de son authenticité.

Récit de Courcel. De Gaulle en France du 6 au 17 juin 1940

Le 6 juin au matin, le lieutenant Geoffroy de Courcel pénètre au ministère de la Guerre. Voilà un mois, jour pour jour, qu'il est arrivé de Beyrouth. Comme tous les officiers en service outre-mer, il a eu une permission de six semaines qu'il est venu passer en France, et son arrivée à Marseille, début mai, précède de peu le déclenchement de l'invasion allemande. Aussi, depuis, il n'a cessé de demander soit son rapatriement à Beyrouth, soit de préférence son affectation à une unité de combat. Il porte les écussons du

3e escadron d'automitrailleuses de l'armée du Levant, mais il sent bien qu'il n'y a aucune chance que les opérations s'étendent actuellement au Moyen-Orient, et tout son désir est de prendre part immédiatement à la bataille. Toutes ses démarches dans ce but au ministère de la Guerre ont été infructueuses. On lui a régulièrement répondu qu'il n'avait d'autre option que d'achever son temps de permission et d'être ensuite rapatrié à Beyrouth ; pourtant, il ne se lasse pas, et vient dans les bureaux faire une autre démarche. Dans un couloir il rencontre Pierre de Leusse, ami de longue date, lui aussi secrétaire d'ambassade et lui aussi portant l'uniforme de lieutenant de cavalerie. Jusqu'en mai, ce dernier était à Beyrouth, officier d'ordonnance du général Weygand, et le voici maintenant à Paris, ayant suivi son chef devenu généralissime le 20 mai. « Que fais-tu ici, lui demande Pierre de Leusse. N'es-tu donc plus à Beyrouth ? — Je suis en permission, répond Courcel, et rien n'est plus horrible que de se trouver désœuvré et oisif dans une période comme celle-ci. Je fais tous mes efforts... » Leusse l'interrompt : « Tu es justement l'homme qu'il nous faut. Le général de Gaulle vient d'être nommé sous-secrétaire d'Etat à la Guerre, et il a demandé à Weygand de lui donner un officier d'ordonnance. Nous avions pensé à Guillain Clauzel, lui aussi haut le pied je crois, mais depuis ce matin, impossible de mettre la main sur lui. Accepterais-tu ? » Courcel acquiesce. Il aurait mieux aimé un poste au combat mais puisqu'il est impossible de l'obtenir, il préfère cette situation à une totale inaction. Pierre de Leusse prend le temps de consulter son patron qui donne d'autant plus volontiers son accord qu'il connaît la famille de longue date. Le père de Geoffroy était son camarade de promotion à Saint-Cyr. Une heure plus tard, Pierre de Leusse et Roland de Margerie qui, malgré son uniforme de capitaine du 152e chasseurs, appartient au cabinet civil du président du Conseil présentent Geoffroy de Courcel au général de Gaulle. Celui-ci pénètre tout juste dans les locaux qui lui sont réservés et s'y installe. Il dispose de quatre pièces au rez-de-chaussée du 14 de la rue Saint-Dominique, qui est déjà en partie occupé par deux membres du cabinet de Paul Reynaud, Maurice Dejean et Roland de Margerie. Au premier étage est installé le président du Conseil, ministre de la Défense nationale, entouré de Leca et Devaux, qui veillent sur son antichambre. Le cabinet militaire du général de Gaulle est composé du colonel Imbert, du colonel Chomel et du commandant Testard, officier de l'armée de l'air. Laurent, ami de Paul Baudouin et son ancien collaborateur à la banque de l'Indochine, est chef du cabinet civil. Roger Giron, attaché parlementaire, est chargé de la presse et Jeanjean est son adjoint.

Après une très brève audience, il est entendu que le lieutenant de Courcel prendra ses fonctions d'officier d'ordonnance le lendemain matin, 7 juin. Dans l'après-midi, il croise dans un couloir un autre collègue des Affaires étrangères, Jean Leroy. « Que faites-vous donc ici ? » se disent-ils en même temps. « Depuis une heure, je suis attaché au cabinet du général de Gaulle », répond l'un. « Et moi, je suis au cabinet de Paul Baudouin », répond l'autre. « Ah, vous êtes auprès du général de Gaulle, observe Leroy, il paraît que c'est un grand crack. Avez-vous lu ses livres ? Ils sont très remarquables. » Courcel doit avouer qu'il a aperçu l'un d'eux, *Vers l'armée de métier,* sur la table de son frère, officier d'active, mais lui-même ne les a pas lus. Et, à part soi, bien qu'il n'ait pas brigué le poste qu'il occupe, et qu'il ressente peu d'attrait pour les cabinets ministériels quels qu'ils soient, il envie presque Leroy d'être auprès de Paul Baudouin dont il suppose que le rôle est plus politique et qui jouit, en outre, d'une certaine réputation.

Bien que la menace de l'évacuation de Paris plane déjà sur toutes les têtes, la journée du 8 juin se passe en travaux d'installation. Le soir, le général de Gaulle informe Courcel qu'il se rend le lendemain matin à Londres, en avion, où il l'accompagnera. Le 9, de grand matin, Courcel et Roland de Margerie prennent l'avion pour Londres, avec le Général. Celui-ci a reçu de Paul Reynaud la mission de demander à Churchill des renforts immédiats en aviation et surtout en troupes. Après avoir vu, à son arrivée à Londres, notre ambassadeur Corbin, de Gaulle a un entretien à Downing Street avec le Premier britannique, qui promet de prendre toutes dispositions pour l'envoi d'urgence d'une division de renfort ; cette division commencera à s'embarquer à partir du 13, mais les événements se précipitant toujours, elle ne débarquera jamais en France. Dans l'après-midi, après avoir déjeuné à l'ambassade, ils sont de retour à Paris. La situation se détériore si vite que Paris n'est plus guère tenable, et l'entourage du président du Conseil le convainc qu'il doit quitter la capitale. Pourtant, ce départ doit être masqué, pour éviter de semer la panique parmi les Parisiens et surtout dans les administrations qui demeurent encore sur place. Il se fera sous le couvert d'une visite du front. Le 10 juin au soir, trois voitures démarrent du 14 de la rue Saint-Dominique ; dans la première voiture, voiture-pilote, le colonel Chomel et Courcel. Dans la seconde, Paul Reynaud et le général de Gaulle ; dans la troisième, deux officiers du cabinet militaire du président, le colonel de Villelume, et le lieutenant-colonel Vautrin. Les grosses limousines noires sont pourvues du projecteur vert, qui distingue les voitures officielles, ainsi que d'une sirène spéciale. Dépassant les colonnes de réfugiés, elles percent la nuit en direction d'Orléans. C'est le château de Chissay, entre Montrichard et Tours, qui est aménagé pour recevoir le président du Conseil, mais il est prévu de faire ce soir étape à Orléans. Des ordres ont été donnés pour alerter le préfet. Pourtant, quand, à 1 h 30, les trois automobiles se présentent devant la préfecture, elles trouvent une demeure endormie. Le message n'a pas été transmis. Le préfet dort, et aucune disposition n'a été prise pour accueillir le président et sa suite.

Le préfet, immédiatement réveillé, s'habille en grande hâte et se précipite au-devant du président pour lui exprimer sa confusion. Sa maison est pleine, il héberge de la famille venue prendre refuge chez lui ; tout au plus pourra-t-il faire libérer deux chambres et les donner à Paul Reynaud et à Charles de Gaulle. Les officiers de la suite devront aller coucher à la caserne, car les hôtels sont archibondés, et il n'est pas question, en pleine nuit, de trouver un seul lit libre dans toute la ville.

Défaitistes et jusqu'au-boutistes

Courcel n'a été projeté dans ce nouveau milieu que depuis trois jours, mais il ne lui en a pas fallu davantage pour constater combien les rivalités de personnes et les divergences de vues y sont âpres. L'entourage du président se divise entre défaitistes et partisans de la résistance à outrance ; chacun est parfaitement fixé sur les convictions et les dispositions d'esprit de tous les autres, et la lutte pour conquérir le président se livre sans merci. Pris entre les deux feux, Paul Reynaud semble ne pas choisir, ou, ce qui revient au même, selon les heures de la journée, il donne raison à l'un ou à l'autre. Aux adversaires les plus irréconciliables, il semble marquer une égale sympathie, une égale confiance. Son habitude est de travailler entouré d'une nombreuse équipe, d'exprimer ses opinions devant un auditoire, d'encourager l'échange des idées d'où il espère que naîtra la lumière. Ce n'est pas du goût de ses collaborateurs, qui savent parfaitement que défaitistes et jusqu'au-boutistes n'ont rien à s'apprendre et ne gagneront rien à entrechoquer leurs idées dans des débats stériles. Chaque camp a, au contraire, la volonté de s'emparer, à lui seul, de la pensée du président en éliminant l'adversaire. Aussi est-ce une lutte muette, sournoise, mais sans quartier qui se prolonge dans l'antichambre présidentielle entre les familiers. Devaux, Leca, champions du défaitisme, avec Baudouin et Villelume, surveillent l'accès du bureau présidentiel et filtrent les visiteurs. Ils ont, en Mme de Portes, un très puissant auxiliaire ; ils savent que, quelque effort que les adversaires aient tenté dans la journée pour gagner le président, celle-ci saura, dans la nuit, ruiner l'œuvre entreprise, et le ramener à ses vues.

Tandis que le général de Gaulle, Maurice Dejean, Roland de Margerie, Chomel sont au plus mal avec Hélène de Portes, Paul Baudouin, Leca, lui font au contraire une cour assidue et sont dans ses bonnes grâces. Chaque jour, ils lui fournissent l'aliment de ses prochains entretiens avec le président.

Message de Roosevelt

Quelques jours plus tôt, tandis qu'encore à Paris il partageait avec elle son appartement de la place du Palais-Bourbon, n'a-t-il pas reçu, en sa présence, à 2 heures du matin, la visite de William Bullitt, l'ambassadeur des Etats-Unis ? Bullitt venait de le réveiller pour lui apporter immédiatement une communication de Roosevelt. Reynaud l'avait reçu en pyjama et introduit dans une pièce où, en robe de nuit, se tenait Hélène de Portes. Comme Bullitt, embarrassé, attendait visiblement qu'elle fût sortie pour parler, le président lui avait dit : « Vous pouvez parler librement devant Hélène ; de toute façon, je lui dirai tout. »

Quand il avait quitté Paris, le 10 au soir, elle avait tempêté pour accompagner le président, et il avait fallu lui représenter que la prétendue visite du front avait un caractère strictement militaire et que seuls des officiers accompagnaient le président, pour qu'elle se résignât à ne partir que le lendemain avec les membres du cabinet civil et gagner directement le château de Chissay. Tandis que dans la préfecture d'Orléans les préparatifs s'organisent pour loger le président du Conseil et le sous-secrétaire d'Etat à la Guerre, les officiers de la suite vont et viennent, et Courcel, qui ne connaît pas encore le colonel de Villelume, au hasard d'un escalier trop encombré, lui marche sur le pied. Celui-ci, qui voit en Courcel un suppôt de la faction ennemie, s'emporte, le rappelle aux égards, lui reproche en termes vifs de ne s'être pas encore présenté et, ne pouvant entièrement se contenir, ajoute : « On sait bien ce que vous représentez ! » Après une nuit passée à la caserne dans une chambrée surpeuplée, Courcel, de bonne heure, regagne la préfecture et monte à la chambre du général de Gaulle. Celle-ci communique avec celle de Paul Reynaud et, procédant à leur toilette dans les salles de bains voisines, les deux hommes échangent des propos tout en se taillant la barbe. Paul Reynaud vient d'être informé par l'état-major de Weygand que Churchill a fait annoncer son arrivée par avion dans l'après-midi même à Briare. Depuis une demi-heure, le préfet a été invité à obtenir la communication avec l'état-major du général Georges, mais en vain. « Vous voyez, crie de Gaulle, d'une salle de bains à l'autre, ce Weygand se moque de vous ! Il veut vous forcer la main. Il convoque Churchill sans vous en avertir, il vous place ensuite devant le fait accompli. Qu'attendez-vous pour le limoger ? » Le général de Gaulle charge Courcel de prévenir par téléphone l'état-major du général Huntziger, commandant la IIe armée, de sa visite à l'heure du déjeuner. En compagnie du colonel Chomel, ils prennent la route peu après, et arrivent à Arcis-sur-Aube, en fin de matinée. Jusqu'au 11 juin, la IIe armée tenait encore ses positions sur la plus grande partie de son front, puisque c'est sur sa gauche que la percée allemande s'était produite. Mais, depuis la veille, l'attaque allemande, face à la Montagne de Reims, menace de l'enfoncer. Huntziger, taciturne comme à son ordinaire, apparaît calme et maître de lui. C'est la première fois que Courcel le voit. Il est frappé par l'élégance naturelle de ce général dont une propagande savamment entretenue depuis le début des hostilités a fait l'un des chefs les mieux connus du grand public et des plus populaires. Petit, maigre et svelte, des cheveux rares mais coupés ras, le teint doux, il possède des yeux clairs qu'il plante droit dans le regard de l'interlocuteur et, à la façon dont il cambre les reins, à son port de tête et son maintien étudié, on voit qu'il sait qu'il en impose. Avant de passer à table, de Gaulle se retire seul avec lui *. Après le repas, Huntziger l'accompagne au PC de la division du général Touchon, puis, par Sens et Montargis, le général de Gaulle reprend la route de Briare. La réunion du Conseil interallié est déjà en cours lorsqu'il arrive et il se dirige directement vers la salle de séances. Dans l'antichambre, Courcel retrouve les collaborateurs intimes de Weygand qui, eux aussi, attendent la fin de la réunion, le colonel Bourget, son chef d'état-major, le capitaine Gassert, officier d'ordonnance de Weygand depuis vingt ans, et le lieutenant Pierre de Leusse. A la sortie du Conseil, Courcel voit Winston Churchill, accompagné du ministre de la Guerre, Anthony Eden, et de l'officier de liaison anglais auprès du généralissime, le général Spears. Le général Weygand, qui a eu Courcel à son état-major à Beyrouth, le reconnaît, vient à lui et lui dit quelques mots. Il connaissait son frère Christian, disparu dix jours plus tôt dans les combats de Belgique, et lui demande s'il en a des nouvelles. Courcel, d'une phrase, évoque la gravité de la situation présente : « Que va-t-on faire, mon général ? » demande-t-il à Weygand. Celui-ci ne répond que par un « Ah ! » qui veut dire : « Mais ne savez-vous pas qu'il n'y a rien à faire ? » Et il lève les bras, d'un geste découragé. A peu de distance, le général de Gaulle s'entretient avec Churchill. « Alors, vous êtes maintenant avec de Gaulle, lui dit Weygand, tandis que son visage marque de la mauvaise humeur. Il est bien excité ! »

Les groupes se séparent, les voitures démarrent les unes après les autres. Courcel repart pour Tours avec le Général. Par bribes, il apprend ce qui s'est dit au cours du Conseil interallié de Briare. Toute l'argumentation de Weygand peut se traduire en une seule phrase : il est impossible de continuer la guerre, il faut au plus tôt cesser le combat et le gouvernement doit demander à l'ennemi un armistice **. De Tours, le général de Gaulle, accompagné de Chomel et de Courcel, part pour Rennes. On a évoqué, au cours du dernier Conseil, la possibilité d'organiser un réduit en Bretagne. Bien qu'il n'attache pas à ce projet une valeur excessive, le général de Gaulle veut s'en entretenir avec le général Altmeyer, qui en aurait

* Si Weygand était « démissionné », Huntziger serait-il prêt, lui, colonial, à lui succéder « pour conduire la bataille de l'Empire » ? Huntziger ne répond ni oui ni non. Sur le chemin du retour, de Gaulle ne se montre pas enthousiaste.

** Il écarte l'idée de capituler en rase campagne, ce qui est la prérogative du commandant en chef. Il insiste pour que le gouvernement demande l'armistice, ce qui est la responsabilité du gouvernement.

le commandement. En ces jours où tout s'effondre, il n'est pas permis de négliger quelque projet que ce soit qui s'inspire de l'esprit de résistance. De Briare, accompagné de Eden et de Spears, Churchill a repris l'avion pour Londres, afin de consulter son gouvernement sur les demandes françaises. Il doit revenir le lendemain en France pour rendre la réponse du gouvernement britannique, et prendre part à un nouveau comité de guerre. Le général de Gaulle revient le 12 juin au soir, de Rennes à Montrichard, où on l'installe dans le château de Le Provost de Launay.

Le 13, deux réunions ont lieu successivement à Tours. D'abord le conseil de cabinet français, ensuite le comité de guerre franco-anglais. Au cours du conseil de cabinet, auquel le général de Gaulle n'assiste pas puisqu'il n'est que sous-secrétaire d'Etat, Paul Reynaud se montre décidé à la lutte jusqu'au bout. Il déclare à ses collègues qu'il poursuivra la guerre à outrance, le gouvernement devrait-il se retirer jusqu'aux Antilles.

Dans la cour de la préfecture, Courcel aperçoit de nombreux hommes politiques venus aux nouvelles. Louis Marin compte parmi les jusqu'au-boutistes et tient des discours très courageux, Edouard Herriot est, lui aussi, inspiré par de nobles sentiments ; mais l'émotion vient à bout de son endurance, et il est au bord des larmes.

Seconde visite de Churchill en France

Churchill arrive à la préfecture sur ces entrefaites ; il est accompagné de lord Halifax, ministre des Affaires étrangères, et de lord Beaverbrook, ministre de l'Armement. Peu après, les ministres sortent du Conseil, et commence la séance du comité de guerre. Le généralissime plaide à nouveau le dossier qu'il avait défendu l'avant-veille à Briare : il déclare toute continuation de la lutte impossible.

Un certain nombre de ministres partagent l'avis du général Weygand sur la nécessité de mettre bas les armes. La question est posée au chef du gouvernement anglais de savoir quelle serait l'attitude de son pays au cas où la France demanderait un armistice.

Churchill expose que le gouvernement britannique comprendrait la nécessité, pour la France, du point de vue militaire, de cesser le combat, mais il demanderait des garanties en ce qui concerne la flotte. Baudouin, ministre des Affaires étrangères, écrit aussitôt quelques mots sur une feuille de papier qu'il passe à Paul Reynaud : il lui signale que par les paroles que Churchill vient de prononcer, l'Angleterre accepte le principe de l'armistice ; ce fait lui apparaît d'une importance capitale. Il n'attache qu'un prix tout à fait secondaire à la condition que Churchill y a mise, à savoir les garanties relatives à la flotte. Pour lui, l'affaire est enlevée, le marché est conclu. Rien ne doit désormais retenir le gouvernement de demander au plus vite la cessation des hostilités.

Conseil des ministres

Après cette réunion du Conseil suprême relativement courte, les ministres se rendent chez le président de la République à Cangé, où M. Lebrun vient de s'installer dans la propriété Pourtalès et où doit se tenir un Conseil des ministres. Chacun sent qu'au cours de ce conseil seront prises des décisions capitales. Le général de Gaulle, qui a assisté au Conseil suprême, se rend au château de Chissay où il attend le retour de Paul Reynaud. Roland de Margerie est là, très nerveux ; lui, jusque-là si fougueux dans son jusqu'au-boutisme, apparaît aujourd'hui hésitant et troublé. Devaux, en revanche, a le sourire large et affecte une calme sérénité. Hélène de Portes tient salon, et comme le général de Gaulle, qui cherche toujours à l'éviter, se heurte malgré lui à elle dans les galeries du château, elle lui lance ironiquement une pique qu'elle voudrait spirituelle : « Alors, général, vous revenez de Bretagne... On dit que vous voulez y résister ! Romantique, général, de plus en plus romantique !... »

Défaillant

Tard dans la soirée, Paul Reynaud, le visage fermé, rentre au château accompagné de Paul Baudouin et de Leca. Il n'a pas dîné, il se dirige tout droit vers la salle à manger où tout le monde pénètre à sa suite. Hélène de Portes, Baudouin, de Gaulle, Leca, Devaux sont là. Et Paul Reynaud, tandis qu'il absorbe une tranche de viande froide, déclare nerveusement : « Le peuple français ne comprendrait pas que nous allions en Afrique du Nord. » Tandis qu'il dîne, chacun s'installe autour de la table et émet ses opinions. L'un des défaitistes * développe devant le président une combinaison dont il est très fier, et qui retient effectivement l'attention de Paul Reynaud. La combinaison consisterait, pour lui, à céder aussitôt que possible la place au maréchal Pétain, et à lui laisser le soin de demander à l'Allemagne ses conditions d'armistice. Ces conditions seront certainement inacceptables, et Pétain sera contraint de les refuser. Il donnerait alors sa démission. La démonstration aura été ainsi administrée par l'absurde que la politique de Paul Reynaud est la bonne, et il sera rappelé aussitôt, comme chef du gouvernement. Sa situation sera grandement renforcée dans un cabinet allégé, car il n'aura plus à subir les assauts des partisans de la capitulation. Il pourra alors, en toute liberté et avec une autorité accrue, gagner l'Afrique du Nord, pour y organiser la poursuite de la guerre.

La conversation se poursuit ainsi à bâtons rompus...

Dans la journée, le général Weygand avait notifié qu'en raison de l'avance ennemie, le moment était venu pour le gouvernement de se replier sur Bordeaux. Aussi le président décide-t-il dans la nuit de quitter Chissay. Il part en voiture, faisant route avec Mme de Portes et Margerie, tandis que le général de Gaulle gagne lui aussi Bordeaux en compagnie du colonel Imbert et de Courcel.

Rendez-vous à Alger !

En arrivant à Bordeaux, le 14 au matin, le général de Gaulle remet à Paul Reynaud une lettre de démission : il y exprime la volonté de n'être pas sous-secrétaire d'Etat dans le ministère de la capitulation. Paul Reynaud le reçoit, et de Gaulle trouve devant lui un homme à nouveau ragaillardi. « Ne démissionnez pas, lui dit Reynaud, je vais à Alger, ma décision est prise. Pétain restera en France pour traiter sur place avec les Allemands et je reconstituerai mon gouvernement en Afrique du Nord. Il faut que vous vous rendiez immédiatement à Londres pour demander des bateaux au cabinet de guerre britannique. Il faut que Churchill mobilise immédiatement tout le tonnage dont il dispose afin de nous permettre de transférer en Afrique le maximum de troupes et de matériel. Je vous donne rendez-vous à Alger dans deux jours. »

A défaut d'aucun avion disponible pour l'emmener immédiate-

---

* Probablement Leca, mais Courcel n'en est pas sûr.

ment en Angleterre, le général de Gaulle décide de se rendre par la route jusqu'à Brest, et d'embarquer le lendemain matin à bord d'un contre-torpilleur qui doit se rendre en Angleterre. Ce contre-torpilleur, le *Milan,* doit y emporter en grand secret la réserve d'eau lourde que possède la France ainsi que les secrets de fabrication d'une bombe. Avant de quitter Bordeaux, de Gaulle téléphone à l'amiral Darlan pour lui parler de sa mission. Elle le concerne en effet, puisqu'il emprunte un navire de guerre. Il en profite pour s'informer de ses dispositions. Darlan, très réservé, ne se découvre pas.

De passage à Rennes, de Gaulle voit quelques instants Altmeyer. Il roule toute la nuit du 14 au 15, et arrive à Brest au matin pour embarquer à bord du contre-torpilleur. Avec de Gaulle et Courcel se trouve le commandant Testard. Sans doute le général de Gaulle a-t-il, à un moment où il était seul avec Testard, pensé tout haut, comme il lui arrive souvent, et lui a-t-il fait part de ses déterminations en cas de capitulation car, à bord du *Milan,* Testard, un peu éberlué de ce qu'il a entendu, confie à Courcel : « Le Général a de drôles d'idées, qui peuvent le mener loin... très loin... peut-être devant un conseil de guerre. »

De Gaulle arrive à Londres le 16 juin au matin. Il est accueilli aussitôt par le général Lelong, attaché militaire. Peu après, il se rend au 10, Downing Street, où il voit Churchill. Après quoi il gagne Gwydyr House où Jean Monnet, chef des services d'achats français, a ses bureaux. De là, il téléphone à Paul Reynaud, à Bordeaux. Celui-ci, d'une voix blanche, lui dit : « Je vais démissionner. Le parti de l'armistice l'emporte. — Ne faites surtout pas cela, lui répond de Gaulle, le Premier ministre vient de concevoir un projet d'une extrême importance, qui peut avoir des répercussions capitales immédiates », et le Général expose en quelques mots le projet de fusion des deux peuples dont Churchill vient de lui parler un moment plus tôt. « Le Premier ministre, ajoute le général de Gaulle, va faire approuver ce projet dans un moment par le War Cabinet. Je vous en apporterai le texte cet après-midi même par avion. Attendez mon retour à Bordeaux pour prendre une décision. »

Projet d'union des deux peuples

Peu d'instants plus tard, en effet, Churchill fait approuver un projet d'union des deux peuples par son cabinet de guerre, projet qui consiste à doter tous les citoyens français et britanniques de la double nationalité, et à leur donner un Parlement commun et un gouvernement commun. Personne n'est entièrement dupe de cette idée, ingénieuse certes, mais funambulesque, qui, à l'heure où l'on est, ne semble guère être plus qu'un ultime expédient, qu'un dernier ballon d'oxygène pour tenter de ranimer, par un dérivatif, le gouvernement français moribond. Qui fut le premier à avoir conçu ce projet ? Sans doute Jean Monnet. Il en est capable, car il témoigne de facultés d'imagination brillantes.

Au sortir du cabinet de guerre, Churchill reçoit à nouveau, en toute hâte, le général de Gaulle, et lui remet le texte approuvé par le conseil, suprême espoir, dernière pensée.

Trois heures après, l'avion personnel du Premier ministre dépose à Bordeaux-Mérignac le général de Gaulle et Courcel. Il gagne la préfecture. C'est un président du Conseil démissionnaire qui le reçoit. Quelques heures plus tôt, la transmission des pouvoirs s'est faite. Reynaud semble soulagé, détendu, presque heureux. C'est Ponce Pilate après s'être lavé les mains. Il a l'air de considérer ce changement de ministère comme une crise ministérielle ordinaire. Il en a vu tant dans sa carrière. Il semble continuer de croire que Pétain va échouer dans ses pourparlers, et que d'ici peu de jours, on fera à nouveau appel à lui. Quoi qu'il en soit, le voilà débarrassé, et c'est ce qui, pour le moment, semble lui importer le plus. Hélène de Portes apparaît, ricanante : « Alors, vous vouliez faire de nous un dominion de l'Angleterre ? »

En disant au revoir à de Gaulle, Paul Reynaud ajoute en riant : « Et maintenant que vous n'êtes plus sous-secrétaire d'Etat, méfiez-vous de Weygand, vous êtes sa bête noire. Il va se hâter de vous mettre aux arrêts de rigueur, sinon de forteresse ! » En sortant, de Gaulle croise l'ambassadeur d'Angleterre, sir Ronald Campbell, qu'il informe de son intention d'aller plus tard dans la soirée lui rendre visite à son hôtel, sans aucun doute pour lui faire part de son désir d'emprunter, au retour, l'avion que le Premier ministre a mis à sa disposition et qui, à Mérignac, attend des instructions.

En compagnie de Courcel, de Gaulle gagne le petit hôtel où il loge. « Et maintenant, Courcel, que comptez-vous faire ? » Courcel répond qu'il croit qu'il ne lui reste plus qu'à rejoindre son corps, c'est-à-dire le Levant. Si l'on continue la guerre dans l'Empire, il sera ainsi à pied d'œuvre. « Vous vous trompez, lui dit le Général, ils ne continueront pas la guerre. Le vent de la capitulation souffle, il emportera tout sur son passage. » Il prie Courcel de donner les ordres pour que sa voiture soit prête le lendemain matin 17 juin — de très bonne heure — car il repart pour Londres. Il lui souhaite le bonsoir *.

A six heures et demie du matin, Courcel est là. On fait descendre les cantines dans la voiture.

Dans le hall de l'hôtel, avant son départ, le colonel Imbert et le colonel Chomel sont venus faire leurs adieux au Général. L'un et l'autre ont en France des familles nombreuses. Leur devoir, leur semble-t-il, les appelle auprès des leurs, et le général de Gaulle est le premier à trouver cela naturel.

Laurent, chef de son cabinet civil, apporte au Général les clés de l'appartement qu'il possède à Londres, à Seymour Place, et lui offre de s'y installer. Lui non plus ne songe pas à quitter la France. De la part de Paul Reynaud, il remet au Général une somme de cent mille francs, prélevée, la veille, sur les fonds spéciaux.

« Comme vous voyez, je pars, dit le Général à Courcel, cela vous intéresse-t-il de m'accompagner ? — Oui, mon Général — Ma foi, vous êtes bien le seul ! » et il pose son regard sur Courcel, comme s'il découvrait que c'est à un être humain qu'il a affaire et non plus à un aide de camp-robot. « Vous parlez l'anglais. Eh bien ! C'est entendu, venez. Faites mettre votre bagage dans la voiture. »

Le grand départ

Une demi-heure plus tard, l'avion emporta vers l'Angleterre le général de Gaulle et Courcel, ainsi que le général Spears. Il fait une courte halte à Jersey, pour reprendre de l'essence. Le 17 juin, à 14 heures, il atterrit à Hendon.

En quittant le terrain, les trois voyageurs se rendent directement au Royal Automobile Club, pour déjeuner.

La salle de restaurant est déjà vide lorsque le général Spears y pénètre, accompagné de ses deux invités. Les cuisines sont fermées, mais le maître d'hôtel s'empresse de faire servir des repas froids.

Dans l'après-midi, de Gaulle va voir successivement l'ambassadeur de France et M. Churchill. Il vient de sauter le pas, il est en rupture de ban. Il ressent le besoin d'exprimer ses intentions et ses

* Courcel ne me dit pas s'il a beaucoup dormi cette nuit-là.

projets à ses interlocuteurs et d'éprouver leurs réactions. Le soir, il est invité à dîner en compagnie de Courcel chez Jean Monnet. Il y fait la connaissance de son adjoint, René Pleven.

Dîner chez Jean Monnet

A Corbin, à Churchill, à Monnet, il expose tour à tour la situation. La France est trahie, elle est trahie par Pétain, par Weygand, par les hommes qui sont aujourd'hui au gouvernement. Sur la pente fatale où il est lancé, ce gouvernement ne s'arrêtera pas à mi-chemin. Ils livreront pieds et poings liés la France à l'ennemi. Ils accepteront toutes ses conditions. Petit à petit, ils deviendront ses auxiliaires. Leur trahison est d'autant plus impardonnable que cette guerre est loin d'être terminée ; tout n'est pas consommé. Après l'invasion de la France, certes, le rideau tombe. Mais ce n'est que la fin du premier acte. Il reste l'Empire, avec des forces immenses, ses bases qui peuvent être, demain, le point de départ de nouvelles attaques, son réservoir d'hommes. Il reste notre flotte. Il reste notre or*, il reste notre alliée, l'Angleterre ; il reste, pour les soutenir l'une et l'autre dans la guerre, la puissance industrielle des Etats-Unis. Mais cette poignée de traîtres qui, à Bordeaux, vient de frapper la France dans le dos n'a pas notion de l'Empire. Elle n'a pas compris que la guerre d'aujourd'hui n'est plus à l'échelle d'un continent, mais à l'échelle de la planète. Ces vétérans de l'autre guerre, les Pétain, les Weygand, ont cru pouvoir renouveler la bataille des Rivières, la Somme, la Marne, la Seine. Ces hommes qui ignorent l'Empire, qui n'y ont jamais servi, ont cru que du moment que la métropole est perdue, tout est perdu. Ils ont vu petit, étriqué et, tout de suite, ils ont pris peur, ils se sont abandonnés à la panique puis ils se sont familiarisés si bien avec l'idée de la capitulation qu'ils y ont pris goût et lui ont trouvé bientôt de tels attraits qu'ils en sont devenus les champions. C'est elle qui, aujourd'hui, les pousse aux premières places. C'est à elle qu'ils doivent ce qu'ils croient être le « pouvoir ». Mais ces quelques misérables ne représentent pas la France, ils ne représentent qu'eux-mêmes. Ce sont des traîtres ! La France, elle, entend demeurer dans le camp des

* Une partie de la réserve de la Banque de France a été transférée à Dakar, une autre à la Martinique.

alliés. Elle entend poursuivre la guerre avec toutes les forces dont elle dispose encore. Elle entend la poursuivre jusqu'à l'écrasement de l'ennemi. Il faut, au plus tôt, constituer à Londres un Comité national, composé de personnalités aussi éminentes que possible, qui dénoncent la trahison de Bordeaux, et appellent tous les Français au combat. Il faut que ce Comité entre au plus tôt en relations avec les hauts-commissaires, les gouverneurs et les résidents généraux de nos principales possessions d'outre-mer, et s'entende avec eux sur les moyens de poursuivre la lutte...

Retraite de Corbin

Ces propos suscitent chez M. Corbin, notre ambassadeur, une émotion profonde. Il a identifié sa vie à l'amitié franco-britannique. Il a consacré pendant tant d'années ses efforts à resserrer les liens entres les deux nations que de les voir aujourd'hui brusquement rompus est pour lui un terrible choc ; mais s'il est un patriote, il est aussi un fonctionnaire blanchi sous le harnais et il est par là prisonnier de son personnage, parvenu dans la carrière diplomatique au faîte des honneurs. Il approche de l'âge de la retraite : il ne se sent pas de penchant pour l'aventure. Au surplus, il ne se résigne pas à admettre que Pétain, un maréchal de France, le légendaire vainqueur de Verdun, que Weygand, ce brillant émule de Foch, puissent être considérés comme des traîtres. Dans cette terrible épreuve, il lui apparaît que la solution la plus compatible avec son honneur et ses sentiments intimes est de donner sa démission du poste qu'il occupe à Londres et de se retirer. Il ne servira pas Vichy, mais il ne combattra pas celui qui reste à ses yeux officiellement l'Etat français : il disparaîtra. Castellane, ministre conseiller, rentrera en France avec le personnel de l'ambassade.

Pour sa part, Churchill approuve avec chaleur les propos tenus par de Gaulle. Leurs convictions sont les mêmes. Sa résolution est inébranlable. Il reprend l'essentiel de ce qu'il a dit aux Communes le 13 mai et ne cesse de répéter depuis.

Jean Monnet, quant à lui, est perplexe. Lui non plus ne peut se faire à l'idée que Pétain soit un traître. « Ne faites pas de peine, dit-il à de Gaulle, à mon cœur d'ancien combattant ! J'ai combattu dans la dernière guerre sous les ordres de Pétain. Ne détruisez pas sa légende. Je vous en prie, ne dites pas ça... Certes, il sera bon que vous lanciez un appel, mais il est encore trop tôt, attendez, rien ne presse tant que des troupes continuent à se battre. »

18 juin

Le Général et Courcel rentrent se coucher à Seymour Place et le 18 juin au matin, Courcel traduit à haute voix au Général, qui ne parle pas l'anglais, les principaux articles du *Times*. Le journal donne le texte de l'appel de Pétain prononcé la veille : il annonce en outre que depuis cet appel, les troupes jettent leurs armes, les unités se rendent. « Puisqu'on ne se bat plus, déclare de Gaulle, je n'ai plus de raison d'attendre. Je lance mon appel. » Il s'attable à son bureau et commence à écrire.

Mais Courcel va avoir besoin de faire taper ce texte. A qui mieux qu'à son amie d'enfance, Elisabeth de Miribel, qui travaille aux missions françaises, peut-il s'adresser ? Il l'appelle au téléphone.

Ils déjeunent avec Duff Cooper et Spears. Le Général leur fait part de son intention de parler le soir même à la BBC et leur lit pendant le repas le premier jet de son appel. Le soir, de Gaulle se rend à l'immeuble de la BBC, accompagné de Courcel. Il est reçu à l'entrée par le président de la BBC et par le général Spears. Courcel, installé dans une pièce voisine de la cabine où parle le Général, l'entend prononcer l'appel historique.

Premiers ralliements

Dès le 19 au matin, des Français de Londres se présentent pêle-mêle à Seymour Place pour répondre à l'appel du Général. Parmi eux, un metteur au point de chez Hispano, le représentant de la Compagnie générale transatlantique à Londres, M. de Malglaive, Denis Saurat, directeur de l'Institut français de Londres, plusieurs jeunes filles qui, comme Elisabeth de Miribel, étaient secrétaires dans diverses missions françaises : Mlle Julien-Durand, Mlle Letonturier, Mlle de Canettemont. Le lieutenant de Boislambert qui était en France officier de liaison auprès d'une unité britannique se présente accompagné de plusieurs agents de liaison qu'il avait sous ses ordres. Deux sous-officiers, Georges Boris et Weil-Curiel, sont immédiatement pris pour assurer une permanence à Seymour Place, répondre au téléphone, ouvrir la porte aux visiteurs, etc. Georges Boris demande à Courcel de signaler au Général qui il est, car, en tant qu'ancien directeur de *la Lumière* et ami de Léon Blum, sa présence dans l'antichambre du Général peut être compromettante pour ce dernier. Le général Lelong, attaché militaire, donne ordre sur ces entrefaites à tous les militaires français se trouvant en Angleterre de rejoindre un camp. Boris et Weil-Curiel y sont bientôt envoyés car c'est là qu'ils pourront le plus utilement agir en vue de provoquer des ralliements. Boislambert et ses adjoints s'y rendent également. Le général Lelong et ses adjoints, le colonel Bonavita et le colonel Fournier, viennent tour à tour expliquer au général de Gaulle leurs scrupules de conscience. Aucun d'eux ne se décide à sauter le pas. Ils s'estiment insuffisamment informés, etc. De Gaulle ne fait aucun effort pour les convaincre. Il ne croit qu'à la vertu des ralliements spontanés.

Mandat d'arrêt

A 6 heures du matin, le 19 juin, Courcel est réveillé par un coup de sonnette. Il va ouvrir la porte en pyjama, un planton motocycliste français lui remet un pli pour le général de Gaulle : c'est le texte du mandat d'arrêt lancé par Weygand de Bordeaux, dès que l'appel de De Gaulle a été entendu. Le 19 juin, le général de Gaulle adresse des messages personnels aux principaux hauts-commissaires et gouverneurs généraux français dans les territoires d'outre-mer qui leur seront transmis par la voie officielle anglaise. Il leur demande de poursuivre la lutte et leur offre de joindre leurs forces. Dans son message au général Noguès, il se déclare prêt à se placer sous son autorité dans un tel but. Le gouvernement britannique, désireux d'exploiter les dernières chances, envoie à Bordeaux, en mission secrète, deux membres du cabinet, lord Lloyd et Alexander*. De même, Duff Cooper se rend à Rabat, le 25 juin, accompagné du général Gort. Ces derniers ne réussissent même pas à voir le général Noguès retenu à Alger, ni Georges Mandel, ministre de l'Intérieur du dernier cabinet Reynaud, maintenu à bord du *Massilia* et qui sera arrêté le 27 juin. Dans les derniers jours de juin, le

* Lord Lloyd, conservateur, est ministre des Colonies, Alexander, travailliste, est ministre de la Marine.

Général quitte l'appartement de Seymour Place pour aller s'installer à l'hôtel Rubens et Courcel va à Montpellier Square chez ses cousins Burkborough qui lui offrent l'hospitalité.

Churchill propose au général de Gaulle qu'un hydravion aille en Bretagne chercher sa famille, mais avant que ce dernier ait rendu une réponse, le chef de cabinet du Premier ministre, le major Desmond Morton, annonce au Général l'arrivée de Mme de Gaulle et de ses enfants dans un port britannique. Ils ont pu quitter la Bretagne par leurs propres moyens. Des dispositions sont prises aussitôt pour installer Mme de Gaulle et ses enfants, Philippe, Elisabeth et Anne, ainsi que la gouvernante, à la campagne.

Le capitaine Pierre-Olivier Lapie, député de Nancy, rapatrié de Narvik où il était avec la Légion étrangère, veut offrir ses services au Général. Ils sont aussitôt acceptés.

« Massilia » détourné ?

Le 23 juin on annonce à Londres que le *Massilia,* qui a quitté Bordeaux le 22 juin, à destination du Maroc, se détourne vers l'Angleterre. Il transporte un grand nombre de parlementaires et anciens ministres, les questeurs du Sénat et de la Chambre, etc. Le Général en montre la liste à Courcel. Le général Spears est dans une grande agitation ; lui qui a fait toute sa carrière sous le vocable de l'alliance franco-britannique et qui est parfaitement bilingue se voit déjà l'éminence grise d'un Comité national, groupant de nombreuses célébrités. On dit, en effet, que Herriot, Mandel, Daladier, Delbos, Campinchi, etc., sont à bord. Le même jour, le War Cabinet se montre favorable à la formation d'un Comité national français, et un communiqué en est transmis à la radio et à la presse. De Gaulle charge Courcel d'aller pressentir Maurois. Celui-ci, très réticent, se récuse ; il invoque la présence de sa famille en France, etc. Mais la nouvelle de la venue du *Massilia* se révèle bientôt fausse et il faut démentir le communiqué publié quelques heures plus tôt.

St. Stephen's House

Des bureaux sont mis à la disposition du Général, à deux pas de Whitehall, sur les quais de la Tamise, à St. Stephen's House. C'est un immeuble d'une grande vétusté et d'une extrême saleté, qui dépend de Scotland Yard. Une vingtaine de petits bureaux, sur deux étages, lui sont offerts. A mesure que des officiers se présentent, le général de Gaulle constitue un embryon d'état-major à quatre bureaux, ainsi qu'un cabinet militaire et un cabinet civil. Le cabinet civil est confié à Georges Mathieu, ex-interprète de la Société des Nations, flanqué de sa femme et d'une collaboratrice. Le cabinet militaire est composé du lieutenant de Courcel, du lieutenant de Boislambert, chargé de la liaison avec le général Spears, qui a ses bureaux à Gwydyr House, et de l'adjudant Porgès. La trésorerie est confiée à un expert financier, collaborateur de Jean Monnet et de René Pleven, le capitaine Denis, dit Rauzan, qui est chargé de la gestion des fonds, en dépit de son désir de commander une section. Une de ses premières démarches est de changer à la Banque d'Angleterre les cent mille francs qu'a apportés le général de Gaulle et de recueillir les dons qui, de toute la Grande-Bretagne, affluent vers le Général. C'est lui qui, jusqu'au retour en France, sera responsable de la Trésorerie *. L'état-major a pour chef l'officier le plus ancien dans le grade le plus élevé, un réserviste, maître des requêtes au Conseil d'Etat, Pierre Tissier. Le 2e bureau est confié à un jeune polytechnicien d'active, du génie, le capitaine André Dewavrin, qui prend immédiatement le nom de Passy. Le maréchal des logis du train Maurice Schumann, agent de liaison auprès d'une unité britannique, ancien correspondant de l'agence Havas Londres, est mis à la disposition de Saint-André. Il est porteur d'une lettre de recommandation de Daniel-Rops.

Obsession des ralliements

Dans l'esprit du général de Gaulle, le problème le plus important qui s'offre à lui est celui des ralliements. Les Français, soldats, marins et aviateurs, échoués en Angleterre pour de multiples raisons, sont répartis dans de nombreux camps où ils subissent la propagande de Vichy que, d'instinct, répandent les officiers supérieurs et généraux qui s'y trouvent. Pour comble, les officiers britanniques envoyés par le War Office dans ces mêmes camps répandent avec

* Il créera en 1942 la Caisse centrale de la France d'outre-mer, rejoint par André Postel-Vinay, jusqu'à Paris.

zèle et obstination les mêmes conseils. Ils engagent tous les militaires français à demander leur rapatriement en France. De Gaulle apprend cela avec fureur. Il proteste auprès de Churchill. Churchill s'effare et promet de faire sans retard le nécessaire. Mais les services du War Office manifestent une admirable inertie. Les instructions du Premier ministre s'égarent dans les couloirs de White Hall et les officiers de liaison anglais, dans les camps, poursuivent leur besogne. A quelle secrète intention obéissent-ils ? Sans doute le ministère de la Guerre britannique pense-t-il que cette poignée de francophones appartenant à tant d'unités diverses, venus en Angleterre, le plus souvent au hasard, parfois contre leur gré, seront pour l'administration anglaise la source d'inépuisables difficultés et soucis, en même temps que leur appoint du point de vue militaire est inexistant.

A cela s'ajoute, en ce qui concerne quelques milliers de marins français concentrés au camp de Aintree, le secret désir de l'Amirauté britannique de les renvoyer en France, afin de réarmer leurs bâtiments avec du personnel anglais. Le point de vue de De Gaulle est diamétralement opposé. Il voit qu'il ne peut espérer jouer que s'il reconstitue une force française autonome, capable de représenter la France combattante aux côtés de son allié britannique, même si ses effectifs sont, à l'origine, dérisoires, même si cette force n'est au début que symbolique.

Pas de « légion »

Celle-ci doit être spécifiquement française, d'où la nécessité absolue, non point de former une légion de soldats français, combattant sous l'uniforme britannique, mais de grouper les premiers éléments d'une entité militaire française. C'est en cela que, dès le premier jour, les préoccupations de De Gaulle, débordant du cadre militaire, revêtent un caractère politique. Le salut qu'il s'assigne dès cette première heure est de refaire la France, morceau par morceau. Ceux-là qui lui conseillent de se cantonner dans un rôle strictement militaire, et de se limiter à la constitution d'une légion de volontaires qui se mettrait à la disposition du haut commandement britannique, ne comprennent rien à ses intentions.

En effet, de quel poids pèserait une légion de quelques milliers de Français alors que tout le Commonwealth britannique prend progressivement les armes : il serait nul. En revanche, ce qui importe, c'est que la France soit présente dès aujourd'hui au combat « pour être présente plus tard à la victoire ». C'est cela qu'entend accomplir de Gaulle. Pendant les années à venir, beaucoup de ses critiques — et il n'est question ici que de critiques de bonne foi — ne sauront pas faire cette distinction capitale et reprocheront à de Gaulle de s'être « mêlé de politique » ! Pendant ce temps, les officiers supérieurs français internés dans les camps exercent toute l'autorité morale dont ils disposent pour dissuader leurs hommes de rester en Angleterre, et ils se réjouissent bruyamment de l'appui inattendu qu'ils trouvent dans les discours des officiers de liaison britanniques. Leur chef, le colonel Williams, en tête — qui est pourtant un sincère ami de la France et qui, quelques semaines plus tard, exprimera au général de Gaulle ses excuses et ses regrets —, hâte les formalités de retour en France des internés français. Parmi eux figure une seule grande unité au complet, la division Béthouart, rapatriée de Narvik. Le général Béthouart est un camarade de l'École de guerre de Charles de Gaulle. En cette qualité, ils se tutoient. A la différence des autres officiers généraux français, il se montre à son égard d'une grande correction. Il estime pour sa part qu'il est de son devoir de chef d'unité de demeurer jusqu'au bout avec ceux de ses hommes désireux de rentrer en France, mais il leur laisse à tous, sans exercer de pression sur eux, la liberté du choix.

Béthouart reçoit de Gaulle à Trenton Park où est concentrée sa division. Celui-ci est accueilli selon les règles (ce qui le change) : garde d'honneur, clairons.

Il passe en revue les unités, brigade de chasseurs alpins, Légion, chars, artillerie... et entre en contact avec officiers et hommes.

Puis il se rend dans un autre camp, à Harrow Park. Le rallie un petit contingent d'aviateurs, Bécourt-Foch, Astier de Villate, des jeunes.

Il rentre à Londres en avion avec Béthouart qui noie dans un flot de paroles son malaise de ne pas entraîner sa division en bloc. Il invoque le code militaire, le devoir pour un chef de ramener à bon port son unité ou ce qu'il en reste... De Gaulle écoute avec patience puis observe : « Regarde, j'ai été chef de cabinet de Pétain, Courcel a été avec Weygand... Cela ne nous empêche pas d'être aujourd'hui des rebelles. »

En dehors de cette grande unité, les éléments que le hasard a conduits en Angleterre sont presque tous des isolés, beaucoup rescapés de Dunkerque, des blessés disséminés dans de nombreux hôpitaux, des officiers sans troupe, logés dans divers hôtels réquisitionnés de la capitale, des militaires, arrivés de Normandie ou de Bretagne par des moyens de fortune, qui souvent n'ont sauté dans une embarcation que pour n'être pas faits prisonniers à l'arrivée des Allemands, et n'ont plus, à présent que l'armistice est signé, que le désir de rejoindre leur foyer.

Boislambert, ses agents de liaison, un certain nombre d'officiers « résolus » s'offrent à aller dans les camps, mais toutes les difficultés possibles et imaginables leur sont faites. L'accès des camps leur est interdit ; on ne leur donne pas la liste des hôpitaux où sont soignés des Français ; ils sont souvent tenus en suspicion et maintenus à l'écart.

Besoin vital d'une « reconnaissance »

De Gaulle comprend que cette situation se prolongera aussi longtemps que son mouvement ne recevra pas du gouvernement britannique une reconnaissance officielle. Cette reconnaissance, il ne peut l'obtenir que d'une décision de Churchill lui-même. Il le voit presque chaque jour, et une sympathie grandissante, jointe à une estime réciproque, s'établit entre les deux hommes. De Gaulle a ses grandes et petites entrées à Downing Street, où il est convié pour des entretiens de caractère privé et personnel. Churchill qui, avec de Gaulle, parle français avec volubilité, dans un baragouin très séduisant mais imagé, souvent difficile à saisir, est impressionné par la puissance d'intelligence de son interlocuteur, l'étendue de ses conceptions stratégiques, l'identité de leurs vues et de leurs façons de sentir. Tous deux commentent avec passion les événements et scrutent l'avenir. Churchill fait part à de Gaulle de ses soucis majeurs, des problèmes qui se posent à lui. Pourtant, il n'évoquera jamais les difficultés qu'il peut rencontrer au sein de son propre gouvernement. Les deux hommes sont animés de la même foi, de la même volonté farouche. C'est presque une consolation pour Churchill, aux heures les plus sombres de la guerre, où l'Angleterre, seule, demeure engagée dans une lutte gigantesque et alors que les forces de l'ennemi sont sans proportion avec les siennes, de voir auprès de lui un Français qui, par sa seule présence, lui prouve que la confiance que, pendant toute sa vie, il a placée dans la France n'a pas été totalement trahie. Les membres du cabinet britannique, dans leur ensemble, sont beaucoup plus réservés. A part lord Lloyd, secrétaire aux Colonies, qui est chaleureux, Anthony Eden *, Duff Cooper **, ils manifestent peu d'intérêt pour l'effort entrepris par de Gaulle et c'est à l'initiative personnelle de Churchill que les Français Libres doivent de recevoir un premier signe de reconnaissance officielle. Avec n'importe quel autre Premier ministre britannique, il est clair que de Gaulle n'aurait jamais parlé à la BBC et aurait dû plier bagage.

Le 28 juin, le gouvernement britannique le reconnaît comme « chef des Français Libres qui se rallient et se rallieront à lui pour continuer la lutte ». Cette décision du cabinet britannique parvient à la connaissance de Geoffroy de Courcel le 28 juin au soir : celui-ci se précipite pour prévenir de Gaulle avant qu'ils dînent tête à tête. Sur-le-champ, de Gaulle prépare un texte qu'il ira prononcer une heure plus tard à la BBC.

Le Général a des entretiens avec lord Lloyd au Colonial Office et Spears, concernant nos colonies. L'idée d'une mission Pleven-Boislambert à Lagos prend corps.

Courant juillet, peu avant le départ de Pleven, Courcel reçoit de Hopkins, du War Cabinet, l'offre de se transférer au 4, Carlton Gardens. Le déménagement s'opérera vers le 25. C'est un immeuble de bureaux, grand et spacieux, auquel en 1942 s'ajoutera un immeuble mitoyen.

Pleven partira fin juillet avec Boislambert et le commandant Leclerc à bord de l'hydravion *Sunderland* de la compagnie Imperial Airways, dont les aménagements sont allégés et le nombre des fauteuils réduit pour prendre des réservoirs supplémentaires de carburant. Courcel avait fait connaissance du capitaine de Hauteclocque arrivé de France peu de jours avant ; ce dernier reçoit un quatrième galon avant de partir pour l'Afrique.

Un train spécial va conduire les personnels de l'ambassade et des missions jusqu'au port où ils embarqueront à bord d'un bateau marqué de la croix rouge, Paul Morand en tête.

Avant qu'il se transfère à Vichy, la nouvelle est parvenue de Bordeaux que le gouvernement a nommé Roland de Margerie consul

* Qu'il voit peu, parce que son ministère de la Guerre l'absorbe.
** Ministre de l'Information, qu'il voit davantage.

général à Shanghai. De Gaulle suppose que c'est une habileté de sa part pour le rallier. Il l'attend pour lui confier les relations avec le Foreign Office. Il sait qu'il y est très bien introduit.

Margerie arrive à Londres début juillet mais c'est en route pour Shanghai. Il voit Courcel, réprouve que celui-ci ait pris, le 17 juin, l'avion du Général. Il n'en avait pas le droit, comme fonctionnaire. De Gaulle, c'est différent, c'est un drapeau. Il faut qu'il continue, ajoute-t-il. Des officiers d'active peuvent le suivre, mais pas des diplomates ! Il est en proie au défaitisme : la France est destinée à passer sous le joug hitlérien. Il demande à Courcel de se ressaisir...

Même campagne de sa part auprès de milieux français de l'ambassade et des missions, dont il approuve le retour en France. Rien ne filtre de ce qu'il confiera à ses amis du Foreign Office où les dispositions « non gaullistes » prévalent, lord Halifax, R.A. Butler et sir Alexander Cadogan en tête.

Courcel rend visite au général Dillon qui rentre d'Alger où il était chef de la mission britannique auprès de Noguès. Tous ces gens à Alger, dit-il, sont très favorables à de Gaulle et aspirent à rentrer dans la guerre. Il suffirait d'une division française et de deux divisions anglaises montrant de la résolution pour rallier n'importe quel territoire. Cette idée qu'il répand fera son chemin, l'Amirauté, pour sa part, toute-puissante, ne pense qu'à Dakar, à son port, au *Richelieu.*

De Gaulle assiste dans l'*operation room,* dans les sous-sols du 10, Downing Street, aux séances du comité de guerre qui réunit Churchill et les chefs d'état-major des trois armées au sujet de l'Afrique occidentale. Les Anglais veulent aborder Dakar de face. De Gaulle insiste pour prendre Dakar de revers, par l'intérieur, là où la ville n'a aucune défense. Il faudrait débarquer, dit-il, à Conakry, gagner Bamako et se présenter à Dakar depuis la brousse. Il n'est pas entendu. L'Amirauté croit le *Richelieu* désarmé, ses tourelles démontées... On verra bientôt que son « intelligence » laisse à désirer.

Les forces navales françaises à Dakar sont considérées par l'Amirauté anglaise comme négligeables, compte tenu du désarmement supposé du *Richelieu.* Et l'Amirauté entend impressionner les populations, comme les autorités civiles, par le déploiement de son armada qui se présenterait devant le port. Cette imposante supériorité permettrait au gouverneur général Boisson une défection honorable. Les marins anglais semblent méconnaître l'effet produit par Mers el-Kébir, qui ne date que de deux mois et demi, et ignorer la vague d'anglophobie qui a déferlé sur la marine française.

L'expédition de Dakar quitte Liverpool le 31 août. De Gaulle monte à bord du *Westerland,* bateau de passagers hollandais réquisitionné, qui arbore le pavillon français.

Le récit de Geoffroy prend fin. Nous sommes très avancés dans la nuit et le bar est depuis longtemps désert. Je fais quelques pas à pied, avant de héler un taxi, car j'ai besoin de respirer à pleins poumons l'air frais de la nuit. Je songe au destin prodigieux de cet homme hors du commun qu'est ce général : Montcornet et la magistrale leçon qu'il administre à ses chefs militaires à la tête de ses chars du 20 au 28 mai 1940, démontrant par là même qu'il a eu raison, seul contre tous, depuis quinze ans ! Le 18 juin, le même homme se mue en chef de gouvernement. Comment ne pas le suivre ! Je me sens devenir un autre homme ; en le quittant, j'ai dit à Courcel que j'étais volontaire.

Officier d'ordonnance

Depuis le 17 juin j'aspirais à servir. En vérité, je n'en attendais pas tant. L'œuvre à accomplir est gigantesque ; si nous échouons en chemin, nous aurons la consolation d'avoir lutté dans et pour l'honneur. Je ne connais pas encore ce grand homme mais il m'apparaît comme notre sauveur. Seule ombre au tableau, Courcel est littéralement débordé et ne peut plus continuer longtemps au même rythme, aussi m'a-t-il proposé, dès que je lui ai fait part de ma décision, de le seconder. En cas de réponse positive de ma part il pourrait en parler au Général dès lundi. Cette affectation pourrait n'être que provisoire, après quoi je pourrais demander à rejoindre une unité. J'espère que des éléments nous rejoindront assez vite et qu'il me sera possible de trouver un remplaçant. Je lui livre sincèrement mes appréhensions : j'ai toujours entendu dire par le passé que le métier d'officier d'ordonnance est horrible et qu'il est sage de l'éviter à tout prix. Courses chez le tailleur, le bottier, le blanchisseur... Occupations dégradantes que rien ne compense sinon le fait de se muer bientôt en bête de somme de Mme la générale, préposé à toutes les commissions, à la préparation des réceptions. Courcel me stoppe net : « Avec de Gaulle, rien de tout cela. » C'est un pur esprit, qu'aucune tâche domestique n'inquiète. Quant à Mme de Gaulle, elle est dans le Shropshire, à deux cents kilomètres dans le nord de l'Angleterre, avec ses enfants et la gouvernante. Geoffroy est formel : je n'ai aucune inquiétude à avoir de ce côté-là. Je lui donne donc mon accord. Le cabinet militaire du Général se compose désormais du lieutenant de Boislambert qui est chargé de la liaison quotidienne avec la mission Spears, de Courcel et de moi-même.

Certes nous devions veiller aux déplacements du Général, à son emploi du temps et à ses réceptions et il nous incombait aussi de le loger convenablement. Mais dès lors qu'il avait ses commodités dans un hôtel, on n'en parlait plus. Sans créer de souci à ses aides de camp il a séjourné à partir de 1941 et jusqu'à son départ pour Alger à l'hôtel Connaught où, sur le conseil d'un ami anglais, Tony Ashley, je lui avais réservé une chambre et un petit salon. C'était là, m'avait-il dit, que, depuis toujours, descendaient ses parents quand ils venaient à Londres.

André Malraux a écrit qu'il n'y avait pas de Charles. C'est vrai qu'il n'y avait pas de De Gaulle en pantoufles. Si, selon l'adage, il n'y a pas de grand homme pour son valet de chambre, le maître Jacques que je fus peut affirmer que de Gaulle a fait mentir cet adage.

Pourtant dans l'été 42, alors que le Général séjournait à Beyrouth à la résidence des Pins chez le général et Mme Catroux — ce qui devint fortin pour nos paras en 1982 était alors une belle et noble demeure entourée de jardins et croulant sous les bougainvillées —, le Général, qui se changeait pour une réception, m'appela de sa chambre dans la mienne pour me dire qu'il venait de casser son bouton de col ! Furieux de sa maladresse, il ponctua : « Je ne vaux plus rien ! vivement la retraite ! » C'est le seul souvenir que je conserve de lui se rapportant à un détail pratique.

S'il vivait dans l'ignorance souveraine des contingences matérielles et si, dès lors, il n'en encombrait pas ses proches, il ne se souciait pas davantage de ce qui, sur ce plan, concernait les autres. Ce n'était pas indifférence, moins encore égoïsme ; simplement il respirait à une autre altitude et n'occupait son esprit de rien de subalterne.

L'essentiel de notre temps, nous avions donc tout le loisir de le consacrer aux tâches que nous accomplissions au sein du cabinet.

Comme tout cabinet, il se devait d'être à la fois effacé et efficace, d'assurer la respiration à la manière d'un poumon, d'être un lien constant entre le patron et les services, entre le Général et le monde extérieur, d'épouser le profil de la route, d'amortir les chocs, en cas de besoin de boire l'obstacle, mais sans que le cabinet lui-même fît écran à la communication.

Pour les jeunes hommes que nous étions, c'était une tâche passionnante. Nous étions aux premières loges pour voir, entendre, comprendre. Selon l'expression militaire, nous étions au contact. Et d'abord au contact d'un homme extraordinaire. Sa force essentielle était qu'il progressait, car je ne l'ai jamais vu s'immobiliser. Les « idées simples », c'est l'expression que dans ses *Mémoires* il utilise à propos de l'Orient compliqué vers lequel il s'envole. Mais l'Occident ne l'était pas moins !

Nous vivions, à cette époque, dans une proximité avec le Général que n'ont plus connue nos suivants. Cela tenait à notre nombre, si réduit que les services n'étaient pas diversifiés comme ils le deviendraient plus tard, et, aussi, aux usages qui étaient ceux du chef de la France Libre vivant solitaire à Londres. Six jours sur sept, il ne prenait aucun repas seul. Quand il n'invitait personne à sa table, un aide de camp partageait son repas. Nos tête-à-tête étaient donc très fréquents. Jusqu'à fin juillet 1940, Courcel avait pratiquement déjeuné et dîné chaque jour avec le Général. Désormais j'alternais avec lui, à son gré. Jamais aucun repas ne s'écoulait dans le silence. Nous avons donc été quelques-uns à tout entendre du Général... et le contraire. Non pas qu'il se contredisait ! Selon son humeur, il donnait à l'événement qu'il commentait un éclairage différent. Tantôt, il manifestait le pessimisme le plus noir, les hommes en place étaient incapables, les moyens manquaient tragiquement, telle défection était à prévoir, un renversement d'alliance se préparait... Tantôt, il avait confiance, il se sentait mieux compris : tel indice lui donnait à penser qu'en métropole l'opinion se ressaisissait, telle visite d'un ministre néerlandais, d'un journaliste tchèque ou américain, telle lettre reçue du bout du monde témoignaient qu'à nouveau les regards se portaient sur la France... La France ! unique objet de ses pensées. Mais bientôt, il vous embarquait à bord d'une espèce de capsule stratosphérique et vous emmenait avec lui faire le tour du monde. On survolait tous les pays ; on survolait l'Allemagne, on survolait la Russie, on survolait la Chine, puis on prenait une autre orbite, on passait au-dessus de l'Afrique et c'était une vue directement planétaire... J'ajouterai : on survolait aussi les siècles et à travers les nuages on avait des percées fulgurantes sur l'avenir. Bien avant que ces régions n'entrent dans la guerre, on voyait les continents s'embraser, et toujours, et encore, on revenait à la France, la France autour de quoi s'ordonnait sa pensée. En guise de conclusion, il observait qu'il n'y avait pour la France que deux politiques possibles, celle de Laval ou la sienne. Aucune autre.

Au cours de ces voyages dans l'espace et dans le temps, de Gaulle, en grand acteur, changeait de ton, variait les rythmes avec une science de l'effet qui portait d'autant plus sûrement qu'il était lui-même, c'est-à-dire tour à tour sombre, jovial, ironique, sarcastique, brusquement prophétique, désabusé.

Il y avait des pauses dans le discours et il n'était pas souhaitable que l'auditeur restât pétrifié dans le silence. Il valait mieux qu'il eût le minimum d'à-propos pour renvoyer la balle, quelquefois d'un mot, pour relancer le débat par une réflexion ou un témoignage. Le monologue, alors, repartait de plus belle !... Mais, en d'autres circonstances, le Général savait aussi très bien écouter. Ceux notamment qui arrivaient de France — souvent le temps d'une lune — étaient avidement interrogés, entendus. C'est aux voyageurs débarqués de fraîche date qu'il était le plus attentif.

« Je n'ai pas d'hommes »

Il était possible, dans un entretien avec le Général, d'aborder n'importe quel sujet, et cela avec la plus grande liberté. Il était également loisible de lui soumettre des notes ou des mémoires. Mais il fallait se garder d'aborder les questions de personnes, car la conversation risquait alors de tourner court ou de provoquer rapidement l'irritation. Si l'on se hasardait à formuler des réserves à l'égard de tel ou tel, la réaction du Général pouvait être vive, à moins que soudain il ne se murât dans le silence. J'hésite toujours à mettre dans la bouche du Général quelque propos que ce soit, que je n'ai pas noté sur l'instant, mais cette précaution prise, je puis dire que, dans l'esprit, sa conclusion était inévitable : « Si vous croyez que je ne le sais pas aussi bien que vous ! Mais ai-je des hommes ? Je n'ai pas d'hommes !... » et le Général de développer ce que ce manque d'hommes avait de redoutable. C'était vrai et pourtant !

Quand on regarde les choses avec le recul du temps, on est frappé par la floraison de talents qui apparurent alors, par la densité d'hommes neufs, appelés à de grands destins, constatée aussi bien à Londres qu'à Alger. Je ne parlerai pas des hommes engagés dans la Résistance en France et parmi lesquels — et pour cause — de Gaulle ne pouvait puiser, mais pour s'en tenir à ceux disponibles, comment ne pas évoquer ces capitaines : Leclerc, Koenig, Brosset..., dont de Gaulle fit en un tournemain des généraux dignes émules des maréchaux de l'Empire. Et parmi les civils, qui soupçonnait, en 1940, que Jacques Bingen, alors en charge de la marine marchande, serait parmi les continuateurs de Jean Moulin et mourrait en héros, que Raymond Aron * deviendrait un des grands penseurs de notre temps, que nous comptions en herbe, parmi nous, de futurs Prix Nobel, des économistes qui, après la guerre, accéderaient aux plus hauts postes de notre administration et des institutions internationales, et dont l'un serait gouverneur de la Banque de France **, sans compter Maurice Schumann, René Pleven et une pléiade d'hommes politiques et de diplomates ! Qu'on ne croie pas — explication trop facile — que les survivants accédèrent à ces distinctions et à ces emplois simplement parce qu'ils avaient été les compagnons du général de Gaulle. C'est le contraire qui est vrai : c'est en le rejoignant qu'ils donnèrent le premier signe de leur caractère. Il en va ainsi de toute sélection opérée par le volontariat.

Volontaires, ils l'étaient tous ; c'était leur trait commun. Ils n'étaient pas pour autant des godillots ! Ces Français Libres, troupe bigarrée, étonnamment disparate, s'affirmaient aussi frondeurs qu'aucun Français ne le fut jamais. A leur disposition atavique à l'individualisme s'ajoutait chez beaucoup une certaine dose d'inquiétude et parfois d'angoisse qui tenait au dépaysement. Malgré les bombardements du premier hiver, ils se sentaient des privilégiés par comparaison à nos compatriotes de France, à l'égard de qui ils ressentaient des complexes. Ils ne vivaient pas à Londres, ils y campaient. Au début, ils se demandaient à bon droit s'ils reverraient

* Raymond Aron s'inscrit aux FFL dès son arrivée fin juin 40. Il prendra ensuite des distances à l'égard de De Gaulle mais le rejoindra en 1947.

** Olivier Wormser.

jamais leur terre natale. Plus tard, dès 1942, ils étaient devenus sûrs du retour, mais quand ? A ces conditions qui portaient sur la tournure du conflit s'ajoutaient d'autres incertitudes tenant au climat si variable prévalant entre la France Combattante et le gouvernement britannique.

On sait très bien, aujourd'hui, quelles crises ont secoué leurs relations. A trois reprises au moins, il plana des bruits de rupture ! Les Français de Londres suivaient ces développements au travers d'informations contradictoires et de nouvelles incertaines. Dans leur for intérieur, dans leur cœur, ils se sentaient partagés. De vivre au milieu de ce peuple britannique, qui ne fut jamais plus grand dans son histoire qu'au cours de cette épreuve, ils s'étaient sentimentalement beaucoup attachés à lui et, dans le danger, étroitement liés à son sort.

Les Français à Londres

Comment la cause des Anglais et des Français Libres pouvait-elle cesser d'être commune, comment leur solidarité risquait-elle d'être rompue ? Ce qui opposait les gouvernements était faiblement perçu par le plus grand nombre. Les conflits de souveraineté entre Français et Anglais au Levant, en Afrique, à Madagascar, semblaient lointains, secondaires. Cela valait-il la peine de monter sur ses grands chevaux ? De Gaulle avait probablement raison, au fond, mais était-il « diplomate » ? Voilà une observation et un mot qui revenaient sans cesse dans les conversations : « De Gaulle est trop brutal, il n'est pas assez diplomate... » On ne proposait pas pour autant de solution de rechange, mais les inquiétudes et les critiques perçaient clairement. Elles pouvaient être accueillies partout, chez les Français qui travaillaient à la BBC et parmi nos journalistes, chez ceux que l'on rencontrait en ville ou dans nos services. Chacun s'efforçait de réfléchir pour son compte, de se faire une opinion. A part la presse anglaise, les moyens d'information étaient rares. Qu'allait-on devenir ? Un humoriste suggérait que Churchill fasse déposer de Gaulle à Sainte-Hélène, en installant le chauffage central à Longwood !

Je n'invente rien. Les conversations allaient bon train, le soir, dans les bistrots fréquentés par les Français. Tout s'y entrechoquait, angoisse réelle, plaisanteries, désolation, confiance, sentiment d'irréalité. Ces crises, était-ce vraiment sérieux ou bien jouait-on à se faire peur ?

Puis, après des semaines de tension, sonnait l'heure de la détente ! Un communiqué. Une photo avec poignée de main. Et l'on repartait du bon pied... Jusqu'à la prochaine fois.

Les aviateurs, entre deux missions, les marins sur leurs dragueurs de mines, les soldats dans le désert ignoraient ces affres. Elles étaient le lot des Français de Londres, de Beyrouth... Avec le recul du temps, depuis que les archives anglaises et américaines ont livré leurs secrets, on sait que rien ne fut plus réel que ces affrontements. Pour le Général, faire une concession, même modeste en apparence, puis une autre, c'était renoncer à faire entrer dans la guerre la France en tant que telle, la France tout entière.

De Gaulle avait tout de même raison quand il se désolait de « manquer d'hommes ». Ce qui lui faisait défaut, de 40 à 42, ce n'étaient pas des jeunes d'avenir, c'étaient des hommes d'expérience déjà rompus aux affaires du monde, des valeurs déjà consacrées. Il n'en trouvera qu'à Alger.

La BBC

Toutes les nuances de l'opinion étaient perceptibles chez ceux de nos compatriotes londoniens qui faisaient profession de s'exprimer par la plume ou au micro de la BBC. Le journal *France,* seul quotidien de langue française publié au Royaume-Uni, était édité sous les auspices du ministère britannique de l'Information et confié à une équipe rédactionnelle française. Cette feuille était résolument antigaulliste ; de Gaulle veilla à ce que sa vente ne fût jamais interdite dans nos unités stationnées en Grande-Bretagne, malgré les protestations quelquefois véhémentes de plusieurs chefs de corps. Sans doute pensait-il qu'il ne fallait pas donner à ce journal austère l'attrait du fruit défendu. Au reste, la lecture de *France* était peu répandue chez nos hommes qui, même s'ils lisaient mal l'anglais, préféraient feuilleter le *Daily Mirror* ou le *News of the World.* Maurice Schumann me rappelait que Pierre Bourdan définissait le journal *France* comme « une petite feuille d'opposition à Vichy ». Dirigée par Pierre Comert, elle tenait à marquer ses distances à l'égard de le France Libre.

Bourdan, qui ne comptait pas non plus parmi les gaullistes, crut pendant un temps avoir trouvé en Giraud une réponse à ses espoirs mais, quand il l'eut rencontré, il lui fallut déchanter. Il avait un talent assez grand pour que ses causeries quotidiennes à la BBC se situent à une hauteur où les différences ne sont pas perceptibles et il est resté la vedette de l'émission « Les Français parlent aux Français ». Dieu merci ! en France, les auditeurs ne firent jamais la moindre distinction entre celle-ci, émission en langue française sous contrôle anglais, à laquelle collaboraient d'ailleurs des gaullistes, et « Honneur et Patrie », l'émission de Maurice Schumann, porte-parole de la France Combattante.

La faction des irréductibles à de Gaulle comprenait notamment Georges Gombault, son fils Charles et Louis Lévy qui avec quelques amis avaient dès l'été 40 créé à Londres le cercle Jean-Jaurès. Enracinés dans leur certitude qu'un général qui se mêlait de politique ne pouvait qu'être un factieux, ils se prétendaient les tenants de l'orthodoxie socialiste et républicaine. Ils étaient écoutés dans les milieux travaillistes. Henry Hauck, conseiller social de l'ambassade, ami de Léon Jouhaux, qui représentait la CGT à Londres depuis 1939, était leur antidote ; seul membre des missions Paul Morand à avoir rallié la France Libre, il s'employait non sans succès à contrarier leur influence. Quelle ne fut pas l'amertume des membres du cercle Jean-Jaurès quand à partir de 1942 des socialistes arrivèrent de France à la suite l'un de l'autre soit entre deux lunes, soit en transit pour Alger (Christian Pineau, Félix Gouin, André Boyer, Daniel Mayer, André Le Troquer, Gaston Defferre, Vincent Auriol...), tous porteurs du même message : le parti socialiste clandestin reconnaissait l'autorité du chef de la France Combattante et s'apprêtait à siéger au CNR. Deux lettres de Léon Blum, dont l'une personnelle au général de Gaulle, en firent foi. Rien n'y fit. Imperturbable, le cercle Jean-Jaurès resta sur ses positions.

Pierre Mendès France fit aussi sensation, en arrivant, de France à Londres, par son ralliement sans équivoque à de Gaulle. Il tenait à porter l'uniforme et à rejoindre une escadrille, ce qu'il obtint. Quelques autres, du même âge, ne témoignèrent pas de la même ardeur guerrière. Quand, appelé par de Gaulle à Alger, Pierre Mendès France entra dans son gouvernement, il y affirma vite sa forte personnalité et sa compétence, notamment dans le domaine économique. Je suis de ceux qui regrettent encore qu'à l'automne 1944 de Gaulle, après une longue réflexion, ait opté contre lui en faveur de Pleven sur l'affaire de la monnaie. Des hommes de gouvernement comme Mendès France et comme Félix Gaillard manquèrent par la suite au premier président de la Ve République.

Si depuis juin 1940 Charles de Gaulle avait acquis une stature qui l'élevait au-dessus des catégories, il demeurait possible de distinguer en lui les traits du soldat, de l'écrivain et de l'homme d'Etat.

Le soldat

C'est peut-être comme soldat que, paradoxalement, le destin lui a le moins souri. S'il fut avant la guerre l'infatigable apôtre de la guerre mécanique, il n'eut d'émules ou d'alter ego qu'à l'étranger, Guderian en Allemagne, Liddell Hart en Angleterre. Sur le champ de bataille, il ne dispose que de quelques journées pour démontrer sur le terrain son savoir-faire et infliger de rudes coups aux panzers qu'il a sous son feu. Par la suite, ce cerveau admirablement préparé à conduire les plus grandes opérations, fût-ce à l'échelle de la planète, ne peut que tourner à vide. A Londres, c'est un roi nu. Et pourtant, dans le camp occidental, les stratèges sont rares. Churchill, génial conducteur d'un peuple, n'est pas un stratège. Impulsif, il agit par coups de boutoir, mettant tantôt à côté tantôt dans la cible. Projetés tard dans la guerre et dépourvus de préparation, les Américains feront un difficile mais fulgurant apprentissage... Les temps où un Français s'est imposé comme généralissime allié sont depuis longtemps révolus. En 1944, c'est un Américain, Eisenhower, qui, tout naturellement, est commandant en chef en Europe, comme l'amiral Nimitz l'est dans le Pacifique.

L'écrivain

J'ai entendu un jour le Général observer que si quelque infirmité l'avait empêché de choisir le métier des armes, il aurait consacré sa vie à écrire. La carrière d'homme de lettres, Charles de Gaulle, en fait, l'a parcourue en parallèle tout au long de sa vie. Dès que j'ai pris mon service à son cabinet, en juillet 1940, j'ai eu le spectacle quotidien d'un homme à sa table de travail, la plume à la main. Il y demeura jusqu'au dernier jour de sa vie à Colombey. Appuyé à son bureau, dans le nuage des cigarettes, il écrivait, raturait, reprenait son texte, achevait. Tantôt c'était une lettre ou un télégramme, tantôt un appel à la radio de la BBC, tantôt un discours. Par-delà les destinataires, il visait souvent une plus large audience, d'autres interlocuteurs : les membres du gouvernement britannique, le Premier ministre, le président des Etats-Unis et aussi, et surtout, les opinions publiques. C'est sur elles qu'il ne cessait de chercher appui, en homme de communication qu'il était au suprême degré. En fait ce furent ces opinions publiques qui, en France comme en Angleterre et aux Etats-Unis, face à leurs gouvernants et souvent contre eux, étaient ses meilleurs soutiens. S'il n'avait pas parlé aux Français, comment auraient en France surgi, dès 1940, les premiers « gaullistes » ? S'il n'avait pas fait passer un courant entre lui et la presse britannique, américaine, comment Cordell Hull aurait-il été fustigé par les grands journaux de son pays lorsqu'il se hasarda à dénoncer les « soi-disant Français libres » ? En 1944, la presse anglaise presque unanime prenait parti pour de Gaulle contre Roosevelt et un Churchill qui s'effaçait par degrés.

J'ai souri un jour de 1945 où j'ai entendu un Parisien, qui se disait bien informé et aimait à pérorer, affirmer que, pendant la guerre, de Gaulle avait fait écrire tous ses discours par Maurice Schumann et que depuis son retour en France c'était André Maurois qui en était chargé ! A la manière de ces écrivains publics à qui, autrefois, sur les marchés, on commandait à la pièce une lettre d'amour ou de deuil ou à des fins de chicane !

Les Mémoires de Churchill lui ont valu le prix Nobel de littérature. Ceux de Charles de Gaulle auraient pu se voir décerner la même palme mais cela n'eût guère ajouté à leur retentissement. Pour des auteurs comme Charles de Gaulle, Marcel Proust, André Malraux, Churchill lui-même, les lauriers des académies sont flatteurs mais négligeables. L'extrême déférence dont témoignait Charles de Gaulle à l'égard des écrivains montre bien la considération dans laquelle il les tenait. Ses hommages allaient indifféremment à des auteurs de tout bord, fussent-ils hostiles à sa personne, dès lors qu'ils étaient éminents. On se rappelle sa lettre à Jean-Paul Sartre.

L'homme de réflexion et de pensée ne pouvait se laisser enfermer dans aucune école et, lui aussi, échappait aux classements. L'avoir dit maurrassien témoigne de myopie. Rien dans sa démarche intellectuelle n'évoque Charles Maurras. Il suffirait de se rappeler à quel point avant-guerre ses contacts avec les milieux politiques et intellectuels furent dénués de sectarisme. De Léon

Blum et Marcel Déat à Paul Reynaud, il ne cherchait qu'à intéresser et si possible à convaincre, ignorant des étiquettes. Imagine-t-on un disciple de Maurras, prisonnier de ses œillères, s'aventurant sur de tels territoires ? Charles de Gaulle n'appartenait d'ailleurs pas à une famille de tradition maurrassienne et on ne peut oublier que son père avait été dreyfusard.

Toute sa vie, il a fait preuve en littérature d'un extrême éclectisme, mais par son tempérament et ses dons, il se sentait assurément porté davantage vers ces régions où se rejoignent les lettres, l'histoire et la politique. Plutarque, Tacite, Joinville ont été parmi ses lectures favorites. Mais aussi Clausewitz, Chateaubriand, Tolstoï, Hugo, Renan, Barrès, Bergson...

Même pour ceux qui l'approchaient, de Gaulle restait parfois une énigme. Ses mains étaient si fines qu'elles semblaient peintes par le Greco. Il avait la main d'un artiste, non la poigne d'un tankiste. Peut-être est-il difficile de se représenter qu'à Londres jusqu'à l'été 1942 nous ignorions *le Fil de l'épée.* Ce petit livre essentiel, tellement révélateur de la pensée et du comportement de l'auteur, n'avait apparemment jamais franchi la Manche. Or ne contenait-il pas, peint dès 1932, le portrait en pied, criant de ressemblance, de celui que nous avions sous les yeux et — pour nous, Français Libres — derrière qui nous nous étions rangés ? Mais ce livre autorisait plusieurs lectures. Il pouvait permettre à ses détracteurs de s'exclamer : « Vous voyez bien ! Nous l'avions prédit. C'est un dictateur en puissance... »

Le politique

Malgré les apparences, pour prendre des responsabilités politiques, de Gaulle était loin en 1940 d'être un néophyte. Il s'y était de longue date intellectuellement préparé et avait une connaissance approfondie des conditions dans lesquelles se gouverne un Etat moderne ; son passage au Centre des hautes études militaires n'avait pas été négligeable, je suppose, pour compléter dans ce domaine son information. Tout de suite, il se montra de plain-pied avec les événements au point de se muer séance tenante en homme d'Etat, et de quelle trempe ! Les dirigeants anglais en furent les premiers surpris, puis, lorsque des divergences apparurent, agacés. Et cela d'autant plus que dans la décennie précédente, le gouvernement de Londres avait pris l'habitude de voir Paris s'aligner comme par réflexe sur les positions britanniques. Churchill avait accueilli le général de Gaulle en Grande-Bretagne d'autant plus volontiers qu'il était une autre incarnation du refus de capitulation. Disons même qu'il l'imposa, car sans lui jamais son premier gouvernement, où les attentistes étaient encore en majorité, n'aurait accepté de heurter à ce point le maréchal Pétain. Mais il était loin de penser qu'ensuite de Gaulle se cabrerait à chaque friction !

Qu'on se rappelle seulement l'épisode tragique du 7 mars 1936, quatre ans plus tôt. Hitler pénètre dans la zone démilitarisée de la rive gauche du Rhin et opère son coup de force. Ce n'est pas une totale surprise pour le gouvernement français. Il s'y attendait depuis quelques semaines et avait déjà prévu dès le 27 février qu'il ne ferait pas jouer les clauses du pacte de Locarno qui lui permettaient d'agir seul en cas de rupture flagrante du pacte ; il se contenterait de « consulter les autres signataires » ! Et leur position, l'Angleterre en tête, était connue : ne rien faire. C'est ce qui se produisit. Albert Sarraut se contenta de protester devant les micros et de saisir la SDN. Le gouvernement de Sa Majesté se montra satisfait de la « prudence » de Paris.

Les dirigeants anglais étaient si accoutumés à cette docilité des gouvernants français, alors même que la France était leur plus puissant allié et disposait de la première armée d'Europe *, qu'ils ne pouvaient imaginer un seul instant qu'un général français, échoué sur leur rivage, dépourvu de tout, tributaire d'eux en tout, viendrait à les braver. En vérité, malgré les avocats que de Gaulle trouva parmi eux, jusqu'à ce qu'il réintégrât la mère patrie, ils ne s'y firent jamais pleinement. Eden, MacMillan, Duff Cooper ne furent pas sans mérite quand ils défendirent sa cause ; ils témoignèrent ainsi d'une lucidité et d'un courage tout à fait rares. Tout au long de ces années difficiles, Anthony Eden joua un rôle capital dans le maintien, vaille que vaille, de relations convenables entre Churchill et de Gaulle. C'est-à-dire ultimement entre nos deux pays. Si la France savait reconnaître ses amis, c'est Anthony Eden qui, à Paris, aurait une voie triomphale !

Quant à Roosevelt, il tenait purement et simplement pour un illuminé et un fou celui que, dans son langage codé avec Churchill, il

* En nombre d'hommes et de chevaux.

appelait « la Pucelle ». Dès 1943 et surtout depuis Anfa, il jugeait urgent de l'éliminer et supportait mal les atermoiements britanniques.

Je dois avouer aujourd'hui que les choses nous paraissaient sur le moment moins limpides. De retour à l'hôtel Cumberland, lorsque je raconte à ma femme et à Jacques mon entretien avec Courcel, ils pensent que me voilà bien vite casé ! Il ne fallait pas mettre tous les œufs dans le même panier, aussi, Jacques Bingen décide d'aller voir du côté de la 51e division, du moins de ce qui en restait après l'affaire de Saint-Valery. Nous étions très indécis sur ce que le sort allait réserver à ce « projet de Gaulle ». Il n'avait d'autre consistance que les allocutions prononcées par de Gaulle à la BBC entre le 18 juin et le 3 juillet. L'émission « Honneur et Patrie » n'était pas encore créée. Tout était extrêmement indécis et incertain : comment serions-nous payés, etc. ? Nous ne savions rien ou si peu. En attendant, nous ébauchions les contacts et démarches tous azimuts.

Deux jours plus tard je trouve un message de Courcel au Cumberland me demandant de passer le voir à St. Stephen's House. Il a dit deux mots de moi au général de Gaulle, à qui il a fait part du besoin qu'il avait de se dédoubler. Courcel me demande de lui confirmer ce que je lui ai dit au Berkeley. Ma réponse est qu'il a ma parole. C'est acquis. Le soir même il me présente.

De Gaulle xénophobe ?

Ce refus de s'aligner sur les positions soit anglaises, soit américaines, cette obstination à défendre rigoureusement les intérêts français, même quand ils heurtaient de front l'un ou l'autre de nos alliés, ont eu pour effet de convaincre beaucoup d'observateurs que de Gaulle était tantôt anti-anglais, tantôt anti-américain.

Pour ma part, en deux ans et demi de commerce quotidien, je n'ai jamais perçu la moindre trace de xénophobie dans aucun propos du général de Gaulle. L'eût-il été qu'il n'aurait pas fait le choix qu'il fit le 17 juin 1940 ! Ce n'est pas un long séjour en Grande-Bretagne qui l'aurait fait changer de sentiment, au cours duquel il ne cessa de nourrir admiration et respect pour ce peuple et pour ses institutions. S'il révéla en une occasion le fond de son cœur, ce fut bien dans son discours à Westminster Hall le 7 avril 1960, lorsqu'il fut solennellement reçu par le Parlement britannique. C'était tout le contraire d'un discours de circonstance ! Ces trois années passées au foyer de la démocratie la plus exemplaire du monde moderne avaient, comme par imprégnation, marqué Charles de Gaulle à jamais. Non point qu'il eût besoin d'être converti. Mais, à Londres, pour tout observateur attentif, il était édifiant de voir, comme à la loupe, continuer de jouer avec une aisance parfaite tous les rouages d'une société libre alors que pesait sur sa vie même la plus grande menace de tous les temps, et d'observer un Premier ministre aux heures les plus tragiques maintenir imperturbable, comme en des jours ordinaires, son dialogue quotidien avec le Parlement. Si le chef des Français Libres a réussi par la suite, comme il l'a fait, à réconcilier la droite française avec la démocratie au point que désormais ce terme autrefois honni appartient désormais au vocabulaire de la droite comme de la gauche, c'est qu'il s'était lui-même par son comportement et son exemple identifié à ce principe. Comme l'a écrit Jean-Claude Casanova, «il est en quelque sorte devenu notre Washington alors que la gauche avait cru qu'il était Bonaparte».

De même, il fit toujours la différence entre les sentiments du peuple américain et la politique de la Maison-Blanche et du Département d'Etat dont la France eut tant à souffrir depuis l'été 1940 jusqu'au dernier souffle du président Roosevelt. L'aveuglement opiniâtre dont celui-ci témoigna non seulement à l'égard de la France, mais aussi de toute l'Europe, et qui l'entraîna à miser si longtemps sur Pétain, et à se fier jusqu'au bout à Staline, consternait Charles de Gaulle, mais ne l'empêchait pas de voir en Roosevelt un grand leader et d'admirer avec quelle habileté il sut préparer son peuple à entrer dans la guerre.

Vingt ans plus tard, des observateurs croyaient encore — par exemple lors de la sortie de la France de l'OTAN — que de Gaulle agissait comme animé par des sentiments de revanche. S'il était soucieux d'affirmer l'indépendance stratégique de son pays, il était loin de penser à régler des comptes.

Vendredi 26 juillet

Ma prise de fonction à Carlton Gardens a lieu le lendemain du déménagement, le 26 juillet. Nous occupons, Courcel et moi, le même cabinet. Le meuble central est un bureau à double entrée avec des jeux de tiroirs de chaque côté. Le cabinet du Général est attenant, sur le même palier. Il est plus petit que le nôtre mais donne sur le jardin. Le Général avait visité cet immeuble avant d'emménager. L'étage que nous occupons était l'étage de direction d'une grande société privée. Deux ans plus tard, nous occuperons l'immeuble voisin, plus spacieux, où le Général occupera un vaste bureau. C'est là que Cecil Beaton lui tirera le portrait.

Pour la première fois, je frappe à la porte du Général et j'entre. Il se lève et me tend la main. Il est très courtois mais reste froid et distant. Pendant deux ans, je vivrai dans l'intimité du général de Gaulle et jamais il ne s'informera auprès de moi de ma famille restée en France. Pour sa part, il ne me parlera jamais des siens !

J'étais chargé d'emblée d'un secteur stratégique : le courrier. C'était là le poumon de respiration avec le monde extérieur, la grande affaire. Tous les télégrammes nous parvenaient par voie anglaise, car il n'y avait aucun moyen d'atteindre le général de Gaulle autrement que par le truchement des ambassades d'Angleterre.

Spears

Après avoir mis le général de Gaulle sur orbite, le 18 juin à la BBC, Churchill avait immédiatement créé la « mission Spears ». Le Premier ministre avait considéré à juste titre qu'il fallait une liaison permanente entre le gouvernement britannique et son hôte. Pendant huit ou dix jours, tout le monde attendit la constitution d'un vaste Comité national. Des deux côtés, Anglais et Français, on souhaitait la création d'un tel organisme rassemblant des personnalités qualifiées pour représenter cette France en exil qui poursuivait la lutte en terre étrangère. Ils étaient encore nombreux à Londres, à cette époque : hauts fonctionnaires, hommes politiques, techniciens de haut vol... Mais le 1er juillet, on s'aperçoit qu'il n'y a toujours pas de Comité français.

Churchill va alors franchir un pas supplémentaire dans le soutien qu'il apporte à de Gaulle : il le reconnaîtra seul. Il donne ordre à ses services de préparer des textes portant sur la reconnaissance du Général *intuitu personae.*

Spears est de très longue date un ami personnel de Churchill. Il a fait une belle guerre 1914-1918 où il a gagné les insignes de brigadier général. Revenu à la vie civile, il a occupé de nombreuses fonctions dans les affaires et été administrateur de grandes sociétés. C'est Churchill qui l'a entraîné dans la vie politique ; il a siégé au Parlement dans les rangs du parti conservateur. Son français était superbe ; son don pour improviser avec esprit une allocution, dans l'une ou l'autre langue, était étonnant. Un jour que je lui demandais sa recette, il me répondit : « Une dose de gravité, une dose d'émotion, une dose d'humour… n'oubliez pas la goutte de citron. »

En 1939, tout naturellement, Churchill le prend à ses côtés quand il entre dans le dernier cabinet Chamberlain et le conserve le 9 mai 1940 pour suivre les relations avec la France. Il assiste à toutes les réunions du cabinet de guerre interallié et vivra au plus près les événements de mai-juin. Lorsque de Gaulle viendra pour la dernière fois à Bordeaux le 16 juin dans l'avion de Churchill, c'est ensemble qu'ils rentreront à Londres le lendemain.

Dès que le Général devient chef des Français Libres, d'office Spears crée une mission chargée d'assurer les relations de la France Libre avec les administrations anglaises et, généralement, de lui faciliter la vie en Grande-Bretagne.

Suivant sa pente, il s'installe dans la fonction de cornac. Sa vocation sera d'être le conseiller, le guide dans la plus large acception du terme. Pour lui, dans le principe, cette charge est rêvée. A défaut d'être membre du gouvernement, ce qu'il ne sera jamais, c'est ce qu'il pouvait espérer de mieux. De Gaulle, qu'il ne connaît que depuis le 6 juin, passe pour avoir un caractère affirmé, peut-être difficile, mais il pense qu'il saura s'en accommoder, le Général ayant trop besoin de lui pour ne pas être sensible à son influence. Il l'accompagne ainsi à Dakar et partage, en première ligne, la déception générale. Dakar aurait fait une belle capitale, avec vue directe sur le Sahara ! Si les Etats du Levant avaient rallié la France Libre, Catroux aurait été haut-commissaire au Levant. Perspectives qui s'effondrent tout d'un coup. Les ralliements escomptés de Mandel, Campinchi, etc., se sont vite évanouis. Le Comité national n'est décidément pas pour demain. Qu'importe, on s'en passera. De Gaulle est pour Spears un bel étalon auquel il faudra mettre le mors de bride.

Ce n'est naturellement pas comme cela que le chef de la France Libre voit les choses. La période qui suit consiste, pour partie, en une comédie des erreurs comme Marivaux en donne des modèles. Spears, pour sa part, n'a pas encore pu prendre la mesure hors du commun de la personne qui lui fait face. Quant à Charles de Gaulle, il est content que Churchill mette à sa disposition un homme de distinction, mais il ne se doute pas des ambitions que nourrit Spears. Le Levant va être le théâtre de leurs affrontements. Le Colonial Office compte sur Spears pour défendre ses positions et rester fidèle à l'esprit de Lawrence. A ses yeux, il a été indu que les traités de Versailles aient confié à la France des mandats sur la Syrie et le Liban, alors que l'influence anglaise s'y exerçait de longue date. Avec la France hors jeu, c'est l'occasion ou jamais d'y reprendre pied.

Spears ne faisait que continuer le travail qu'il effectuait quelques semaines encore avant la débâcle, puisqu'il représentait déjà la Grande-Bretagne au Conseil suprême en France. Il avait tenu ce rôle avec une certaine aisance, traitant avec le personnel politique français dans un français irréprochable. Il était dès mai-juin considéré comme le représentant britannique auprès du gouvernement français. Churchill marquait là de manière éloquente l'estime dans laquelle il le tenait. De Gaulle appréciait beaucoup Spears au départ et l'écoutait, le considérant à juste titre comme un ami de la France, voyant en lui un Anglais très doué pour occuper le poste qui lui était dévolu. Dans les premières semaines, c'est Boislambert qui était chargé de la liaison quotidienne avec la mission Spears, jusqu'à son départ avec Pleven et Hauteclocque. Boislambert était très jaloux de ses prérogatives, ce qui fait que durant les premiers jours je ne parvins à être informé de l'arrivée du moindre télégramme. Une anecdote notée dans mon journal relate un de ces événements :

Jeudi 1er août 1940. Pas de questions à son général !

J'accompagne le Général à Aldershot, qui est un peu un Saint-Cyr britannique, non loin de Londres.

Sur le chemin qui nous mène à Aldershot, le Général marmonne : « Larminat... Larminat... avec Larminat je vais pouvoir... » et cela continue de plus belle. Je m'efforce de deviner qui est ce Larminat dont j'entends prononcer le nom pour la première fois. Comment répondre aux propos que m'adresse maintenant le Général à ce sujet. Je n'y tiens plus : « Mais, mon Général, qui est ce Larminat ? » Il me coupe brusquement : « On ne pose pas de questions à son général ! » Suivi d'un silence. C'est péremptoire, me voilà frais. Je n'ai plus qu'à me taire mais je ne suis pas là seulement pour cela ; mes tempes me brûlent. Long silence. « Vous ne lisez donc pas les télégrammes... — Je n'y ai pas encore accès, mon général ! » Je me risque à mentionner Boislambert qui en avait jalousement la charge. Nouvelle coupure « Vous devez tout savoir avant moi... c'est à vous autres qu'il appartient de me renseigner. » Très sec au début, ces derniers mots sont dits de manière plus conciliante.

Mon premier déjeuner en tête-à-tête avec le Général eut lieu le jour où Courcel avait légitimement besoin de souffler. Courcel informe ainsi le Général que j'ai réservé une table au Royal Automobile Club. A ses dires, il ne semble pas enchanté par la cuisine anglaise mais s'y fait sans rechigner. Il boit du bordeaux.

Le Général était trop absorbé par ses tâches quotidiennes pour les perdre de vue à table. J'avais un carnet dans la poche de manière à ne rien perdre des consignes qu'il pouvait me donner. Ses interrogations portaient souvent sur nos rapports avec les services anglais.

Petit à petit, il en viendra à soupçonner la mission Spears de nous dissimuler des documents et des informations. Il se mit à prêter aux Anglais des intentions désobligeantes ; il devint méfiant. En fait, la lune de miel avec la mission Spears dura jusqu'à l'affaire de Dakar. Cette mission comprenait une équipe peu nombreuse, il y avait un officier de chaque arme : terre, mer et air, plus un civil qui s'occupait de tous les autres départements ministériels. C'étaient des hommes tout à fait convenables, nullement des espions, et nous étions simplement tenus à une certaine vigilance. De son côté, Spears était dans les mêmes dispositions à l'égard du Général qu'il l'avait été à l'égard du gouvernement Paul Reynaud. C'est-à-dire qu'il entretenait au départ les meilleures relations possible, du point de vue anglais, avec ses différents interlocuteurs.

En prenant mes fonctions, j'ai fait le tour des services pour me présenter à tout le monde. J'avais fait la connaissance de René Cassin, homme d'une extrême affabilité. Il avait trois ans de plus que le Général mais paraissait bien plus. Courcel me dit ce qu'il savait de lui : juriste, classé à gauche, président d'une fédération d'anciens combattants de gauche. C'était un démocrate convaincu, militant, et un homme de grand savoir. Il n'avait pas la notoriété des grands professeurs de droit que nous avions eus à la faculté. Ces grands professeurs, Joseph Barthélemy, Geouffre de La Pradelle, etc., étaient conservateurs et Barthélemy allait bientôt être ministre de Vichy. Pendant la durée de mon séjour à Londres, et aussi par la suite, j'appellerai Cassin « monsieur le Professeur ». De Gaulle faisait de même. Cassin est un homme avec qui j'aurai des relations sans nuage. Nos contacts deviendront nombreux à partir du moment où sera instaurée une conférence administrative hebdomadaire.

J'ai de même rendu visite à l'amiral Muselier, très aimable. Il paraissait soixante ans environ et tranchait avec le Général qui avait l'air d'un jeune sous-lieutenant comparé à lui. Il portait la moustache, fait assez inhabituel chez les marins. J'eus tout de suite une impression de surprise. Il était assez négligé dans sa tenue. La cendre de ses cigarettes saupoudrait sa vareuse. Néanmoins, ses trois étoiles nous maintenaient à une distance respectueuse. Courcel me dit que c'était dommage que je n'aie pas commencé par lui avant d'être présenté au Général, car il m'aurait immédiatement proposé de devenir marin avec un troisième galon à la clé.

Parmi les figures marquantes du début se trouve également Pierre Tissier, maître des requêtes au Conseil d'Etat et ancien directeur de cabinet, en 1935, de Pierre Laval. Il avait une quarantaine d'années. Geoffroy m'avait prévenu que c'était un mouton noir au Conseil d'Etat, amateur d'alcool et de conquêtes féminines. Il voyait en lui un homme très fin, cultivé, intelligent et non conformiste. Tissier avait toujours un peu dérouté ses collègues au Conseil d'Etat par son originalité. Cassin et lui-même seront les maîtres d'œuvre des accords du 7 août 1940 entre la France Libre et le gouvernement britannique.

Pour signer mon engagement dans les FFL, Courcel m'envoie à l'étage au-dessus voir le capitaine Dewavrin (alias Passy). Notre première entrevue ne fut pas mémorable. Quand je me présente à lui, il me reçoit froidement, de façon distante, voire déplaisante. Son bureau, de taille normale, paraît vide : il ne ressemble en rien à une ruche ! Il me tend un formulaire que je remplis sans aucune autre forme d'échange entre nous. Je lui dis alors d'où je viens, et que je suis passé un peu par hasard au Maroc, voyageant sur le *Massilia*. Intéressé, il m'interroge alors sur les passagers présents sur le paquebot.

Mercredi 7 août 1940

Le Général signe les accords par lesquels le gouvernement anglais le reconnaît comme chef des Français Libres. Il a fallu toute l'autorité de Churchill pour aboutir si vite. On devine que les services n'étaient pas pressés. Nous sortons du néant. Par un système d'avances, à rembourser lors de la victoire (!), le gouvernement nous prend totalement en charge, effectifs présents et futurs, frais de fonctionnement, etc. Cassin, Tissier et Rauzan ont beaucoup travaillé à ces accords depuis un mois.

Dakar

On sait que le général de Gaulle, depuis son arrivée à Londres, avait multiplié les appels aux hauts-commissaires et gouverneurs des territoires de l'Empire et leur proposait de se mettre à leur disposition en vue de la poursuite de la guerre. Dès la fin du mois de juin, par les services anglais, il avait envoyé des télégrammes personnels à chacun des responsables de nos territoires d'outre-mer. Ses appels étaient restés sans écho en dehors du général Catroux, qui avait quitté précipitamment l'Indochine pour échapper aux Japonais. Il avait été convié par le gouvernement de Sa Majesté à séjourner à Londres, avec les égards qui lui étaient dus. Ce qui fut fait.

Quant aux équipes lancées par Churchill vers Bordeaux puis le Maroc, sous la conduite de Duff Cooper, lord Lloyd et du général Gort, elles étaient rentrées bredouilles et passablement humiliées.

Il fallait par conséquent regarder plus loin. Naturellement, l'Afrique-Occidentale s'imposait. Churchill et de Gaulle pensèrent aussitôt à Dakar. Ce grand port occupait une position clé en Afrique de l'Ouest et Churchill y voyait une base précieuse pour sa flotte. De Gaulle, pour sa part, rêvait d'y installer la capitale de « sa » France Libre, sans renoncer pour autant à bénéficier de l'hospitalité anglaise, mais en la rendant moins contraignante. A terme, nos émissions depuis la BBC auraient ainsi pu être relayées par une station puissante, rayonnant sur l'Afrique du Nord et le Moyen-Orient. Il ne devait s'agir que d'un rêve. Boislambert était secrètement sur les lieux et avait entamé avec succès sa propagande auprès de la troupe et de l'aviation. Hélas ! Il n'avait aucune intelligence secrète parmi les marins.

La revanche de Mers el-Kébir

Le 3 juillet 1940, le drame de Mers el-Kébir avait eu lieu. Tandis que la page fut vite tournée dans l'esprit des Britanniques, en revanche, la propagande de Goebbels se déchaîna en France.

C'est ainsi que pendant que les Anglais mettent au point l'expédition de Dakar avec les Français Libres, l'amiral Darlan remonte le moral de sa flotte sur le thème de la revanche. Pour venger Mers el-Kébir, il veut en découdre. Il donne l'ordre d'envoyer à Dakar une force navale importante : la force Y, commandée par un dur, l'amiral Bourragué, et composée de trois croiseurs de 8 000 tonnes, *Gloire, Georges-Leygues, Montcalm,* ainsi que de trois torpilleurs, *Fantasque, Malin* et *Audacieux.* Cette force était passée devant Gibraltar le 11 septembre, à la barbe des Anglais, et avait rallié Dakar le 14. Elle se mettait aux ordres du gouverneur général Boisson. Le câble envoyé de Londres à Gibraltar pour interdire le passage de cette flotte n'est pas déchiffré en temps voulu. Tous les ingrédients d'une tragédie sont réunis. Le rapport des forces passe à l'avantage de Vichy.

Il y eut des erreurs flagrantes d'appréciation et aussi d'exécution du côté anglais, voire un excès de confiance en soi dans la préparation de cette opération.

Leclerc, Pleven et Boislambert sont sur leur départ quand j'arrive à Londres, mais je ne peux pas ignorer longtemps l'opération qui se prépare sur Dakar. D'autant que le Général, avant son départ, doit organiser son intérim. Courcel accompagne le Général et Spears : je reste seul membre du cabinet à Londres. Le Général a créé un directoire de trois membres : l'amiral Muselier prend en charge la marine et l'aviation, le commandant Dewavrin la terre et Antoine les affaires civiles.

Dewavrin devient Passy, Hauteclocque devient Leclerc

Dewavrin choisit de s'appeler Passy ; les pseudonymes sont d'usage dans les services secrets ! En outre, un certain nombre d'entre nous changent de nom pour éviter de la part des Allemands ou de Vichy des représailles sur nos familles. C'est ainsi que Hauteclocque devient Leclerc. Pour moi, il me suffit de laisser tomber Bouchinet pour ne garder que Serreulles qui à la lettre S ne figure dans aucune pièce d'état civil. Dewavrin entreprend une œuvre de longue haleine : se concilier la sympathie et le concours des services secrets britanniques, en dépit de leur propension à s'attribuer la totalité des missions, des crédits, et des moyens d'action sur la France. Dewavrin réussit néanmoins à les intéresser à quelques-uns de ses projets. Un 2e bureau, traditionnellement, fait du renseignement ; Dewavrin avait donc créé l'ébauche d'un service de renseignement, appelé à fonctionner en direction de la France. Durant toute la fin de l'année 1940 il avait été sollicité par de jeunes hommes, volontaires, officiers ou non, pour aller en France. Ces volontaires prenaient alors tous les risques. Débarqués en sous-marin devant une côte bretonne, ils étaient livrés à eux-mêmes. Parmi eux, il y eut d'Estienne d'Orves, lieutenant de vaisseau, ancien élève de l'Ecole navale, évadé d'Alexandrie (comme Barberot et Auboyneau). Il avait en lui l'ardent désir, l'impatience d'en découdre avec les Allemands. Il voulait aller là où il pouvait recueillir des renseignements, et mettre, si possible, en œuvre quelques moyens d'action : la Bretagne était son point de mire.

Dewavrin apprend un nouveau métier dont il ignorait tout auparavant. En 1939, il était professeur de fortifications à Saint-Cyr. Il s'emploie à créer des relations avec les services secrets britanniques et se livre à un long travail d'apprentissage. Son objectif, naturellement, est de donner des preuves de la valeur des bénévoles que nous recruterons et, progressivement, de bénéficier des énormes moyens de l'Intelligence Service. Ce 2e bureau sera comme une araignée tissant sa toile. Dewavrin sera au centre. C'est fin 1941 que le 2e bureau deviendra le BCRA, calqué sur le modèle britannique, avec un bureau de renseignement et un bureau d'action pour tout ce qui est offensif, c'est-à-dire les sabotages et la conduite d'opérations en France. Dewavrin agit à ce moment-là de son propre chef. L'efficacité de son action est incontestable.

Muselier était l'officier le plus ancien dans le grade le plus élevé ; il aurait eu toutes les raisons du monde de représenter de Gaulle pendant son absence, si ce dernier avait eu en lui un degré de confiance suffisant pour en faire son représentant unique auprès des Anglais. L'amiral en est naturellement mortifié. Il se voit confier les affaires navales et aériennes. A Dewavrin, le Général attribue les questions d'état-major ; à Antoine, les questions civiles du ressort des différentes administrations anglaises. Moi-même, comme membre de son cabinet, j'ai la faculté de correspondre directement avec le Général par le chiffre, faculté dont j'userai avec parcimonie pour l'informer de la situation à Londres, qui n'était pas brillante. J'assure le secrétariat de la « commission administrative » regroupant le triumvirat Dewavrin-Antoine-Muselier et j'en établis le procès-verbal. Je reçois l'ensemble du courrier et des câbles et les répartis entre les ayants droit.

Antoine était un polytechnicien, sorti dans la botte, dans les Ponts et Chaussées. Cette appartenance, il faut le rappeler, était une sorte de talisman aux yeux du Général, et son choix se trouvait dès lors simplifié. De Gaulle, sans avoir eu le temps de le connaître, lui confia les affaires civiles. Ce choix se révéla très vite malheureux. Antoine affichait ostensiblement des opinions réactionnaires. Il apparaît, en réalité, qu'il n'était pas à niveau pour établir des relations faciles avec le cabinet du Premier ministre ou ses principaux vis-à-vis. Son anglais était hésitant, et s'il tranchait vite, il le faisait parfois trop. C'est ainsi qu'Antoine renvoie sur-le-champ André Labarthe que de Gaulle a récemment nommé « directeur de l'armement » ! Celui-ci, qui a beaucoup de relations à Londres, notamment dans l'intelligentsia de gauche, se répand partout en dénonçant Carlton Gardens comme un repaire de cagoulards et de fascistes. Antoine sera muté à Beyrouth en 1941 et mis à la disposition de Catroux. Il y donnera toute satisfaction.

On parle beaucoup de la faiblesse de la représentation que le général de Gaulle laissait derrière lui à Londres et personne n'était mieux conscient de cette faiblesse que le Général lui-même. S'il avait disposé d'une personnalité de premier plan, type René Pleven, parti en mission secrète en Afrique dès juillet, il n'aurait pas hésité : c'est à cet homme qu'il aurait délégué ses pouvoirs. Il lui fallut opter pour une formule bâtarde. Dès Pleven parti, il n'y aura plus d'homme capable de coiffer l'ensemble.

Le blitz
7 septembre. Première nuit du bombardement de Londres

Cette nuit n'est que le prélude des bombardements qui vont s'étendre jusqu'au mois d'avril, car Hitler préparera, dès lors, son invasion de l'URSS. Les bombardements sur Londres détruisent tout l'est de la ville et le quartier de la City qui va positivement disparaître à l'exception de la cathédrale St. Paul, endommagée seulement, émergeant de plusieurs hectares nivelés par les bombes. C'est là qu'était le quartier des affaires (la célèbre City) et celui de la presse. Les Anglais sont supérieurement organisés pour tout ce qui est défense passive. Tout homme de soixante ans et plus est enrégimenté dans la Home Guard qui a des missions multiples : notamment observations sur les toits qui signalent tout commencement d'incendie ; il s'en produit de nombreux, car les bombes sont explosives ou incendiaires. Ces dernières sont sans doute les plus meurtrières. Les femmes sont, elles aussi, en uniforme de l'armée de terre, de l'air ou de la marine. Elles sont présentes sur tous les fronts de l'intérieur. Les services de la voirie sont extraordinaires : dès la fin de l'alerte, ils arrivent pour déblayer les décombres, les mettre en ordre, libérer les voies de circulation. Les ambulances emportent les morts et les blessés. Quand, dans la journée même, Churchill, le roi, la reine viennent sur les lieux où cela a frappé le plus fort, les photos de reportage donnent une impression étrange de bon ordre, avec les pans de murs des immeubles déjà soigneusement rangés en tas de pierres ou de béton !

Les habitants sont d'un civisme admirable. Dès que retentissent les sirènes, ils vont par dizaines de milliers dans les abris, caves solides ou stations de métro, ces dernières ont été construites à l'origine plus profondément que celles de Paris : des dizaines de milliers viennent y dormir allongés sur les quais en rang d'oignons. Il est rappelé à chacun que chercher un abri est un acte de civisme, car il faut épargner aux services de santé le ramassage des victimes qui viendraient encombrer les hôpitaux et les morgues.

Tous les commerçants font assaut de zèle pour retaper les boutiques endommagées, vitres brisées, etc. Ils se munissent de papier goudronné pour tenir lieu de vitrine et ils affichent fièrement des placards : « *Business as usual.* » Dans les gares, pour faciliter au maximum la remise en état des wagons et des rails, des pancartes sont placées au-dessus des guichets : « *Is your trip really necessary ?* »

Londres est très loin d'être la seule ville cible des bombardements.

Coventry est à juste titre la ville martyre par excellence : elle est rasée. Les villes industrielles du centre de l'Angleterre, Birmingham, Manchester, Leads... sont très meurtries. N'oublions pas que les bombardiers nazis ne sont pas seulement stationnés dans l'Allemagne du Nord, mais aussi dans les pays conquis : la France, la Hollande. La Norvège fait face à l'Ecosse.

A propos d'Ecosse, je veux évoquer les mésaventures d'un de nos officiers chargé d'une mission qui doit le conduire en priorité n° 1 de Londres à New York. En toile de fond, dès qu'il a posé le pied à Brazzaville, le général de Gaulle juge que c'est là qu'il faut installer une station de radio suffisamment puissante pour balayer tout le continent africain. Brazzaville, qui n'a guère changé depuis le temps du commandant Savorgnan de Brazza, consiste en un groupe de cases dépourvues d'eau et d'électricité ! C'est dire l'immensité du travail qui s'impose. Le « palais du gouverneur » est une case un peu plus grande que les autres et s'éclaire à l'acétylène ; chacun l'appelle la « case de Gaulle ». Le Général en donne l'ordre à René Pleven : ce sera « la voix de la France Libre ». Elle doit être opérationnelle fin 42. Celui-ci transmet à un garçon heureusement très débrouillard, le capitaine Kagan, chef du service des transmissions, ingénieur radioélectricien de haut niveau.

En 1941, seule la Radio Corp. of America peut construire un poste d'une puissance record de 5 000 kW. Kagan doit aller à New York de toute urgence. Il reçoit de l'Amirauté anglaise le code secret pour se présenter à Glasgow, sans autre détail. A Glasgow, il se présente à l'amiral commandant la base et décline son code. On lui précise qu'il doit se rendre à Greenock avec un nouveau code. Kagan le soir même part pour Greenock. Mais dans la nuit la base a été terriblement bombardée : il n'y a plus que des cendres et de la fumée. Il s'approche d'un gros cuirassé en rade, le HM *Rodney.* Il donne son code. On le prend à bord. Le cuirassé est un vieux coucou d'avant 1914. Après deux jours en mer d'Irlande on apprend par radio que le *Bismarck* est dans les parages et qu'il vient de couler le HM *Hood,* un des fleurons de la marine britannique. Le *Bismarck* surclasse le *Rodney* de trop loin pour que celui-ci songe à l'approcher.

Par bonheur les Etats-Unis, au titre du « lease and lend bill », viennent de prêter à la Grande-Bretagne cinquante avions équipés d'un radar ultramoderne. L'un d'eux trouve le *Bismarck,* croisant à 400 milles de Brest, fonce sur sa proie et endommage gravement son gouvernail ; le vaisseau ne peut plus que tourner en rond ! Gibier repéré et coulé. C'est le plus beau jour de cette guerre pour la marine anglaise. Toutefois, les chasseurs allemands basés à Brest coulent un torpilleur qui faisait escorte au *Rodney*, mais ce dernier regagne Greenock. Il se recharge en mazout et munitions et gagne Halifax en toute quiétude. Le capitaine Kagan file sur New York. Il se sera écoulé trois semaines.

Voilà un exemple des aventures que l'on court dans l'hiver du blitz quand on veut, de Londres, se rendre au plus vite à New York avec une priorité officielle.

Le 18 juin 1943, la superstation de Radio Brazzaville émettra pour la première fois.

10 octobre 1940

Lorsque de Gaulle rentre de Dakar, Labarthe a publié avec Raymond Aron son premier numéro de *la France libre*, ce qui indispose certains des nôtres du fait de l'équivoque ainsi créée. Ce titre prête à confusion et peut donner à penser que cette revue est la revue officielle de la France Libre. Mais le Général n'en prend pas ombrage et reçoit l'hommage du premier numéro lorsqu'il rentre. Labarthe lui demande même un article ayant trait à ses souvenirs récents. Le Général tergiverse et finit par envoyer une lettre qui sera publiée dans le numéro 3 de la revue. Dans cette lettre, il rend hommage au courage et à la lucidité de Paul Reynaud qu'il compare à « ce nageur emporté par le courant avant de rejoindre l'autre rive ». Le Général reste ainsi en bons termes avec André Labarthe qui n'est déjà plus directeur de l'armement. Dans les premiers mois, il eut ainsi à l'esprit de le nommer éventuellement à la tête de l'information. Labarthe était un Français de Londres qui, comme d'autres, n'appartenait pas aux FFL et avait eu le souci de garder sa liberté d'action. Il obtenait, sans que nous le sachions, un soutien financier des Anglais et possiblement, dira-t-on, d'autres appuis. Cet épisode illustre la saga du Général dans son compagnonnage avec des intellectuels. Il se peut qu'on ne se soit pas suffisamment arrêté sur la singularité de ce couple entre militaire et intellectuel. Cette marque d'intérêt pour les intellectuels, dont Malraux sera l'exemple illustre, est d'ordinaire contraire à l'esprit militaire. Les militaires ont en principe peur des intellectuels : ils veulent les ignorer, sinon les coffrer... Labarthe entrera dans un complot contre de Gaulle qui visait à le débarquer au profit d'une combinaison improbable, en vue de constituer un comité dont le Général aurait pris la présidence d'honneur, l'amiral Muselier se réservant l'exécutif ! Labarthe sera alors jeté au orties.

Un échec retentissant

J'apprends l'échec de l'opération de débarquement de Dakar par téléscripteur. Chaque jour, nous recevons le compte rendu de la mission Spears d'une part, et celui des Français de l'autre. C'est l'échec final ; on connaît la décision de De Gaulle de cesser le feu sur l'instant. Nous sommes tous consternés : Muselier affirme que l'on aurait dû l'écouter et que les marins anglais ne valent rien ; Dewavrin est plus pragmatique et considère que les chances de ses services d'établir des liens solides et sérieux avec l'Intelligence Service sont compromises. Les Anglais, pense-t-il, ne vont pas s'embarrasser de ces Français qui viennent d'essuyer un tel échec. Le Sénégal offrait une voie de pénétration vers le Maghreb. Pour lui, c'est perdu. La presse anglaise est impitoyable pour le Premier ministre et rend compte du désarroi général créé par cet échec.

Pour la première fois, Churchill est attaqué de front. Il est tourné en ridicule par les journaux qui lui reprochent de s'être laissé entraîner dans ce fiasco par son allié de Gaulle, représenté en poupée cassée. La presse piétine aussi le Général, qui a mal préparé son affaire. Il m'échoit de découper tous ces articles des quotidiens et périodiques les plus sérieux imprimés à travers le territoire britannique pour qu'ils soient soumis au Général à son retour. Je n'y manquerai pas.

Les offensives de paix

Partout autour de nous, c'est le désespoir qui règne. Dakar produit un sentiment d'humiliation aussi bien chez les Français que chez les Anglais. Depuis l'effondrement de la France, c'est le premier gros échec ressenti par les Anglais, qui mettent leur orgueil en berne. La France y est à nouveau mêlée... Churchill est très attaqué par ses adversaires dans le parti conservateur aussi bien que par les travaillistes. A Carlton Gardens, nous vivons dans un microcosme, à l'abri des mouvements d'opinion britanniques. A part le père Massip, chef du service de presse et vieux Londonien, nous sommes tous des nouveaux venus. Le moral est au plus bas. Lord Halifax, conservateur, tient le Foreign Office, avec son bras droit R.A. Butler, qu'aux Communes on appelle Rab. C'est un des meneurs de la fronde contre Churchill. J'apprendrai à l'automne par un ami anglais, qui est dans les eaux gouvernementales, que le 18 juin 1940, tandis que le général de Gaulle se dirigeait vers la BBC afin d'y prononcer son appel historique non sans l'intervention de Churchill, « Rab » Butler recevait à la même heure l'ambassadeur de Suède venu lui porter une information capitale : le ministre des Affaires étrangères de Suède était saisi par Ribbentrop d'une offre de paix à transmettre au gouvernement britannique. L'ambassadeur de Suède demande alors à Butler s'il est disposé à accueillir les bons offices de son gouvernement, tout en lui précisant que son ministre a traité à Stockholm l'envoyé de Ribbentrop avec beaucoup d'égards. Butler répond à l'ambassadeur qu'il va rendre compte de cette démarche à lord Halifax, démarche à laquelle le gouvernement britannique, selon lui, ne pourra que porter de l'intérêt. Halifax, informé dès le lendemain matin, approuve la position prise par Butler. Mais dans l'après-midi du 19 juin, Churchill apprend cette démarche par Morton, son chef de cabinet. Il fulmine. Il contre immédiatement cette action et oblige Butler à lui signer une lettre de désaveu où ce dernier affirme avoir été victime d'une erreur d'interprétation : les propos de l'ambassadeur n'engageaient pas le gouvernement suédois ! Il a par conséquent apporté à lord Halifax une information inexacte. Churchill met ce document à l'abri dans ses coffres et demande à Butler de se tenir sur ses gardes. Il obtiendra même les minutes de l'entretien de Rab avec l'ambassadeur afin qu'elles soient détruites. Le Foreign Office est à ce moment l'objet de démarches identiques auprès de Samuel Hoare, ambassadeur à Madrid, pacifiste convaincu et personnage très important du parti conservateur. Il a été ministre des Finances. A Londres, il avait bien connu Ribbentrop quand celui-ci était ambassadeur d'Hitler. Butler ne se découragera pas pour autant et continuera de faire souffler le vent du pacifisme au Foreign Office. Ces tentatives perdureront tout au long de l'hiver 1940-1941, tant Hitler a besoin d'effacer toute menace d'un deuxième front. Il fera comprendre qu'il accordera ainsi des conditions de paix de plus en plus avantageuses à l'Angleterre. Toute la haute administration prie le bon Dieu que Churchill ait un accident cardiaque ou qu'il revienne à la raison : la raison, c'est de faire la paix ! La conviction de ces patriotes anglais est que l'invasion est imminente et qu'ils ne pourront tenir. L'Intelligence Service n'est pas encore opérationnelle en Allemagne et semble ignorer qu'il n'y a aucune accumulation de barges de débarquement, côté français ou flamand, ni aucun préparatif en vue d'une invasion.

Mon informateur m'indique aussi que dans les offres de paix, qui restent sous le coude, il est prévu que les commissions d'armistice allemandes en Angleterre soient composées de personnels ne portant pas l'uniforme allemand pour ne pas effrayer l'opinion. Tout est conçu pour amadouer Churchill. L'homme du *« We shall never surrender »* est un roc. On promet que le démontage des pièces essentielles des navires de guerre, obsession d'Hitler, se fera en douceur, discrètement... Il y aura encore une dernière tentative de proposition de paix : ce sera le vol de Rudolf Hess *, jusqu'en Ecosse, auprès de membres amis de l'aristocratie anglaise. Durant toute cette période, fin 1940-printemps 1941, Churchill agit comme s'il était le maître incontesté, ayant derrière lui son peuple, et l'administration tout entière. Pour le peuple c'est vrai, quant aux administrations, elles sont poivre et sel. En fait, Churchill, bien que sur la corde raide, est souverain.

Alors que dans l'hiver je rapporte ces éléments d'information à de Gaulle, il ne paraît nullement surpris : « Il y a des munichois partout », me dit-il. J'insiste toutefois sur le fait que Churchill est bien le bloc de granit que l'on dit, mais que ce bloc repose sur une terre meuble.

Penché sur une carte de l'Afrique, je voyais bien que Dakar jouait un rôle capital : ce point stratégique offrait une liaison aux Anglais et aux Américains dès 1940, constituant une plaque tournante. C'était aussi la voie directe sur Le Caire par avion, si l'on voulait éviter de faire le tour par Le Cap. Il s'agissait bien d'une position stratégique à défendre, sans parler de l'hypothèse d'ambitions des Allemands, qui pourraient être tentés de s'en emparer.

L'échec de Dakar a mis fin à une phase de la guerre où la France avait, hélas ! jusque-là tenu un rôle majeur. Un nouveau

* Pauvre Rudolf Hess, qui, porteur d'une offre de paix d'Hitler au roi, sera désavoué par les Allemands et passera pour aliéné chez les Anglais, sur ordre de Churchill.

cycle s'ouvre, où elle cesse peu à peu d'exister. Pour la France Libre enfin, une conséquence redoutable et néfaste pour l'avenir : Roosevelt a suivi de près, depuis Washington, l'affaire de Dakar et en a tiré la leçon, particulièrement cruelle pour le Général ; il veillera, personnellement, à exclure à l'avenir le général de Gaulle de toute opération alliée d'intervention sur l'un quelconque de nos territoires, y compris en 1944 la Normandie. L'affaire de Saint-Pierre-et-Miquelon ne pourra que le conforter dans cette attitude.

Le Général aura à souffrir de cette humiliation subie par le commandement anglais, auquel il avait dû se plier. Il a confié plus tard à Alain Peyrefitte qu'à ce moment-là, alors qu'il éprouvait violemment le contrecoup de cet affront, il avait songé à tout abandonner. Mais malgré leur attrait mineur, les lointaines terres d'Afrique-Equatoriale le réclamaient : Pleven et Eboué au Tchad, Leclerc à Libreville, des rescapés de Narvik dans les flancs de son propre cargo, le *Westernland.* Pour tous ces hommes, il se devait de continuer. A son retour de Brazzaville, où les premiers bains de foule de son périple africain lui auront rendu une part de confiance, il mesurera la portée de l'échec.

L'opération de Dakar met un terme à la lune de miel qui a régné entre Churchill et de Gaulle depuis juin 1940. Si le Premier ministre n'avait pas ménagé son soutien au général rebelle, il avait été loin d'être suivi par ses fonctionnaires, souvent réticents à l'égard de celui que quelques-uns allaient jusqu'à considérer comme un renégat. Dorénavant, rien ne sera plus comme avant. Le Général ne figure plus parmi les intimes et ne sera plus convié, pour un oui, pour un non, au 10, Downing Street. Les rencontres seront désormais régies par le protocole.

J'observe aujourd'hui que les documents du Foreign Office venant d'être déclassifiés, c'est-à-dire ouverts au public, en 1998, la presse a publié récemment le texte des télégrammes échangés en 1943 entre Churchill, depuis Washington où il était en visite, et son gouvernement à Londres. Churchill subit de Roosevelt et de son entourage (FBI, OSS) une très forte pression pour qu'il en finisse, une fois pour toutes, avec de Gaulle. Churchill invite Attlee, vice-Premier ministre, et Anthony Eden, ministre des Affaires étrangères, à lui couper les vivres et à lui notifier la rupture.

Comme on le lira plus loin, nous savions à Londres que le torchon brûlait, surtout depuis le retour du Général du Levant en 1942 et depuis l'entrevue d'Anfa (Maroc)*.

Quoi de moins surprenant? A son retour du Levant de Gaulle s'était laissé emporter dans des déclarations blessantes pour le Royaume-Uni et pour l'Amérique. Il y avait eu crise sur crise.

Quant à Churchill, cet homme, depuis dix-huit longs mois, venait de soutenir seul une guerre épuisante face à la première puissance militaire du monde, le Reich. Si, en juin 1940, il avait prononcé le célèbre « Nous ne nous rendrons jamais », c'était qu'il tablait sur la prochaine déclaration de guerre des Etats-Unis contre les puissances de l'Axe. Dès juillet, il comptait les jours ! Il lui fallut attendre, un an et demi, le défi japonais.

Comment cet homme, tel Atlas, portant le monde libre sur ses seules épaules, pouvait-il ne pas atteindre les bornes de l'épuisement? Il se trouvait, en outre, loin de chez lui, à Washington, harcelé, alors qu'en matière d'aide, il était demandeur sur toute la ligne ! Le cas de Gaulle ne lui facilitait pas la tâche... Je gage qu'il envoya son télégramme en priant le bon Dieu qu'Attlee et Eden lui répondent comme ils l'ont fait. Il connaissait assez Eden pour savoir qu'il ne lâcherait pas de Gaulle, ni la France emportée par la vague gaulliste. Loin d'insister, il n'en dit plus mot. Il avait donné à Roosevelt le signe visible de sa solidarité. Cela suffisait ! N'oublions pas qu'il avait alors soixante-huit ans et que bien des années avaient compté double. Moralement, depuis Pearl Harbor, il avait passé le témoin de chef de la coalition à Franklin Roosevelt.

A son retour, le Général ne me parla pas de Dakar. Pour lui, c'était une affaire classée. Comme il en avait l'habitude, c'était vers l'avenir qu'il regardait. Il avait en tête bien d'autres questions à examiner, bien d'autres instructions à donner : guider les pas de Leclerc, ravitailler l'A-EF ralliée... Celle-ci, brusquement, ne relevait plus de Vichy mais de Londres ! Il fallait créer une Caisse centrale des territoires d'outre-mer, ouvrir le dossier de la Nouvelle-Calédonie et surtout prendre soin de nos colonnes lancées l'une à travers le Fezzan, l'autre en soutien des Anglais vers la mer Rouge. Les occupations ne manquaient pas à Carlton Gardens ! Quant à Maurice Schumann, au micro de la BBC, durant les heures affreuses que nous traversions depuis l'échec de Dakar, il trouvait

* Roosevelt et Churchill, qui confèrent à Anfa, invitent Giraud et de Gaulle à se serrer la main devant les photographes.

en lui les ressources pour soutenir chaque soir le moral des Français. A travers Schumann, c'est aussi toute l'équipe des « Français parlent aux Français » qu'il faut saluer.

Samedi 20 septembre 1940

Nous sommes avertis par la mission de l'arrivée très prochaine en bateau de Catroux, venant du Caire. Ils sont en mer. Gare aux torpilles !

Lundi 22 septembre 1940

Ils sont annoncés à Cardiff. La commission administrative désigne Dewavrin et moi-même pour aller les accueillir.

Jeudi 25 septembre 1940

C'est une smala. Catroux est princier et ne voyage pas sans son train. On n'a pas été, pour rien, haut-commissaire en Indochine. Le général et la très accaparante Mme la générale. Elle n'est pas seule : six « boys » sont à son service. Elle couve ses perruches et ses deux chats angoras, qui sont de toute beauté ! Quand elle apprend du représentant du protocole que tous ces petits êtres vont aller en quarantaine, elle manque de s'évanouir. Bientôt elle tempête et prend son mari et nous tous à témoins. Heureusement qu'à Londres une superbe suite les attend et panse quelques plaies de « la reine Margot », déjà célèbre avant son arrivée.

Je n'aurai par la suite qu'à me réjouir des bontés de Mme Catroux à mon égard. Dans l'été 1942, lors du voyage du Général au Liban, le Général et moi-même logeons à la résidence des Pins, à Beyrouth, chez le haut-commissaire et la générale Catroux. Apprenant qu'à mon arrivée au Caire, quelques jours plus tôt, je souffre d'un désagrément qui me coupe bras et jambes, elle veille sur moi comme une mère, me soigne et m'abonne strictement au riz et à l'eau de riz à tous les repas. Mon service auprès du Général, grâce à elle, ne connaîtra pas d'interruption.

Samedi 28 septembre 1940

Semaine crucifiante. L'opération de Dakar s'est terminée en désastre. Avant cette affaire, il y avait tout lieu de penser que la Syrie serait prête à nous rallier et qu'il suffisait d'aller cueillir le fruit. Catroux, depuis Londres, devait partir lundi, puis mardi, puis mercredi. Churchill lui avait donné un aide de camp d'honneur en la personne de sir Adrian Baillie, membre du Parlement. Il y avait besoin de quelqu'un de notre côté et le général m'avait désigné pour rejoindre temporairement Catroux au Caire. Mais à peine parti pour l'aérodrome, j'apprends que Muselier avait mis la main sur le cabinet militaire et désigné deux de ses officiers en mes lieu et place ! J'annule mon départ.

Ce samedi soir un télégramme de Beyrouth vient nous confirmer que c'est trop tard, que les esprits se sont totalement retournés au Levant à la suite de l'affaire de Dakar et l'opération qui semblait dans le sac il y a quinze jours ne peut même plus être envisagée à présent.

3 octobre 1940

Le gouvernement de Vichy promulgue le statut des Juifs. Sans doute prend-il de vitesse les vainqueurs, pour témoigner de sa servilité. C'est abominable !

24 octobre 1940

Gaston Palewski vient d'arriver du Maroc. Il réside chez ses amis Erlanger, 44 upper Grosvenor St. Je vais lui rendre visite. Il ne viendra pas à Carlton Gardens avant d'avoir vu le Général à son retour.

15 octobre

Jacques Bingen me rapporte un récit qu'il tient de Bill Cavendish Bentick, du Foreign Office : le 18 juin, aux environs de La Charité-sur-Loire, les Allemands ont trouvé une serviette abandonnée sur une banquette de train. Cette serviette contenait le verbatim des dernières réunions du Conseil suprême : les projets de bombardement des puits de Bakou (!) et un état numérique de toutes les forces aériennes britanniques. Or, une convention tacite entre Français et Anglais avait institué que pour chaque série d'appareils, une division était faite : moitié en ligne, moitié en réserve. Les chiffres trouvés par les Allemands correspondaient donc à 50 % des forces réelles ! Nous songeons que les Allemands ont dû se réjouir en découvrant que l'Angleterre avait une force bien inférieure à leurs estimations. Il ne fait nul doute que cet élément a pu jouer dans leur choix d'entreprendre une lutte aérienne à outrance depuis septembre 1940. Bill C. Bentick considère que la perte de cette serviette est une des plus heureuses chances de la Grande-Bretagne et s'est promis d'aller à La Charité en pèlerinage dès la Libération !

Vendredi 1er novembre 1940

Je déjeune au St. James Club avec Honoré d'Estienne d'Orves et Bingen. Il s'était évadé d'Alexandrie, ne pouvant supporter le climat défaitiste qui régnait dans l'escadre Godfroy.

Dimanche 3 novembre 1940

Un télégramme nous annonce la création par décret d'un ordre de la Libération. Consternation générale. Ne sommes-nous pas des volontaires et des rebelles ? Certains malveillants n'hésitent pas à dire que de Gaulle, si heureux en Afrique, joue les Malikoko, roi des nègres. Qu'il se prépare à distribuer des médailles, il ne manquait plus que cela ! Va-t-on sombrer dans le ridicule ?

23 novembre 1940

14 heures. Arrivée du Général.

Le Général rentre à Londres, avec Courcel. La collection des journaux se référant à Dakar, y compris les « cartoons » les plus cruels, l'attend. J'ai le devoir de lui montrer la violence que la presse a employée envers lui et Churchill.

Au mois de décembre, alors que le Général avait à sa table Eve Curie, il s'exclama tout d'un coup : « Hitler, qui voit loin, sait que tôt ou tard, il sera en guerre avec l'Amérique et il s'y prépare. Quelles sont les bases de départ pour l'Amérique ? Casablanca et Dakar. Je gage que bientôt les Allemands vont créer une société aérienne franco-allemande qui assurera un trafic aérien entre Dakar et Natal. Ce sera la première étape pour les Allemands afin de prendre pied au Brésil et je ne vois pas que l'Amérique du Sud, dans l'état où elle se trouve, oppose grande résistance au conquérant. D'autant que, depuis longtemps, une nuée de courtiers allemands prépare le terrain, selon des méthodes qui ont fait leurs preuves ailleurs. » Fort heureusement, cela ne s'est pas passé comme le Général l'avait prédit. Les Allemands n'ont pas eu le temps de s'occuper de Dakar. La Tunisie, entre autres chantiers, a fait qu'ils ne pouvaient être partout : leurs armées stationnent tout de même du cap Nord jusqu'à la frontière espagnole. De Gaulle se plaisait à voir toujours très loin sur le plan stratégique et il avait là prêté une intention aux Allemands que ceux-ci n'avaient pas eu le temps de poursuivre. En revanche, il avait vu dès 1940 le rôle que les Etats-Unis seraient amenés à jouer en Europe à la fin de cette guerre : « Que sera l'Europe quand la guerre prendra fin ? Un vaste monceau de ruines. Il suffit de compter : 5 000 avions sont aux prises en 1940. En 1941, il y en aura 15 000, en 1942, 30 000, etc. Rien ne restera debout. Les villes sont vouées à disparaître, tout sera rasé. Ce sera le grand nivellement, avec les répercussions que cela implique dans le domaine politique et dans l'ordre social. Naturellement le nivellement à l'échelon le plus bas, à celui de la plus noire misère pour les vainqueurs et les vaincus, qui seront sans doute bien difficiles à distinguer, à l'exception des Etats-Unis. Une fois encore, c'est l'Amérique qui dictera la paix de l'Europe », déclara-t-il à la fin du repas.

Etourderie de deux écoliers

La veille du Jour de l'An 1941, Courcel et moi-même étions de garde au cabinet alors que le Général était parti, comme à son habitude, rejoindre Mme de Gaulle dans le Shropshire pour le week-end. Il rentrait généralement le lundi vers 5 heures de l'après-midi, après un voyage en train interminable dans chaque sens. Nous avions reçu une invitation à passer le week-end de la Saint-Sylvestre chez les Ashley dans le Dorset. Cela constituait un véritable cas de conscience pour nous, car il devait toujours y avoir une permanence au cabinet, et notre départ s'apparentait à une désertion de poste. Nous avions cependant calculé que nous pouvions partir le samedi, après le départ du patron, pour rentrer le lundi matin, avec le premier train, et être au bureau à 10 heures, soit bien avant lui. Au préalable, nous nous étions assurés de la présence d'un sous-officier du cabinet très sûr, un sergent des chasseurs alpins à qui nous avions fait toutes les recommandations. Il avait donné toutes les assurances et les garanties : en cas d'urgence, il pouvait nous téléphoner chez nos hôtes à la campagne.

Nous avions connu les Ashley à la fin du mois de juillet 1940. Une jeune femme avait fait subitement irruption dans notre bureau de Carlton Gardens et était littéralement tombée dans nos bras : « Je suis française ! » s'était-elle écriée. Lady Ashley était en effet une jeune Française, mariée trois ou quatre ans plus tôt avec le jeune lord Ashley, aîné des Shaftesbury. Ils occupaient une exquise maison dans le Dorset. Pendant l'expédition de Dakar, j'avais ainsi passé plusieurs week-ends chez eux, goûtant une sociabilité nouvelle pour moi. J'étais en uniforme, parmi de vieux gentlemen habillés de tweed, car je n'avais pas pu faire les frais de vêtements civils. Lady Ashley était une ardente patriote à qui il convient de rendre l'hommage qui lui est dû. Lors de l'arrivée retentissante des cent quatre-vingt-six volontaires évadés d'Allemagne par la Russie, aux ordres du capitaine Billotte, en septembre 1941, elle mettra un point d'honneur à accueillir chez elle des officiers en semi-convalescence. Je serai ainsi chargé de sélectionner ces hommes et de les mettre au vert quelque temps à Mainsail Haul.

Abandon de poste !

Comme prévu, nous rentrons le lundi matin à 10 h 30, heureux d'avoir partagé le New Year's Eve en compagnie de nos amis. Arrivés à Carlton Gardens, nous réalisons soudain que tout le monde nous regarde avec angoisse. Le dimanche, le général de Gaulle a été rappelé en catastrophe par Eden qui a parlé de « situation grave » : Muselier est en prison, accusé d'espionnage au profit de Vichy. Le Général a pris le train de nuit et a constaté notre absence en arrivant à Carlton Gardens à l'aube. Courcel se rend immédiatement dans le bureau du Général : le tonnerre retentit, Courcel reçoit la pire algarade qu'il ait reçue de sa vie entière et sort tout penaud de « l'antre ». « Nous avons eu tort », me dit-il sobrement. Comme Courcel est mon supérieur hiérarchique, le Général ne me parlera jamais de cet incident.

Machination !

Des documents mettant en cause Muselier sont arrivés sur la table de Churchill ; ils font état d'une correspondance entre Muselier et Darlan. L'amiral est accusé d'avoir communiqué à Vichy les plans de l'expédition de Dakar. L'enquête a été menée par le MI 5 et est remontée jusqu'au 10, Downing Street ; le Premier ministre, considérant que cette affaire était grave, a fait arrêter l'amiral. Lorsque le général de Gaulle apprend la nouvelle, il écume : il est en effet seul responsable de ses officiers et on aurait obligatoirement dû le consulter avant de coffrer le commandant en chef des Forces Navales Françaises Libres ! Le Premier ministre s'est paré de prérogatives qui n'étaient pas les siennes et a foulé aux pieds la plus élémentaire des règles militaires. De Gaulle exprime sa colère à Eden et couvre Muselier.

Pour le Général, il ne fait pas l'ombre d'un doute qu'il s'agit là d'une machination et Dewavrin s'est d'ailleurs rapidement chargé de l'enquête, concluant très vite qu'il s'agissait d'une manipulation fomentée par un garçon mis à la porte des FNFL, chef de la sécurité de Carlton Gardens. Les documents sont des faux, le ballon est dégonflé.

Entre-temps, le Général m'a envoyé voir Muselier à la prison de Brixton, après qu'il eut été d'abord incarcéré à la prison de Pentonville. Je l'assure de la sollicitude du Général. J'y ai ainsi rencontré l'amiral, assis sur un banc de pierre et passablement abattu. Pendant une quinzaine de minutes, j'ai tenté, selon les mots du Général, de le « rassurer ». L'amiral sort finalement de prison le 9 janvier et reçoit une affectueuse accolade du Général. Ce fut bien long ! Il a beau être mis hors de cause, pour divers motifs, l'affaire laisse des traces. Tout d'abord, l'amiral Muselier est persuadé que de Gaulle ne s'est pas hâté de le faire libérer de Brixton et en garde une certaine amertume. Ensuite, il est avéré que Meffre, le délateur, est un employé du contre-espionnage anglais. Il y avait donc une taupe dans la France Libre et cela ne peut qu'attiser la méfiance du Général à l'égard de nos hôtes. Enfin, l'affaire a fait deux modestes victimes, accusées d'abandon de poste : Courcel et moi-même.

Le Muselier de 1940

La question aujourd'hui n'est pas de savoir si Muselier était ceci ou cela. Il rendit un service insigne à la France, en créant de toutes pièces une marine nationale à l'échelle de la France Libre. Il obtint le transfert à notre profit des navires français internés dans les ports anglais — à l'heure des armistices — sur lesquels l'Amirauté britannique avait mis la main et qu'elle ne céda que de mauvaise grâce. Si nous n'avions pas eu parmi nous un amiral à trois étoiles d'une compétence qui en imposât à nos amis britanniques, nous n'aurions jamais eu l'embryon d'une flotte. Pour ces bateaux, il fallait des équipages. Il les composa, un à un, faisant flèche de tout bois. Il ne s'embarrassa pas de scrupules ni de règlements, attendant placidement que se présentent des officiers de la Royale ! Il ne s'en présenta presque aucun, Mers el-Kébir ayant éclaté comme un coup de tonnerre. Il recrute tout ce que lui tombe sous la main : des gens de la marine marchande, des mécaniciens, des pêcheurs arrivés de Bretagne, tous ceux qui aimaient la mer. Leur seul point commun : ils étaient des volontaires et avaient le feu sacré. Muselier invente la croix de Lorraine ! Pour réussir une telle gageure, il fallait trouver un amiral qui eût une vocation de flibustier ! Il fallait un marin qui détestât Darlan, de longue date ! Muselier était tout cela et il s'offrit à de Gaulle. Ce dernier fut bien heureux de lui ouvrir les bras. En 1939-1940, Darlan n'avait pas donné de commandement à Muselier et l'avait nommé préfet maritime, situation humiliante pour un amiral d'escadre. Certains le disaient cauteleux, d'autres séduisant. Ce pirate de la Cannebière parvint à séduire les responsables de l'Amirauté. Quand il mit ses premières unités aux ordres des Anglais, pour combattre, ces unités remportèrent des succès.

Bien entendu, chaque médaille a son revers. L'amiral n'avait pas que des qualités. Son imagination l'emportait trop souvent sur la sagesse. Il était imprévisible. Le Général était tout à fait fondé, s'éloignant pour plusieurs mois, à ne pas laisser les rênes libres à ce personnage de roman. Mais pour bâtir une FNFL, il fallait quelqu'un que n'eût pas renié Conan Doyle.

La prise de Tobrouk

Le 19 janvier 1941, les forces de la 7e DB britannique — les fameux « rats du désert » — ont pris l'offensive contre les Italiens en Cyrénaïque. Une unité française participe à l'opération, le 1er BIM (bataillon d'infanterie de marine). Les alliés franco-britanniques acculent l'armée de Graziani qui bat en retraite. Tobrouk, la base italienne la mieux fortifiée de Libye-Orientale, tombe le 23 janvier 1941, et Churchill a une parole merveilleuse qui nous réchauffe le cœur lorsqu'il évoque « la prise de Tobrouk par les forces britanniques et les Forces Françaises Libres ». Le contingent français représente à peine un dixième de l'effectif engagé par les Anglais ! La chevauchée alliée déboule jusqu'en Tripolitaine où le commandant en chef des troupes alliées au Levant, Wavell, décide de stopper l'offensive. Le 3 février, Rommel vient de débarquer à Tripoli via notre Tunisie ! Ces considérations assez lointaines nous font un peu oublier la dure réalité londonienne ; les troupes françaises présentes en Cyrénaïque en ce début d'année 1941 sont les seules à être directement engagées.

Le Général ne cesse de répéter à ses homologues anglais qu'il espère qu'ils ne se laisseront pas griser par leurs actuels succès en Libye et qu'ils surestimeraient leurs forces en envoyant un corps expéditionnaire dans les Balkans. Selon lui, les Allemands le mettraient en pièces sans rémission. Pourtant, Eden est parti pour le Proche-Orient, l'envoi d'un corps expéditionnaire anglais en Grèce a été décidé et on a retiré pour cela les deux divisions de Libye.

A partir de janvier 1941 m'incombe la fonction de tenir les comptes rendus de la conférence administrative. Elle est désormais présidée par le Général ou, s'il est absent, par Muselier et Cassin en alternance. Assistent à cette réunion le chef d'état-major, les membres du Conseil de défense de l'Empire * présents à Londres et les directeurs des quelques services civils.

Lundi 10 février 1941

Ce qui est très rare de sa part, le Général évoque un souvenir qui remonte à l'époque relativement lointaine où il était au cabinet du maréchal Pétain : « Il est assez malin pour faire semblant de résister, mais finalement, il se laisse toujours faire violence.

« Un beau jour, le maréchal nous a annoncé son mariage. Il nous a dit : "Je me marie, mais cela ne changera rien à ma vie. Je continuerai à habiter boulevard de Latour-Maubourg, et madame gardera son appartement de la rue Desaix."

« Puis, quelque temps après, d'un air distrait et désinvolte, il nous a encore expliqué : "On dit que c'est impossible de trouver un appartement. Eh bien ! Sans que j'en cherche, on est venu m'en proposer un, dans l'immeuble voisin du mien, et au même étage. Je l'ai retenu pour madame… mais cela ne changera rien à ma vie." »

Quelques semaines plus tard, comme le commandant de Gaulle apportait un document au domicile du maréchal, il est assourdi par le vacarme des démolisseurs. On abat le mur mitoyen.

Et le Général d'ajouter : « C'est tout le maréchal. Il se défend de faire aucune concession, mais il lâche tout. »

Je déjeune souvent au club avec des officiers d'armées étrangères repliés comme nous en terre anglaise. Au cours d'un déjeuner avec un capitaine hollandais, celui-ci me dit : « Peut-être me trouverez-vous sentimental, mais je vous avoue que ce que la France représente, j'entends la France traditionnelle, c'est encore pour cela que nous nous battons aujourd'hui. » Je pense alors en mon for intérieur à ces monologues où le Général parle de la France : « L'Empire, c'est moi ! dit-il parfois. Partout où le drapeau français flotte, c'est moi ! » Aucune mégalomanie, aucune considération personnelle dans ces sentences, juste la certitude de porter sur ses épaules une écrasante responsabilité, la France ; plus précisément, la France traditionnelle, dont me parle cet officier hollandais.

* Ce Conseil est un organisme consultatif, créé fin 1940, pour meubler un peu, à défaut d'un gouvernement.

Mercredi 26 février 1941

Ce soir, j'ai dîné avec un aviateur tchèque, le capitaine Kulhanek. Lui n'est pas un sentimental, c'est un combattant, et des plus glorieux. Pilote de chasse dans une escadrille française en 1939, il a appartenu au groupe qui, pendant la brève campagne de France, fut chargé de bombarder en piqué, et en rase-mottes, les formations de chars allemandes. Ils eurent des pertes terribles, et firent aussi de terribles dégâts. Et très simplement, il me raconte ses aventures :

« Au-dessus de Péronne, j'avais le commandement d'une patrouille chargée d'attaquer une unité de tanks qu'on avait signalés au repos. J'avais pris avec moi deux Français, un sous-lieutenant, et un adjudant. Je leur avais bien recommandé, après une attaque en rase-mottes par surprise, de ne jamais revenir attaquer une deuxième fois, car, cette fois, ils ne vous ratent pas. Les tanks n'étaient pas au point indiqué. Après des recherches, nous les trouvons à l'arrêt, et les survolons à quinze mètres, tirant au canon avec obus perforants. La cible était trop belle, nous repassons une deuxième fois. Puis nous repartons. Mais le sous-lieutenant manquait. Il ne nous a rejoints qu'au terrain d'atterrissage : il était repassé une troisième fois ! J'avais vingt balles dans mon zinc, l'adjudant cinq. Le sous-lieutenant, lui, était criblé, et son gouvernail de direction à moitié sectionné. Il a été descendu le surlendemain, et l'adjudant a été tué quelques jours plus tard. »

Beaucoup d'autres aviateurs tombèrent ainsi dans la passion du combat. Heureusement, le capitaine Kulhanek sait bien qu'au combat on ne meurt jamais pour rien...

Huit mois après leur installation à Vichy, Pétain et Darlan viennent de former un énième cabinet dont le programme est de mettre en œuvre la collaboration franco-allemande.

Le Général, pour sa part, pense que l'Angleterre est en train de perdre la guerre : il se désole de voir les Anglais si peu entreprenants sur le plan militaire, alors qu'il n'y a plus de menace d'invasion du sol anglais par les Allemands. La bataille de l'Atlantique a été gagnée par les aviateurs de la RAF, mais les « terriens » ne veulent pas entendre parler d'offensive et gardent des millions d'hommes en réserve, en Grande-Bretagne, à ne rien faire. Il juge cette situation absurde, car il voudrait les voir prendre l'initiative et organiser un harcèlement permanent de commandos sur les côtes afin d'y créer un sentiment d'insécurité. En attendant, les Anglais subissent revers sur revers : en Grèce, en Crète, à Singapour, sur le théâtre du Moyen-Orient où Wavell a stoppé l'offensive... C'est l'année noire.

Les Allemands s'installent en Afrique du Nord italienne et menacent désormais l'Egypte.

Au passage, à Bizerte, Darlan a fait cadeau de quelques canons de 75 à Rommel. En guise de bienvenue.

Le premier voyage au Levant

Le général de Gaulle ne tient pas en place à Londres, il s'y trouve à l'étroit. De plus, il n'y est pas heureux car il s'y considère « comme à l'étranger ». A Brazzaville, il s'est senti chez lui, et les vivats de la foule ont achevé de lui rappeler ce qu'est la France : une puissance coloniale avec des responsabilités. Son regard se porte par conséquent sur le Levant où il souhaite que la France Libre, la seule qui compte à ses yeux, exerce ses responsabilités de puissance mandataire. Depuis 1936, des accords portant sur l'indépendance du Liban et de la Syrie préparés par Viénot ont été signés et traînent dans les cartons du Quai d'Orsay, mais ils n'ont jamais été ratifiés par le Parlement. En août 1940, concomitamment à l'expédition de Dakar, avait été escompté le ralliement du Levant, et le haut-commissaire Puaux, diplomate de carrière, ne s'y était pas montré hostile. L'échec de Dakar a poignardé ce projet. Le général Catroux, lors de son arrivée à Londres pendant l'absence du général de Gaulle, s'est longuement entretenu avec Churchill et Eden de la situation au Moyen-Orient. A son retour, de Gaulle en a parlé avec ses homologues anglais.

En attendant, la situation au Liban s'est fortement dégradée. Les mouvements indépendantistes pullulent. En face, à peine trois divisions constituant le corps expéditionnaire français : les hommes sont gaullistes... jusqu'à l'épisode de Dakar. Puaux est en âge de faire valoir ses droits à la retraite, et le général Dentz, ardent pétainiste, lui succède. Par ailleurs, les Allemands soutiennent l'insurrection irakienne afin de mettre la main sur le pétrole des puits de Bakou. Ils obtiennent sans difficulté de Darlan la libre disposition des aérodromes du Liban et de la Syrie pour les avions de la

Luftwaffe. Les Anglais portent également leurs regards sur cette terre. La crise qui est en train de couver n'échappe pas au Général qui demande au Foreign Office des passages pour Le Caire en avion, pour lui et le lieutenant de Courcel. Il est bien décidé à assumer, seul s'il le faut, le protectorat au Levant. Il doit faire face aux indépendantistes autochtones, aux ambitions allemandes, aux convoitises anglaises... et à l'hostilité du général Dentz. Cela promet.

9 mars 1941

Le Général va faire d'abord un tour en Afrique, depuis quatre jours il attend les conditions météorologiques favorables pour s'envoler.

L'hydravion est très petit et la place restreinte. On n'a cessé ces quinze derniers jours de mettre le Général et sa suite en garde contre les excédents de bagages.

La mission Spears finit par avouer que l'espace était d'autant plus réduit qu'il y avait à compter avec un cinquième passager. Mais le plus grand silence était fait autour de lui. Passager clandestin... Et chaque fois qu'il s'agissait d'augmenter les bagages, on se heurtait au même obstacle : le maximum est déjà atteint à cause du cinquième passager.

Une heure avant le départ, on annonce avec une voix sucrée l'arrivée de Mrs Britain-Jones. Une jolie femme mince et élégante se présente. Courcel la salue : il l'a connue à Athènes où elle sortait d'ailleurs peu. C'est la maîtresse du roi de Grèce. Ce dernier la réclame depuis longtemps, s'impatiente et marque sa mauvaise humeur. Raison d'Etat : Churchill lui a fait donner une priorité absolue, le général de Gaulle ne prendra place que si elle en laisse.

14 mars 1941
Départ du Général pour l'Afrique avec Courcel.

Le Général part pour Le Caire afin d'y discuter des conditions du protectorat français avec les Anglais. Il y retrouve Wavell et Casey. Ce dernier est ministre, membre du gouvernement britannique, résident au Caire. La première rencontre entre le Général et

Casey est explosive : ce dernier trouve de Gaulle arrogant et « mal élevé ». La cordialité n'étant pas dans son registre, il ne doit pas avoir beaucoup de mal à le paraître. L'argument du Général dans des négociations de cette nature est relativement simple : plus on est pauvre, plus on se doit d'être intransigeant.

Le second intérim

Maurice Dejean était arrivé en compagnie de sa femme à Londres en provenance du Maroc, le 27 février. Il avait eu beaucoup de mal à en sortir. Désespéré par Vichy, il avait fini par se rendre à l'évidence que la seule voie possible consistait à opérer avec les Alliés. Il avait été rapidement nommé par le Général au poste de directeur des affaires politiques, après le départ de Palewski pour l'Afrique. Je ne l'avais pas vu depuis deux ans et demi. A Berlin, il était, comme tout le monde, éclipsé par l'imposante figure de François-Poncet et faisait office de travailleur acharné, mais modeste. Il ne paye toujours pas de mine, mais s'est développé ; désormais, lorsqu'il parle on l'écoute ! Il doit ses progrès à son passage à la présidence du Conseil, avec Paul Reynaud, puis, sans doute, aux décisions qu'il a su prendre pour gagner le camp de la France Libre.

De Gaulle semble avoir retenu les leçons de son premier intérim : pas de triumvirat cette fois-ci, Dejean coiffe le tout. Muselier s'est allégé de l'aviation au profit du général Valin, arrivé d'Amérique latine, et Dewavrin a conquis son autonomie. Dejean est un véritable bourreau de travail. Il est le premier arrivé et le dernier à partir ; stakhanoviste ! En revanche, il n'a aucune autorité ni aucun commandement. Il se mêle de tout, sans succès. Avec Cassin, il forme le tandem qui suit au quotidien, avec le Foreign Office, les affaires en cours au Levant. Tandis que le Général et Courcel négocient pied à pied avec Casey et Wavell au Caire, Dejean et Cassin sont à Londres pour faire le siège de Eden et de W. Strang *.

* Sir William Strang, directeur des affaires politiques. Ses Mémoires, parus longtemps après la guerre, témoigneront du mépris dans lequel il nous tient. Eden est ministre de la Guerre.

Mercredi 26 mars 1941

J'avais aujourd'hui réuni à déjeuner Desmond Morton et Dejean. Il y aurait tout à rapporter de cet entretien d'une heure et demie.

Je retiendrai quelques faits essentiels, après avoir observé une fois de plus que c'est extraordinaire ce que les gens se laissent aller à révéler des choses importantes — même et surtout si elles ne leur sont pas demandées —, dès qu'ils se trouvent mis en confiance dans une atmosphère de sympathie.

En somme la Grande-Bretagne amuse le tapis dans le monde contre les puissances de l'Axe avec environ 18 divisions : 12 dans les îles Britanniques (dont une blindée et bientôt deux), 2 en Grèce, 2 en Libye, 2 disséminées dans le Middle East et c'est tout, et c'est avec cela qu'il faudra gagner la guerre !

Il ne faut pas penser que Roosevelt puisse amener les Etats-Unis à entrer en guerre avant un an. Dejean suggère qu'on mette aussitôt à l'étude ici et à Washington une forme de neutralité qui permette aux USA d'agir tout de suite, comme l'Allemagne et l'Italie pendant la guerre d'Espagne. Ce ne seraient pas alors des divisions de l'armée régulière américaine qui débarqueraient au Maroc, mais une légion de volontaires.

Roosevelt communique à Churchill toutes les dépêches de Leahy. Les premières étaient tout à fait optimistes sur Vichy, les suivantes marquent un désenchantement de plus en plus prononcé, dans la dernière il laissait entendre qu'il avait affaire à une bande de voyous. Mais, néanmoins, son influence reste fâcheuse et sur le problème posé par Vichy les Etats-Unis restent très en dehors de la main. Ils croient encore qu'ils ramèneront Vichy dans le bercail en faisant des concessions !

Il paraît évident que les Anglais sont en train de prendre une volée dans les Balkans et le prestige qui avait immensément grandi depuis dix mois est en train d'en prendre un coup terrible. Ils vont administrer inutilement la preuve qu'ils ne sont pas de force à s'opposer aux Allemands. Churchill et Eden semblent avoir cédé à des motifs de morale politique : nécessité de soutenir l'allié grec, d'encourager la Yougoslavie et la Turquie à résister. Churchill a déclaré aux Communes : *« Our duty was clear and we are bound in honour to give all the aid in our power. »*

Mardi 8 avril 1941. Déjeuner avec Raymond Aron

Je connaissais déjà Raymond Aron pour l'avoir rencontré ici, à Londres, de temps en temps. J'ai eu hier le plaisir d'être son voisin de table. Je savais qu'arrivé fin juin de France, il avait signé son engagement dans les FFL naissantes, avec son grade de caporal, je crois. Je savais qu'avec André Labarthe il avait fondé le mensuel *la France Libre,* financièrement aidé par le ministère de l'Information britannique. Il y publiait régulièrement des articles. Il a pris ses distances d'avec nous depuis l'été 40 sans pour autant se laisser classer parmi les antigaullistes. Il insistait sur ce point.

Nous avons naturellement parlé de son attitude à l'égard de la France Libre. Comme on peut l'attendre d'un philosophe de sa classe (car bien que très jeune, ses pairs lui reconnaissent déjà une position éminente), il s'exprime en termes très nuancés.

Selon lui, dès lors que de Gaulle n'a pas consenti, dès l'abord, à constituer une légion, mais a l'ambition de défendre globalement les intérêts de la France, il ne peut fatalement un jour ou l'autre que verser dans le césarisme, même s'il s'en défend. Peut-être s'en défendra-t-il encore longtemps, mais il y versera tout simplement parce qu'il n'existe pas dans l'histoire de chef qui, disposant de la puissance, ne soit devenu un despote. Il est visible que l'exemple tout récent de Franco l'impressionne. Cette marche au pouvoir ne peut avoir d'autres fins.

Pour sa part, Aron se tiendra donc sur la réserve.

A part moi, je pense que les propos enflammés de son ami Labarthe, qui répand à tous les échos que nous sommes des fascistes et avons, parmi nous, des cagoulards, ne peuvent pas le laisser indifférent.

Ce que j'en dis n'est que le reflet de mon sentiment personnel.

Je trouve d'ailleurs cette abstention bien dommageable à la France Libre qui, pour grandir, a besoin non seulement de l'appui des masses, mais aussi des milieux intellectuels et universitaires de ce pays.

Jacques Bingen et moi sommes plus pragmatiques. S'abstenir,

c'est rester les bras croisés. Les bras croisés peuvent être une attitude philosophique ! Mais nous, nous voulons nous battre et avons rallié de Gaulle pour cela.

Vendredi saint 11 avril 1941

Nous venons de connaître la pire nuit de bombardement que, selon moi, Londres ait connu. En fait cela n'a pas cessé depuis octobre sauf quand la météo l'interdit.

Le tour que la guerre prend au printemps n'est guère favorable aux Alliés. La situation est très sérieuse en Méditerranée. Le canal de Suez est à nouveau en péril. L'Allemagne a plusieurs mois devant elle pour exploiter ses premiers succès de la saison.

Notre Afrique du Nord est perdue. En tenant compte des moyens pratiques dont nous disposons, il n'y a pas de chance de la soustraire à l'emprise du Reich, à laquelle s'ajoute la menace des forces allemandes de Libye.

J'ajoute que notre service de renseignement ne réussit pas à s'établir en Algérie. A part quelques universitaires, comme Capitant et Joxe, nous ne connaissons personne. La Méditerranée est une terrible barrière.

Jusque-là, j'avais fait toute ma guerre dans des bureaux. J'aspirais un jour ou l'autre à rejoindre un théâtre d'opérations. Aussi, lorsque l'occasion s'est présentée pour moi d'aller suivre un stage en vue d'obtenir mon brevet de parachutiste chez les Anglais, je l'ai saisie, faisant ainsi un petit pas vers l'action. Je profite de l'absence du Général pour aller à Manchester suivre les cours d'instruction.

A mon arrivée, une voiture m'attend et me conduit dans une jolie propriété des environs. Je suis accueilli par une maîtresse de maison aux petits soins et par un personnel empressé de me conduire dans ma chambre avec bain. A peine installé je conquiers mon hôtesse en m'acquittant avec dextérité de la tâche de découper le gigot. Le lendemain, une voiture me conduit à la station. Les deux premières questions : « Quel est votre prénom ? » « Jouez-vous au tennis ? »

Un sous-officier instructeur va ensuite me prendre en main et me faire faire des choses incroyables, dont je me serais auparavant cru incapable, sur un cheval d'arçon. Je virevolte ainsi pendant une heure, en slip, au soleil, exécutant d'étonnantes pirouettes. C'est la première fois depuis mon arrivée à Londres que je laisse mon cerveau au repos pour faire travailler mon corps. Mon instructeur et moi nous fraternisons ensuite sur un terrain où j'avais acquis quelques galons : la boxe que j'avais pratiquée avant-guerre. Après un déjeuner au mess, je passe un après-midi au tennis club, m'abandonnant au plaisir de voir des silhouettes blanches évoluer sur un gazon vert pomme. Je suis bien loin de l'Irak et de la Syrie !

Dimanche 4 mai 1941

Je me change et descends au salon, où il y a un beau feu de bois, mais qu'empoisonne la continuelle tonitruance de la radio.

Mrs Laurence me confie qu'elle n'a plus le sommeil qu'elle avait avant la guerre à cause des « événements tragiques que nous vivons ». Puis elle prend sa tête dans ses mains. Je compatis, pensant à la situation en Libye, à la Grèce... Après un silence, elle achève sa pensée : l'*income-tax* * !

Ce soir, après le dîner, alors que croisant les jambes je relevais un peu le bas de mon pantalon, je l'ai entendue soudain pousser un cri de jubilation : elle venait d'apercevoir qu'une maille avait sauté à ma chaussette. Elle décida de réparer aussitôt ce malheur, mais manquant de laine kaki elle le fait avec de la laine rose ; *never mind!* Je viens d'exécuter mes deux sauts de nuit réglementaires. Je rentre à Londres avec, cousu à ma manche, l'insigne des parachutistes.

12 mai 1941. Darlan à Berchtesgaden

Darlan est entré dans la danse. Il était hier, 11 mai, à Berchtesgaden. Il ne se contente pas d'avoir favorisé la venue de Rommel à Tunis : celui-ci n'est plus bien loin du Caire. Darlan ne voit, au surplus, pas le moindre inconvénient au passage des avions allemands par Damas en direction de l'Irak. Voyons donc ! Entre amis...

* Impôt sur le revenu.

Catroux demande à Wavell ce qu'il compte faire et propose son propre plan d'intervention. Il peut marcher seul sur Damas avec nos moyens venus d'Erythrée et groupés en Palestine, mais il lui faut un soutien aérien et des véhicules. Wavell n'a rien à offrir et compte sur la passivité de Dentz ! Mais le général de Gaulle ne l'entend pas de cette oreille et sa colère ne ménage personne. Du Caire, il gagne Brazzaville.

Spears alerte Churchill qui est forcé d'intervenir d'autant qu'on l'informe d'une présence allemande à Beyrouth qui va croissant. On ne parle que de rupture. Le Général met dans le même sac Spears, Wavell et sir Miles Lampson * ; Catroux est jugé trop accommodant avec les Anglais. Des divergences entre de Gaulle et lui existent sur l'octroi de l'indépendance à la Syrie et au Liban. C'est la crise.

Devant les menaces de mainmise allemande sur le Levant qui se précisent — Rudolf Rahn, le bras droit d'Abetz, est sur place —, Churchill charge le général Maitland Wilson de monter coûte que coûte une opération qui sera à prépondérance britannique, avec deux colonnes, l'une australienne, l'autre franco-anglaise avec des éléments indiens, mais dont les effectifs et l'armement seront inférieurs aux moyens de Dentz. D'autre part, des troubles sont enregistrés depuis l'hiver parmi la population qui souffre d'un défaut de ravitaillement. Catroux obtient qu'on desserre le blocus et promet aux deux pays un acheminement vers l'indépendance.

La campagne de Syrie

La campagne de Syrie démarre sur le terrain le 8 juin 1941. Six mille hommes des Forces Françaises Libres y participent. De Gaulle, qui n'a pas froid aux yeux, a baptisé ce rassemblement épars de troupes 1re division légère française libre. Les combats sont très rudes. Les gaullistes se heurtent pour la première fois à des soldats de profession, fidèles à Vichy, dans un combat terrestre. Depuis Londres, nous suivons, le cœur serré, le déroulement de ces combats. Nous songeons que parmi ces troupes fidèles au maréchal Pétain, la majorité des hommes auraient rallié la France Libre un an plus tôt. La reprise en main par Dentz saute aux yeux.

* Ambassadeur tout-puissant de la Grande-Bretagne au Caire.

L'opération Barbarossa. 22 juin 1941

Malgré les dépêches de l'agence Reuter nous recevons l'essentiel de nos informations par la BBC qui est notre source d'information privilégiée et quotidienne. A partir de 7 heures du matin, nous écoutons la BBC, pour savoir tout ce qui se passe dans le monde, et nous la quittons en nous endormant.

Je suis en train de me raser quand Jacques Bingen entre dans ma salle de bains hilare et me dit : « La guerre est gagnée ! » Alors que je le regarde un peu surpris il ajoute : « Hitler fonce en Russie ! » J'apprends ainsi l'invasion de l'Union soviétique par les armées du Reich. Instinctivement, nous pensons qu'Hitler est cuit, qu'il ne peut s'en sortir ; il est pris des deux côtés, en étau. Nous éprouvons tout de même un sentiment un peu ambigu car aucun d'entre nous n'est communiste et les séquelles du pacte germano-soviétique sont loin d'avoir été effacées : les Français, dans leur ensemble, sont très remontés à l'encontre de Staline et des Russes. Le Général n'est pas là mais nous recevons dans les heures qui suivent une réaction de sa part : à ses yeux, la guerre est gagnée. C'est un événement de très grande importance, celui qu'Hitler redoute le plus : l'ouverture d'un deuxième front. Sans l'Angleterre en guerre, il n'y aurait pas de deuxième front. C'est rétrospectivement la justification de toute l'action menée par Churchill, de la ligne politique qu'il a suivie depuis juin 1940.

Pour notre part, à Londres, nous partageons tous un immense espoir ; puisse la Russie tenir ! Nous nous demandons, comme chacun, si elle va tenir jusqu'à l'hiver. Elle n'a pas donné jusqu'à présent beaucoup de preuves de sa solidité. Bien au contraire, elle a, à l'image de l'affaire de Finlande dix-huit mois plus tôt, donné des contre-preuves. On s'attendait à ce qu'elle élimine la Finlande pour en faire une république populaire mais elle n'a pas réussi à s'imposer sur le champ de bataille. Dans nos modestes bureaux, tous les hommes sont à l'unisson : Boris, Cassin, Schumann... Tout le monde s'accorde sur le fait que la guerre sera inéluctablement gagnée et que c'est désormais une question de temps. Les Anglais paraissent enchantés et la presse salue unanimement l'entrée en guerre de l'URSS. De Gaulle se moque pas mal de Staline ou du communisme, il ne veut voir que l'allié dans la lutte contre l'Allemagne nazie. Il prescrit à Dejean, par câble, de dire à Maiski * que les Français Libres considèrent l'Union soviétique comme un allié à part entière et qu'ils sont de tout cœur avec le peuple russe. On connaît le sentiment que le Général éprouve devant l'allié soviétique. Pour lui, l'Union soviétique est un épisode, la Russie est une permanence, et cette permanence occupe un territoire presque sans fin. A l'opposé de notre petit mirador occidental.

11 juillet 1941

Dejean a dîné en tête-à-tête avec Attlee et Dalton avant-hier. « J'ai votre dossier, lui a dit Dalton, et j'ai confiance en vous, c'est pourquoi je vous parlerai franchement. » Et ont suivi des avertissements à l'égard de notre position politique. En bref, ils jugent nécessaire que la France Libre donne des gages de sa foi démocratique. Les bruits entretenus dans les milieux travaillistes selon lesquels nous sommes un repaire de fascistes fieffés s'amplifient. J'y vois la main de Labarthe.

Dimanche 13 juillet 1941

Les conditions de l'armistice en Syrie telles qu'elles ont été transmises à Vichy et telles qu'elles sont actuellement négociées avec Dentz sont très malheureuses pour la France Libre.

Drame des accords Lyttelton

Dejean me confie qu'il rêve de réussir un véritable tour de force : réussir à être un jour invité par les Anglais eux-mêmes à préparer de concert avec eux la solution des affaires françaises. Il en est bien loin ! Pour le moment le fait accompli est le suivant : les troupes de Vichy présentes au Levant ont le choix de rallier les FFL ou d'être rapatriées ; les bâtiments de guerre de Vichy seront internés ainsi que leurs équipages. Nous aurions dû faire prévaloir le point de vue opposé : la France Libre n'a jamais

* Maiski est ambassadeur de l'Union soviétique à Londres.

cessé d'être en guerre avec l'Allemagne. La Syrie doit donc passer aujourd'hui sous le contrôle de la France Libre ! Les unités de terre, de mer, de l'air, stationnées en Syrie doivent passer sous le commandement de celle-ci et continuer la guerre contre l'Allemagne. Les militaires qui refuseraient de rentrer dans le combat et de reconnaître l'autorité des chefs de la France Libre seraient internés. Je pense un peu naïvement qu'il n'y aurait pas de problème, pas de choix, pas de cas de conscience. La situation serait claire et simple, si l'on admet que la France Libre c'est la France. Malheureusement, nous sommes alors les seuls à en être sûrs.

Les conditions dégagées par les accords Lyttelton * sont désastreuses : je ne parviens pas à croire que de Gaulle y ait souscrit. Sans doute Wilson et les rédacteurs des clauses d'armistice étaient-ils plus soucieux de faire cesser au plus tôt cette campagne que de préserver les droits de la France. Sans doute trouve-t-on là l'explication du départ brusqué du Général pour Brazzaville. Je ne réussis pas à comprendre que de Gaulle n'ait pas obtenu de Lyttelton ou de Churchill l'acceptation des solutions de bon sens auxquelles je pense. Sans doute est-il arrivé trop tard. Et rien n'est plus difficile que de réparer les pots cassés. En tout état de cause, l'affaire syrienne s'achève par une victoire bien triste des forces alliées et par la double défaite des troupes de Vichy et des positions de la France Libre.

Mardi 15 juillet 1941

La France Libre n'a pas connu de jours plus sombres depuis Dakar.

Les clauses de l'armistice syrien dépassent de loin mes prévisions déjà pessimistes. Il n'y est pas fait plus de cas des Français Libres que des Hindous ou des Turkmènes. Le général Catroux a été tout juste admis aux délibérations, ni plus ni moins, au même titre que le général australien Lavarack.

La France Libre est absente des textes et n'est pas signataire. Crime majeur, il est prévu que les troupes spéciales (indigènes) du Levant passeront sous l'autorité britannique.

* Lyttelton a succédé à Casey, comme membre du gouvernement britannique résidant au Caire.

Il semblerait que la volonté arrêtée des autorités anglaises locales — qui n'ont cure de la France Libre — soit de priver Catroux de tout moyen militaire en Syrie, et, au besoin, au bénéfice de Vichy. De la sorte, elles conserveront la haute main sur des territoires qui ont besoin d'être solidement défendus et devront être tenus par des troupes impériales. Nous sommes soigneusement privés de tout moyen de lever sur place des effectifs parmi les troupes de Vichy. Je ne répéterai pas ce que je disais le 13 juillet ; nous aurions dû pouvoir, coûte que coûte, faire prévaloir nos vues ; nos intérêts vus sur le plan le plus élevé se confondent d'ailleurs avec ceux des Britanniques, mais les bourriques hostiles du War Office ne l'entendent pas de cette oreille. Je suis convaincu que les services de Sa Majesté sont pleins de gens qui rejettent l'échec d'une réconciliation avec Vichy sur le dos des dissidents que nous sommes. Ces gens viennent de triompher en Syrie et leur succès va les faire redoubler d'ardeur.

Première crise grave

22 juillet 1941

Nous recevons des nouvelles du Général qui nous éclairent en même temps qu'elles nous inquiètent.

Je comprends mieux aujourd'hui comment les choses se sont passées au Levant.

Dans les jours qui avaient précédé l'offre d'armistice à Dentz, de Gaulle et Wilson s'étaient mis d'accord sur les textes qui seraient présentés à Dentz. Le projet était très acceptable pour nous. De Gaulle, cela fait, a nommé Catroux son plénipotentiaire et a pensé que tout allait marcher comme sur des roulettes. Il est parti pour Brazzaville avec l'intention d'inspecter les défenses du Tchad puis de revenir en Syrie quand tout serait conclu comme prévu.

Mais Dentz a refusé tout net les conditions d'armistice et Wilson — bête comme un militaire et pressé avant tout de mettre un terme à la campagne — a accepté toutes les revendications de Dentz et les a fait avaliser par Catroux. Il est probable que ce dernier se soit montré faible. Si, comme il apparaît, de Gaulle ne le relève pas de ses fonctions, je me demande ce qui va se passer par la suite car le délégué général à Beyrouth est conduit à mener constamment petites et grandes négociations avec les gouvernements syrien et libanais ainsi qu'avec Lyttelton. Lyttelton est ministre d'Etat du gouvernement britannique résidant au Caire. C'est donc un personnage de taille que de Gaulle trouve devant lui et qui est incontournable. C'est une partie très difficile qu'il lui faut jouer.

Nous voilà devant un affrontement de Gaulle-Lyttelton. Crise dont nous nous serions bien passés.

25 juillet 1941

Le torchon continue de brûler avec les Anglais. Le Général s'abandonne aux pires emportements, et a rompu hier midi tous liens de subordination des Forces Françaises Libres à l'égard du commandement britannique.

Diplomatie au bord du gouffre

L'armistice de Saint-Jean-d'Acre.
De Gaulle renverse la situation, mais...

Le 14 juillet 1941, l'armistice de Saint-Jean-d'Acre met fin à la campagne de Syrie. Cet armistice est ressenti par les Français Libres comme une humiliation et les Anglais y sont pour quelque chose. Mais la formidable machine diplomatique de Gaulle s'est mise en branle : diplomatie au bord du gouffre, excès de langage, démesure. Il a obtenu à l'arraché d'amender la convention de Saint-Jean-d'Acre par les accords de Gaulle-Lyttelton des 25 et 27 juillet. Ces accords permettent de rendre à la France Libre deux droits majeurs dont les négociations antérieures l'avaient privée : la position « dominante et privilégiée » de la France en Syrie-Liban, alors que l'armistice de Saint-Jean-d'Acre faisait la part belle aux Anglais. Enfin, la possibilité de tenter de rallier à la France Libre les troupes de Vichy alors que l'armistice excluait tout contact entre les deux camps. Dorénavant, les officiers FFL sont autorisés en principe à faire de la propagande gaulliste dans les casernes du Levant. Le matériel de guerre passe sous le contrôle des FFL.

Mais les accords de Gaulle-Lyttelton ont beau avoir été signés, ils ne s'exécutent pas pour autant. Les états-majors britanniques, les considérant comme lettre morte, opposent leur force d'inertie.

Leurs intentions sont assez claires, ils souhaitent exercer leur influence sur la Syrie et cela, sans concession aucune aux Français Libres. Or, les troupes FFL auraient été en passe de devenir plus nombreuses que celles de Sa Majesté, avec d'importants ralliements de troupes indigènes. Cette supériorité numérique devait théoriquement donner aux Français la possibilité d'exercer le commandement suprême. Par conséquent, Wilson, partageant les vues du War Office, exécute la convention d'armistice avec la seule volonté de renvoyer le plus vite possible toutes les troupes de Vichy et d'empêcher les Français Libres de faire du recrutement. Pour parachever le tout, les Britanniques mènent des actions de propagande sur les populations arabes de Syrie et du Liban, dans l'espoir à peine voilé de neutraliser la France au Levant.

Samedi 9 août 1941

Nouveau télégramme du Général à Churchill. Cette fois-ci c'est de la pire violence.

Et il n'y a personne, parmi nous, pour dire au Général : « Le ton que vous employez en vous adressant au Premier ministre ne peut que vous desservir davantage. Loin de travailler pour notre cause, de semblables épigrammes la desservent. Le moment n'est plus loin où le gouvernement britannique, excédé de vos intempérances de langage et de vos menaces, vous prendra au mot.

« Vous vous faites des illusions si vous croyez que, ce jour-là, vous pèserez lourd dans la balance. Certes il y aura une très vive déception en France parmi les "gaullistes", certes les sentiments antibritanniques ne feront qu'y renchérir, mais après tout ce n'est pas cela qui empêchera les Alliés de gagner la guerre, s'ils doivent la gagner. En se débarrassant de vous, les engagements pris par la Grande-Bretagne à l'égard d'un homme tomberont du même coup.

« Vous avez la chance insigne que le Premier ministre vous ait montré sympathie et considération. Profitez-en, exploitez-la et ne la gâchez pas au contraire par une attitude qui risque, non seulement de compromettre votre position personnelle, mais l'avenir de la France Libre. »

A quoi de Gaulle pourrait répliquer : « Fallait-il donc laisser les choses en l'état et donner raison à Dentz ? » Et il aurait raison car le redressement qu'il a opéré tient du miracle.

A Londres, des craquements se font entendre de partout dans notre baraque. Les mouvements d'humeur du Général, ses menaces de rompre l'alliance, ont compromis la confiance que le Premier ministre lui accordait. Les Anglais pouvaient tout pardonner à de Gaulle, sauf qu'il sorte de ses gonds. Nous pensons qu'il aurait dû rester au Caire en retrait, prêt à épauler Catroux en cas de besoin, cela jusqu'à la conclusion finale des accords. Le Tchad pouvait attendre.

Une France Libre en pleine mutation

Je n'arrive pas à comprendre pourquoi le Général s'en prend aussi vivement au Premier ministre alors qu'il est l'unique responsable d'avoir laissé Catroux seul face à Wilson. En outre, il blesse profondément Lyttelton et il est des plaies qui ne cicatrisent pas.

Sa seconde absence a créé une situation analogue à celle du mois de novembre 1940 : en son absence, les difficultés se sont accumulées. Le retour du Général est annoncé comme imminent et beaucoup parmi nous pensent que, par sa présence, le Général va tout arranger. Pour moi qui ai vécu la même attente l'automne dernier, je sais bien qu'ils se trompent. Un certain nombre d'équivoques pénibles gagneraient à être dissipées : l'an dernier, la France Libre s'était créée sur une base purement militaire et il n'était question que des FFL. Tout homme qui se mettait à la disposition du général de Gaulle, chef des Français Libres, devenait un soldat et signait un engagement militaire*. Aujourd'hui la France Libre a considérablement débordé du cadre étroit qu'elle s'était initialement fixé : son rôle est, ni plus ni moins, de défendre les intérêts de la Nation partout où nous exerçons notre juridiction. Il devrait être aussi facile d'être « Français Libre » que « Français » et cette qualité devrait résulter d'un élan patriotique, d'une disposition de l'esprit plus que de l'attribution d'un matricule. Or les règles fixées il y a un an demeurent en vigueur, il faut signer un engagement militaire ! Tant qu'il s'agit de personnes subalternes cela n'a pas d'importance, mais si des hommes de premier rang se présentent, la situation pourrait devenir ridicule. Les accords du 7 août 1940, où rien ne figure concernant les civils, sont en passe de devenir obsolètes. Nous sen-

* C'est ainsi que Raymond Aron s'est engagé comme caporal !

tons bien que nous sommes en pleine mutation. Appartenir à la France Libre suppose aujourd'hui avoir un emploi et recevoir un salaire. Nous resterons en porte à faux tant que nous n'aurons pas un statut de gouvernement, si nous en obtenons un jour.

9 août 1941

Je suis assez inquiet de l'arrivée d'Alphand à Londres, de New York. Tous les emplois sont tenus par des médiocres qu'épouvante la venue d'un homme d'un autre niveau. Hervé va se heurter à l'hostilité, et aux traquenards d'eux tous.

Jeudi 14 août 1941

Le Général sera là dans une douzaine de jours. Un télégramme reçu de lui hier soir est plus modéré de ton. Les choses s'arrangent, forcément, mais l'alerte aura été chaude. Grâce à la fermeté de la position prise par lui sur le fond, nos pires difficultés en Syrie vont s'atténuer, mais il n'en reste pas moins que cette affaire a été mal conduite. Puissions-nous ne pas le payer cher plus tard.

Lundi 18 août 1941

Le Général rentre la semaine prochaine et tout le monde est assez ému. Beaucoup espèrent faire immédiatement triompher leurs vues et ils se trompent lourdement. Je me résous néanmoins à préparer pour le Général un papier contenant nos principales critiques en matière d'organisation et des suggestions pour y remédier. Je le lui remettrai en temps utile et sûrement pas dans les premiers jours.

Deux arrivées précèdent celle du Général. Celle d'André Diethelm, tout d'abord, inspecteur des Finances, ancien directeur de cabinet de Mandel, il débarque de Lisbonne avec un savoir-faire indéniable, et assurément utile. L'autre arrivée notable est celle d'Hervé Alphand. Le 31 août, je vais l'accueillir à sa descente d'avion. Il me dresse un portrait accablant de la situation qui règne aux Etats-Unis chez les Français.

Le panier de crabes de New York

Le milieu des Français d'Amérique qui comporte pourtant de nombreuses notabilités est un épouvantable panier de crabes où s'empoignent gaullistes et pétainistes sous le regard consterné des Américains. L'on aurait volontiers souhaité que tous ces génies exilés viennent nous faire partager à Londres leurs lumières. Les Alexis Léger, Antoine de Saint-Exupéry, Jacques Maritain, etc. Sur le chemin du retour, il me répète le dilemme que très peu de fonctionnaires ont encore réussi à vaincre. Rallier la France Libre, me dit-il, équivaut à bafouer la fonction publique, leur maître à tous. Pour un poète, un journaliste ou un directeur de banque, cela peut aller de soi. Mais pour des hommes comme Alphand, serviteurs de l'Etat jusque dans le tréfonds, on ne rompt pas le cordon sans cas de conscience. Cela explique en partie le temps pris pour rejoindre la « dissidence » gaulliste. Quatorze mois, cela peut sembler très long mais cela peut aussi s'avérer très court quand il s'agit de trancher, d'autant que bien des grands commis exercent des responsabilités dans des secteurs qui ne sont nullement politiques. Hervé m'avait dit à Bordeaux : « Je verrai » ; il a tenu parole, voilà l'essentiel. Alphand devra attendre le retour du Général pour être fixé sur son sort. En attendant, il se réconforte dans les bras d'une belle Anglaise...

Vitres cassées

Samedi 30 août 1941

Journées pénibles pour nous.

Jeudi, nous avons eu connaissance des déclarations incendiaires faites par de Gaulle à Brazzaville à George Weller, correspondant du *Chicago Daily News.* (Publiées le 27 août 1941.) Cassant les vitres, il tenait sur les Alliés des propos impardonnables. Il disait de l'Angleterre des choses qu'elle n'oubliera jamais : « J'ai offert des bases en Afrique aux Etats-Unis, mais moi je n'ai pas demandé de destroyers en retour. » Bref, une catastrophe. Démenti officiel de Hull à propos de notre offre.

Et aujourd'hui voici, semble-t-il, la clé de l'énigme. De Gaulle a appris à Brazzaville que Roosevelt refusait de prendre aucun contact avec la France Libre. Il annulait l'envoi en Afrique française libre de la mission Cunningham*. C'est alors que de Gaulle a répondu à ce qu'il considérait être un camouflet ; il a voulu rendre soufflet pour soufflet, mais il n'a blessé que soi-même, il n'a nui qu'à notre cause.

Retour du Général du Levant

Le Général rentrait très meurtri de Syrie. De plus, il avait été d'une telle violence et d'une telle brutalité qu'il s'était aliéné beaucoup de sympathies et de crédit. Le 1er septembre 1941, j'allai l'attendre à l'aéroport. Comme toujours, il restera muet comme une carpe jusqu'à ce qu'il rentre dans ses bureaux de Carlton Gardens. Il avait beau avoir redressé in extremis la situation au Levant grâce aux accords Lyttelton, il avait parfaitement conscience que ses déclarations fracassantes lui étaient retombées sur le nez. Il est d'une humeur massacrante et broie du noir, jette l'anathème sur tout le monde, et sur les Anglais en particulier. Il se mord les doigts du télégramme qu'il a fait parvenir à Churchill et va même jusqu'à reprocher à Coulet de ne pas l'avoir retenu ! Il paye lourdement les conséquences de ce télégramme, car l'accueil que lui réservent les Anglais est humiliant et pénible. Autour de lui, à Carlton Gardens, tout le travail est paralysé : chacun a son parapluie ouvert et attend que l'orage passe. Il ne voit à peu près personne et le vide se fait autour de lui. Il déblatère toute la journée contre les Anglais et contre Spears en particulier. C'est une situation très difficile à supporter pour son entourage. Il ne cesse de répéter la même chose : « On perdra la guerre avec des gens pareils, ils ne font rien de ce que je me suis efforcé de leur recommander et veulent torpiller les Français au Levant. » « Ce sont des scélérats », ajoute-t-il.

Ce qui se produit me conduit à faire quelques réflexions. Le Général a tort de blâmer Coulet de ne lui avoir pas permis de retirer son télégramme à Churchill. Il est impossible à un « bleu » de réagir comme un vieux routier. Je suis certain en revanche qu'avec Courcel à ses côtés, les choses ne se seraient pas passés ainsi : Courcel aurait certainement retenu ce télégramme jusqu'à ce que l'orage passe. Mais comment attendre ces audaces d'un nouveau venu, qui

* Mission US d'aide et d'assistance.

ignore nécessairement tout des façons d'être du Général et qui, circonstances aggravantes, est lui-même « gaulliste » jusqu'à l'aveuglement.

Après quelques mois passés à Londres, François Coulet, austère protestant et diplomate de carrière, saura ne pas répéter ces erreurs.

Dimanche 7 septembre 1941

Semaine agitée mais encourageante dans l'ensemble.

Le Général est rentré à Londres le 1er septembre. La veille, le Foreign Office avait fait donner l'ordre par le ministère de l'Information de « ne mentionner en aucune façon le retour du général de Gaulle ni aucun de ses agissements jusqu'à ce que certaines questions aient été réglées entre le Gouvernement de Sa Majesté et lui ».

Le lendemain, lundi, un programme interallié était arrangé par la CBS où parlaient tous les chefs d'Etat ou Premiers ministres alliés. Au dernier moment l'interdit était jeté sur l'allocution du Général déjà prête : décision du Conseil des ministres le lundi après-midi.

Ayant pris connaissance des nouvelles dispositions des Anglais à son égard, le Général tentait de renouer le contact avec Churchill. Ce dernier avait fait parvenir une longue lettre de remontrances au Général : « Je me réjouissais de vous revoir, lorsque certains propos qui vous ont été prêtés par un journaliste d'excellente réputation, certaines lettres que vous m'avez écrites m'ont fait penser que vous étiez dans des dispositions telles qu'un échange de vues entre nous ne me semble actuellement d'aucune utilité. Je vous envoie Morton à qui vous pourrez donner des explications. » Le soir même, Morton était venu voir le Général et lui avait relaté la visite de Hopkinson, rentré en Grande-Bretagne dans le même avion que le Général, au Foreign Office. Le rapport qu'il avait établi sur l'action locale des militaires britanniques était tout à l'avantage des Français. Morton avait laissé entendre que les choses allaient s'arranger. Le lendemain, le Général s'était appliqué à produire une réponse circonstanciée et attendait.

En position d'attente, il multiplie les gestes et écrit à Eden ou à Archibald Sinclair, ministre de l'Air, des lettres de vifs remerciements pour tel ou tel événement. Le lendemain, il demande à parler à la BBC : Churchill refuse, et de Gaulle, après avoir menacé qu'aucun Français ne parlerait plus, renonce finalement à exécuter cette menace et s'incline. C'est la première fois depuis le 18 juin 1940 que le Général accuse le coup sur une question de cette nature. Maurice Schumann peut continuer à parler aux Français au micro de la BBC ; il sait trouver les paroles de réconfort et d'espérance. La parole des Français à la BBC est, plus que jamais, une arme précieuse.

La leçon est pour le Général sévère, mais méritée ; il ne l'oubliera pas. Churchill a subi de nombreuses pressions de la part de membres de son gouvernement pour tenter de limiter les incartades de « son » Général dont les écarts de langage et les menaces agacent. Les membres du parti travailliste ont dû en rajouter sur le thème de Carlton Gardens, repaire de fascistes et de cagoulards. Ils exigent qu'il donne des gages de sa foi démocratique en procédant à un nettoyage intérieur. Churchill ne peut pas ne pas tenir compte de l'opinion quasi unanime de ses collègues. Une rencontre entre les deux chefs de guerre est annoncée comme imminente ; en cet instant, il faut d'abord sauver la mise.

Les Anglais estiment, eux aussi, que la base des accords du 7 août 1940 est devenue trop étroite. Depuis cette date, la France Libre a étendu son empire sur des territoires, elle peut enfin prendre figure de puissance. Mais d'un point de vue politique, notre position n'est pas plus solide aujourd'hui qu'elle ne l'était au lendemain de Dakar. Pourtant, la France Libre représente pour la métropole quelque chose d'immense : en face du gouvernement de Vichy, il n'y a qu'elle.

Un autre événement vient bouleverser mon quotidien au cabinet du général de Gaulle : le départ de Geoffroy de Courcel. Il a enfin obtenu son affectation dans une unité combattante, le 1er régiment de spahis marocains, qu'il attendait depuis longtemps. Pour diriger le cabinet, Geoffroy a lui-même désigné depuis Beyrouth son successeur. Il s'agit de François Coulet, secrétaire d'ambassade. Dès que j'ai pris connaissance de la nouvelle, j'ai naturellement eu des appréhensions. Condamné à être assis en face d'un inconnu huit heures par jour, quand cet inconnu est largement votre aîné et votre supérieur hiérarchique, est une équation à plusieurs inconnues. Nous nous sommes chacun pris par le bon poil. Cet homme de la quarantaine est un puritain des Cévennes ; son gaullisme est intransigeant. A Beyrouth, il s'était vu confier une radio locale en langue française. Il raconte avec quelle joie, dans chaque émission, il cassait de la vaisselle sur la tête de tous nos opposants ! Ce n'est pas l'homme des compromissions ni des demi-mesures. Espèce très rare, c'est un diplomate de choc. Courcel a dû le bien prévenir à mon égard. Il est charmant. Il aurait pu affirmer une priorité ou même une exclusivité dans ses contacts avec le Général. Il n'en fait rien. Au contraire, il place nos relations sur le plan de la camaraderie. Je n'aurai finalement eu qu'à me louer de mes deux vis-à-vis : Alain Savary en septembre 1940 et Coulet à présent. Il ne me reste plus qu'à trouver la première occasion de m'échapper à mon tour.

Dimanche 7 septembre 1941

François Coulet m'a bien éclairé sur la façon dont les choses se sont passées à Beyrouth et au Caire et cela vient utilement compléter les échanges qu'apportent les télégrammes entre Londres et le Levant qui avaient grand besoin de commentaires.

Samedi 13 septembre 1941

Après douze jours d'attente pendant lesquels nos cerveaux ont battu la campagne, le Général a enfin vu Churchill hier à midi.

Raccommodement

Enfin, le Général voit Churchill pendant une heure et quart, de midi à 1 h 15. Coulet et moi avons ensuite le privilège de déjeuner avec lui. Comme à son habitude, le Général n'aime pas qu'on l'interroge et nous attendons patiemment son récit. Avant d'avoir achevé les hors-d'œuvre, il entame son discours : « Churchill m'a d'abord dit : “D'après beaucoup de rapports qui me sont faits, il semblerait que vous soyez devenu anglophobe. S'il en est ainsi, je ne pense pas que des conversations quelconques entre mon gouvernement et votre administration, et même entre vous et moi, puissent être d'aucune utilité.

— Eh bien, monsieur le Premier ministre, je vous propose que nous fassions un référendum Gallup à travers le monde demandant si l'on pense que le général de Gaulle a renoncé à continuer la guerre jusqu'à la victoire à vos côtés", lui ai-je répondu. "Ce que vous proposez là n'est pas très honnête, répondit Churchill en riant à moitié, car les gens consultés ne disposeraient pas des éléments d'appréciation que je possède." » Le Général nous raconte ensuite qu'il a vidé son sac au sujet de la conduite très francophobe des Britanniques au Levant. Churchill lui a demandé pourquoi il ne lui avait pas télégraphié. « Je l'ai fait à telle, telle, et telle date, mais je n'ai jamais eu de réponse satisfaisante », lui a répondu le Général. Il évoque ensuite la manière subtile dont Churchill lui a suggéré un assainissement intérieur et une orientation dans un sens plus démocratique : « On raconte que vous êtes un fasciste. N'oubliez pas que je ne suis pas seul, que j'ai autour de moi des gens qui ont des exigences, qui soulèvent des critiques. Je vous demande de me faciliter la tâche. Quant à la Syrie, nous en reparlerons bientôt plus à loisir et plus à fond. Lyttelton arrive, et nous aurons des conversations à trois sur la situation dans le Moyen-Orient *. »

La conversation a ensuite dévié vers la forme juridique empruntée par la France Libre. « Il y a un an, lui a ensuite dit Churchill, le gouvernement de Sa Majesté vous a reconnu comme le chef des Français Libres, mais il lui semble aujourd'hui, qu'il y aurait peut-être intérêt à donner à cette reconnaissance une base plus large. J'ignore quelles sont vos intentions là-dessus, mais je sais que mon gouvernement verrait avec faveur la formation d'une sorte de Comité national qu'il serait ultérieurement disposé à considérer comme représentant de la France. » Agréablement surpris, le Général lui a répondu : « Vous touchez là un point sensible, et qui fait, vous le savez, depuis juin 1940, l'objet de mes préoccupations. Certes, je reconnais cela nécessaire, et je veux l'accomplir. Mais je me heurte à de grandes difficultés pratiques. Il n'est pas simple de trouver actuellement hors de France les quelques hommes suffisamment représentatifs pour former un tel comité. — Je sais, a

* Jean-Louis Crémieux-Brilhac a consacré à la France Combattante le livre le plus important publié sur elle à ce jour (*la France Libre*, Gallimard, 1996). Entre Charles de Gaulle et Catroux, il évoque « certains froissements ». On a parlé d'échanges de télégrammes « à la cravache ». Mais si de Gaulle a parfois supporté avec impatience la flexibilité d'un Catroux, « trop désireux de plaire », si Catroux a pu déplorer « les brusqueries du Général », leurs convergences l'auront emporté sur les divergences.

enchaîné Churchill, quelle légende entoure votre personne en France ; je sais quel est l'état d'esprit de votre peuple, et je suis prêt à consolider, dans la mesure de mes moyens, votre situation. » Churchill a ensuite répété encore une fois que la Grande-Bretagne n'avait, en Syrie, aucune ambition d'aucune sorte, et qu'elle se plaisait à y reconnaître la prééminence de la position de la France.

La constitution d'un Comité national français. Un conseil de sous-préfecture ?

Le matin même de cet entretien entre le général de Gaulle et le Premier ministre britannique, nous parlions avec Dejean de la création de ce Comité national. Selon ce dernier, il fallait donc battre le fer pendant qu'il était chaud et constituer à tout prix ce Comité avec nos moyens du bord. Chacun y allait donc de son imagination pour constituer cet embryon de gouvernement. Dejean ne força pas son talent pour mettre au point une première liste : Antier représenterait les classes paysannes, Betton et Hauck les travailleurs catholiques et socialistes, Roger Cambon l'Administration, Boucher les milieux commerçants et la moyenne bourgeoisie, Maritain l'Université et les milieux intellectuels de droite. Il ne manquait plus qu'un représentant du grand patronat ! J'ai observé immédiatement qu'il s'agissait là des vues d'un petit épicier : cette liste me semblait parfaite pour représenter la commune de Marmande ou de Quincampoix mais non pas pour représenter la France. Ce n'était pas prendre la France au sérieux que de constituer une telle liste et d'aborder la scène internationale avec cette troupe de patronage. Le Général rit de tout son saoul à cette liste, puis, reprenant son sérieux, ajouta : « Ce qu'il faudrait, c'est sortir des gens de France. »

Nous discutions de cette question depuis des mois et nous étions déjà réunis plusieurs fois, Bingen, Dennery, Thibault, Manuel, Servais et moi, pour tenter d'établir une liste. Après avoir établi une liste d'une quinzaine de noms, notre SR l'avait communiquée à un agent en France avec mission de pressentir quelques-uns des intéressés. Je n'avais pas parlé de ce petit complot au Général mais lui avais mentionné quelques noms dans l'espoir de guider ses propres choix. Je lui avais ensuite remis la liste de ces noms. A la liste initiale, j'avais apporté quelques changements : j'avais ajouté Edouard Herriot, affaibli, mais entouré de respect en France depuis 1940 à cause de la dignité de son attitude et dont le prestige était immense aux Etats-Unis — il est l'homme qui voulait payer les dettes * —, Robert Lacoste de la CGT et le professeur Clovis Vincent dont Lebeau nous avait vanté la conduite exemplaire, à Paris. J'ai bien conscience qu'il est probable qu'aucun de ces hommes n'acceptera de venir. Désormais, nous avons pourtant des moyens moins précaires de les transporter : nous avons le choix entre le bateau depuis la Bretagne et le plus sûrement un Lysander par les airs.

Samedi 20 septembre 1941

L'administration ennuie le Général à mourir. Quand je me sens obligé de faire mention de grincements plus ou moins sensibles qui s'observent dans nos services, il m'interrompt par une exclamation toujours la même : « Mais qu'ils s'entendent ! » Il a une sainte horreur de devoir arbitrer les différends sur lesquels il n'a aucune envie de se pencher.

Je vois bien d'ailleurs que la lecture de mes notes sur telle ou telle réorganisation interne le fait bâiller d'ennui. Lui qui annote avec empressement tout télégramme ou document portant sur une question de fond, par exemple de Catroux, me retourne sans observation mes modestes recommandations au point que j'ai fait faire un timbre « vu par le général » quand me reviennent de telles pièces. J'ignorerai longtemps ce qu'il en aura retenu.

C'est ainsi que depuis son retour du Levant, le Général n'a fait connaître aucune décision. Il expédie Antoine en Syrie comme secrétaire général ; c'est une bonne chose en soi, mais cela ne touche pas à l'organisation d'ensemble de la maison au sujet de laquelle je lui ai soumis un mémoire.

Le microcosme londonien

L'arrivée récente d'Hervé Alphand ne pouvait pas ne pas soulever de problèmes dans notre microcosme. Pleven avait pris la peine de nous télégraphier depuis New York pour nous l'annoncer : cette

* Dettes contractées par le gouvernement français à l'égard du gouvernement des Etats-Unis pendant la guerre.

arrivée risquait de menacer des positions acquises. De Gaulle, étrangement, avait été prévenu à son encontre depuis quelque temps ; il nous avait livré sa première réaction par télégramme : « Je connais sa valeur technique ; j'espère que sa valeur morale ira de pair. » Il ne lui était pas possible, en moins de mots, de faire état de ses préventions à l'égard du nouveau venu. Depuis son arrivée à Londres, Alphand avait été reçu trente minutes par le Général sans qu'il fût fait mention de ses occupations futures. En d'autres occasions, le Général avait pourtant été capable d'un flair extraordinaire : la manière dont début juillet 1940 il avait deviné que dans ce capitaine de Hauteclocque qui arrivait de France il tenait un homme d'une étoffe exceptionnelle. Depuis dix-huit mois il lui faisait grimper tous les échelons et Leclerc se montrait partout à l'aise ! Alphand, travailleur infatigable, se morfondait d'ennui sans se voir confier la moindre tâche. Le Général lui confiera finalement la médiocre responsabilité de réfléchir aux problèmes économiques de l'après-guerre et de nous représenter au sein d'un comité interallié dont c'est l'objet !

En se plaçant sous la conduite du Général, ceux qui l'avaient rejoint n'avaient pas abdiqué en sa faveur tout droit de penser ou d'exercer leur jugement. S'ils avaient fui le joug de l'ennemi, ce n'était pas pour renoncer à tout libre arbitre. Pourtant, je dois souligner que, autant que je sache, rares sont ceux qui aient eu l'occasion, voire l'audace, d'exprimer leurs opinions au Général. Il n'écoutait personne. Ceux qui ont l'opportunité de déborder d'une question de service pour aborder l'examen de la situation générale se comptent sur les doigts de la main. Le général de Gaulle n'a fait de tour d'horizon général ni avec Dewavrin, ni avec Bingen, ni avec Manuel ou Diethelm. En revanche, il cède devant toute requête de l'amiral Muselier, ne lui refusant jamais un entretien. Il voit longuement Dejean et Cassin et se délecte de la compagnie de Labarthe, le « technicien des idées générales », le « généreux ».

L'affaire Muselier, le complot

Le 20 septembre 1941, à 11 h 15, Dejean reçoit un coup de téléphone de l'amiral Muselier : « Veuillez dire au Général que la marine devient indépendante et continue la guerre. » Cet appel est la conséquence d'un éclat qui a eu lieu la veille au soir : Muselier et Labarthe, à l'origine du complot, ont utilisé Dejean comme homme de paille afin de prendre le pouvoir. Ils sont allés trouver le Général, lui déclarant qu'ils réclamaient le contrôle des services secrets. Le Général a refusé tout net. De là, Muselier et Labarthe se sont sentis suffisamment forts pour entrer dans une logique de rupture. A midi, le Général signifie à Pierre Tissier que Muselier et Labarthe sont exclus de la France Libre. A midi trente, le Général vient me trouver : « Que pensez-vous de l'amiral ? me demande-t-il. — Je pense, mon Général, qu'il montre enfin son vrai visage. — Il n'est pas beau, ajoute-t-il. — C'est celui d'un corsaire, me risqué-je alors. — Exactement, Serreulles, celui d'un corsaire ! » Le 18 septembre, Muselier a envoyé au Général une lettre sous forme d'ultimatum proposant un curieux schéma : « Général de Gaulle, chef de l'Etat, irresponsable. Muselier : président du Conseil national exécutif. Dejean, Labarthe et Moret * : membres du Conseil. » Le Général fulmine : « Je garde ce document accablant, je le montrerai aux Anglais, et leur donnerai simplement à choisir entre Muselier et moi. Allez, Serreulles, Muselier et Labarthe mordront la poussière ! » conclut-il.

A l'heure du déjeuner, Coulet accompagne le Général au Connaught où ce dernier doit retrouver Mme de Gaulle. Le Général s'étend sur la mafia Muselier avec Labarthe l'homme des basses besognes et Dejean le petit receleur. Le Général lui confirme qu'ils disparaîtront tous les trois. A 16 heures, le Général envoie à Eden la constitution définitive de son cabinet. Il ferme lui-même l'enveloppe dont nous ignorons tout du contenu. Dejean vient me trouver pour me consulter sur l'opportunité d'une intervention de sa part auprès du Général en faveur de Muselier et de Labarthe. Je ne le dissuade pas. Le Général lui répondra simplement : « Je discerne parfaitement les intentions qui vous animent. » A 18 heures, le Général s'entretient pendant trente-cinq minutes avec l'amiral Dickens ** qu'il a prié de venir le voir. En rentrant à son hôtel, le soir, le Général paraît d'excellente humeur et confie à Coulet l'excellente teneur de ses entretiens avec Dickens.

* Moret, capitaine de vaisseau, élevé par Muselier à ce grade, sera de tous les complots.

** Sincère ami de la France, représente l'Amirauté.

22 septembre 1941 : sombre dimanche

Mes plus obscures appréhensions sont dépassées. Le Général, sans s'en ouvrir à quiconque, a constitué un Comité national faiblard. Il a, en outre, trahi l'absent : Pleven, en lui retirant les Affaires étrangères pour les donner à Dejean.

Le pire est que l'action politique en France, la charge qui comporte les plus grandes responsabilités devant la France, est confiée à Labarthe, mi-faiseur, mi-faisan, qui a la réputation d'être inapte à tout travail suivi, et seulement capable d'improvisations verbales parfois brillantes, mais vides.

Muselier, second membre du gang, fait un affreux chantage pour arracher au Général tous les services secrets. Labarthe et lui deviendraient à eux deux les maîtres incontestés, « indéboulonnables », du jeu. Muselier menace de partir en dissidence avec sa flotte s'il n'obtient pas satisfaction ! Il a d'ores et déjà obtenu la Marine marchande.

Bref, c'est la maison à l'envers. De Gaulle révèle ses hésitations dans les choix et n'y prend pas intérêt. Avec les éléments à sa disposition ici même, il pourrait former un embryon à tout le moins décent. Il aurait, pour cela, dû prendre à la fois la présidence, et la Défense. Il aurait ainsi constitué un cabinet de cinq membres, lui compris, ce qui eût été largement suffisant.

Le 23 septembre, le Général voit Churchill qui lui confie : « Il n'est pas question que je vous lâche dans cette affaire. » L'après-midi a lieu une grande conférence de presse sur l'amitié anglaise et la formation d'un Comité national. Personne ne sait ce qui se trame en coulisse car la liste transmise à Eden n'a été communiquée à personne. A 17 heures, le Général envoie un ultimatum à Muselier expirant le lendemain à 16 heures. En substance, « soumettez-vous ou vous serez coffré ». Dans la nuit du 23 au 24 septembre, Eden fait parvenir une lettre qui demande de nouvelles consultations avant la publication de la liste du Comité national. Morton, qui a été rappelé de la campagne par Churchill, passe une heure tête à tête avec de Gaulle. A midi, Muselier téléphone au général Petit : « L'amiral fait sa soumission », nous déclare triomphant le Général. J'aurais préféré mille fois que nous nous débarrassions de ce forban mais les Anglais, redoutant des difficultés avec nos bateaux à la mer, appuient discrètement pour que les choses se tassent. A 17 heures, le Général passe une demi-heure avec Eden au Foreign Office. Il y revient à 19 h 30 pour y rester une heure et quart. Nous prenons un rapide dîner avec Mme de Gaulle et retournons au bureau pour une entrevue avec Muselier *. L'amiral s'entretient pendant une heure avec le Général dans son bureau. En sortant, il dit à Savary : « Je dois donner ma réponse dans une demi-heure. »

Soumettez-vous !

Je passe cette demi-heure avec le Général qui entend bien former son cabinet le soir même, quoi qu'il arrive. Je rappelle au Général que dans le War Cabinet, Churchill, ministre de la Défense, représente seul les trois armes. Le Général pense opter pour cette solution, sauf si Muselier se soumet sans réserve. Le Général me consulte ensuite sur Dejean. Je prends le temps pour lui dire tout ce que je pense : j'évoque Berlin, avant-guerre, puis sa situation ici, à Londres. C'est, dis-je, un cuisinier qui a été habitué pendant quatorze ans à préparer de bons plats dans sa cuisine et qui est soudain admis à s'asseoir dans la salle à manger : il est perdu. Cela lui a tourné la tête. En outre, c'est un instable. Il se figure être un diplomate car il a passé des années dans une ambassade ; mais un diplomate est censé avoir du sang-froid et être un négociateur, ce qu'il n'est pas. Il ne faut lui confier aucun poste de premier plan. Le Général écoute cela en arpentant son bureau ; il opine du bonnet, et conclut : « En effet, ce n'est pas parce qu'on est un bon rédacteur qu'on est un bon diplomate. » J'ajoute que Pleven, lui, est un négociateur de talent.

Enfin, le téléphone sonne, interrompant notre conversation. Muselier capitule sans réserves. Le Général est soulagé car c'est la fin de la crise. Il appréhendait le fait de devoir envoyer Muselier derrière les barreaux et prévoyait certaines difficultés avec certains de nos commandants en mer. C'en est fini ! Il appelle Tissier pour signer les décrets.

A peine dix minutes après ma philippique contre Dejean, celui-ci est nommé aux Affaires étrangères, Pleven à l'Economie, aux

* Entre-temps, j'ai fait ma petite enquête chez les marins. Pas plus « à la mer » qu'à terre, je n'ai trouvé de « museliérisme ».

Finances et aux Colonies, Cassin à la Justice, Muselier à la Marine, Legentilhomme à la Guerre, Valin à l'Aviation, Diethelm à l'Intérieur, au Travail et à l'Information, d'Argenlieu sans portefeuille. Muselier conserve la Marine et récupère la Marine marchande. Jacques Bingen va être dans l'obligation d'offrir sa démission. Le lendemain, en arrivant, je propose au Général une liste légèrement remaniée que je juge meilleure, et que je commente : il faudra bientôt déplacer Dejean qui se sera, à l'usage, révélé impossible. Autant ne pas l'y mettre et laisser les Affaires étrangères à Pleven à qui elles reviennent. « Non, me dit le Général en se donnant la peine de m'expliquer très patiemment ses raisons, car je ne veux pas mettre Alphand. » Suivent des explications confuses.

Règlement sur un semi-échec, soutien des Anglais

Ayant écarté Alphand, il considère que, n'ayant pas d'homme pour ce poste, son cabinet se trouve un peu faussé. « Certes Pleven devra un jour aller aux Affaires étrangères », concède le Général. « Que ferez-vous de Dejean ? Vous aurez du mal à vous en débarrasser ! » lui dis-je. Et de Gaulle de lancer : « J'en ferai un chef de cabinet, ou bien je l'enverrai à l'étranger. » Impossible d'aller plus loin. Pendant ce temps, Jacques Bingen tente d'apaiser les Anglais. Le Ministry of War Transports est en effervescence depuis qu'il a appris que la marine marchande a cessé d'être civile. Le ministre, lord Leathers, a demandé à Eden d'intervenir pour éviter, je cite, « ce drame ». Il a même menacé de considérer purement et simplement à l'avenir nos marins du commerce comme des marins anglais ! Nous nous attendons à une démarche du Foreign Office qui ne viendra pas.

Le 25 septembre, je déjeune avec le Général. Il est très reconnaissant aux Anglais de l'appui solide qu'ils viennent de lui apporter. Morton lui a dit la veille : « Le Premier ministre souhaite ardemment que cela s'arrange, mais en cas contraire, vous aurez tout son soutien. » Morton a ensuite demandé au Général d'autoriser Alexander* à voir Muselier, ce que le Général a fait. Le message qu'Alexander a délivré à Muselier a été très clair : « Le gouvernement de Sa Majesté a des accords avec le général de Gaulle, et il

* Travailliste, ministre de la Marine.

les respectera. Il ne se mêlera pas de vos difficultés intérieures, vous êtes libre de vous retirer. Mais, dans ce cas, nous comprendrons que vous vous retirez seul. »

Jacques Bingen a remis au Général sa lettre de démission. Mon espoir de voir les choses s'arranger s'est évanoui.

Au lendemain de la constitution du Comité national, Dewavrin me confie que l'Intelligence Service a reçu l'ordre de ne maintenir avec nos services secrets que des relations de surface. Il croit savoir que de nombreux Anglais au sein de l'Administration sont déçus par la composition du Comité et les pouvoirs exorbitants que le Général y conserve. Toujours selon lui, les Anglais attendaient que l'autorité de De Gaulle fût fondue dans un système collégial. Nous sommes tous satisfaits de voir notre petit monde s'élargir à des dimensions plus adéquates car la France Libre ne pouvait rester plus longtemps assimilée au seul général de Gaulle. Mais le soulagement est rapidement contrebalancé par les conditions exécrables dans lesquelles s'est effectuée la mue de notre mouvement : le complot Labarthe-Muselier tout d'abord, puis l'absence désespérante d'hommes de valeur au sein du Comité. L'attitude du Général est également préoccupante.

Alors qu'à la suite de la constitution du Comité national je suggère au général de Gaulle de supprimer la première ligne du décret « chef des Français Libres », pour ne conserver que président du « Comité national français », il me répond sans ambages : « Non, car si je veux pouvoir un jour souffler sur le Comité national, je veux rester chef des Français Libres. » Je dois avouer qu'alors un froid a parcouru mon dos. Qu'entendait-il par « souffler sur le Comité » ? Pour le démocrate que j'étais, cela signifiait-il une menace, éventualité d'un passage, d'une heure à l'autre, à un gouvernement personnel ? Mais il y a une autre interprétation possible de ces mêmes mots, et la plus plausible. Pour tous les Français, de par le monde, qui ont répondu à l'appel de Charles de Gaulle, il reste leur chef, quoi qu'il arrive, pour la durée de la guerre. Ce lien très fort, de Gaulle ne se sent pas le droit de le rompre.

Le marin de l'île de Sein n'avait pas rallié le CNF, ni le CFLN, ni le GPRF, il avait rallié de Gaulle.

Nous savons aujourd'hui que cette dernière interprétation était la bonne.

Chances de la victoire
7 décembre 1941. Pearl Harbor

Nous avions jusqu'à présent une certitude de gagner la guerre, c'était l'irruption des forces armées nazies en Russie le 22 juin et la solidité de la résistance soviétique.

A celle-ci, relativement aléatoire, s'en ajoute une seconde, celle-ci décisive, l'entrée en guerre des Etats-Unis ! Churchill a le droit d'exulter. Son pari, tellement hasardeux en juin 1940, est gagné aujourd'hui ! Cet arsenal des démocraties, tant attendu, et formidable par sa puissance, a cessé d'être un rêve : c'est la réalité d'aujourd'hui et la victoire pour demain.

25 décembre 1941. Le pour et le contre

Dans le courant du mois de décembre 1941, le Premier ministre Winston Churchill se rend à Washington. « Churchill est à Washington ! Personne plus que lui n'était impatient de voir les Etats-Unis entrer en guerre ! » me déclare un ponte du parti conservateur, avec qui j'entame une conversation sur ce sujet qui lui tient à cœur. Nous sommes chez Susan X. à l'heure du porto d'après-dîner, lors d'un mini-week-end que je passe chez elle. En octobre, elle m'avait prévenu qu'elle souhaitait me faire rencontrer quelqu'un du parti conservateur qui comptait parmi « les plus sévères et les plus critiques du Premier ministre ». Alors que les dames ont gagné le salon et que les deux autres invités nous quittent pour une partie de billard, il me prend à part. « Il faut d'abord commencer par un préambule ; j'ai beaucoup d'admiration pour votre Général. C'est un personnage hors du commun, un grand homme d'ores et déjà. Il n'a pas fini de nous étonner. Mais son parcours n'est pas du tout le même que celui de Churchill. » Il m'explique simplement qu'à ses yeux de Gaulle est intervenu légitimement après la faillite de notre gouvernement et a rassemblé uniquement des volontaires. Churchill, au contraire, n'est devenu Premier ministre que par un tour de passe-passe. A un moment particulièrement choisi, à l'heure d'un redoublement d'inquiétude dans le personnel politique, il a négocié avec Chamberlain. Il a consenti à former un gouvernement dont Chamberlain serait vice-Premier ministre et conserverait dans le cabinet une imposante majorité de membres. Tandis que Churchill n'y ferait entrer que quelques-uns de ses amis. Toutefois le cabinet restreint dit « War Cabinet » fut composé à la discrétion du Premier ministre. Lord Halifax, nommé ambassadeur à Washington, laisse la place à Anthony Eden, Duff Cooper passe à l'Information, etc., cette combinaison dura jusque vers la fin de l'année 1940 où Winston Churchill se sentit assez sûr de lui pour opérer un profond remaniement. Chamberlain quitta le gouvernement avec plusieurs de ses collègues. Puis, « sa formidable éloquence aidant, il s'est jeté à corps perdu dans son "we shall never surrender" qu'il a répété à tous les échos. Des fanfaronnades de ce genre ont ébloui le bon peuple dont il est toujours facile de flatter le côté cocardier et cela lui a tenu lieu de divisions cuirassées ! » Mon interlocuteur continue à exposer son point de vue très hostile à la politique menée par Churchill depuis juillet 1940 : « Nous voyons le résultat ; depuis dix-huit mois nous voguons de désastre en désastre : bien le merci pour Coventry et la ville de Londres ! merci pour Dakar ! merci pour la Crète, merci pour Rommel aux portes du Caire ! merci pour nos cuirassés torpillés l'un après l'autre ! Prolonger cette guerre est devenu absurde et nous aurions pu obtenir les meilleures conditions d'un Hitler qui avait un besoin urgent et vital de se couvrir à l'Ouest en juillet 1940. » Mon interlocuteur me confie qu'il ne voit aucun inconvénient à ce que je fasse part de ses remarques au général de Gaulle car, me dit-il, elles sont partagées par beaucoup de ses amis politiques ; il tient simplement à garder l'anonymat. Mais il semble soucieux de laisser de lui-même une image pondérée et raisonnable et m'invite très sérieusement à vérifier auprès de Susan qu'il n'est pas un « fantaisiste » et qu'il ne fait que « parler raison ». Pour achever, il fait observer que, fin mai 1940, si Hitler a freiné ses forces devant Dunkerque et nous a laissé, à nos soldats et aux soldats anglais mêlés, le temps de gagner l'Angleterre, ce n'était pas pour nos « beaux yeux », mais pour donner le signal de sa bonne volonté d'entamer des pourparlers avec la Grande-Bretagne. Sinon, assure-t-il, le corps expéditionnaire en France de ce malheureux Gort aurait été pulvérisé. « Le bon sens voulait que l'Angleterre s'aligne sur la France. Nous aurions fait coup double, car Roosevelt, dès lors, n'aurait pas été obligé de préparer la guerre comme il le fait. Y aurait-il eu seulement un Pearl Harbor ? » lance-t-il interrogatif...

Je suis resté jusque-là silencieux ; j'ai écouté sans mot dire cet homme, membre de la Chambre des communes, exprimer une opinion dont j'ai conscience qu'elle est répandue dans les milieux conservateurs. Je signale à mon vis-à-vis qu'il en est au point de se contenter du maintien du IIIe Reich à nos portes avec un redoublement de sa puissance. J'évoque brièvement le racisme et l'antisémitisme érigés en religion d'Etat et la possible disparition à terme de notre civilisation judéo-chrétienne. Mon interlocuteur s'en accommoderait-il ? « Ne me faites pas dire ce que je n'ai pas dit, me répond-il sèchement. J'admets que la guerre, aujourd'hui, a pris une dimension planétaire qu'elle n'avait nullement en 1940. Or, c'est alors que Winston a commis la folie suicidaire de nous maintenir seuls face à ce monstre. Nous pouvions y périr. Il a réussi à inventer le mythe d'un peuple entier qui se soulève et qu'il n'a fait qu'accompagner. Rien de plus mensonger !

« Regardez la hâte avec laquelle Winston se précipite à Washington. L'Amérique n'est pas seulement sa roue de secours, c'est les cinq roues et le moteur de sa guimbarde ! Oui, guimbarde, voilà tout ce qu'il reste du British Empire ! »

La pendule du fumoir sonne une heure. Toute la maison dort. Il est temps d'aller se coucher. La Grande-Bretagne aura été, durant l'année 1940, au sommet de sa courbe, tenant tête seule aux puissances de l'Axe. En cette fin d'année 1941, elle cède la vedette aux Etats-Unis et à l'Union soviétique. J'entendais Baubé * dire dernièrement : « Ça y est, cette fois-ci c'est sûr, Washington, en guerre avec l'Axe, va rompre avec Vichy et nous reconnaître ! » Depuis dix-huit mois, nous avons voulu croire que nous touchions à ce but. Je finis par me demander aujourd'hui si nous y parviendrons jamais. Berlin mène un double jeu diplomatique : il pressure la France d'un côté, et maintient le mythe de Vichy aux yeux des Américains et des Britanniques de l'autre. Lorsque la pression des Allemands devient suffisamment forte pour affecter directement les intérêts des Alliés et provoquer leurs protestations, Berlin lâche le lest nécessaire pour permettre au gouvernement de Vichy de simuler une velléité de résistance. Les Alliés tombent immédiatement dans le panneau et applaudissent dès lors à la fermeté de Pétain et de Darlan. Ils peuvent ainsi signer de nouveaux accords relatifs au ravitaillement de l'Afrique du Nord ou des Antilles... Cette mascarade se répète épisodiquement depuis dix-huit mois et les Alliés n'y ont encore vu que du feu. Leur « wishful thinking policy » part

* De notre service de presse.

d'une indéracinable affection pour la France. Mais elle conduit à faire le jeu de l'ennemi et à œuvrer au détriment de la cause alliée : Vichy est étroitement contrôlé par Wiesbaden et Berlin. Les hommes de Vichy n'ont pas la moindre marge d'indépendance.

Besoin d'évasion

A la fin du mois de décembre, le Général me confie qu'il souhaite m'emmener avec lui dans son prochain voyage en Afrique et au Levant, probablement fin janvier. Je suis ravi mais ne peux m'empêcher d'être inquiet de le voir à nouveau quitter Londres pendant des mois qui s'annoncent critiques. Il va laisser sa maison qui est encore loin, hélas, d'avoir trouvé son équilibre. Ce besoin qu'éprouve le Général de voyager a plusieurs raisons. La première, c'est l'impossibilité qu'il a de se fixer nulle part; il a le « tracassin », comme il se plaisait à le dire de Cassin. Il se sent également étranger en terre anglaise et désire se recycler en terre française, où flottent nos couleurs. Enfin, son but précis consiste à être présent en Tripolitaine le jour — si ce jour arrive — où les troupes alliées franchiront la frontière tunisienne. De Gaulle, qui vit dans l'avenir, se voit déjà maître de l'Afrique du Nord. En août 1940, avant de partir pour l'expédition de Dakar, n'écrivait-il pas à Catroux : « Je vous destine à l'Afrique du Nord ! »

L'affaire de Saint-Pierre-et-Miquelon

Depuis 1940, les anciens combattants des îles Saint-Pierre et Miquelon ont lancé plusieurs appels à de Gaulle. Le 25 octobre 1940, l'administrateur provisoire de l'île, nommé par Vichy, n'a empêché que de justesse que se tienne un plébiscite, favorable au ralliement à la France Libre. Durant l'année 1941, le général de Gaulle a consulté plusieurs fois le Foreign Office sur l'opportunité d'un ralliement qui serait effectué par deux corvettes des FNFL. L'Amirauté britannique, plutôt favorable à un tel projet qui augmenterait la sécurité des convois de l'Atlantique, a considéré que l'assentiment préalable du Canada et des Etats-Unis était souhaitable. Le 17 novembre 1941, nous avons reçu un « appel des patriotes de Saint-Pierre-et-Miquelon » se terminant par une véritable supplique : « Nous vous implorons une fois de plus de venir à notre secours *. »

Le 24 novembre 1941, le général de Gaulle envoie l'amiral Muselier officiellement pour inspecter les corvettes françaises basées sous contrôle opérationnel britannique à Terre-Neuve. Il est censé effectuer le coup de main. Le 8 décembre, lendemain de l'attaque japonaise sur Pearl Harbor, l'amiral apprend en pleine mer l'entrée en guerre des Etats-Unis. Le 9 décembre, il télégraphie à de Gaulle et évoque la « nouvelle situation générale » créée par Pearl Harbor et qui implique, selon lui, le feu vert préalable de l'Angleterre, du Canada et des Etats-Unis pour mener l'opération. Mais tandis que les chancelleries tentent d'ajourner l'opération des Français Libres sur les îles, passant outre aux engagements pris par Dejean et Muselier, le Général ordonne le 18 décembre 1941 à Muselier de rallier les îles, « sans rien dire aux étrangers ». Bien qu'ulcéré par un tel ordre, l'amiral obtempère et débarque sur l'île dans la nuit du 23 au 24 décembre. Muselier installe Alain Savary comme administrateur civil de l'île alors que les Français Libres sont accueillis dans une atmosphère de liesse populaire.

Sous les yeux d'un journaliste américain du *New York Times,* l'amiral organise un référendum, dont le résultat est écrasant en faveur de la France Libre. Les dépêches parviennent aux Etats-Unis pour paraître dans le *New York Times* et dans une trentaine de journaux américains de province de la chaîne du *Times.* La popularité du général de Gaulle dans l'opinion américaine grimpe en flèche. D'un point de vue publicitaire, l'affaire est une grande réussite pour la France Libre qui gagne le cœur de l'opinion publique américaine.

En revanche, sur le plan diplomatique, l'affaire a des effets désastreux : le Général cesse d'être un interlocuteur valable aux yeux de la Maison-Blanche et du Département d'Etat. Dejean m'a conté toute l'affaire en coulisse et c'est lui qui s'était auprès du Foreign Office engagé, au nom de la France Libre, à ne rien faire. Il est atterré. Un communiqué lapidaire tombe du State Department : « De soi-disant navires de guerre français libres se seraient emparés de Saint-Pierre-et-Miquelon contre le désir de la population et sans consultation de personne, le State Department entre en contact avec le gouverneur canadien sur les mesures éventuelles à prendre pour rétablir le statu quo. » Pour le Général, il ne fait pas

* J.-L. Crémieux-Brilhac, *la France Libre*, Gallimard, 1996, p. 279.

l'ombre d'un doute que les Américains dévoilent par là qu'ils comptaient occuper nos îles. La France Libre gêne, car elle déploie trop de zèle à défendre ses intérêts et les idées de la France ! Désormais, nous aurons nos alliés dressés partout contre nous, dans chacune de nos entreprises pour sauvegarder le patrimoine français. Si la confiance et l'estime du Département d'Etat américain semblent désormais perdues, l'opinion publique américaine salue en revanche le panache des Français Libres. Nombreux sont les Américains qui ont été choqués par l'expression malheureuse de Cordell Hull — « les soi-disant Français Libres » —, et des lettres de protestation sont envoyées au « soi-disant secrétaire d'Etat » qui, ulcéré, propose sa démission à Roosevelt qui la refuse.

Une mission fixe à Moscou

29 décembre 1941

Bogomolov est venu dire au Général que son gouvernement acceptait d'enthousiasme l'envoi d'une mission française à Moscou.

Les Russes sont fichus d'être les premiers à reconnaître le Comité national français comme le gouvernement de la France. Mais leur amitié est aussi précieuse que compromettante.

Le Général n'est nullement terrifié par ce que seront les Russes après la guerre. Hier, Eden à Moscou a déjà dû déclarer que par leurs victoires les Soviets auront droit à la fin de la guerre à une « position prépondérante » en Europe. S'il le déclare, c'est que Staline ne lui laisse pas le choix. Que sera, au jour de la victoire, une Russie pratiquement maîtresse du continent, nous n'en avons sans doute pas idée, même dans nos cauchemars. Le Général, lui, n'est pas inquiet. « Ce n'est pas eux qui nous disputeront Saint-Pierre-et-Miquelon, l'Indochine, la Syrie, Alger, Djibouti, Madagascar... », dit-il. Alors ? Une question de régime ? La belle affaire ! Il est bien question de cela dans la tourmente actuelle !

L'incident de Saint-Pierre-et-Miquelon a permis de mettre en lumière l'étrange politique que les Américains entendent mener. Le Général va jusqu'à imaginer qu'ils songent, de concert avec les Australiens, à trouver avec l'Allemagne une solution d'apaisement, de façon à concentrer leurs forces contre le seul adversaire menaçant pour eux : le Japon. Pour ma part, je réserve ma déception au gouvernement de Sa Majesté qui, après avoir encouragé la naissance du mouvement de la France Libre, ne fait rien pour en favoriser la croissance. Depuis un an, la Grande-Bretagne nous refuse une consécration qui allait de soi, qui aurait dû être un des principes cardinaux de sa politique : la reconnaissance du Comité national français comme le gouvernement de la France. Lorsqu'un parlementaire interroge M. Eden aux Communes sur ce sujet, celui-ci répond : « Le gouvernement de Sa Majesté reconnaît le général de Gaulle comme chef de tous les Français qui se joignent à lui... »

Le Général place toutes ses attentes dans l'étape suivante ; ce sera là l'heure décisive, qui nous fixera une fois pour toutes sur les vrais desseins de nos alliés : lorsque le sort de l'Afrique du Nord sera sur le tapis. Comme toujours, en matière de souveraineté, sa position est simple ; la France Libre a des droits souverains sur l'Afrique du Nord. Alors qu'il s'apprête à repartir pour l'Afrique et le Levant, il veille avec grand soin à la situation à Saint-Pierre-et-Miquelon et ses nombreuses instructions à Muselier durant les semaines précédant son départ attestent de ses préoccupations du moment. Il adresse également des avertissements à Tixier à New York concernant la Martinique où séjourne l'escadre de l'amiral Robert ; elle comporte des éléments précieux de notre flotte. Il est plein d'appréhensions. Comme je l'avais prévu, il quittera Londres sans avoir rien changé à l'organisation interne de la France Libre.

L'Afrique du Nord : pile ou face ?

4 janvier 1942

L'attitude du gouvernement américain à notre égard reste outrageante. Vingt-six pays en guerre contre une ou plusieurs puissances de l'Axe ont signé avant-hier, à Washington, une déclaration commune, parmi lesquelles figuraient le Honduras, Cuba, le Luxembourg, etc., mais ne figurait pas la France Libre. A cet affront, une seule explication valable : le désir de Washington de se concilier les bonnes grâces de Vichy, sa crainte de voir la flotte française passer dans le camp ennemi. Politique absurde qui, en réalité, provoque le danger que veulent conjurer ses auteurs. Pour l'instant, personne, pas plus les Britanniques que les Américains, ne montre le moindre enthousiasme au projet de prendre l'Afrique du Nord de force. Certes, les Anglais frémissent à la pensée d'une mainmise allemande ; aussi, ce qui les arrangerait le mieux serait qu'elle se donnât d'elle-même aux Alliés ! C'est ce qu'ils ont attendu pendant tout le proconsulat de Weygand. Aujourd'hui, ils continuent à attendre contre tout espoir, car il est moins difficile et moins fatigant d'attendre plutôt que de forcer le destin. Les stratèges d'aujourd'hui nous disent : « C'est impraticable avant longtemps », comme Wavell disait en avril dernier au général Catroux à propos de la Syrie : « Une attaque est impossible avant des mois ; d'ailleurs elle est inutile, ajoutait-il, je fais confiance à Dentz ! »

Pour faire contrepoids au chef de la France Libre, il faudrait que surgisse un ambassadeur ou un politique de grand prestige, capable de lui dire — et à bon escient : « Non, je crains que vous ne vous trompiez, je ne ferais pas cette démarche, et voilà mes raisons... » Nous ne possédons malheureusement pas d'hommes de cette trempe ! Nombreux sont ceux qui reprochent au général de Gaulle ses méthodes despotiques : Vernon Bartlett lui reproche d'avoir hâtivement expédié au loin ou tenu à l'écart des hommes de valeur, bien connus pour leur foi démocratique. Il vise ainsi clairement Labarthe et Comert. Je me demande si le Général n'aurait pas dû essayer de garder ces deux oiseaux avec lui de manière à les museler. Leur confiant par exemple à chacun un ministère sans portefeuille. Il aurait fortifié son attitude et réduit l'opposition. Labarthe aurait certainement accepté et Comert, certainement refusé. Mais s'il avait dû se défaire de Labarthe en raison de sa manie du complot, il aurait eu le bénéfice du geste. Je trouve en tout cas admirable que depuis dix-huit mois nous réussissions à amuser la galerie et à tenir une place dans le monde — si modeste soit-elle — avec un nombre d'hommes aussi dérisoire !

J'accompagne le Général qui va visiter quelques bateaux marchands à Liverpool. Jusqu'à présent je ne connaissais les marins du commerce que par le truchement de ce que Jacques Bingen m'en avait dit et pour l'avoir entendu à la radio glorifier l'héroïsme de leurs tâches obscures. Evidemment, la réalité me paraît décevante au regard de l'idée que je m'en étais faite. Après avoir entendu les tribuns vanter leur mérite sur les ondes, je suis un peu désappointé de ne trouver en face de moi que des hommes soucieux de leur petit quotidien : fournitures d'« effets », rappels de solde, etc. Mais c'est de cela qu'est fait le monde et c'est ainsi que s'accomplissent les plus grandes actions.

15 janvier 1942

L'affaire Saint-Pierre-et-Miquelon prend des développements inattendus, les Etats-Unis demandant sérieusement, par l'intermédiaire de Eden, de neutraliser les îles jusqu'à la fin de la guerre. C'est le monde à l'envers : faire sortir de la guerre des territoires qui viennent d'y entrer. Voilà l'état d'esprit du gouvernement américain après cinq semaines d'hostilités et deux ans et demi de mésentente latente ! Le Général, qui est sujet à ses impulsions et à ses humeurs, en contracte un dégoût violent pour les Anglo-Saxons dans leur ensemble et, par contrecoup, se sent attiré par les Russes, qui, eux, sont des durs intégraux. Il obéit à ce sentiment sans réserve, autant par paradoxe que par calcul politique. Or, les Russes, c'est tout beau, tout nouveau ; mais se mettre entre leurs mains serait suicidaire et de Gaulle le sait bien.

L'esprit munichois se retrouve partout

23 janvier 1942

J'ai trouvé hier soir l'occasion que j'attendais pour rapporter au Général les propos de mon ponte du parti conservateur d'avant Noël. Cela ne lui apprend pas grand-chose et ne le surprend pas. « Il y aura toujours des munichois de tempérament en Angleterre, comme il y en a en France », observe-t-il. Ce qui importe c'est que Churchill, très vulnérable au début, se soit renforcé malgré ses échecs sur le terrain et ait surtout conservé sa pugnacité et son ascendant sur les foules et sur les Assemblées. Ce que le Général admire, c'est qu'à la tête d'un gouvernement où il est fortement minoritaire, il gouverne comme s'il disposait d'un pouvoir absolu ! Malheureusement, il n'est jamais venu à bout de l'inertie des administrations et des services. C'est cela qui est grave !

Mais sur le plan interallié, le pouvoir va maintenant lui échapper de plus en plus pour passer entre les mains de la Maison-Blanche. Quant à Staline, s'il tient le coup, il ne pourra se maintenir que pendu à l'aide américaine.

Le Général m'a raconté sa dernière entrevue du 22 janvier avec Churchill, qui a été particulièrement orageuse, et dont le ton a été exceptionnellement violent. Churchill s'est borné à répéter au

Général les critiques qu'on lui fait aux Etats-Unis : « Vous ne représentez rien ; vous croyez représenter la France, ce n'est pas vrai. Il y a aujourd'hui en France plusieurs factions, Vichy, etc. Vous n'êtes qu'une de ces factions... » La conversation s'est ensuite détournée sur l'incident de Saint-Pierre-et-Miquelon, que le Premier ministre britannique a commenté de fort mauvaise humeur. Il est vrai que sa position d'intermédiaire dans cette affaire n'est pas de tout confort ; il a parlé d'un accord, qui nous donne satisfaction, tout en sauvant les apparences en ce qui concerne Cordell Hull.

30 janvier 1942

Si j'avais la tentation immédiate de quitter le Général pour rejoindre une unité dans le Moyen-Orient à l'exemple de Courcel, la lettre que je viens de recevoir de ce dernier risquerait de l'atténuer singulièrement. Le pauvre Geoffroy mène à Damas la vie de garnison la plus déprimante qui soit.

C'est aux paras qu'il faut penser.

Dans mes modestes fonctions, je visais depuis un certain temps un objectif à très court terme. Déplorant le fait que le Général vive sans contact personnel avec aucun de ceux dont dépend le sort présent et futur de la Grande-Bretagne et plus particulièrement avec Eden, je m'étais mis en tête depuis un certain temps d'arranger une entrevue entre eux. Churchill connaît bien le Général et a appris à l'apprécier à l'occasion de week-ends aux Chequers bien que depuis un an son enthousiasme se soit singulièrement refroidi. Eden m'apparaissait comme l'homme de demain dont il fallait conquérir la confiance et la sympathie.

Le directeur du Connaught m'avait indiqué un jour que Eden venait souvent dîner en tête-à-tête avec Winant *. Aussi, avançant à pas feutrés, afin de ne pas me heurter à quelque « refusade » prématurée, j'avais progressivement amené le Général à l'idée de dîner de temps en temps avec Eden, dans l'intimité. Au dernier moment, j'ai réussi à empêcher le Général d'emmener Pleven avec lui, ce qui aurait indiscutablement rompu le charme. Il me semble invraisemblable que Eden soit rentré voilà près d'un mois de Moscou, qu'il s'y soit longuement entretenu avec Staline de l'Europe et du

* Ambassadeur des Etats-Unis.

reste du monde et que de Gaulle soit toujours dans l'ignorance totale de ce qui s'est dit. J'ai également le projet de le faire dîner avec sir Alan Brooke, chef d'état-major général impérial. Ce dernier est né à Bagnères-de-Bigorre et parle le français avec une légère intonation béarnaise : il faut en profiter pour nouer des liens !

Enfin, mon principal objectif demeure l'expulsion de Dejean. Il me semble avoir enfin trouvé, par l'effet de quelque illumination, la manière de nous débarrasser éventuellement de lui : un poste de commissaire national sans portefeuille, chargé de l'étude des problèmes d'après-guerre. Il était inutile de lancer une attaque contre lui tant qu'une solution de rechange pour son poste ne se présenterait pas.

Viendra ? Viendra pas ?

Il y a un jeu devenu fastidieux à force de se répéter, c'est celui qui consiste à se demander qui faire venir de France pour donner de la couleur à notre Comité national chlorotique. Lorsqu'on évoque les ténors, on cite toujours Georges Mandel. A son propos, j'en viens à m'interroger sur les initiatives qu'il a prises comme ministre de l'Intérieur lorsqu'il s'est agi des dispositions à prendre en cas de guerre, mesures de la compétence de son administration. Dans son esprit, prévoir le déclenchement d'hostilités avec l'Allemagne, c'était organiser systématiquement le repli des populations du nord et de l'est de la France sur l'ouest et le sud de notre territoire ! A quoi servait donc la ligne Maginot ? C'était donc admettre le postulat de l'invasion comme évident et fatal ! J'ai pourtant vécu les années 1937 et 1938 à Berlin. Je n'ai jamais entendu parler d'un repli possible des populations rhénanes et wurtembergeoises sur l'est du pays en cas de guerre. Pas un cheveu de la tête d'Hitler n'a jamais admis pareille hypothèse. En France tout le monde trouvait cela naturel. Les administrations ont fonctionné pour se consulter de longs mois et peaufiner chaque détail à l'avance. L'université de Strasbourg savait qu'elle échouerait à Clermont-Ferrand, etc. Chaque ville, chaque commune, se voyait assigner une zone de repli. Mandel était pourtant l'ennemi juré des nazis et je l'entends encore tonner sur le pont du *Massilia* * ! Que penser, en définitive,

* On me rétorque que notre stratégie est exclusivement défensive. Alors, Mandel n'aurait pas dû accepter d'être ministre de l'Intérieur.

des Herriot et de tous les autres champions du compromis que nous escomptons faire venir à Londres ? A condition qu'on réussisse à convaincre les intéressés de quitter la France pour constituer un Comité autour de De Gaulle, et qu'on ait les avions pour les transporter, cela n'aurait-il pas pour effet certain de créer un panier de crabes, ingouvernable de surcroît ? Nous imaginons une énième fois l'arrivée du *Massilia* avec les ténors qu'il transportait : les Delbos, Campinchi, Daladier, etc. Ce panier de crabes serait devenu pire que celui des Français de New York !

Peut-être, comme le lui a suggéré Mendès France, vaut-il mieux en définitive que le général de Gaulle reste seul ; avec ses techniciens, mais sans politiques de haute volée. La force du Général est d'être un homme neuf. Mais il lui manque des hauts fonctionnaires de très bon niveau.

Samedi 31 janvier 1942

Le Général a envoyé hier à Tixier à l'adresse de Cordell Hull un télégramme admirable d'une fermeté de pensée et de style impressionnante. Certes, cet homme a les lacunes que l'on sait, mais sa force intellectuelle est extraordinaire.

Le Général vit seul dans une solitude olympienne. Il pense seul, il décide seul... Mais il pense et décide !

Paul Reynaud vivait avec dix collaborateurs dans son bureau. Il se faisait exposer toutes les opinions, développer tous les arguments, il recherchait la controverse, il ne se décidait qu'après avoir tout entendu.

Courant février, nous avons eu la révélation que Muselier et Moret continuaient de correspondre au chiffre pour intriguer contre le Général. Je l'en ai immédiatement informé, avec preuves à l'appui, et lui ai soumis un projet de réorganisation des services du chiffre de l'administration centrale. Malgré le réconfort de Coulet, qui m'affirme que je conclus trop vite, je suis bien désolé par mes piètres résultats : de prime abord, le Général a commencé par mettre en doute l'authenticité des documents à charge. Puis, il a déclaré que tout cela avait peu d'importance et qu'il ne fallait pas dramatiser. Pendant trente minutes, j'ai développé ma démonstration avec ferveur, mais je n'ai pas d'illusion. A mesure que le temps passe, le Général prend la fâcheuse habitude d'ignorer ce qui lui déplaît.

Autre exemple, avec le commentaire du Général à la lecture d'un télégramme du consul général de Suisse à Shanghai adressé le 10 février 1942 à son ministre à Berne et indiquant que le mouvement de la France Libre à Shanghai a pratiquement cessé d'exister. Le Général lit cela et conclut : « Encore une manœuvre de Margerie ! » Comme si Roland de Margerie était en mesure de dicter à son collègue suisse les télégrammes que ce dernier envoie à Berne ! Le Général refuse de voir que Margerie a mis tout son poids au service de Vichy...

13 février 1942. Pierre Mendès France

Vendredi 13 février, je dîne chez le Général en compagnie de Mendès France * et de Pleven. Mendès France a passé presque tout son temps en prison, mais il s'est pourtant caché deux mois au printemps dernier en Savoie. Il nous donne sur l'état d'esprit en zone non occupée des informations de premier ordre. Quatre-vingt-dix-neuf pour cent de la population, selon lui, souhaitent la victoire des Alliés, mais cela ne signifie pas qu'ils soient gaullistes ou militants. Ils pensent droit, sont moralement bien orientés, mais ne sont nullement prêts à agir de quelque façon que ce soit. Dans l'apathie générale, ils s'en remettent aux autres — les Alliés, les Français Libres, etc. — pour assurer la défaite de l'Allemagne. Dans l'ensemble, ils semblent s'en tenir aux idées les plus sommaires. A l'adresse du mouvement des Français Libres, les critiques sont le plus souvent vagues et contradictoires. Les Français comprennent mal pourquoi nous ne sommes pas cantonnés sur le strict plan militaire. Si l'enthousiasme n'est pas le sentiment dominant, ils sont également peu versés dans le ressentiment : le drame de Mers el-Kébir et les coups de feu de Syrie s'estompent dans leur souvenir. Je gage que PMF n'en retiendrait pas la même impression s'il s'était caché deux mois sur les côtes du Nord ou dans la Somme. Les Français de zone non occupée ne se réveillent qu'à l'annonce de succès militaires contre l'ennemi. Le reste les laisse froids, et les soucis domestiques dominent.

* Nous évoquons notre équipée du *Massilia* et, pour lui, ses suites funestes.

Pierre Mendès France est lieutenant aviateur et s'est engagé dans les FAFL ; il est parfaitement sain, dénué d'esprit politicien. Il considère comme un atout le fait qu'aucun homme politique de l'ancien régime — même Reynaud, Herriot ou Mandel — n'ait pu gagner Londres. Il fallait, selon lui, un homme irréprochable à la tête de la France Libre, un homme vierge de tout passé politique. Le handicap que constitue le fait d'être un inconnu est très largement compensé par les avantages que représente la qualité d'« homme neuf ».

Les propos de Mendès France sont pleins de modération et l'on sent chez lui le désir de ne pas forcer la note, la recherche honnête de la vérité moyenne.

« Et l'avenir, Mendès France ? lui demande le Général.

— Vous êtes la seule lueur d'espoir à l'horizon.

— Les Français se demandent-ils s'ils seront présents à la victoire, sur un pied d'égalité avec les Alliés ? enchaîne de Gaulle.

— Les Français, mon Général, ne se posent pas de questions. Ils tâchent de vivoter au jour le jour le moins mal qu'ils peuvent et c'est tout. Ils n'approfondissent aucun problème, mais vous êtes leur seul espoir.

— Alors, il faut continuer ? ajoute-t-il avec malice.

— Je pense, mon Général, que c'est une question que vous ne vous posez jamais, lui répond Mendès France.

— Eh si ! Plus sérieusement que vous ne le croyez, nous sommes perpétuellement en butte aux chicanes, aux avanies ; aux outrages même de nos alliés. Je vous assure que c'est dur de tenir. On a parfois envie de fermer la boutique en laissant la clé sous la porte. Les Français ne se rendent pas compte de la difficulté de notre rôle. Voient-ils que nous ramassons les morceaux de la souveraineté nationale ? Nous en savent-ils gré ?

— Les Français ne se rendent compte de rien, mon Général, mais si l'action de la France Libre cessait soudain, pour les Français de France, ce serait un désastre.

— Eh bien ! Nous continuerons, Mendès France, puisque c'est notre devoir... », conclut le Général l'œil brillant.

Le Général manifeste le souhait que Mendès France voie Morton, Eden, et le plus de parlementaires possible. Il y a, dit-il avec humour, une internationale du parlementarisme. Ils seront rassurés et tiendront pour paroles d'évangile les propos d'un ancien sous-secrétaire d'Etat fraîchement arrivé de France.

Nous prenons congé du Général et sortons accompagner Mendès France à son taxi. Pleven habite à quelques blocks et disparaît à grandes enjambées dans les escaliers.

Lundi 16 février 1942

Déjeuné seul avec le Général.

Je me suis lancé sur un sujet scabreux mais qui me tient à cœur : ne sont pas bons Français — à l'étranger — ceux-là seuls qui figurent sur nos rôles mais tous ceux qui travaillent à la défaite de l'Allemagne, maudissent Vichy, collaborent à l'effort des Alliés et soutiennent l'action des Forces Françaises Libres. Il faut en effet compter avec l'esprit particulariste des Français qui tous ne se montrent pas enclins à accepter aveuglément une discipline, mais qui néanmoins se conduisent dignement. Pierre Bourdan, Labarthe, Duchêne, etc., s'ils étaient en France, seraient réputés gaullistes et le Général les considérerait comme des chauds partisans. Certes, les divergences d'opinions qui, ici, les séparent de nous affaiblissent la position générale de la France, mais il ne faut pas pour cela brandir l'interdit sur eux. Hélas ! a interjeté le Général, il existe bien plus entre eux et nous que des conflits de personne et cela n'est pas en leur honneur.

Sur ce point, j'en veux pour preuve Labarthe qui se met à soutenir les thèses de Vichy par seule rancune contre le Général.

Pourtant, dans l'ensemble, il y a de sérieux avantages à ce que le général de Gaulle ne juge pas chacun selon son plus ou moins grand attachement à sa personne et c'est ce sujet que j'ai voulu amorcer.

A l'initiative du ministère de l'Information britannique, j'accompagne le Général pour visionner une dizaine de films d'actualités de Vichy, où Pétain apparaît sans cesse, en visite dans de nombreuses villes de la zone non occupée. Défilent d'innombrables drapeaux flottant au vent, au son de *Marseillaise* endiablées, des défilés de chasseurs alpins, la foule en délire... Cette foule applaudit le vainqueur de Verdun, celui qui fut un héros de l'union nationale. C'est aujourd'hui le Père la Défaite qui se présente à elle. Le prestige du maréchal est si grand que même ses actes les plus sordides, comme ses poignées de main avec Hitler, ne viennent pas à bout de sa légende.

Pétain à Paris

La page de mon journal où j'évoque les films d'actualités de Vichy, tels qu'ils nous sont présentés en février 1942, m'amène à évoquer un autre accueil fait par Paris au maréchal, fin avril 1944. Un million, dit-on, de Parisiens l'accueille avec des vivats. Moins de trois mois plus tard, ce million se joignait à deux autres pour applaudir de Gaulle dans le délire de la Libération ! Et de parler de la frivolité de l'opinion, de s'exclamer sur sa versatilité !

Pour moi, l'explication de ce phénomène est un peu plus nuancée.

En avril 44, les Parisiens sont occupés par l'armée allemande, ils sont sous le boisseau. Depuis juin 40 *la Marseillaise* est devenue un champ séditieux. Tout individu qui arbore un drapeau français à la fenêtre est interpellé. Personne n'osera porter à sa boutonnière une cocarde à nos couleurs. Certains grincheux dénoncent un voisin auditeur de la BBC, la Gestapo le met sur fiches. En cas de récidive, c'est la déportation.

La police allemande est partout. Des voitures gonio circulent dans les rues pour détecter un poste émetteur. Voilà près de quatre ans que cela dure ! On annonce une visite officielle de Pétain. Les drapeaux tricolores jaillissent de partout, la foule se précipite sur le parcours du maréchal : les premiers képis français dorés à feuilles de chêne surgissent. Comme c'est bon ! A ne pas croire ! On peut crier « Vive la France » sans être interpellé. On ne le crie pas, on le hurle. Depuis si longtemps qu'on a *la Marseillaise* enfoncée dans le gosier ! cela soulage.

Ce soir, les lampions s'éteindront. La garde SS reprendra son défilé quotidien sur les Champs-Elysées et les récalcitrants seront conduits à Drancy.

Ces quelques heures auront été comme un rêve éveillé. Ce fut d'abord une explosion de patriotisme.

Je ne nie pas qu'il y ait eu bon nombre de pétainistes, dans la foule. Comme me le disait de Gaulle un jour où je lui parlais d'Anglais antichurchilliens invétérés : « Il y aura toujours des défaitistes... » Son observation s'applique à tous les peuples.

Dans l'un des films, l'on voit Pétain entrant dans une cathédrale faire le signe de la croix. Soudain, le Général s'étrangle : « Et il fait le signe de croix ! Au temps où nous satisfaisions les mêmes femmes, il ne se souciait guère de cela ! » Cela me crée une sensation étrange d'entendre le Général parler « humain » et sur ce ton. C'est bien pourtant Malraux qui a dit un jour qu'il n'y avait pas de « Charles » ! Le Général parle ensuite de l'astuce de Pétain, de ses roublardises et de son jeu d'acteur. Il ajoute en marmonnant : « Il est fort, mais il ne m'aura pas. »

Le 1er mars, le Général va accueillir l'amiral Muselier à l'aérodrome et l'accompagne à son hôtel. Avant de le quitter, il lui donne l'accolade en lui marmonnant non sans quelque émotion : « Vous avez bien fait », ce qui signifie dans la bouche du Général « Vous avez fait du bon travail », et Muselier, les larmes aux yeux, lui a répondu : « J'ai fait de mon mieux, mon Général ! »

Jeudi 5 mars 1942. La fin de l'amiral Muselier

Depuis midi, Muselier est balancé du Comité national.

Durant l'absence de Muselier, occupé aux affaires de Saint-Pierre-et-Miquelon, Moret, son chef d'état-major, et Labarthe s'étaient employés à préparer un remaniement en profondeur du Comité national français, et un changement d'orientation du mouvement de la France Libre. Ils s'appuyaient pour ce faire sur l'Amirauté britannique, plus précisément sur Alexander, le ministre de la Marine. Le but de la manœuvre était le même que le coup de force avorté de septembre 1941, visant à faire entrer des hommes de l'amiral dans le cercle des dirigeants de la France Libre, et à mettre en sourdine son actuel président, le général de Gaulle. Lorsque Muselier rentre à Londres, le complot est fin prêt et il ne lui reste plus qu'à apprendre sa propre partition : Muselier offrira sa démission au Comité, arguant qu'il désapprouve sa politique ; de Gaulle acceptera cette démission puis le gouvernement britannique entrera dans la partie et exigera le maintien de Muselier au nom de l'importance stratégique des FNFL et, profitant du désarroi escompté du Général, imposera un renouvellement au sein du Comité et une limitation claire des pouvoirs de son président. Sur le papier, le scénario était parfait.

Muselier exécute ponctuellement les instructions reçues de ses complices. Tout se passe comme prévu jusqu'au moment où le général de Gaulle va voir Eden pour lui signifier très clairement qu'il n'admettra aucune intrusion du gouvernement britannique dans une affaire intérieure française. « Il y a d'un côté trente mille Français Libres en union d'esprit avec le peuple français, d'un autre cinq ou six Français qui ne représentent qu'eux-mêmes. Je vous laisse libre de choisir », a-t-il dit à son homologue anglais. Le Général ne laisse qu'un choix au gouvernement de Sa Majesté : ou il le supprime, ou il le soutient ! Dans ce dernier cas, il doit le faire ouvertement et la marine ne bronchera pas. Aucun compromis possible n'est permis dans son esprit.

Le cabinet britannique se réunit. De Gaulle rencontre Eden à nouveau ; ce dernier signifie au Général qu'il doit réintégrer l'amiral Muselier dans le Comité sans quoi le gouvernement prendrait des mesures de rétorsion à son encontre. Eden laisse au Général un délai de quarante-huit heures pour réfléchir. La situation est critique.

Le lendemain matin, le Général réunit le Comité pour l'informer des positions respectives de chacun. Pleven et Dejean sont en déroute. Diethelm est comme le roc. Legentilhomme et Valin font la politique de l'autruche. Dans l'intervalle, je prépare hâtivement une courte note pour le Général suggérant qu'un mémorandum soit remis à Eden précisant par écrit les positions respectives de chacun. Le samedi 5 mars, le Général va consulter le vieux lord Tyrell, ancien ambassadeur de Grande-Bretagne à Paris, qui ne passe pas pour être un ami déterminé de la France Libre. Au bout d'une heure d'entretien, Tyrell approuve entièrement le général de Gaulle et lui suggère d'écrire une lettre à Eden dans laquelle il fixera par écrit dans tous les détails la position prise par lui et par le Comité national. Ensuite, il lui conseille de ne plus bouger et d'attendre.

Le dimanche, je me rends à Berkhampstead chez le Général pour y chercher la lettre pour Eden. Je le trouve dans un grand état d'agitation, probablement comme aux heures les plus sombres de Saint-Jean-d'Acre. Pendant une demi-heure, il arpente son salon en grondant : « Voyez-vous, Serreulles, cela ne leur suffit pas d'avoir déjà brûlé une première fois Jeanne d'Arc, ils veulent recommencer. [Selon ses détracteurs, à commencer par Roosevelt, « il se prend pour Jeanne d'Arc » et il leur emboîte ici le pas non sans humour.] Ils ne comprennent rien à l'ampleur du drame. Mais cette fois-ci le règlement de comptes sera complet. Non seulement ils devront renoncer à leur prétention d'imposer Muselier, mais encore j'obtiendrai satisfaction dans tous les domaines : la BBC, le journal *France,* la fourniture d'armes, notre présence dans le Conseil suprême interallié ! Tout sera réglé à ma satisfaction et à l'honneur de la France, ou bien je me retirerai ici dans cette campagne... Je ne suis pas au bout de mon rouleau, je n'ai pas soixante-sept ans. [C'est l'âge de Churchill.] Ils considèrent peut-être que je ne suis pas de rapports agréables ! Mais si j'étais de rapports agréables, je serais aujourd'hui à l'état-major de Pétain. J'ai combattu dans ma vie pour trois idées : la première, la mécanisation de l'armée, j'ai échoué ; la seconde, la poursuite de la guerre depuis l'Afrique du Nord, j'ai échoué. Je lutte aujourd'hui pour faire réussir la France dans la guerre et je ne me tiens pas encore pour battu ! »

Le Général poursuit avec la même verve : « Dans mes deux premières entreprises, je me suis heurté à la bêtise et à l'incompréhension des hommes. On verra bien si j'aurai plus de succès cette fois-ci. Mais ce sont tous des froussards et des incapables. » Suit une longue diatribe totalement imméritée contre Eden qui est « un homme dont les yeux expriment qu'il a honte des paroles qu'il prononce » et contre Churchill à qui il expliquera qu'il sera bien avancé le jour où il soutiendra un Comité national français composé de Labarthe, Muselier, Comert, Odic et consorts et qui ne sera reconnu par aucun Français ! « A quoi bon m'opposer les doctrines démocratiques à moi, qui n'ai malheureusement ni opinion publique, ni représentation populaire à ma disposition ? » tonne-t-il.

J'interromps alors le Général pour lui faire observer qu'il est malgré tout indispensable que, pour parer à de justes critiques, il renforce son Comité et lui donne de la figure. « Est-ce ma faute s'il y a une crise ? Une trahison des élites ? Il m'a bien fallu prendre ce que j'avais sous la main », me répond-il.

« Nous sortirons de cette crise grandis ou nous n'en sortirons pas. Que les Anglais prennent leurs responsabilités, comme nous prenons les nôtres. S'ils ne veulent rien savoir, je serai fort bien installé ici pour écrire mes Mémoires. N'est-ce pas confortable ? » me lance-t-il d'un air menaçant et ironique.

Même si le Général a mille fois raison, je ne peux m'empêcher de penser qu'il est parfois un piètre manœuvrier dans les négociations avec nos alliés anglais. Il faut cependant noter que pour la première fois, il est allé demander conseil à autrui, en la personne de Tyrell, fait suffisamment rare pour être souligné.

Nous sortons ensuite faire une promenade pendant laquelle je reviens à la charge sur un certain nombre de mes sujets favoris. Je plaide pour la nomination de Jacques Soustelle à l'Intérieur et de

Coulet à la direction de Radio Brazzaville. Sans le moindre succès. Son opinion semble arrêtée une fois pour toutes et il est impossible de l'en faire varier. « Coulet est diplomate, il ira à un poste diplomatique », martèle-t-il. Je parle de Diethelm, qui me semble peu qualifié pour réussir à l'Intérieur et à l'Information et qui ne pourrait donner vraiment sa mesure qu'à un département technique, tel que l'Economie. Pour une fois, le Général approuve. J'attendrai que la crise se termine pour poursuivre cette conversation.

Dimanche 15 mars 1942

On écrit au jour le jour son journal, sans se soucier de savoir si c'est bon ou mauvais, si cela a ou non le moindre intérêt. Jusqu'au jour où l'on prend connaissance du journal d'un autre... Coulet nous lisait hier à Thibault et à moi des pages de son journal écrites il y a un an ou davantage, et, en l'écoutant, je pensais en mon for intérieur que c'était un peu faible. Et aussitôt j'ai songé au mien avec un esprit pour la première fois critique : je crois qu'il ne vaut pas mieux et qu'il est tout aussi mesquin et terre à terre. Tant pis ! Je ne peux forcer mon talent. Ce journal a pour moi la même valeur qu'un album de photographies. En le feuilletant, j'évoque des scènes, des souvenirs, des impressions passées ; cela me touche. Grâce à lui, mon passé est un peu moins mort, j'ai le sentiment de vivre moins dans l'instant que la plupart de mes contemporains, de donner à mes actes et à mes pensées un peu de prolongement et de résonance. Ecrire son journal, c'est se regarder vivre. Ce n'est point de ma faute si j'ai la vue courte et si le meilleur m'échappe. Le journal d'un homme ordinaire, c'est le champ de vision d'un myope ; voilà tout.

Détente

Je suis parfois épris d'un besoin infini de solitude et la passion des événements londoniens m'a envoyé chercher refuge à Woodcote Park. J'y trouve un isolement total, avec de ma fenêtre la vue reposante d'un golf. Je dors, je marche et je lis un peu d'Aldous Huxley. Pour la première fois depuis mon arrivée en Angleterre, je laisse mon esprit vagabonder. Je me répète pour la énième fois l'exposé que je souhaiterais faire au Général. Par-dessus tout, je jouis du silence. Après le dîner, je décide de sortir faire une promenade, comme j'ai toujours aimé le faire à la campagne, la nuit. Il s'agit d'une belle nuit limpide et fraîche, d'un ciel criblé d'étoiles. En marchant, je me rappelle les nuits semblables de mon enfance et de ma jeunesse, de Triel, de La Touche, du Moulin. Je me remémore les promenades rituelles de Triel après le dîner au bord de l'eau. Triel, Maman, les Octave, Aubry, dix années de ma vie passée !

Le lendemain de mon retour à Londres, je me rends à nouveau à Berkhampstead pour déjeuner. Dès mon arrivée, le Général me demande mon avis sur la manière dont Pleven et Dejean mènent les négociations avec les Anglais. Je me retranche derrière un argument simple : n'ayant pas pris part aux négociations et ne connaissant les faits qu'à travers le prisme déformant des propos de Pleven et de Dejean, je ne suis pas en mesure de lui faire part d'une impression tranchée. Ceci pour la négociation en cours ; sur chacun des deux hommes, le Général sait ce que j'en pense. M'invitant à rejoindre la salle à manger, le Général marmonne qu'il réunira lundi le Comité national afin de hâter la conclusion des négociations. Le repas est des plus tranquilles, en compagnie de Mme de Gaulle. J'obtiens l'indication, en passant, que Tixier a produit une bonne impression sur le Général, en dépit du genre « syndicaliste » qu'il affectionne et qui peut surprendre au premier abord. Après le déjeuner, nous revenons au salon pour le café. Yvonne s'éclipse discrètement. Cette dernière doit être fort malheureuse avec ce lion en cage qu'elle ne peut tenir et elle a hâte que cette crise s'achève afin de se retrouver à nouveau chez elle à la campagne.

Une explication délicate

Alors que je tends au Général une pile de télégrammes il les repousse et me remercie, tout en me congédiant. Il n'est manifestement pas d'humeur à causer. Je sens néanmoins que je tiens là une occasion unique pour lui exposer les histoires que j'ai depuis un mois sur l'estomac et dont le poids m'étouffe. Je décide de me libérer de ce poids, quel qu'en soit le prix. A peine ai-je ouvert la bouche qu'il manifeste de l'impatience et cette impatience tourne très vite en fureur. Tout mon discours est coupé d'imprécations, de cris, de vociférations. Pour me faire entendre, je dois à mon tour l'interrompre, crier plus fort, ignorer ses sarcasmes. C'est là une scène à peine croyable et dont, dès le lendemain, j'aurai peine à croire qu'elle a pu avoir lieu. Excepté quelques points importants, j'ai réussi à placer à peu près tous les éléments de mon laïus.

Je dis au Général que je pense que nous avons tous trop tendance à rejeter sur les Anglais toutes les fautes. J'estime en effet que nous avons notre part de responsabilité : les graves incidents récemment survenus n'ont été que les reflets de notre faiblesse. Nos erreurs et nos lacunes, lui dis-je, encouragent et fortifient les critiques et les intrigues de nos adversaires. La seule façon selon moi de les faire taire définitivement consiste à leur imposer le respect... Chacune de mes phrases est entrecoupée de frémissements d'impatience et de colère : « Je sais tout cela, vous enfoncez des portes ouvertes.

— Voilà pourquoi rien n'est plus urgent que de nous établir sur une base plus large.

— Je sais tout cela ; après ?

— D'enrichir le Comité national d'éléments nouveaux.

— Est-ce cela votre découverte ? [rugissements]

— Ces éléments nouveaux peuvent être trouvés : en France, en dehors de nos frontières, principalement aux Etats-Unis. »

J'expose ensuite au Général que nous n'avons obtenu aucun résultat en France depuis plus d'un an. Lacoste, dont on parle sans cesse, n'est toujours pas là. Il y a de surcroît peu de chances qu'il vienne jamais, si Labarthe continue de nouer des contacts avec des milieux syndicalistes français, avec la bénédiction de l'Intelligence Service, pour leur dire que les gaullistes sont des fascistes. Ces persiflages ont peut-être d'autant plus d'effet sur un Lacoste qu'il n'est jamais très surprenant d'entendre d'un général qu'il est fasciste. Le Général grogne et m'approuve.

Je poursuis en lui disant que rien ne nous est encore venu de France et que cela pourrait très bien durer jusqu'à la fin de la guerre. Les militants « gaullistes » les plus fidèles répugnent à quitter la France tant sont profondes les racines qui les lient à leur sol.

« Alors, il faut se tourner vers l'Amérique ! s'exclame le Général. Qu'y a-t-il là-bas ? D'abord Maritain ?

— Eh bien, mon Général, je tiens de Tixier que Jacques Maritain a été déçu par votre réponse à sa lettre. Il considère que vous avez esquivé la difficulté. »

Là-dessus, je sors de mon dossier l'échange de lettres en question et je commente les passages essentiels de la lettre de Maritain : « Nous avons besoin d'un langage nouveau ; c'est une nouvelle Déclaration des droits, c'est l'espoir d'une République nouvelle (...). C'est une telle promesse qui pourra achever de réveiller notre peuple (...). Il vous appartient de faire le faisceau de toutes les libertés, libertés spirituelles, libertés politiques, libertés sociales et ouvrières. Le mot France Libre prend ainsi toute sa signification. La mission immense que la providence vous a dévolue est de réconcilier (...) dans cette conjoncture inouïe (...) deux traditions de fidélité spirituelle et d'émancipation temporelle, la tradition de Saint Louis et celle de la Déclaration des droits. »

Chacune de mes citations ou chacun de mes commentaires est interrompu par des vociférations.

« Il veut me faire faire une profession de foi catholique ! proteste le Général.

— C'est faux, mon Général, écoutez plutôt. »

Je poursuis...

« Mais j'ai déjà dit tout cela. Dans tel discours, dans tel autre, à l'Albert Hall. Si les gens se bouchent les oreilles pour ne pas entendre, je n'y peux rien. Et puis, je sais tout cela...

— Mon Général, il faut réunir vos déclarations éparses, il faut en préciser le sens dans un document unique, dans un manifeste, ce qu'il nous faut, c'est une nouvelle Déclaration des droits.

— Mais non ! mais non ! »

Il rugit à nouveau. Son visage se tord, se contracte, grimace comme jamais je ne l'ai vu grimacer ; sa tête se penche d'une épaule à l'autre et, fureur suprême, il jette son cigare ! Il dénie tout intérêt à mes propos puis, au bout de cinq minutes, me dit :

« Naturellement je veux faire une déclaration de ce genre. Je l'ai décidé depuis longtemps. J'ai même déjà donné des ordres pour organiser une manifestation à l'Albert Hall. Mais s'en occupe-t-on ?

— Mon Général, c'est la première nouvelle. Mais pour en revenir à Maritain, il ne s'unira à vous, il n'engagera son nom, que s'il a des assurances sur vos intentions futures. Naturellement vous avez déjà déclaré que vous rendriez compte de vos actes devant le peuple souverain. Dans l'euphorie du retour et de la victoire, ce peuple peut, d'un seul élan, vous confier ses destinées. Que ferez-vous alors ? Etablirez-vous un régime autocratique, assisteronsnous à une entreprise de pouvoir personnel ? Beaucoup le redoutent. Détrompez-les ! Dès lors, Maritain, Jean Perrin et les autres seront vos hommes.

— Mais ils ne veulent pas venir alors que depuis un an je les invite !

— Qu'avez-vous fait depuis un an ? Vous avez écrit une lettre qui a déçu, puis envoyé trois mois après un télégramme laconique. Est-ce cela que vous appelez un an d'efforts ?

— Je ne peux tout de même pas me traîner à leurs genoux... »

Je regrette de ne pas avoir l'à-propos de lui répondre que ce ne serait en rien se diminuer mais au contraire servir une cause qui dépasse son cas personnel, cause dont il n'est que le premier serviteur. Après avoir épuisé la question des apports de l'extérieur, j'aborde à présent le problème de l'intérieur. Ma cible principale est Dejean au sujet duquel j'estime inutile de consacrer un long développement : les faits sont plus éloquents, plus convaincants que ne saurait l'être aucun discours. J'en viens directement à ma conclusion : Dejean ne peut rester aux Affaires étrangères. Sa présence y est un sujet de dérision et de scandale. Le Général semble cette fois-ci de mon avis mais esquive le problème en élevant le débat :

« Je le sais bien ; je n'ai pas d'hommes ; ce sont tous des invertébrés ; ils ne savent que gémir... Dejean est inexistant et personne ne le prend au sérieux au Foreign Office ; ils sont tout à fait fixés. Tout le monde sait qu'il ne risque pas de prendre une initiative.

— C'est cela qui est tragique », lui dis-je, et j'insiste sur le fait qu'il fait ainsi le jeu de ceux qui déclarent que le Comité national n'est qu'un paravent derrière lequel il tire les ficelles de ses marionnettes.

« Mais, encore une fois, je n'ai pas d'hommes, alors du moment que je n'ai que des commis, celui-ci ou celui-là, ils se valent tous... et puis avez-vous un ministre des Affaires étrangères à m'offrir ? »

J'entame alors un développement sur les mérites de Pleven, sur son passé chez nous, sa valeur morale, avant la crise que nous traversons qui a malheureusement révélé selon moi ses insuffisances. Certes, la nomination de Pleven à ce poste serait déjà un immense progrès sur Dejean, mais ce n'est pas une solution d'avenir. Surmontant mes scrupules, je lui parle enfin d'Hervé Alphand. Il se tape alors les cuisses en rugissant : « Ah ! Alphand ! Elle est bien bonne ! Eh bien, moi, je vais vous dire ce que c'est, Alphand ! C'est un fonctionnaire brillant et superficiel qui, comme directeur des accords commerciaux, a conclu des tas d'accords peu avantageux, en se préoccupant plus d'aboutir à tout prix que de défendre le morceau. C'est un fonctionnaire, ce n'est pas un homme. Il a continué à servir Vichy, et par-dessus le marché sous les ordres de Henry Haye ! Je vous demande un peu ! Et depuis qu'il est ici, que fait-il ? Absolument rien ! » Et le Général ponctue sa diatribe contre Alphand de ricanements de mépris.

Je reprends point par point ces arguments qui me paraissent tous faux et erronés et j'exprime à mon tour ce que je pense d'Hervé Alphand. J'explique au Général que s'il ne fait rien depuis qu'il est arrivé à Londres, c'est précisément parce qu'il ne lui a rien donné à faire.

« Que voulez-vous que j'en fasse ? Aux Finances, Rauzan et Closon ne veulent de lui à aucun prix, ils ne peuvent pas le sentir...

— A l'Economie et aux Finances, mon Général, c'est Diethelm qu'il faut mettre. Alphand est désigné pour les Affaires étrangères et lui, au moins, ne vous trahira pas ! puisque vous avez besoin de grands commis, prenez celui que vous avez sous la main. »

Le Général redouble de ricanements et de sarcasmes furibonds. Il reprend à nouveau son couplet sur l'absence d'hommes. Il concède qu'il a deux hommes : Leclerc et d'Argenlieu, et ce sont les seuls. Les autres sont des malheureux... Alphand, de surcroît, est inconnu chez nous. « Que représente-t-il ? Rien du tout. Pleven du moins, est connu », conclut-il. Le Général me concède tout de même de façon formelle que Dejean sera bientôt remercié et probablement remplacé par Pleven. Les rugissements n'ont pas cessé et l'entretien prend fin sur une courtoise mais ferme invitation à débarrasser le plancher.

Je m'excuse auprès du Général pour avoir ainsi abusé de son temps.

« On n'abuse pas de mon temps quand on veut m'exposer des idées neuves, mais quand on me répète des choses que je sais par cœur, c'est différent. Vous me faites penser au général Eon quand il vient me dire pendant deux heures : "Ah, si vous aviez l'Afrique du Nord !" Mais tout cela dans le vide puisque je n'ai pas les moyens de l'avoir. Eh bien vous, c'est la même chose, quand vous me vantez les mérites d'un Comité national qui serait composé d'éminentes personnalités... puisque je ne les ai pas ! Merci et au revoir ! »

Le général Eon, président du comité des tombes, est un vieux gâteux et un raseur d'une prolixité abominable. Il s'est signalé, le jour de la Sainte-Jeanne d'Arc, en déposant une gerbe au pied d'une statue représentant un cavalier à fière allure qu'il a confondu avec la Pucelle d'Orléans : il s'agissait en fait de la statue de saint George, à Londres ! Je remercie le général de Gaulle et lui assure que rien n'aurait pu me toucher davantage que d'être comparé au général Eon.

Je sors complètement abruti par cette scène difficile. Je doute qu'elle ait été réellement fructueuse. En tout cas, je ne regrette rien car j'ai agi selon ma conscience. Je rentre à Londres, titubant de fatigue. Sur le chemin de la maison, je passe près d'une église d'où s'élèvent des chœurs. Il est 6 heures du soir et j'y entre afin d'y prendre un bain de calme et de sérénité après la tempête de l'après-midi. Au fond de la nef, dans le chœur, des enfants chantent ; quelques fidèles sont à genoux. Je m'agenouille avec eux et tout passe, tout s'efface au son des orgues...

Lundi 30 mars

Le Général a plus fait ce soir en deux paroles pour m'attacher à lui que pendant tous les mois passés. Il y a décidément une grande sensibilité derrière son altière et marmoréenne froideur. Nous étions lui, Billotte et moi dans sa voiture qui, en chemin, devait me déposer à Piccadilly. Je descends donc, dis bonsoir et comme j'allais refermer la portière, j'entends le Général qui me lance : « Et puis, vous savez, j'aime bien Alphand ! » J'étais si surpris que je le lui ai fait répéter.

Je n'ai su que rire et dire bonsoir à nouveau.

Quel homme étrange ! Notre entretien de l'autre jour a dû repasser dans son esprit, sans doute a-t-il regretté des paroles dures, presque hargneuses, et, depuis huit jours, sans doute, il tournait sa langue pour me dire quelque chose de gentil. Mais il est si timide, il ne trouvait jamais l'occasion. Alors ce soir, soudain, sans rime ni raison, il s'est jeté à l'eau...

Eh bien ! mon Général, moi aussi je vous aime bien !

Notre coalition n'a pas de chef spirituel

Dimanche de Pâques, 5 avril 1942

Si j'étais journaliste et si je savais écrire, il est un article qu'actuellement j'écrirais. Il serait intitulé : « Qu'attend le Vatican ? »

Seuls les martyrs suscitent les grands élans de la foi. Jamais l'Eglise n'est plus glorieuse que lorsque les puissances temporelles se liguent pour l'exterminer. Elle le sait d'ailleurs si bien que, de nos jours encore, elle ne cesse d'évoquer le temps des catacombes ! Elle leur donne en exemple ceux-là qui pour l'amour de Dieu furent, au cirque, donnés en pâture aux lions.

Il nous manque un chef spirituel de la coalition. Ce n'est pas un Roosevelt qui peut faire l'affaire ! Si Churchill en avait l'étoffe, il le serait déjà. Qu'attend le pape pour s'immoler ? A quoi sert de rester neutre, de protéger tel Juif par-ci, tel Gitan par-là ? C'est une lame de fond qu'il faudrait lever, entraînant des millions de fidèles, galvanisant les chrétiens. N'oublions jamais ces lignes de Valéry : « A force de vouloir ménager les catholiques bavarois, on désarme dans le monde des millions de catholiques abandonnés à eux-mêmes. Qui entend parler de conversions ? »

Ce qui précède est daté de 1942. J'ai été extrêmement flatté, le 26 décembre 1944, lorsque, dans *Combat,* j'ai lu d'Albert Camus un éditorial dont j'extrais le passage suivant. Si flatté que je l'ai découpé et conservé depuis, heureux aujourd'hui de le tirer de l'oubli.

Albert Camus

« Le pape vient d'adresser au monde un message où il prend ouvertement position en faveur de la démocratie. Il faut s'en féliciter. Mais nous croyons aussi que ce message très nuancé demande un commentaire également nuancé.

« Nous ne sommes pas sûrs que ce commentaire exprimera l'opinion de tous nos camarades de *Combat,* parmi ceux qui sont chrétiens. Mais nous sommes sûrs qu'il traduit les sentiments d'une grande partie d'entre eux.

« Puisque l'occasion nous en est donnée, nous voudrions dire que notre satisfaction n'est pas pure de tout regret. Il y a des années que nous attendions que la plus grande autorité spirituelle de ce temps voulût bien condamner en termes clairs les entreprises des dictatures. Je dis en termes clairs. Car cette condamnation peut ressortir de certaines encycliques, à condition de les interpréter. Mais elle y est formulée dans le langage de la tradition qui n'a jamais été clair pour la grande foule des hommes.

« Or, c'était la grande foule des hommes qui attendait pendant toutes ces années qu'une voix s'élevât pour dire nettement, comme aujourd'hui, où se trouvait le mal. Notre vœu secret était que cela fût dit au moment même où le mal triomphait et où les forces du bien étaient bâillonnées. Que cela soit dit, aujourd'hui, où l'esprit de dictature chancelle dans le monde, nous pensons évidemment qu'il faut s'en réjouir, nous voulions croire et admirer. Nous voulions que l'esprit fît ses preuves avant que la force vînt l'appuyer et lui donner raison.

« Ce message qui désavoue Franco, comme nous aurions voulu le voir lancer en 1936, afin que Georges Bernanos n'eût pas à parler ni à maudire. Cette voix qui vient de dicter au monde catholique le parti à prendre, elle était la seule qui pût parler au milieu des tortures et des cris, la seule qui pût nier, tranquillement et sans craindre la force aveugle des blindés.

« Disons-le clairement, nous aurions voulu que le pape prît parti, au cœur même de ces années honteuses, et dénonçât ce qui était à dénoncer. Il est dur de penser que l'Eglise a laissé ce soin à d'autres, plus obscurs, qui n'avaient pas son autorité, et dont certains étaient privés de l'espérance invincible dont elle vit. Car l'Eglise n'avait pas à s'occuper alors de durer ou de se préserver. Même dans les chaînes, elle n'eût pas cessé d'être. Et elle y aurait trouvé au contraire une force qu'aujourd'hui nous sommes tentés de ne pas lui reconnaître. »

Le 19 avril, j'apprends le retour au pouvoir de Laval, la veille. Cela nous laisse tous totalement indifférents ici. Le Général me dit soudain : « En somme la lutte pour la France se circonscrit entre Laval et moi... » Il a horreur des luttes innombrables et mesquines qui déchirent les Français et ne manque pas de condescendance à l'égard de ceux de son entourage qui ont le malheur de lui demander un arbitrage. Il en vient souvent à désespérer des Français. « Pourtant, dit-il, il faut continuer, essayer de les en sortir », et il cite l'un des derniers vers de *Cyrano* : « Non ! non ! C'est bien plus beau lorsque c'est inutile. »

Adrien Tixier retourne aux Etats-Unis

Adrien Tixier est reparti hier pour Washington et, dans leur dernière entrevue, le Général lui a donné les consignes les plus sévères sur l'attitude à adopter à l'égard du State Department. Tixier m'a confié lui avoir répondu : « Si vous voulez faire appliquer de tels ordres à la lettre, cherchez quelqu'un d'autre que moi, je ne m'en charge pas. Le mieux que je pourrai faire sera à mon retour de voir ce que pensent les gens, de prendre la température et de vous rendre compte. » Il m'a ensuite exposé ses intentions, consistant à faire passer plusieurs messages au cours d'entretiens privés ; notamment, que les Américains devaient s'attendre à d'autres Saint-Pierre-et-Miquelon. Tixier a clairement signifié au Général qu'il ne tiendrait compte de ses instructions que dans la mesure où il lui laissait suffisamment de latitude pour les apprécier. Il m'a avoué avoir été assez ému par le caractère intransigeant des ordres du Général. J'ai alors dû lui faire valoir que le Général était très fatigué ces derniers temps, soumis à une tension nerveuse s'accroissant de jour en jour, et qu'il souffrait d'une crise aiguë de paludisme qu'il refusait de soigner. J'ai soudain pris en confiance ce Tixier, qui manifeste calme et bon sens.

Ayant eu il y a quelques semaines l'entretien que je voulais avoir avec lui, je lui ai simplement remis une note sur l'organisation des services secrets à laquelle je pensais depuis des mois et à laquelle j'ai la naïveté d'attacher de l'importance. Il était prévu que nous partions pour le Moyen-Orient et l'Afrique et le Général avait retenu voilà une quinzaine de jours trois places ferme pour le prochain avion à destination du Caire, autour du 27 avril. Il est depuis tombé malade et est terrassé au lit par sa crise de paludisme. Il a également conscience que la période actuelle n'est pas des plus propices pour un départ.

Le Général avait initialement envisagé notre départ début janvier, puis, début avril. Mais sa présence à Londres a permis le suivi de nombreuses affaires déterminantes pour la France Libre. Il a pu suivre les affaires néo-calédoniennes jusqu'au débarquement du général Patch. C'est à Londres, également, qu'il a pu trouver un dénouement à l'imbroglio de l'affaire de Saint-Pierre-et-Miquelon.

Par ailleurs, nous vivons, à Londres toujours, un tournant décisif dans nos relations avec les organisations de la Résistance en

France. Une absence du Général aurait été fâcheuse. Après dix-huit mois d'hésitations, il s'est enfin décidé à prendre position sur le futur régime de la France, au lendemain de sa libération. Il a mis au point un texte destiné aux mouvements qu'il a confié le 27 avril à Christian Pineau, afin qu'il le fasse approuver et publier dans plusieurs journaux clandestins. Il envisage que deux ou trois responsables soient délégués à Londres par leurs groupes afin qu'ils prennent éventuellement place au sein du Comité national français. Il me paraît essentiel que le Général soit à Londres au moment de leur arrivée, dont la première semble imminente. J'espère secrètement que c'est le moment que le Général choisira pour remanier son Comité en y procédant aux additions et mutations nécessaires. On parle d'un commissaire à l'Intérieur fraîchement débarqué de France. Pleven risque ainsi de passer aux Affaires étrangères tandis que Diethelm prendra l'Economie et les Finances. Il pourrait y avoir un commissariat à la Reconstruction.

Genèse de la déclaration aux mouvements : le premier voyage à Londres de Christian Pineau

En début d'année 1942, Pierre Brossolette avait réuni Christian Pineau et Louis Vallon dans sa librairie de la rue de la Pompe. Lorsque Christian Pineau lui avait confié qu'il avait la volonté d'établir des contacts entre la France Libre et la Résistance intérieure française, il avait donné aux deux hommes de Libération-Nord le contact avec Londres. Brossolette avait organisé une rencontre entre Pineau et Rémy afin d'organiser ce voyage.

Dewavrin, qui avait initialement prévu d'effectuer le voyage avec Rémy pour remplir une mission de contact auprès du mouvement Libération-Nord, s'était heurté au refus du général de Gaulle, qui avait jugé préférable d'établir un contact direct entre Pineau et lui-même. Il avait donc été convenu que l'avion conduisant Rémy en France emporterait au retour Pineau à Londres. Pour Christian Pineau, ce voyage se fixait un double objectif : rompre l'isolement dans lequel se trouvait Libération à ce moment-là, et faire comprendre au général de Gaulle qu'au-delà de son statut de chef militaire, il devait être dans l'esprit des Français le garant du retour aux libertés. Pineau avait multiplié les rencontres, dans les deux zones, avec des mouvements de Résistance. Il avait ainsi reçu des recommandations d'Henri Frenay, d'André Philip et d'Emmanuel d'Astier, exhortant le général de Gaulle à se prononcer fermement pour la démocratie. Pineau emportait également dans ses sacoches un message de la Résistance belge pour Paul-Henri Spaak... Son voyage à Londres prenait donc une importance politique.

Le Lysander qui le transporte à Londres est le premier qui emmène des hommes de la France occupée vers l'Angleterre et Christian Pineau est la première personnalité qui, issue de la Résistance, a réussi à gagner Londres. Dès son arrivée, il prend contact avec Dewavrin et André Manuel. Pineau est comme un ambassadeur, venu au nom des mouvements faire allégeance de ces derniers au général de Gaulle, mais il attend en retour un message, dont dépend un ralliement unanime. Il traite des questions politiques avec le Général, tandis que Dewavrin lui confie une mission parallèle, celle de monter un réseau de renseignement dans chaque zone. M. « Garnier » est ainsi initié à toutes les subtilités de l'action clandestine en France, codage de messages radio, recherche de terrains de parachutages, etc.

Arrivé à Londres comme émissaire des mouvements de Résistance, Pineau est entouré d'un certain prestige. Il rencontre le général de Gaulle à l'hôtel Connaught et leur première entrevue, telle que Pineau l'a racontée dans ses Mémoires, est placée sous le signe d'une certaine émotion, jusqu'au moment où Pineau prononce le mot « manifeste », qui fait froncer les sourcils du Général. Après discussion, un texte est finalement rédigé et remis à Christian Pineau. Mais ce texte prononce une condamnation qui établit une cruelle équivalence entre la faiblesse de la IIIe République et l'infamie du régime de Vichy, né de la défaite : « Un régime moral, social, politique et économique a abdiqué dans la défaite. Un autre est né et se nourrit de la capitulation. Le peuple français les condamne tous les deux. » Or, cette phrase qui met sur le même plan la IIIe République et le régime de Vichy sera cruellement ressentie par les résistants anciens membres de partis politiques, qui ont refusé d'adhérer au régime de la Révolution nationale. Une longue tractation portant sur chaque mot du texte s'engage alors, mais le Général lutte pied à pied. Sont groupés contre lui dans ces négociations Henry Hauck, Adrien Tixier * et Christian Pineau.

* Venu de New York, de passage à Londres.

Lorsque Pineau l'interroge pour savoir s'il a un message particulier à adresser aux syndicalistes, le Général répond : « Dites simplement à ces braves gens que je ne les trahirai pas. » Las de ces discussions, Pineau finit par se ranger derrière l'idée de Henry Hauck selon laquelle l'essentiel est l'existence du texte et non son contenu.

De façon concomitante, Pineau est devenu un agent de la France Libre et un chef de réseau. Son ordre de mission est signé le 18 avril 1942 et sa fiche personnelle porte mention « agent G » en qualité de chef de réseau.

Le retour de Pineau en France par les airs est prévu pour le 28 avril. Quelques instants avant son départ, sur l'aérodrome, un petit coup de théâtre dont le Général a le secret survient : un motard vient apporter un pli ; il s'agit d'une enveloppe gravée au nom du général de Gaulle. Le message contenu dans le pli est à première vue strictement identique, en tous points, à la déclaration que le Général lui a confiée. Pineau pense qu'il s'agit simplement d'une copie. Mais après une relecture attentive, Pineau remarque avec surprise que quelques mots ont été modifiés : la phrase concernant Vichy devient « un autre régime, (sorti) d'une criminelle capitulation, s'exalte en pouvoir personnel ». Le Général, en qualifiant la capitulation de « criminelle », a sensiblement alourdi la sentence qui frappe le gouvernement de Vichy. Dans le nouveau texte, le Général parle également de « technique dirigée » censée mettre en pratique un « idéal séculaire français de liberté, d'égalité et de fraternité ». Certains commentateurs ne se sont pas trompés en considérant ce texte comme l'acte de naissance du gaullisme politique et contenant en germe un véritable programme social et économique pour la Libération. Sans dire un mot, le Général a modifié le texte au dernier moment.

Je freine ainsi des quatre fers pour retarder le voyage que nous devons faire en Afrique et au Levant. Je vois peu d'avantages à un tel départ si ce n'est pour saluer Staline au passage, mais celui-ci ne nous a pas invités ! Nous aurions également l'opportunité de saluer nos troupes de Libye engagées contre Rommel. La nécessité urgente de remettre de l'ordre dans la maison d'Afrique Française Libre s'estompe avec la venue à Londres de l'excellent Sicé.

Le débarquement anglais à Madagascar

En rentrant de Saint James Park, je regarde flotter notre drapeau au-dessus de Carlton Gardens. Je songe pour la première fois que peut-être il va falloir l'amener, rompre avec l'Angleterre, qui cette fois-ci est allée trop loin.

A notre insu, c'est-à-dire sans nous et donc contre nous, les « nations alliées », dont la France Libre ne fait pas partie, ont pris pied dans l'île de Madagascar. Cette action fait plus que nous mettre en porte à faux. L'intérêt de la France exige que l'administration de l'île reste française. Cette opération lancée par les Anglo-Saxons constitue un véritable outrage de la part de l'allié britannique envers le chef de la France Libre. Quelques mauvaises langues ont répandu que la présence de Français Libres en Syrie avait rendu la résistance des troupes de Vichy beaucoup plus violente et avait par là même prolongé la lutte. C'est en réalité tout le contraire qui est vrai. Les contre-attaques de Dentz durant la campagne de Syrie ont été dirigées contre les Anglais, tant et si bien que nos troupes ont avancé au long de la campagne plus vite et plus facilement que les troupes britanniques. Un seul officier français libre a été fait prisonnier contre 74 officiers britanniques alors que 1 800 soldats vichystes se sont constitués prisonniers entre nos mains contre 1 200 chez les Anglais. Le général Legentilhomme affirme qu'un officier lui a confié textuellement : « Nous comprenons fort bien que vous ayez attaqué, mais ce qui nous dégoûte, c'est que vous l'ayez fait avec des Anglais. »

Les Britanniques ont également commis l'erreur de croire qu'en prenant Diégo-Suarez, ils tenaient l'intégralité de l'île, alors qu'il fallait, de toute évidence, attaquer en différents points, comme Billotte l'avait proposé il y a déjà longtemps.

Jeudi 7 mai 1942
Les hostilités ont cessé aujourd'hui à Madagascar

Le général de Gaulle sait que parallèlement à l'affaire de Madagascar se poursuivent à Washington des négociations entre le Département d'Etat et Henry Haye. Les Américains et les Anglais, en maintenant le gouverneur général Annet à la tête de l'île, collaborent avec l'administration de Vichy et font le jeu de Laval pour qui n'importe quelle solution vaut mieux que de Gaulle. Cette situation est pour nous intolérable et pour la première fois, nous envisagerions sérieusement une rupture avec nos alliés. Conscient de l'énorme bévue commise, le gouvernement britannique finit par publier un communiqué précisant qu'il entend bien que le Comité national joue «le rôle qui lui revient dans l'administration du territoire libéré». L'honneur est sauf. Mais tout accouchement se fait au forceps !

Les événements fâcheux se multiplient sur tous les théâtres d'opérations. En Nouvelle-Calédonie, l'amiral d'Argenlieu est aux prises avec les pires difficultés dans ses rapports avec la colonie et avec les Américains, qui ne cessent de demander son rappel. L'état de siège est même proclamé à Nouméa ! D'Argenlieu, plus gaulliste que le Général, en rajoute et le général Patch est ulcéré par son attitude. Heureusement, les Japonais approchent pour faire taire les querelles intestines. A Madagascar, la situation est loin d'être éclaircie ; les Britanniques tiennent Diégo-Suarez mais l'île reste entre les mains du gouverneur général Annet. Les débats vont bon train pour savoir si les Anglais vont s'en tenir là ou bien s'ils vont investir le reste de l'île. Eden a confié récemment au Général qu'en cas d'occupation totale, le gouvernement civil nous serait remis. Cet engagement est cependant resté oral. S'il est tenu, nous pouvons nous consoler en nous disant que nous n'aurons pas eu à faire le *dirty work*. Billotte avait prévu une occupation sans coups de feu.

Sur d'autres longitudes, les entretiens entre l'amiral Robert et l'amiral Hoover attestent de cette même politique des Américains visant à neutraliser morceau par morceau l'Empire français, en ignorant superbement ce que nous sommes.

Je pense à cette belle escadre désarmée, piteusement embossée dans la rade de Fort-de-France. Avec la croix de Lorraine flottant au vent, nos navires devraient, en ce moment même, prendre leur part aux plus grandes batailles de tous les temps, dans l'Atlantique ou — qui sait ? — dans le Pacifique en renfort de nos alliés américains.

Catroux, lui aussi...

Au Levant, enfin, la bataille fait rage entre les Britanniques et Catroux, dont l'esprit est pourtant bien conciliant. Spears et Wilson lui mènent la vie dure.

Pour notre part, les relations avec les services britanniques de Londres sont difficiles, particulièrement les services secrets, qui ont à notre égard une conduite fort discutable. Dewavrin me confie qu'il n'est de piège qu'ils ne nous tendent : tous les mensonges, toutes les ruses leur sont bons. Le Général en est venu à poser en termes énergiques la question de confiance à Eden. En bref, il lui a dit que si l'Angleterre voulait de la France Libre comme alliée dans la guerre, il s'attendait à d'autres procédés de la part du gouvernement de Sa Majesté. Eden, au cours de cet entretien, a tenté d'arracher au Général une déclaration approuvant l'opération de Madagascar. Témoin de la scène, Pleven m'a raconté que le Général avait refusé tout net. Eden a paru, toujours selon Pleven, fort gêné.

Churchill, toute sa vie, regardera vers le grand large

J'ai une tendance fâcheuse à attacher une importance excessive au facteur des relations personnelles mais je persiste à croire que le pétrin dans lequel se débat le mouvement des Français Libres résulte désormais de l'hostilité de Churchill à l'égard du général de Gaulle. Son immense sympathie du début pour le Général s'est muée en une vive et permanente irritation. Le Général, lorsqu'on l'interroge sur l'évolution de ses relations avec le Premier ministre britannique, répond, superbe et orgueilleux : « Depuis le début, j'ai fondé toute ma politique sur la France et sur elle seule, je n'attends rien des autres. » Le problème principal demeure Roosevelt, dont l'antigaullisme déteint sur Churchill.

21 mai 1942

Dîner ce soir chez le Général avec Jacques-Camille Paris *. Avons parlé assez à fond de la Grande-Bretagne et des Britanniques, moins légèrement qu'on n'a tendance à le faire souvent. Nous avons vanté la gentillesse du peuple, j'entends les individus. Nous avons observé quel génie, dans les relations publiques, le

* Conseiller d'ambassade, gendre de Paul Claudel. Nous a rejoints l'hiver dernier.

corps politique et l'administration, ils mettaient à créer et à maintenir « l'anti-Moulin », quels talents ils déployaient pour accumuler les maladresses dans la forme, pour gâcher les meilleurs sentiments par d'impardonnables défauts de présentation, pour n'avoir jamais le « geste ». Ils font beaucoup pour les autres, mais dans des conditions telles qu'on ne leur en sache aucun gré, qu'au contraire on soit entretenu contre eux dans un perpétuel état de ressentiment. Le Général a résumé cela en une formule : « Comment ce peuple, qui possède dans le fond tant de belles qualités, fait-il son compte pour avoir des services sans cœur et sans cervelle ? »

Depuis plus de deux ans, les Anglais ont été les seuls à aider le mouvement des Français Libres, à le financer et le seconder de mille façons. Mais le paradoxe est que depuis deux ans nous avons également subi un nombre incalculable d'avanies ! Les services britanniques ont accumulé à notre égard mesquineries et outrages : ils ont entravé la croissance du mouvement, non pas sciemment, mais par incohérence et à l'aveuglette, ils nous ont empêchés de grandir, sans pourtant songer à nous étouffer. Je n'oublierai pourtant jamais l'accueil que nous a réservé le peuple britannique en juillet 1940.

Ce mois de mai 1942 est pourtant un mois d'accalmie dans nos rapports tendus avec les Anglais. J'en profite pour suggérer au Général une visite au Premier ministre, dans cette atmosphère privilégiée ; il faut saisir l'occasion pour le voir sans but précis, à seule fin de rétablir le contact et de bavarder un peu tranquillement. Le Général est évidement rétif à ce projet ; il ne se décide pas à demander une entrevue à l'homme qui l'a tant malmené lors de leur dernière rencontre du mois de janvier. « S'il veut me voir, cela lui est facile. Je ne suis pas loin. Il n'a qu'à me faire signe. Pourquoi risquerais-je d'essuyer une nouvelle rebuffade ? » me dit-il. Je lui réponds que je conçois entièrement qu'il lui est difficile de demander audience, et que cela constitue une démarche difficile pour lui, dans l'état de leurs rapports, mais que d'un point de vue général, une normalisation des relations avec le Premier ministre est plus que souhaitable. J'ajoute que Churchill le recevra avec d'autant plus d'empressement que l'objet de la rencontre ne sera pas une question brûlante d'actualité.

Churchill-de Gaulle

Quelques jours plus tard, je reviens à la charge à propos de ce rendez-vous et le Général me fait un long développement sur la situation géopolitique, qui a tellement évolué depuis 1940. « Il est bien certain que les causes que Churchill et moi représentons respectivement dépassent de beaucoup nos personnes. Or, en 1940, s'il y a eu des accords Churchill-de Gaulle, c'est que l'alliance franco-britannique était, dans les années 1939-1940, une affaire de capitale importance. Au lendemain du désastre français, le souci pour la Grande-Bretagne d'en limiter les effets, en maintenant à ses côtés dans la guerre une partie, même infime, de l'âme française, demeurait une affaire sérieuse. Depuis, les choses ont changé. L'alliance franco-britannique est devenue, pour le présent, un élément très accessoire. Ce qui compte aujourd'hui pour la Grande-Bretagne, c'est les Etats-Unis, c'est la Russie. D'où l'éclipse de l'amitié Churchill-de Gaulle. »

J'observe avec plaisir que le Général voue une grande admiration aux institutions britanniques. Elles constituent selon lui un véritable sujet d'émerveillement pour nous Français en ce qu'elles mettent en valeur la notion de moralité. La qualité de membre du Parlement est unanimement respectée de ce côté-ci de la Manche. On n'entend jamais parler de ces tripotages et autres trafics d'influence par lesquels les parlementaires français se sont trop souvent illustrés. En France, le titre de parlementaire est devenu synonyme de combinard. Les parlementaires britanniques jouissent ici au contraire d'une grande considération.

5 juin 1942. Deux doigts de journalisme

Victoire des Américains à Midway. Hurrah !

Durant le printemps 1942, j'entame avec Polly Peabody, journaliste free-lance américaine, une collaboration nouvelle : une série d'articles de vulgarisation sur les principaux aspects de Vichy. Je lui ai ainsi suggéré trois articles : le premier, ce qu'est Vichy, ses causes, ses origines, sa nature ; le second : la flotte et les bases ; le troisième : si Vichy cessait d'exister. Les deux premiers articles et notre collaboration en général ont été très stimulants. Notre relation est très complémentaire : je brasse les idées générales et Polly écrit les articles avec talent. Je parle parfois pendant deux heures et Polly note tout. Pas besoin de dicter, je pense simplement à voix haute, sans souci de forme. Le lendemain, je découvre avec surprise que Polly, avec une facilité déconcertante, a pondu un article auquel il n'y a rien à redire et qui, non content de conserver l'essentiel de ce qui a été dit, comporte un tour de main personnel. Cette fille est rompue aux habitudes de la presse américaine et fait preuve de beaucoup d'intelligence et d'astuce. Ses articles passent à l'*Evening Standard*. Parfois, il m'arrive de questionner le Général sur tel ou tel point qui me paraît flou ; par exemple, je tournais depuis plusieurs jours autour de la question de la flotte car j'avais besoin d'en tirer quelques idées claires pour l'article que je faisais avec Polly lorsque le Général m'a retenu à dîner. Je l'ai immédiatement lancé sur le sujet de la flotte, de ce qu'il en adviendrait, notamment, au cas où brutalement Washington romprait avec Vichy. Quel serait, lui demandais-je, le jeu d'Hitler ? Aurait-il dès lors encore quelque chose à ménager ? Les réponses du Général ont dissipé ce qui était les dernières zones d'ombre et l'article de Polly a ainsi pu paraître le surlendemain, fondé sur des idées claires.

Mercredi 1er juillet

La situation diplomatique s'est améliorée en ce qu'il semble qu'enfin les Etats-Unis acceptent de traiter avec nous. Eden, lundi dernier, a remis au Général une note de Cordell Hull à laquelle il a été aussitôt répondu par l'intermédiaire d'Halifax *.

Est-ce plus qu'une éphémère relâche ?

Le Général considère sa visite à Washington comme probable et prochaine. Son désir le plus cher est de parvenir à conclure des accords avec le gouvernement américain mais aussi de nouer des liens avec le commandement militaire. En matière de stratégie il considère que rien ne peut être fait à l'avenir qu'avec eux. Il souhaite ensuite se rendre au Levant et en Afrique Française Libre pour une brève apparition avant de rentrer à Londres, afin de préparer les opérations d'invasion du continent, qu'il juge imminentes.

* Ambassadeur du Royaume-Uni à Washington.

En marge des réceptions organisées pour le Général lors de ses tournées d'inspection de nos bases, à Edimbourg comme à Glasgow, des foules se pressent pour lui serrer la main. Il y a là d'innombrables femmes anxieuses de le toucher, de le voir en face et de saisir pour quelques secondes son regard. Ces femmes semblent émues, et ont parfois les larmes aux yeux. Soudain, moi qui d'ordinaire fraye mécaniquement un passage à mon maître à travers ce troupeau, aussi indifférent à l'émotion qui m'environne que pourrait l'être un croque-mort devant une famille en deuil, j'ai été saisi d'une profonde émotion, et ai senti les larmes me monter aux yeux. Je voyais une femme s'approcher du Général avec un sourire crispé par l'émotion, tenir sa main ardemment, le dévorer du regard en balbutiant des remerciements. Je ne sais pas pourquoi, mais cette femme m'a brusquement fait penser à ma mère...

A l'occasion d'un déjeuner avec le Général, j'ai eu droit à une tirade mémorable sur les grands hommes ! « Plus je vais, me disait-il, plus je connais les hommes qui dans les grands pays conduisent les affaires, plus je trouve que ce sont des enfants. Enfants mal ou bien élevés, sages ou turbulents, vicieux ou sains, mais enfants toujours. Je fais une seule exception : Churchill. Mais les autres ! Tous des enfants… » Il considère comme des enfants ces parlementaires qui récitent leur leçon. Parlant ensuite du gouvernement de Sa Majesté : « Ils tripotent vaguement toutes les cartes sans en jouer aucune à fond. Ce sont tous des enfants, enfants qui, au surplus, ne sont pas beaux car ils sont ridés et ont le poil gris. »

Je profite de ce déjeuner où je suis tête à tête avec le Général pour lui soumettre enfin mon modeste cas. « Voici deux ans presque jour pour jour que je suis à votre service. Je n'ai pas besoin de vous dire combien j'en ressens l'honneur, mais je dois ajouter que je souffre d'être depuis si longtemps inactif, lui dis-je.

— Inactif ? Vous dites n'avoir pas de travail ? Ah ! Si j'étais chef du cabinet du général de Gaulle, j'en aurais des choses à faire ! me dit-il très gentiment d'un ton pensif.

— Mais quoi encore, mon Général ?

— Eh bien, je ne sais pas, je lirais, je m'informerais pour mon général, je verrais des gens... certainement, je ne serais pas inactif...

— Je ne doute pas qu'à ma place vous feriez beaucoup mieux que moi. Pourtant, si je m'emploie de mon mieux dans le sens que vous dites à voir et à entendre, je n'en persiste pas moins à considérer que c'est là un travail qui ne comporte ni responsabilité ni initiative. Certes, je suis à un poste d'observation qui me passionne, mais je ne suis en mesure ni de créer ni d'avoir une prise sur les événements. Mon âge est-il bien celui où l'on puisse se contenter d'observer ? Je pense que non. Je suis, au contraire, à l'âge et dans les circonstances où je dois faire la guerre. Je vous demande donc de bien vouloir me mettre dans le circuit de l'action.

— Que voulez-vous faire ? me demande-t-il alors.

— Sans hésitation, je veux me battre avant que cette guerre finisse. En France, en 1939-1940 comme officier de liaison, je n'ai eu pour toute arme qu'une badine et un téléphone. Je veux commander une unité de mon grade. Pour m'y préparer, il me faut environ trois mois, après quoi il me faudra encore quelques semaines avant d'entrer en campagne. C'est le temps que je vous demande de m'accorder avant l'hiver. »

Le Général observe alors que nous demandons tous à partir, Coulet, Tissier, moi, etc. Je lui réponds que nous sentons tous, naturellement, venir le moment des opérations sur le continent et que nous voulons être prêts à y prendre part. Je suis aussi le plus jeune. Le Général poursuit : « Tout à fait indépendamment de mes goûts, qui ne doivent pas entrer en ligne de compte, la façon dont je suis entouré présente de l'intérêt, d'un point de vue général. Or, il y a très peu d'hommes en qui j'ai une absolue confiance. Courcel était du nombre, Coulet, vous. Je n'en vois pas d'autres... »

Je suggère immédiatement d'Ollonde, mais le Général repousse cette proposition.

« En tout cas, poursuis-je, mon Général, même si vous ne considérez pas pouvoir me libérer tout de suite, je vous serais reconnaissant de m'employer davantage, dans la mesure où vous le jugerez bon, de me confier quelques travaux de qualité, de faire appel à mes capacités d'initiative — si j'en ai... »

Le Général émet quelques grognements favorables.

« J'ajoute qu'au fur et à mesure que nos services ont été en se consolidant, notre tâche, qui était au début une tâche de maître Jacques, a été constamment en diminuant. L'été dernier encore, pendant vos cinq mois d'absence, j'avais, en qualité de secrétaire de la conférence administrative, un rôle volontairement effacé mais très actif. J'étais au centre de toutes nos petites affaires. A présent, il n'en est plus ainsi. Dans l'intérêt général, je m'en félicite car cela démontre que nos services se sont heureusement développés, mais, quant à moi, je le regrette. »

Pour clore la conversation, le Général me fait une suggestion : « Vous qui depuis deux ans les avez vus défiler, vous devriez entretenir une correspondance avec ceux à qui, faute de temps, je ne peux pas écrire. Cela leur fera plaisir d'avoir, sur le plan personnel, en dehors des échanges administratifs, des nouvelles de la maison. Si j'étais à votre place, j'écrirais à d'Argenlieu, à Tixier, à Palewski... »

Je suivrai ce conseil, mais je remarque que c'est le seul qu'il m'ait donné ! Cette conversation avec le Général me laisse sur ma faim. Si elle ne me rapproche pas du champ de bataille, elle a au moins le mérite de m'encourager... à insister !

Jacques Bingen m'a confié récemment que le Général lui disait qu'il classait les Français en deux catégories : d'une part, ceux qui disent « la France » et ne disent rien d'autre, d'autre part, ceux qui disent « moi » ou « les syndicalistes » ou « les socialistes » ou encore « les démocraties » ou n'importe quoi d'autre...

André Philip

Jeudi 9 juillet 1942

Déjeuner avec Dewavrin. L'espoir n'est pas perdu de voir André Philip arriver. Sera-t-il l'homme compétent pour diriger nos services secrets enfin réunis ? On l'ignore. Les premiers entretiens qu'il aura avec le Général à son arrivée — s'il arrive jamais — seront décisifs à cet égard. Sa venue semble en tout cas devoir entraîner des remaniements dans le Comité national français.

Déjeuner hier avec Grant. Retenu une seule notion intéressante : une des raisons de la sympathie qui existait entre Leahy * et les gens de Vichy est que Leahy est, paraît-il, violemment antibritannique et cela de longue date !

André Philip arrive de France le samedi 25 juillet 1942. Son arrivée constitue en soi un événement qui dépasse de beaucoup les murs étroits de Carlton Gardens. Il s'est immédiatement entretenu avec le Général des réaménagements souhaitables au sein du Comité national français. Un jeu de chaises musicales est censé

* Ambassadeur des Etats-Unis à Vichy.

supprimer tout rôle de premier plan à Dejean. Mais l'arrivée prochaine de Massigli pour prendre la tête du commissariat aux Affaires étrangères prolonge l'intérim de Dejean. André Philip et le général de Gaulle se séduisent mutuellement et on parle autour d'eux d'enchantement réciproque. Philip dit, avec force et conviction, tout ce que le Général attend de lui. Il est brillant et produit immédiatement une grosse impression sur nous tous. Ses qualités intellectuelles et morales font l'unanimité autour de sa personne.

Nous dînons quelques jours après son arrivée avec Geoffroy Parson, éditeur du *New York Herald Tribune*. Outre Philip, le Général et moi-même, sont présents Pleven, Soustelle et deux autres journalistes. Le jour même, Philip a tenu une conférence de presse et a très facilement parlé en anglais pendant une heure et quart. Pour un peu, il aurait presque volé la vedette au Général ! Philip a raconté beaucoup de choses et Geoffroy Parson s'est montré très enthousiaste : « Mais mon Général, il faut que vous veniez à Washington leur dire tout cela. J'ai l'impression que leurs vues sont très en retard sur les vôtres... » Le Général lui a répondu qu'il serait tout à fait disposé à se rendre aux Etats-Unis, à condition que l'on veuille bien l'y inviter.

Le Général a vu Eden et lui a demandé d'assurer son prochain passage au Levant et en Afrique Française Libre. Cela signifie que je dois m'apprêter à bientôt partir avec lui. Il est probable que nous serons accompagnés par Billotte ou Lombart. Dès mon retour, j'ai l'intention de quitter le Général pour aller faire mes trois mois d'entraînement et me préparer aux opérations qui s'annoncent imminentes sur le continent. Je sais néanmoins que Courcel est littéralement écœuré de son expérience de vie de garnison. Il a récemment ouvert son cœur à Legentilhomme au Caire ; depuis dix mois, il n'a pas vu le feu et considère avoir fait un travail d'idiot comme adjoint d'un chef d'escadron de cavalerie d'active qui connaît son métier...

André Philip se met au travail. Il a montré qu'il avait du caractère et nous espérons tous ici qu'il sera un bon administrateur, dont nous avons ardemment besoin. Il y a depuis son arrivée beaucoup de changements dans la maison.

26 juillet 1942

J'avais entendu dire que, protestant pratiquant, André Philip prêchait parfois à l'Eglise réformée. Je suis allé l'entendre dimanche dernier. Il est éloquent et a le verbe d'un orateur sacré. C'est impressionnant, quand on sait que le prêche est prononcé par un laïque, homme politique de gauche. Mais cette dernière remarque n'est pas de saison. Ses convictions le portent toutes vers l'amour du prochain.

De la France Libre à la France Combattante

Début août 1942, je suis chargé de rédiger une note fixant notre terminologie à la suite des changements d'appellation : « France Libre » est devenu « France Combattante ».

Le passage de la première à la seconde appellation trouve son origine dans une observation que le directeur du *News Chronicle* a faite lors d'un déjeuner que de Gaulle donnait au Connaught à deux ou trois journalistes. C'était peu après Bir Hakeim. « Mais, mon Général, vous êtes bien trop modeste. Il est des Etats, membres des Nations unies, qui en ont fait bien moins que les vôtres. Vos effectifs sont faibles, il est vrai, mais sont valeureux, sur mer, sur terre, dans les airs. Vous disposez de territoires en Afrique, au Levant, dans le Pacifique. Vous avez une Résistance métropolitaine. Avec tous ces actifs, vous mériteriez bien d'être appelé les *Fighting French.* »

Le propos a fait mouche.

Notre nouveau nom a l'immense avantage, notamment, d'y donner place à la Résistance intérieure.

René Massigli

Alors que je m'inquiétais de voir le Général fonder de grands espoirs sur Massigli, dont je craignais qu'il eût passé un certain temps du côté du gouvernement de Vichy, je dois dire qu'il n'en est rien. Massigli a été ambassadeur à Ankara depuis 1938 et a été rappelé début 1941, après s'être fort dignement comporté en Turquie. Il n'a depuis pris aucune part dans les affaires de Vichy. Son arrivée parmi nous signifie que le Général a définitivement fait une croix sur la venue à Londres d'Alexis Léger. Dieu soit loué !

Alors que notre départ pour le Levant semblait imminent, il y a eu plusieurs contre-ordres. Il avait demandé initialement trois places mais il risque de n'en obtenir qu'une et c'est pour moi une grande déception. Mais au cas où il y aurait finalement une place pour moi, j'ai passé avec lui l'épreuve d'altitude. Je constate avec regret qu'il n'insiste pas auprès des autorités anglaises pour m'emmener avec lui. Je devine qu'il a derrière la tête l'intention de reprendre Courcel dès son arrivée au Caire et qu'il est bien décidé à le ramener à Londres. Je serais pourtant enchanté de le relayer dans la vie de garnison et de faire mes classes chez le colonel Rémi, qui commande le 1er régiment de marche des spahis marocains. Je traverse d'un moment à l'autre des états psychologiques fort différents. N'envisageant pas, en tous les cas, de rester à ne rien faire, face à face avec Coulet au cabinet, je suis rentré un soir un peu abattu. Je m'en suis ouvert à Janine au courant et sa réaction a été instantanée : « Tu n'as qu'une chose à faire : profiter de l'absence du Général pendant deux ou trois mois, pour faire ta période d'instruction militaire. » Je lui suis très reconnaissant d'avoir vu cela très clairement et, surtout, de m'avoir suggéré quelque chose de concret. Je me suis donc jeté à l'eau et en ai parlé au Général. Il est entendu que si je ne pars pas avec lui, j'irai au camp de Camberley pour suivre cette instruction militaire et parachutiste, avant d'aller passer divers stages chez les Britanniques.

Je songe que si Gaston Palewski n'est pas appelé d'ici la fin de l'année à prendre la tête de notre délégation aux Etats-Unis, personne ne serait mieux qualifié que lui pour diriger le cabinet du Général. J'ai beau me creuser la cervelle, à part lui, je ne vois pas grand monde. Je pense à Jacques-Camille Paris ou à Bonnaud. Pour la énième fois, je dresse mentalement la liste des mesures que je souhaiterais faire appliquer, mais je n'ai pas la moindre chance d'être écouté du Général ! Si Brossolette n'est pas retenu comme directeur du cabinet, je songe à une nomination de ce dernier comme commissaire sans portefeuille ; enfin j'envisage la réunion sous l'autorité d'un même chef, André Philip, de tous les services, y compris le SR, dont les activités sont dirigées vers la France.

Le voyage au Levant

Je quitte finalement Londres en compagnie du général de Gaulle le 5 août en fin d'après-midi. Un premier avion nous conduit à une station secrète de laquelle nous devons partir vers minuit. Trois autres passagers nous accompagnent, ils sont russes : Maiski, un colonel de la mission militaire et le général Alexeieff, dont nous apprendrons plus tard qu'il est venu avec Molotov et a été retenu deux mois à Londres pour s'être cassé une jambe dans un escalier. Seuls le conseiller et le colonel parlent un peu d'anglais, et pour dire des enfantillages. Une fois arrivés dans la station, on nous conduit dans une demeure secrète des environs pour y dîner et y passer la soirée. En attendant l'heure du départ, je passe deux heures dans la chambre du Général, avant d'apprendre que celui-ci a été finalement remis au lendemain matin. Je savoure une relation toute nouvelle pour moi, cette intimité avec le Général que permet un voyage, proximité à laquelle seuls Courcel et Coulet ont goûté avant moi. Je comprends désormais la déception de Coulet quand, après le long tête-à-tête de leur voyage de l'été dernier, il s'est retrouvé à Londres comme dépossédé.

Mots cruels

Pour l'heure, le Général fait la revue, à bâtons rompus, des problèmes du moment. Il revient sans cesse sur ce « pauvre Churchill » qui actuellement ne doit pas en mener large à Moscou. Il pense que les Anglais sont bien décidés à ne rien faire contre les Allemands, car ils ne se sentent pas de taille. « Je l'ai bien senti un jour que je poussais Alan Brooke * dans ses retranchements, la seule pensée de passer à l'offensive le bouleverse. » La conversation se porte ensuite sur l'armée britannique qui ne se bat nulle part, capitule partout où s'exerce sur elle une pression. Sa diatribe contre les Américains est terrible et je bénis les dieux que ses paroles ne sortent pas de la pièce : « Les Américains ne valent pas mieux ! Mon opinion est faite sur Roosevelt : c'est un politicien très habile sur le plan intérieur. Cordell Hull, Sumner Welles ? C'est Chautemps et Baudouin ! Cordell Hull est un vieillard sot et orgueilleux. Voilà les hommes dont s'entoure Roosevelt, et Leahy par-dessus le marché, qui a trouvé son âme sœur en Pétain ! Quant aux militaires, des enfants au biberon **. » Le Général revient ensuite aux Anglais.

* Sir Alan Brooke, commandant en chef interarmes.

** A cette date, de Gaulle ne connaît pas Marshall, MacArthur, l'amiral Nimitz, Eisenhower, Patton... Il changera d'opinion !

Cette fois-ci, je tremble littéralement. « Et ce sont ces Anglais, battus partout, lâchant partout, chassés d'Extrême-Orient, chassés des Indes, gravement menacés dans le Proche-Orient, ce sont ces Anglais qui viennent tracasser la France dans le Levant ! C'est tout simplement ridicule, c'est inacceptable. Je le dirai à Spears sans déguisement ! »

Ces retrouvailles du Général avec le Levant et son vieux camarade Spears s'annoncent explosives...

Le Général en veut beaucoup aux Américains qui jouent double jeu. D'un côté, ils ont reconnu le 9 juillet la France Libre. De l'autre, ils commercent avec Vichy. Le lendemain de la déclaration, Darlan a fait savoir aux Américains qu'il ne pouvait envisager rien de sérieux avec eux, s'ils se rapprochaient davantage de De Gaulle ! Immédiatement, les Américains ont tenté de revenir en arrière, prétendant que la déclaration du 9 juillet était uniquement une reconnaissance militaire. Le Général est bien décidé à leur faire choisir leur camp. « Je vais leur faire un tour admirable, dit-il. Ils m'ont demandé d'occuper les Wallis, ce que j'ai fait. Je vais faire annoncer cela quand je serai à Brazzaville, je ferai dire innocemment que nous avons occupé les Wallis à la demande des Américains et que ceux-ci sont enchantés. Je ferai l'imbécile. Ils seront empoisonnés, car personne ne manquera de rapprocher cette affaire de celle de Saint-Pierre-et-Miquelon et tout le monde se dira : de qui les Américains se moquent-ils ? »

Le Général passe ensuite à des sujets plus familiers.

Nous quittons finalement la station secrète le 6 août. Notre départ a été retardé d'une nuit à cause d'une arrivée imprévue. Le 5 août, à 8 heures du soir, Averell Harriman a reçu de Washington un câble lui enjoignant de gagner Le Caire d'extrême urgence, pour y rejoindre Churchill qui va à Moscou. Il a téléphoné au Foreign Office qui a appris de l'Air Ministry que notre Liberator s'apprêtait à partir à minuit. On a alors retardé notre départ afin de permettre à Harriman de faire sa valise et de nous rejoindre. Nous nous envolons finalement à 8 heures du matin et sommes à Gibraltar à 15 h 30. Nous repartons à 20 heures et après un grande boucle dans l'Atlantique et sur l'Afrique afin d'éviter de survoler les zones côtières, nous arrivons au Caire le lendemain matin, 7 août, à 9 heures. Le voyage s'est effectué dans des conditions particulièrement inconfortables. Pour effectuer ce vol sans escale, il fallait des réservoirs supplémentaires, qui ont été installés dans la cabine à la place des fauteuils. Nous sommes donc assis sur des matelas. La cabine n'est pas pressurisée — ou mal. Le bruit des moteurs est infernal, impossible d'échanger une parole ! Les grands hommes doivent décidément avoir les oreilles solides...

8 août 1942

Horrible impression du Caire : ville de pacotille, de stuc et de mauvais goût, ville bâtarde ; ville de mollesse et de vice.

Avoir choisi Le Caire comme siège d'un GQG est un défi à la décence et à la morale. Ville pourrie !

Mais, aussi, Le Caire, grande métropole de l'Islam. Le Caire, qui conserve le souvenir du passage de Bonaparte. Première marche de l'Orient. Le Caire, ville-musée, héritière de trente siècles de culture. Ville qui a accueilli avec chaleur nos marins, évadés de notre malheureuse escadre d'Alexandrie. Le Caire, enfin, siège de notre principal comité de la France Combattante, que préside dignement M. de Benoist.

Pas une seconde de répit : accablement de petites besognes.

Revue des troupes de Bir Hakeim

Dès son arrivée au Caire, le Général manifeste le souhait d'aller inspecter les troupes du général Koenig qui ont pris part aux opérations de ces derniers mois en Libye, et en particulier aux troupes qui ont combattu à Bir Hakeim. Le lendemain de notre arrivée, le général Koenig vient nous chercher au petit matin pour nous conduire au point où sont actuellement rassemblées, dans le désert, les unités françaises. Les deux généraux ne se sont pas vus depuis un an et le premier contact entre les deux soldats de la France Libre est émouvant. Dans les mémoires de tous résonne le message adressé par le général de Gaulle le 10 juin dernier : « Général Koenig, sachez et dites à vos troupes que toute la France vous regarde et que vous êtes son orgueil. » Après un long trajet sur les pistes du désert, un grand drapeau français en haut d'un mât, piqué dans le sable, nous indique la position du PC du général Koenig. Les troupes de la division légère sont alignées en un long ruban et leurs uniformes de toile beige se confondraient presque avec le sable, si les visages et les genoux hâlés des hommes ne formaient, à travers cette immensité couleur sable, deux traits de couleur sombre.

Le général de Gaulle, accompagné de Catroux et de Koenig, passe à pied devant le front des troupes, puis procède à la remise des décorations. Le général Koenig reçoit la croix de la Libération. La même décoration est ensuite remise à plusieurs officiers, sous-officiers et hommes, dont un légionnaire et un fusilier marin. Le général Catroux remet à son tour des croix de guerre et plusieurs médailles militaires. Nous assistons alors avec une certaine émotion au défilé de la division légère, à la tête de laquelle s'avance le général Koenig. Le défilé achevé, de Gaulle serre quelques mains puis s'incline devant la jeune veuve d'un officier de la Légion, tombé à Bir Hakeim. Tout de noir vêtue, sous ses voiles, dans ce décor, elle ressemble à un personnage de tragédie grecque. Je me souviens encore aujourd'hui de l'émotion que le Général ressentit et qui transparut alors dans ses yeux. Sous un soleil de plomb, devant ce désert immense et silencieux, l'instant fut inoubliable. Il s'agit là d'un des rares instants où le Général laisse percer de sa cuirasse, un regard révélant une tendresse de l'âme.

Une collation réunit ensuite les officiers de la division, sous la tente dévolue au général de Gaulle. Autour des pastèques et des sandwiches, chacun se retrouve et cause familièrement. Le Général prend le temps de parler successivement à chacun ; tous le regardent avec une intense curiosité, visiblement impressionnés. D'un mot, le Général les met à l'aise. Le général Catroux va également de l'un à l'autre ; manifestement, il connaît tout le monde. J'ai donc sous les yeux ces héros de Bir Hakeim dont le monde a tant vanté les exploits ; les voilà, ces héros que tant de mères françaises voudraient pouvoir serrer sur leur cœur comme s'ils étaient leurs fils !

« Alors vous étiez à Bir Hakeim ? dis-je à l'un d'entre eux.

— Mais oui, me répond-il simplement.

— Et comment était-ce ?

— Oh, rien d'extraordinaire. »

Tous ces soldats ont en eux la bonne humeur et la mine honnête que l'on peut observer chez ceux qui sont en paix avec eux-mêmes. Le Général achève son déjeuner avec une grappe de raisin et parle ensuite à deux jeunes sous-lieutenants, un artilleur qui a suivi son cours d'aspirant en 1940 à Brazzaville et un autre qui était avec les chasseurs à Narvik. Ils portent épinglées sur la poitrine les croix de guerre que le général de Gaulle vient d'y accrocher une heure plus tôt. Il passe ensuite sous la tente voisine pour s'entretenir avec d'autres sous-officiers. Des groupes se forment autour de lui et du général Catroux, qui est venu le rejoindre. Chacun est avide de raconter simplement son histoire.

Soudain, le général Koenig s'approche du général de Gaulle et lui glisse : « A propos, mon Général, j'ai un document à vous remettre. C'est la sommation écrite par laquelle le général Rommel m'a enjoint de me rendre. Vous savez que les deux premières sommations avaient été transmises par des Italiens. La troisième fois, Rommel avait préféré m'envoyer un officier de son état-major. » Le général Koenig sort alors de son portefeuille un bout de papier plié en quatre et le présente au général de Gaulle. Il s'agit d'une sorte de modèle imprimé qui doit servir aux Allemands à transmettre d'ordinaire les messages téléphoniques ou les messages radio. A la façon dont la feuille est déchirée, on devine qu'elle a été arrachée en hâte d'un bloc-notes. Le texte manuscrit est écrit en allemand. On sent que l'officier à qui Rommel l'a dicté s'est efforcé de l'écrire aussi lisiblement que possible pour être compris d'un homologue français. L'écriture toute en pointes est typiquement allemande avec ses caractères gothiques. Comme Rommel ne veut pas reconnaître qu'il a en face de lui des troupes françaises, la note est adressée de façon impersonnelle « aux troupes de Bir Hakeim ».

En voici la traduction : « Toute prolongation de la résistance signifie une inutile effusion de sang. Vous subirez le même sort que les deux brigades voisines qui avant-hier à Got Oualeb ont été anéanties. Nous cesserons le combat dès que vous hisserez le drapeau blanc et que vous vous présenterez à nous sans armes. » Signé : Rommel. Au bas de la page, au crayon rouge, le général Koenig a écrit au moment où la note lui fut remise : « Reçu le 3 juin 1942 à 9 h 10. » Le général a ensuite refusé de recevoir l'émissaire allemand et, ignorant cette sommation, a continué à résister sur place pendant huit jours *.

« De nombreux blessés moururent seuls, abandonnés dans l'immensité du désert. La brigade a perdu au cours des combats et de

* Je reproduis ci-dessous un passage d'un livre de Jean Simon, capitaine à Bir Hakeim.

la sortie mille cinq cents hommes (morts, blessés, disparus), sur un effectif global de trois mille sept cents hommes présents sur la position. Compte tenu de l'importance et de l'enjeu de la bataille, avec le recul du temps, on peut estimer que ces pertes auraient pu être plus grandes.

« Le 11 juin, au matin, après un important bombardement aérien, la 15e division de panzers donna l'assaut final, dans le vide. Seuls résistaient encore quelques isolés, demeurés sur place parce qu'ils s'étaient perdus au cours de la sortie ou parce qu'ils avaient été blessés. En fait, la victoire n'était pas au rendez-vous, car le temps perdu par Rommel, entre le 27 mai et le 11 juin, avait été mis à profit par le commandement britannique pour rameuter d'Irak, de Jordanie, de Syrie, du Liban et de Palestine les éléments de la IXe armée, qui s'installa solidement sur les positions d'El-Alamein. A bout d'essence, de munitions, ayant subi des pertes importantes en hommes et en matériel, Rommel renonça à atteindre les objectifs fixés par le Führer. »

Général Jean Simon, *la Saga d'un Français Libre*,
Presses de la Cité, page 158, 1999.

Grande tournée

La suite du voyage nous entraîne dans les Etats du Levant. Après quelques jours passés à Beyrouth, nous effectuons la tournée officielle de tous les grands centres. Le Général a en effet décidé qu'il ferait une visite détaillée de toutes les villes de la Syrie et du Liban, ce qui devrait nous occuper environ dix jours : Beyrouth, Damas, Soueïda — capitale du djebel Druze —, Damas, Deir ez-Zor, Alep, Lattaquié et la visite des admirables ruines de Palmyre.

Je sais bien que de Gaulle, en 1929, a fait un passage au Levant mais je suis frappé de la connaissance approfondie qu'a le Général de ce qu'a été la situation politique dans cette région depuis le début du siècle. Catroux, pour sa part, y avait exercé un commandement après le départ du général Gouraud qui avait échoué. Catroux avait favorisé en 1921-1922 la création d'une fédération syrienne, regroupant Damas, Alep et les Alaouites, qui elle-même vola en éclats, en 1925, lors de la révolte druze.

La décision en 1920 de confier le mandat de la Palestine aux

Anglais et celui de la Syrie et du Liban aux Français n'avait satisfait personne. Ces populations n'aspiraient qu'à l'indépendance. Brochant sur le tout, la fameuse déclaration de Balfour, signée dès 1917 par le Premier ministre anglais, en pleine guerre, sans consulter les Arabes, permettait de favoriser l'établissement d'un « foyer national juif » en Palestine. Les Britanniques, en outre, avaient dès la fin de la guerre favorisé le choix de Fayçal, fils du chérif Hussein, comme roi constitutionnel à Damas !

De cet imbroglio, nous étions loin d'être sortis, mais le Général, secondé par Catroux, semblait naviguer avec aisance entre Alfred Naccache, chef du gouvernement à Beyrouth, et Khaled Bey el-Azem, son homologue à Damas. Les chefs du gouvernement n'exerçaient que sous tutelle de la puissance mandataire.

Si de Gaulle reçut partout un accueil chaleureux, c'est sans doute parce que les populations attendaient toutes une amélioration de leur sort. Il avait en outre été précédemment décrit comme un rebelle ; donc porteur de tous les espoirs.

Avant de quitter Beyrouth, j'avais demandé à Jean Baëlen de me donner quelques lectures pour me permettre de comprendre, si possible, quelque chose à ce que nous allions voir se dérouler à grande vitesse sous nos yeux. Je fus servi : ma serviette était pleine.

Excepté quelques trajets effectués en avion au-dessus du désert de Syrie, de Gaulle et Catroux font tous leurs déplacements en voiture. Jamais, au cours de ces dix jours, le cortège des voitures officielles ne sera seul sur la route. Partout, la venue du Général a été annoncée et partout la population se presse sur leur passage. Notre cortège se compose de six ou huit voitures, toutes décapotables, et nous roulons sur des routes en terre battue, parfois même sur des pistes. Derrière la voiture de tête, nous sommes enveloppés dans un nuage de poussière qui s'épaissit le long du convoi. Les journalistes, photographes et radios qui ferment la marche ne sont pas gâtés ! La route est noire de monde et nous sommes obligés de faire halte dans chaque village que nous traversons.

En Syrie, à travers les régions peuplées de nomades et de Druzes, des tentes ont été dressées sur le bord de la route. Des arcs de triomphe en feuillage, quelquefois hâtivement formés de quelques branchages, sont dressés sur la voie principale. Le Général est invité à s'y arrêter et à entendre des allocutions en langue arabe, immédiatement traduites par notre interprète. Les populations qui vivent là ne connaissent pas d'autre moyen de locomotion que le cheval. Les hommes, depuis leur plus tendre enfance, vivent sur le dos des chevaux. Durant chacune de ces réceptions, tout autour des tentes, ils se livrent en signe de réjouissance à des cavalcades effrénées, tirant en l'air pour manifester leur joie. Les Bédouins, comme les Druzes, sont tous armés et possèdent un arsenal des plus hétéroclites ; on dit même qu'ils dorment avec leurs armes. La fête ne serait pas complète pour eux si elle ne s'accompagnait pas du vacarme d'une fusillade, au galop, en brandissant en l'air leurs fusils ou leurs mousquetons, tout en poussant des cris. Une fois les discours prononcés, le Général remonte dans sa voiture et repart. Naturellement, les cavaliers l'escortent ; c'est une scène extraordinaire que de voir le convoi du Général s'élancer à travers les grands espaces ensablés, entouré de cavaliers au galop au côté des voitures, et suivant celles-ci jusqu'à épuisement de leurs montures. Mais d'autres cavaliers les relaient et notre convoi est ainsi escorté quasiment en permanence, par une sorte de garde d'honneur à cheval, dans un vacarme de coups de fusil et de cris stridents.

Le Général, Catroux et l'interprète occupent la première voiture, et j'occupe la seconde avec Baëlen, conseiller politique de Catroux, et un autre officier. J'ai beaucoup de chance d'avoir pour compagnon de route un homme aussi fin et cultivé que Jean Baëlen. Nous dévorons ensemble des tonnes de poussière, qui imprègnent tous nos vêtements. Notre inquiétude est constante car n'importe quel cavalier pourrait facilement tirer sur le Général et le tuer à bout portant, puis disparaître dans la foule.

Je découvre les pays musulmans, où les femmes ne se montrent pas, naturellement, mais dans les régions chrétiennes du Liban, elles prennent part à l'accueil qui nous est fait. Les Libanaises poussent une sorte de cri strident qui leur est tout à fait particulier et, prenant leur respiration, elles réussissent à le prolonger sans interruption pendant un temps qui semble extraordinaire. Elles ne se contentent pas de pousser ces sifflements, elles brandissent également des sabres qu'elles portent à deux mains au-dessus de leur tête. Elles marchent devant les hôtes d'honneur quand ceux-ci, descendant de voiture, se dirigent vers les notables du village. D'autres femmes encore présentent des coupes chargées de fruits, tandis que d'autres aspergent d'eau de rose les visiteurs pendant que le caïmalin — sorte de maire de la localité — essaie de dominer le tumulte en prononçant de toutes ses forces des paroles de bienvenue à l'adresse des deux généraux.

Durant les dix jours de cette tournée triomphale, il n'est pas un seul hameau où des scènes comme celles que j'évoque ne se soient reproduites et où l'enthousiasme le plus délirant n'ait marqué le passage du chef de la France Combattante et du délégué général de France au Levant. Je croyais avoir connu des bains de foule, à Edimbourg, en Ecosse, lorsque le Général s'y était rendu à la fin de 1940, pour faire une visite à nos bateaux marchands, mais ce n'était rien comparé au déchaînement d'enthousiasme auquel j'ai pu assister lors de ce voyage. Je comprends mieux à présent pourquoi le Général ne songe qu'à repartir lorsqu'il rentre à Londres : il est là heureux, parmi toutes ces populations aux types très accusés qui le considèrent comme leur chef de guerre.

Mardi 18 août, Damas

Au cours de ce voyage, je suis beaucoup plus impressionné par la puissance de la personnalité du Général qu'à Londres. A Londres, je le vois toujours tourner dans le même cercle : son équipe de commissaires nationaux, puis de temps à autre Eden et Churchill. Certes, il est à son affaire, mais on ne le voit pas dans cette incroyable diversité de situations où le Moyen-Orient le plonge. La façon magistrale dont il domine ce monde me confond.

Ce n'est pas tant au Caire — où Casey, Lampson, Auchinleck, etc., ressemblent trop à leurs homologues de Londres pour dépayser le Général — qu'au Levant que ses prodigieuses facultés d'assimilation et sa prestance de chef se révèlent. Ici, les problèmes politiques qui se posent ont tous un caractère local qui leur est propre. Les querelles internes des Libanais maronites, orthodoxes grecs, musulmans, Syriens nationalistes, panarabes, conservateurs... semblent n'avoir pas de secrets pour lui ; il connaît le personnel politique sur le bout des doigts ; j'oserais dire qu'il dispose universellement des gens et des choses. Il manipule cette pâte humaine avec une sereine assurance, il découvre derrière les professions de foi les astuces et les combinaisons avec une perspicacité déconcertante ; à tous, il s'impose d'emblée.

20 août 1942, Alep

Je lisais hier dans l'avion quelques pages du *Retour du Tchad* de Gide. Il décrit à loisir chaque geste, chaque objet, chaque sensation. Toute question de talent mise à part, Gide avait le temps d'écrire, il avait devant lui des heures et encore des heures, sa vie entière, « tout le temps ». Pour moi, je m'assieds toujours à ma table pour un temps compté : tantôt c'est quinze minutes — et pas seize —, tantôt moins encore. Quel dommage ! Je n'ai pas ainsi l'occasion de courir ma chance !

Tout ce que je vois ici mériterait pourtant qu'on s'y arrête...

Durant les premiers jours de la tournée, je tâche de me dégager pour quelques instants de tout souci et de toute problématique politique ; j'oublie ainsi les tracasseries britanniques, les velléités d'indépendance locales et je songe, après deux années passées à l'étranger, à mes retrouvailles avec la France. Naturellement, il ne s'agit pas de la France métropolitaine, mais de cet immense territoire qui court sous l'appellation de France d'outre-mer. C'est un avant-goût de la France métropolitaine, avec ces drapeaux tricolores qui flottent au vent et cette langue française qu'on baragouine partout. Les troupes qui défilent sont françaises, les musiques militaires sont françaises... Ma découverte de l'Empire date de juin 1940, avec ces sinistres jours passés à Casablanca avant d'embarquer pour l'Angleterre. J'avais pu imaginer ce qu'était la « présence française » en pays arabe. Je retrouve au Levant ce que je m'attendais à trouver : la France.

Jean Gaulmier

J'ai fait au cours de ce voyage une découverte qui fait passer au second plan toutes mes impressions de voyage, aussi colorées soient-elles. J'ai rencontré à Damas un jeune professeur du nom de Jean Gaulmier, qui, le plus naturellement du monde, m'a avoué qu'il préparait un recueil de morceaux choisis des œuvres du général de Gaulle. Il m'a immédiatement communiqué la liste des livres et articles en question. Il ignorait qu'à Londres nous ne possédions aucune trace de l'œuvre littéraire du Général, excepté *Vers l'armée de métier* qui avait été traduit en anglais. J'ai immédiatement tressailli. Il m'a ainsi assuré que tous les ouvrages du Général — dont j'ignorais tout bonnement l'existence — figuraient à la bibliothèque du cercle des officiers de Beyrouth ainsi que dans plusieurs autres bibliothèques du Levant : *la Discorde chez l'ennemi, le Fil de l'épée, la France et son armée.* Ce professeur avait en outre trouvé dans des revues un certain nombre d'articles publiés par le Général. L'idée de regagner Londres avec ces ouvrages pour les publier en français et en anglais m'a immédiatement saisi. Gaulmier avait sous son bras le recueil des morceaux choisis tout prêt à être présenté au Général avant impression. J'y ai jeté un coup d'œil et y ai découvert que, quinze ans à l'avance, le Général s'était annoncé et défini mieux qu'aucun biographe ne pourrait le faire un jour : les chapitres intitulés « le chef », « le caractère », « le prestige », c'est lui-même, révélé au lecteur de manière presque indécente ! Il avait alors trente-cinq ans à la rédaction de cet ouvrage ; il était capitaine. Il est probable qu'il sentait déjà s'agiter en lui tous les ferments de l'ambition et de la grandeur. Sans doute se sentait-il déjà destiné à être un jour un chef, et d'abord un chef militaire puisque telle était sa profession. Sous couvert d'un exposé objectif et d'essais de morale, il s'est livré, et a démasqué les ressorts de sa volonté et les mouvements de son âme d'une façon qui ne peut que bouleverser ceux-là qui ont vécu depuis deux ans dans sa proximité, sans savoir que, par avance, il avait avoué ses secrets.

Vendredi 21 août 1942

Je suis très en retard pour tenir ce journal.

A Damas, lundi dernier, je suis, pour la première fois, entré dans une mosquée. Dans la mosquée des Omeyyades. Les hommes s'y retrouvent et s'y prélassent. Les uns dorment ; les autres font leur toilette ; d'autres bavardent en petits groupes ; d'autres font leur culture physique : la mosquée est en quelque sorte le « club » des musulmans.

Le djebel Druze

Nous effectuons une visite au djebel Druze. Le nom à lui seul est terrifiant et sonne comme un défi. Il est synonyme d'une guerre difficile où des partisans acharnés ont donné du fil à retordre à nos troupes avant d'être «réduits» comme on dit ici. Malgré cela, ils demeurent redoutables et le djebel Druze continue à effrayer, dans l'imaginaire populaire. A Soueïda, nous assistons à une réception très chaleureuse et tous les dignitaires féodaux veulent faire un discours. Ils font d'ailleurs tous le même, sans se soucier d'être originaux ni brefs. Leur seule et unique préoccupation est de parler, si possible longtemps. Après plusieurs heures de ces palabres, il a fallu couper court aux discours qui auraient autrement duré jusqu'à la nuit.

Regain de tension avec les Américains

Après une courte période d'euphorie en juillet 1942, les relations entre les Etats-Unis et la France Libre redeviennent mauvaises. C'est la fin du «bel été de la France Libre». Le découragement reprend alors le dessus chez le Général et il se laisse aller à sa pente favorite : les diatribes enflammées contre les Alliés anglo-saxons. «Nous ne gagnerons jamais cette guerre avec des gens pareils, dit-il. Et s'ils ne faisaient que nous nuire, mais quel mal ne se font-ils pas à eux-mêmes ! Je vais finir par dire tout ce que j'ai sur le cœur. Il faut que les Français le sachent. Je ne peux continuer à marcher avec des alliés qui s'acharnent à saper partout la position de la France, qui veulent me voler le Levant, qui n'ont ni politique ni stratégie, qui se bouchent hermétiquement les oreilles dès que je veux leur enfourner quelques idées, qui tandis qu'ils me dédaignent vont se pendre aux basques des moindres valets de Vichy, ces démocraties qui entretiennent des ambassadeurs au pays de l'Ordre Nouveau... Je dirai bientôt tout cela dans un discours retentissant...» Je mets aussitôt le Général en garde devant l'utilisation que pourraient faire nos ennemis de telles déclarations. Ce serait de l'or en barre pour la propagande hitlérienne, lui dis-je.

«Mais je marcherai avec Hitler, me répond le Général qui reprend là son paradoxe. S'il est prouvé que la France ne gagne rien à continuer la guerre avec les Alliés, qu'au contraire elle perd tout, eh bien ! la France renversera sa politique et gagnera la guerre avec Hitler ! J'ai toujours dit qu'il n'y avait que deux politiques : celle de Déat et la mienne ; si la mienne échoue, je me rallie à Déat. Il n'y a qu'un guide valable à toute politique, c'est l'intérêt national. L'intérêt national devient-il de marcher avec Hitler ? Alors vous verrez ce que deviendront les démocraties, elles ne feront pas long feu ! »

Comme d'habitude, je laisse passer l'orage, riant de bon cœur. Je lui fais remarquer ensuite plus sérieusement qu'il est investi depuis bientôt deux ans d'une mission quasi sacrée : faire la guerre autant contre les océans de bêtise des chancelleries anglo-saxonnes que contre l'ennemi. Il ira ainsi, de conflit en conflit, jusqu'à la victoire finale. Je lui parle ensuite de l'œuvre accomplie, du chemin parcouru ; je l'exhorte à regarder autour de lui, dans ce Levant, j'évoque la France métropolitaine qui se réveille sous l'action de la Résistance. Je compare la France de demain à celle du XVIIe siècle, suggérant que celle de la seconde moitié du XXe siècle pourra redevenir elle-même, c'est-à-dire une Nation !

Le Général me coupe immédiatement. Il me répond qu'elle manquera de moyens. « La France de demain sera épuisée, rachitique, misérable. C'est pourquoi il faudra après la guerre donner à l'Europe le sens d'elle-même, sinon les *political officers* américains viendront coloniser l'Europe à coups de méthodes archi-primaires et d'ahurissant orgueil. Ils nous traiteront tous comme si nous étions des nègres du Sénégal ! Pour refaire une Europe, il faudra y mettre une Allemagne, mais une Allemagne au préalable vaincue, au contraire de ce qu'elle fut en 1918. »

Vendredi 28 août 1942

Ce voyage qui devait durer six semaines va durer des mois ; je sens cela venir.

En Afrique Française Libre, c'est le fin du fin, dit le Général : là, on est vraiment chez soi !

Dimanche 30 août 1942

Le Général n'a peut-être jamais été dans une plus complète possession de ses moyens. Je juge cela à la rapidité et à la fermeté de ses décisions. A Londres, souvent, il y a quantité d'affaires qu'il laisse traîner, des cas qui restent pendants, surtout quand il s'agit de personnes. En ce moment, il sabre à tour de bras et dans le bon sens. Et vlan, et vlan, il tranche sans un instant d'hésitation.

Prisonnier des Anglais

Le Général s'attend à une opération américaine au Maroc à l'automne. Il a bien l'intention de ne pas rester à cette époque le prisonnier des Anglais à Londres *. Si cette affaire réussit, il veut pouvoir arriver en Afrique du Nord librement et par ses propres moyens, par le sud. Ses moments d'anglophobie redoublent d'intensité à travers ses propos : « Ah ! Ils croient que je vais retomber dans la souricière comme l'année dernière ! » Il est vrai que les Anglais lui font miroiter depuis un bon moment une participation effective à des plans d'opérations d'une importance capitale, mais lorsqu'il est sur place, on ne le convie jamais à rien de sérieux et cela donne des affaires comme celle de Madagascar, où des opérations ont lieu sans qu'il soit consulté au préalable, mis devant le fait accompli. Un élément et un seul peut le pousser à rentrer : l'arrivée de France à Londres des hommes qu'il attend : Massigli, Charles Vallin, Pierre Brossolette...

Jeudi 5 septembre 1942 – Jours d'attente

Rommel a attaqué le 31. S'il réussit, l'Egypte saute, c'est la menace immédiate sur le Levant, où nous ne pourrons nous battre que pour l'honneur.

S'il échoue...

Brefs jours d'attente.

Quoique la guerre soit géographiquement proche, elle semble infiniment lointaine car elle ne se manifeste par aucun signe. Moins bousculé que pendant les premiers jours, je pénètre un peu la vie beyrouthienne et toutes ses délices de petite Capoue. Bains de mer, tartines grassement beurrées, femmes jolies et faciles qui ne pensent qu'à être choyées, voilà Beyrouth. « La France martyre ? Les otages de Châteaubriant ? — Connais pas ! » répond Beyrouth.

Un dîner réunit, aux côtés du Général, Jean-Marc Boegner et

* C'est ce qui lui arrivera.

Leduc, secrétaires d'ambassade. Le thème des débats est l'Europe balkanique et danubienne d'après-guerre et l'attitude que nous devrions adopter envers la Russie. « Rien, en matière de politique étrangère, ne nous oppose à la Russie. Elle a sincèrement besoin en Europe d'un partenaire qui s'oppose au relèvement de l'Allemagne et qui, du même coup, lui permette, pour obéir à la loi historique du jeu de bascule de la politique russe, de se tourner vers les affaires d'Extrême-Orient sans faire courir de dangers à l'Ouest », nous dit avec une certaine assurance le Général. Il considère que rien n'oppose la Russie à la France à travers notre Empire. « Molotov me l'a dit, continue-t-il, il y a un seul cas où les Soviets joueraient la carte du communisme en France, c'est celui où vous ne seriez pas capables de vous relever ni de faire une politique de puissance. Alors, il nous faudrait recourir, pour notre sécurité, à l'action directe. Sinon, nous comprenons fort bien que le régime qui nous convient ne soit pas bon pour vous et, à condition que vous soyez maîtres chez vous, nous n'aurons cure de nous immiscer dans vos affaires intérieures. »

Nous apprenons que Wendell Wilkie est au Caire et qu'il s'apprête à se rendre à Beyrouth. Le Général se prépare intérieurement à lui dire tout ce qu'il a sur le cœur mais il pense que Casey le détournera de venir nous voir et qu'il gagnera ainsi directement Ankara, prétextant quelque retard.

Opinion de Casey

Casey * a eu du Général, au Caire, l'impression la plus détestable. Son opinion est qu'il est un personnage mégalomane et un fou dangereux. Malgré son antipathie pour Spears, il en est venu à penser que tout compte fait, ce dernier était encore le plus qualifié pour tenir tête à ce maniaque. Je ne puis m'empêcher de penser que le Général gagnerait quelquefois à dire avec le sourire ce qu'il dit de l'air le plus hautain et le plus insolent du monde.

Je retrouve le Général, un peu agité et impatient, du temps de l'affaire Muselier. Les Anglais nous contraignent à une nouvelle

* Successeur de Lyttelton au Caire.

épreuve de force. Comme d'habitude, ils laissent « pourrir ». Pas de nouvelles ; il faut attendre. Mais le Général a beau profiter de ce qu'il est ici pour voir pas mal de choses, il n'est pourtant pas très pris. Il s'énerve. S'il n'y avait pas de crise ici, nous serions déjà en Afrique depuis dix jours.

14 septembre 1942

Nous quittons le Levant le 14 septembre au petit matin. Nous sommes entièrement absorbés par l'affaire de Madagascar, qui a rebondi avec la reprise des opérations par les Anglais, qui visent cette fois-ci à occuper toute l'île. C'est un véritable marchandage qui se livre en coulisse, avec cette communication de Eden à Pleven et Dejean : il leur a fait savoir que, bien évidemment, ils étaient disposés purement et simplement à nous remettre l'administration de l'île, mais que les récents événements au Levant et la terrifiante anglophobie du général de Gaulle remettaient tout en question. Ils n'ont plus confiance, disent-ils ! Eden propose que le Général rentre à Londres pour en discuter en tête-à-tête avec Churchill. Des flots de télégrammes s'échangent dans tous les sens. Le Général est perplexe : il ne parvient pas à percer ce que les Anglais ont derrière la tête dans cette affaire de Madagascar. Il a la certitude qu'ils ne jouent pas franc jeu, sinon, ils reconnaîtraient sans problème la souveraineté du Comité national français sur l'île, et les Français Libres en assureraient immédiatement l'administration.

Il paraît clair que la liberté de mouvements du Général inquiète les Alliés : ils souhaitent l'empêcher de circuler librement en Afrique à la veille du jour où les Américains vont déclencher des opérations militaires en Afrique du Nord. Ils veulent le mettre en cage à Londres et, pour le ramener, lui font miroiter un règlement sur la question de Madagascar et du Levant. Le Général considère que la situation n'exige nullement de longs échanges de vues et pourrait très bien être traitée par télégrammes si nos interlocuteurs le voulaient. Pour le Levant, il a déjà défini à Casey et Churchill sa position et il demande seulement le respect des accords. Concernant Madagascar, il estime avoir également bien défini ses choix : il veut purement et simplement l'administration, et le gouvernement britannique connaît ses positions. En définitive, il n'a nullement l'intention de se rendre à Londres à l'appel de Churchill et de

Eden. Mais il doit tenir compte d'un autre paramètre : le Comité national. Si, en fin de compte, les Britanniques ne nous remettaient pas l'île, ils considéreraient naïvement que c'est parce que le Général a refusé de se rendre à la gentille invitation du Premier ministre qui souhaitait tout arranger. Le Général est fautif, etc. Ainsi, le général de Gaulle se sent obligé de rentrer, mais souhaite prendre son temps, pour ne pas avoir l'air de répondre au coup de sifflet. C'est la raison pour laquelle il a décidé de bâcler l'Afrique Française Libre en une dizaine de jours à peine, puis de rentrer au Caire pour prendre un avion pour l'Angleterre.

J'étais d'un avis contraire *, considérant que nous ne devions pas rentrer du tout, et j'en ai profité pour soumettre au Général un projet de télégramme à Churchill en ce sens. Devant son opposition pour mon projet, je l'ai alors légèrement tourné. « Si vous rentrez, lui ai-je dit, rentrez tout de suite. » Je lui ai ainsi suggéré de passer une semaine à Londres, puis de repartir pour l'Afrique Française Libre où il pourrait dès lors prendre son temps. En prévenant à l'avance les Anglais qu'il a fort à faire en Afrique, il aurait pu facilement être de retour en Afrique pour y attendre les opérations américaines. En rentrant à Londres après une visite de l'Afrique, il sera difficile de justifier un nouveau départ.

Mes arguments n'ont pas été retenus et le voyage continue. Nous effectuons un vol de douze heures sans escale de Damas à Fort-Lamy. Ce vol sans escale a sa signification politique : faire la démonstration aux Anglais que l'on peut — moyennant quelques réservoirs supplémentaires — se rendre du Levant en Afrique Française Libre sans leur demander la permission.

Un peu de la France

Dans l'avion, le Général est magnifique ; alors que nous volons au-dessus du désert le plus uniforme et le plus aride, nous voyons à un certain moment sur la carte que nous entrons en territoire français. Le Général, soudain, s'enthousiasme et s'exalte : « Serreulles, regardez, nous sommes en territoire français ! » me crie-t-il.

Il est aux anges et regarde avidement par le hublot, scrutant le terrain. Soudain, il aperçoit une tête d'épingle au fond d'une cre-

* La suite montrera que c'était le bon.

vasse : un buisson. « Serreulles, regardez, la végétation commence... c'est un admirable pays ! »

Un peu plus tard, à peine plus loin, les petits buissons rabougris deviennent plus nombreux. « Regardez, Serreulles, cette végétation luxuriante », ajoute-t-il cette fois en riant.

Il continue ensuite à me faire l'article : « Regardez ces pistes, regardez ces cases, ce sont de gros villages, vous ne le voyez pas, mais il y a énormément de bétail ; c'est un pays admirable, Serreulles, d'une richesse inouïe... »

Nous arrivons enfin à Fort-Lamy où je suis saisi par une bouffée de chaleur. Il fait environ 50° à l'ombre et nous sommes en manteau, car il faisait frais dans l'avion, à peine 15°. Nous sommes accueillis par P.O. Lapie que le Général appelle « monsieur le Gouverneur ». C'est mon premier contact avec le monde noir... et avec les moustiques, qui vous dévorent même pendant le dîner, à travers les chaises cannées.

A son arrivée à Fort-Lamy, le Général demande au général Leclerc, commandant supérieur en Afrique Française Libre, de le conduire pour une tournée d'inspection des troupes cantonnées aux confins du Tchad et du désert libyen et qui ont, successivement, aux printemps 1941 et 1942, pris part à ces raids fameux depuis lesquels les noms de Mourzouk, Koufra et du Fezzan sont entrés dans les annales militaires de la France Libre. Les troupes stationnent dans le Sud-Tibesti, à quelques heures d'avion de Fort-Lamy. Un colonel de la coloniale qui est là me raconte qu'il y a encore quinze ans, lors de son arrivée au Tchad, il fallait six semaines pour gagner ce poste à dos de chameau. Aujourd'hui, les colonnes automobiles le gagnent en moins d'une semaine et, par avion, on s'y rend en quelques heures.

Le poste qui accueille les troupes qu'on appelle désormais la « colonne Leclerc » est une oasis dans le genre oasis sud-algérienne : une touffe de verdure au milieu de l'immensité désertique, des maisons blanches aux murs crénelés bâties par les Européens et le village indigène avec ses cases en terre sèche, qui ont la forme de demi-ballons de rugby coupés dans la longueur.

Notre avion se pose sur le terrain. La colonne Leclerc est là, au port d'arme. Avant qu'elle ne défile, le général de Gaulle souhaite l'inspecter. Elle est, comme on se l'imagine, entièrement motorisée. A plusieurs reprises, de Gaulle s'adresse au général Leclerc qui est à ses côtés et lui demande : « Quel est ce canon ? Quel est ce type de mitrailleuse, ce mortier ? » Ce sont des canons, des mitrailleuses et des mortiers italiens, prises de guerre de la colonne dans les différents raids à travers le Fezzan et à Koufra. Les troupes françaises se sont emparées d'un matériel important, de beaucoup d'armes et d'un très gros stock de munitions. La colonne est désormais considérablement enrichie de ces trophées pris à l'ennemi.

La colonne Leclerc

L'Histoire ne rendra jamais justice à tous ceux qui ont participé à cette épopée. Il faut songer que pour gagner Koufra ou le Fezzan, la colonne Leclerc a dû franchir à travers les sables, en partant de l'oasis du Tibesti, une distance supérieure à celle qui sépare Bordeaux de Berlin, et ceci dans des conditions matérielles épouvantables, dans un pays désertique, sans routes et avec de très rares points d'eau. Il est très difficile de se représenter mentalement le tour de force nécessaire pour monter une opération militaire de ce genre dans un pareil pays, à des distances effarantes de tout centre de ravitaillement. Comme l'a dit un prisonnier italien pris à Koufra : « Vraiment, seuls ces démons de Français pouvaient faire cela. »

Après le défilé des troupes, le Général, comme à son habitude, voit les officiers et les sous-officiers, puis les hommes. Il parle avec chacun d'eux, s'enquiert du temps qu'ils ont passé au Tchad, leur demande s'ils ont des nouvelles des leurs et, chaque fois que cela se présente, il se tourne vers moi pour que je note le nom et l'adresse de la famille de l'intéressé ; tout doit être fait pour que les choses s'arrangent pour lui, ajoute le Général. Dans l'oasis, les indigènes curieux se regroupent pour regarder passer les deux généraux. Les deux hommes, il est vrai, sont atypiques : le Général de Gaulle, avec son mètre quatre-vingt-douze et sa puissante carrure, le général Leclerc, très mince, l'air encore adolescent, et qu'on reconnaît entre mille avec son drôle de petit képi cabossé, recouvert de toile écrue, sur lequel sont piquées deux étoiles, et dont la visière toute cassée se redresse curieusement en forme de chapeau chinois. On dit que lorsqu'il est arrivé en Afrique, Leclerc, qui portait le casque colonial, n'avait pas de képi. Il en aurait emprunté un à l'un de ses légionnaires et l'aurait rafistolé tant bien que mal à sa manière. Il y tient, paraît-il, comme à un fétiche et ne voudrait le changer pour rien au monde. Je ne sais si tout cela est vrai mais c'est ainsi que naissent les légendes...

Les vivres qui parviennent jusque dans le Sud-Tibesti ne sont pas d'une très grande fraîcheur, à en juger par le déjeuner de gala donné en l'honneur du Général. Il est impossible d'amener jusque-là des troupeaux car, faute de points d'eau en cours de route, huit bœufs sur dix meurent en chemin ; les deux qui arrivent sont si maigres et décharnés que le boucher ne peut rien en faire. Il y a très peu de légumes et quasiment aucun fruit. Les plats de résistance se composent de pâté en boîte ou de cassoulet de conserve. Mon voisin de table est un lieutenant du régiment des tirailleurs sénégalais du Tchad qui était à la prise de Koufra en mars 1941 et qui a pris part aux raids dans le Fezzan au printemps 1942. Il me raconte quelques détails Naturellement, il ne fera aucune allusion à quelque fait d'armes car, sur ce sujet, tous ces combattants sont les mêmes ; ils observent le même silence modeste et gêné, le même mutisme. Il consent à me parler des conditions de transport pour atteindre le Fezzan.

« Première étape : 1 500 km, me dit-il. Durée moyenne : quinze jours, si on a la chance d'éviter les accidents matériels, au milieu des dunes de sable et à travers les roches, sous un climat qui est vraiment terrible pour les Blancs, avec parfois vingt ensablements en 200 mètres sous un soleil torride. Je me rappelle une tempête de sable, peu après notre départ, qui a soufflé pendant six jours consécutifs. Tout trafic a été pratiquement arrêté et l'aviation, elle-même, rendue inutilisable. J'avais, ajoute-t-il, la charge de huit véhicules ; cinq furent arrêtés par des ponts arrière cassés. Vous n'avez pas idée du terrain. La section de dépannage les a réparés et ils sont tous repartis, mais il a fallu le temps que vous devinez...

« Après le déjeuner, vous irez dans le bureau du commandant, continue-t-il. Vous verrez les drapeaux italiens que nous avons pris à El-Ouigh, El-Kebir, El-Gatroun et Temissa. Nous avons enlevé ces postes par surprise et sans pertes. A Temissa, nous avons saisi des archives, très instructives d'ailleurs. Pour prendre le poste de Tedjerre, ça a été plus dur ; il a fallu se bagarrer rudement et, en plus, nous avions l'aviation allemande et italienne sur le dos. Les Italiens appellent notre colonne "la colonne fantôme" car nous surgissons toujours là où ils ne s'y attendent pas. Dans l'ensemble nous avons eu des pertes très faibles, surtout si on les compare à celles qu'a subies l'ennemi et au nombre de prisonniers que nous avons faits. »

Mercredi 16 septembre 1942

Je n'apprécie pas, parce que je les subis, la morgue de Leclerc et sa sorte d'insolence. Les « officiers d'ordonnance » semblent en particulier faire l'objet de tout son mépris : *just a little piece of mud,* comme diraient les Anglais.

Ceci ne m'empêche pas de conserver de cet homme une notion objective ni de nourrir pour lui une très grande admiration.

Tous les officiers présents interrogent le général de Gaulle sur la France, dont, naturellement, ils sont sans nouvelles. Ils n'en savent que ce que leur apporte Radio Brazzaville et la radio de Londres. Ils désirent tous entendre de la bouche du Général ce que pensent nos compatriotes restés en France, et quels liens nous unissent encore à eux. Tous harcèlent le Général de questions sur le cours de la guerre et veulent connaître son opinion : « Et alors, mon Général, que pensez-vous de la situation en Russie ? Est-ce que vous ne pensez pas que l'armée allemande a les reins cassés ? Quand pensez-vous que nous irons nous battre en France ? » Les questions fusent et le Général répond dans un sens qui raffermit le courage et l'espoir de chacun. En quittant l'oasis, le Général s'adresse une dernière fois à la colonne Leclerc : « Confiance, l'heure de la décision arrivera. Vous n'avez pas fini de vous battre pour la gloire de la France ! »

Nous restons à Fort-Lamy.

Lapie, gouverneur

Lapie nous parle de son métier, qu'il trouve passionnant. Il trouve également le pays magnifique mais souffre du manque total de ressources intellectuelles. Point d'intelligentsia ici, point de livres. Pas de renouvellement non plus et c'est surtout ce dernier point qui est sensible. A défaut de nouveautés, les jeunes officiers du cercle prennent leur tour pour lire Pline le Jeune, comme si c'était une des toutes dernières nouveautés ! Devant le « palais » du gouverneur — en fait modeste construction en bois de quatre grandes pièces élevées sur pilotis avec un rez-de-chaussée et un premier étage —, le Chari, en crue, roule des eaux majestueuses, au confluent du Logone. Lapie a la croix de guerre et la Military

Cross, gagnée en Norvège, et cela lui permet, malgré son jeune âge, d'occuper un poste civil et d'être respecté.

Il est absolument indispensable que je rejoigne une unité combattante, que je prenne part à des opérations et, si possible, que je m'y distingue. Dans une unité de cavalerie, c'est très difficile, d'abord parce qu'il y a pléthore d'officiers de cavalerie candidats, ensuite parce qu'on risque de piétiner longtemps sans résultat, comme l'a fait Courcel par exemple. C'est comme parachutiste que j'aurais de loin le plus de chances de me battre, et il y a là moins de concurrence. Deux précautions valant mieux qu'une, j'ai profité de mon passage à Beyrouth pour me faire muter au 1er RMSM (régiment de marche de spahis marocains).

Lapie a, malgré lui, un genre très précieux ; il donne l'impression de jouer au Palais-Royal le rôle d'un gouverneur des colonies qui aime ses petits nègres. La façon dont il leur parle est à peine croyable. Il y en a un qu'il a baptisé Ali-Baba : « Allons, Ali-Baba, qu'est-ce que tu as à me regarder comme ça ; ouvre tes yeux, voyons, arrange ton col et tourne le sirop du monsieur. » Ali-Baba, pétrifié, prend une cuiller et tourne indéfiniment le sirop du monsieur jusqu'à ce que celui-ci se saisisse de son verre pour le boire. Il parle ainsi à la nuée de boys qui l'entourent. Pendant tout le repas, Lapie s'agite dans tous les sens en se dandinant sur sa chaise, roucoulant avec sa voix de tête. A l'autre bout de la table, le Général plonge le nez dans son assiette. Malgré ses petites faiblesses, le Général apprécie grandement le gouverneur Lapie et le considère comme un très bon administrateur *.

Déjà, le départ

Nous quittons Fort-Lamy le 17 septembre au matin. C'est décidément bien trop court. J'en ai une vue ridiculement superficielle mais il n'en est pas de même pour le Général qui connaît déjà le pays. Pour ma part, c'est bien simple, je n'ai rien vu et je dois me faire une raison sachant que je ne suis pas là en voyage de noces !

---

* Pierre-Olivier Lapie, trente ans plus tard, publiera un volume intitulé *De Léon Blum à de Gaulle* (Fayard, 1971). Ce livre contient un chapitre sur le Général parmi les plus beaux, les plus profonds et les mieux écrits que j'aie jamais lus sur lui. Ces pages mériteraient de figurer dans les anthologies.

Au cours des dix jours que nous avons passés en Afrique noire, nous avons parcouru en avion plus de cinq mille kilomètres dans un territoire aussi grand que la moitié de l'Europe. Aussi, en quelques heures, passions-nous de régions complètement différentes les unes des autres, allant du désert à la forêt vierge et du bord de mer à la montagne. Avec l'avion, qui supprime les distances, on passe ainsi en quelques heures, sans transition, d'un climat à un autre. A Fort-Lamy, le gouverneur nous reçoit et nous dit : « Voici la saison des pluies qui prend fin, nous allons entrer dans la meilleure période de l'année. » Il fait 45° à l'ombre... Le soir du même jour, nous arrivons à Yaoundé, capitale du Cameroun, où on nous dit : « La saison des pluies va commencer dans quelques jours et ne s'interrompra plus pendant trois mois. » Le surlendemain, le général de Gaulle rencontre à Libreville le gouverneur du Gabon qui lui dit cette fois-ci : « Nous sommes au milieu de la belle saison... » Il en est ainsi à chaque nouveau territoire que nous traversons !

A Yaoundé, tous les fonctionnaires, employés et commerçants représentant l'élite indigène s'étaient rassemblés dans la grande salle de patronage de la ville. Lorsque le Général a fait son entrée, les mille assistants qui étaient réunis là se sont levés en entonnant *la Marseillaise*. J'ai alors fermé les yeux et j'ai imaginé cette *Marseillaise* chantée sur le sol de France. Pendant un court instant, je me suis cru chez moi. Ils chantaient d'une seule voix avec un accent aussi pur et avec autant de cœur que nous aurions pu la chanter. C'était à proprement parler extraordinaire. Quel spectacle que de voir le général de Gaulle, entouré d'un millier d'indigènes chantant *la Marseillaise* à pleins poumons ! Le président des jeunesses indigènes du Cameroun a ensuite prononcé un discours : « Nous ne voulons plus, a-t-il dit en se tournant vers le général de Gaulle, que l'on nous parle d'un Cameroun sous mandat français. Nous désirons qu'on parle du Cameroun français. Les meilleurs d'entre nous se battent pour la France, dans les rangs des Forces Françaises Libres, et toute la population du Cameroun contribue à l'effort de guerre dans toute la mesure de ses forces ; elle le fait par amour pour la mère patrie et pour la grandeur de la France. » Sur le moment, nous nous sommes demandé si ce n'était pas le gouverneur qui avait préparé ce discours pour notre sympathique orateur. L'ambiance est un peu surréaliste ; le Général est visiblement très ému, et prononce quelques paroles de remerciement. Lorsqu'il se lève pour quitter la salle, tous se lèvent à nouveau d'un bond et reprennent une dernière fois le refrain de *la Marseillaise*. Nous n'en croyons pas nos oreilles !

Samedi 19 septembre 1942

C'est toujours dans l'avion que j'écris. Aujourd'hui de Pointe-Noire à Brazzaville. Je n'aurai pas vu de l'Afrique plus que les marins qui, d'un continent, ne connaissent que les ports. Suite de repas officiels chez les gouverneurs avec de petits fonctionnaires, personnel de sous-préfecture. Les Cournarie m'ont ému. Leur ferveur religieuse à l'égard de la France et du Général est touchante. Leur sincère désir de servir militairement, aux postes les plus exposés, etc. Tout cela sans forfanterie. A côté de cela, beaucoup de types quelconques, éprouvés de surcroît par le « séjour à la colonie ».

Physiognomonie ?

Le Général a une prodigieuse mémoire des situations et des textes mais n'en a aucune des physionomies. Il ne reconnaît jamais personne, même des gens qu'il a déjà vus plusieurs fois. Il s'efforce naturellement de dissimuler cette lacune de son mieux, car il sait combien il est essentiel de donner aux gens l'impression qu'on les reconnaît. Aussi a-t-il quelques trucs qui réussissent presque toujours. Le plus classique est de dire avec assurance à celui à qui il parle : « Vous, je vous ai déjà vu ! » Depuis plus de deux ans qu'il circule partout, il a quatre-vingt-dix chances sur cent d'avoir déjà rencontré le type en question. Le plus souvent, celui-ci, rayonnant, répond : « Oui mon Général », et il ajoute très souvent, de lui-même : « A Camberley, l'année dernière » ou « A Yaoundé, en août 1941... », etc. Le Général n'a ensuite plus qu'à reprendre : « C'est bien ça, je me rappelle », et le tour est joué.

Quelquefois, le type répond non, ce n'est pas grave, le Général enchaîne alors sur un quelconque « Tiens, je croyais » et il ajoute « Et d'où venez-vous ? » puis passe à un autre.

Le « Vous, je vous ai déjà vu » est un peu moins heureux quand il s'adresse à quelqu'un qui a eu dans un passé récent audience et repas à sa table, comme ce fut le cas de Jean Gaulmier, qui récemment, en Syrie, venait de passer une semaine dans la suite du Général et lui avait soumis un « recueil de morceaux choisis des œuvres de Charles de Gaulle », préparé par lui ! Le Général a beau s'exclamer : « Mais naturellement, bien sûr ! c'est parce que vous étiez à contre-jour... », l'effet n'est pas celui escompté. Quant à ce pauvre Jacques Dennery, chef du service d'accueil à Londres, il est tout simplement résigné. Il dit de son propre aveu : « Le Général ne me reconnaîtra jamais. »

Nous avons cependant battu au Levant tous les records en la matière. Le Général s'était promis de rendre visite à Alep au détachement d'aviateurs qui se prépare à partir pour le front russe où ils vont former les premiers éléments de l'escadrille Normandie-Niémen. C'est Corniglion-Molinier qui les lui présente, les ayant disposés comme il a pu sur un terrain bosselé qui se prête très mal à une revue. Ils sont une trentaine placés sur quatre rangs. Le Général est fidèle à son truc : « Vous, je vous ai déjà vu quelque part... mais où ?

— Il y a trois minutes, mon Général. Vous venez de passer devant notre rang... » De Gaulle est furieux. Corniglion en prend pour son grade.

Retour à Londres

C'est un destin singulier que celui du général de Gaulle ; il n'aura jamais pu employer pleinement ses qualités de stratège. Cet homme probablement fait pour diriger de grandes coalitions n'aura dirigé en tout et pour tout qu'un ramassis de chars hâtivement rassemblés à Montcornet en mai 1940. Les circonstances lui auront permis de manifester ses vertus de grand Français et de grand politique mais pas de grand capitaine. A Londres, il ne se résigne pas à ce sort malheureux et arpente son bureau comme un lion en cage. A longueur de jour, il rumine sa colère contre ces « incapables qui prétendent diriger la coalition alliée, ces Churchill, ces Roosevelt, stratèges amateurs... ».

La Résistance métropolitaine débarque à Carlton Gardens

A mon retour du Levant avec le Général, c'est un tout autre débat qui va mobiliser notre attention : l'unification depuis Londres des mouvements de résistance intérieure, dont les chefs commencent à défiler à Carlton Gardens. Au début du mois d'octobre 1942, les chefs des mouvements « Combat » et « Libération », Henri Frenay et Emmanuel d'Astier de La Vigerie, sont à Londres. Manifestement, tout en reconnaissant de facto l'autorité du général de Gaulle, ils veillent jalousement à leur indépendance et tiennent, par principe, à maintenir une forme d'autonomie entre leurs mouvements et la France Libre. Je me rappelle d'un dîner mémorable, où le Général avait réuni autour des deux chefs clandestins les responsables du BCRA, Dewavrin et Manuel, ainsi que Billotte, Brossolette et moi-même. Tout d'un coup, assez maladroitement, Henri Frenay s'était emporté : « Mon Général, nous garderons notre indépendance et si, contre toute attente, des divergences sérieuses se faisaient jour entre votre politique et la nôtre, nous nous réserverions le droit de reprendre notre liberté... nous formons un conseil de sept membres et si j'étais seul de mon avis, je me retirerais simplement.

— Mais, qu'adviendrait-il si vous étiez tous d'accord ? avait répondu le Général, imperturbable.

— Eh bien ! mon Général, nous reprendrions notre liberté d'action.

— Parfait, avait repris le Général très calme. Eh bien, Charvet, la France choisira entre vous et moi ! » et il s'était levé, tout en levant la séance.

Frenay était resté sur place, tout à fait interloqué *.

* Sur la question posée par Frenay, le débat ne s'est jamais interrompu, on entend encore affirmer que de Gaulle n'aimait pas la Résistance intérieure, qu'il l'avait « poignardée », etc. Ecoutons plutôt J.-L. Crémieux-Brilhac (*Espoir*, n° 121) : « En réalisant sous son autorité l'unité de la Résistance, d'abord en zone sud, puis à l'échelle nationale à travers l'organe représentatif qu'était le CNR, Moulin n'a pas seulement rendu effective la conjonction entre la France intérieure et la France Libre, il a contribué à construire ce qu'Alban Vistel, puis René Hostache ont appelé "l'Etat clandestin", dans le cadre et l'esprit mêmes où de Gaulle reconstituait, de Londres, puis d'Alger, un Etat capable de prendre en charge la France libérée. » La France Combattante reposait sur deux pieds. Pourquoi le Général se serait-il privé de l'un d'eux ? Seul, Charles de Gaulle était en situation d'obtenir une audience internationale, c'est cela que Frenay n'a jamais entrevu.

Servir en France ?

Dès l'automne 1940, je m'étais particulièrement intéressé à ce qui se passait en France ; comment les Français allaient-ils se comporter ? Allaient-ils se résigner, vacharder, s'opposer ? C'est la question que chacun se posait, Dewavrin le premier. C'était d'ailleurs son travail que de se la poser. Très vite, il avait commencé à faire effectuer des sondages et le premier volontaire avait été déposé en Bretagne dès juillet 1940. Nous étions tous, au sein des Forces Françaises Libres, des volontaires. Mais très peu parmi nous se sentaient le courage d'« aller voir » de l'autre côté de la Manche, et c'était d'ailleurs très difficile d'y parvenir. L'Intelligence Service avait ses correspondants, mais découvrit bientôt qu'ils n'étaient pas en nombre suffisant. Allait-elle, pour autant, se tourner vers le 2e bureau du capitaine Dewavrin, qui n'était pas du métier et qui était de surcroît a priori suspect, car officier du général de Gaulle ? Il y avait là un pas qu'il n'était pas aisé de franchir pour les services anglais. Pourquoi l'IS ne continuerait-elle pas sur sa lancée ? Il lui faudrait réunir les moyens d'une action qui se présentait sous un jour tout à fait nouveau, puisqu'en territoire ennemi. Son déploiement devait, d'un jour à l'autre, s'étendre immensément : du cap Nord à la Bidassoa ! Bien entendu, il lui faudrait recourir à des Norvégiens, des Danois, des Hollandais, des Belges, des Français, etc. Mais ils seraient recrutés individuellement et auraient le matricule d'agents de l'IS. Je me doutais bien que Dewavrin aurait du mal à parcourir le long chemin visant à se faire admettre. Il n'avait, dans son passé militaire, jamais approché un service de renseignement et il lui fallait tout apprendre. Je ne sais pas si un Méridional chaleureux et exubérant aurait eu en Angleterre les mêmes chances de réussite que lui ; il avait, comme on dit aujourd'hui, le « profil du poste » : de type scandinave, froid, distant et peu loquace ; ce n'étaient pas ses seules qualités. Il avait l'esprit géométrique et de grandes exigences en matière d'organisation. Par-dessus tout, il sut bien s'entourer. De Gaulle avait eu la main heureuse avec Dewavrin qui fut, avec Leclerc, parmi ses choix intuitifs les plus décisifs.

Nous habitions le même quartier de Belgravia et fréquentions les mêmes bistrots. Janine, ma femme, était avec André Manuel et Jacques Bingen parmi les rares personnes capables de le dégeler et de créer du liant avec lui. J'allais très souvent voir Dewavrin dans ses nouveaux bureaux où il s'était transporté, dans le voisinage de Carlton Gardens. Deux impératifs avaient présidé à ce déménagement : la nécessité de s'agrandir et des raisons de sécurité. Plus tard encore, il s'était définitivement transféré à Duke Street, derrière Selfridges, dans une vieille maison de brique aux murs noircis par les ans et dont le BCRA occupait tous les étages. Cette adresse était très vite devenue célèbre et les mauvais esprits, opposants au général de Gaulle, affirmaient que « Duke Street » était en fait un repaire de cagoulards — ce qui était bien évidemment entièrement faux — et que, dans ses caves, le BCRA grillait les pieds de ses victimes, ce qui était stupide. De tels propos eurent la vie dure ; ils étaient répandus aussi bien dans les salles de rédaction qu'à Downing Street ou à Washington et prenaient la forme d'affirmations d'autant plus péremptoires que ces accusations étaient invérifiables.

J'allais voir Dewavrin, André Manuel, Raymond Logier *, Nora et bien d'autres encore, chaque fois que je pouvais m'absenter du cabinet du Général et, plus aisément, pendant ses voyages à l'étranger. J'étais très impressionné par ce que je voyais et par la tenue des fichiers qui me semblaient contenir beaucoup d'éléments de valeur. Lors de sa présence à Londres dans l'hiver 1940-1941, pendant les quelques mois qu'il y passa avant de partir avec Geoffroy de Courcel pour le Levant, le Général voyait Dewavrin quand celui-ci lui demandait un rendez-vous. Il lui accordait ce que Dewavrin lui demandait au plus juste, mais sans pour autant manifester un enthousiasme particulier. La visite des bureaux du BCRA que j'avais réussi à lui faire accepter avait permis à de Gaulle de mordre à l'hameçon, et cela, durablement. Pendant son inspection, il s'était plongé dans les fichiers et avait posé beaucoup de questions, surpris par l'ampleur des premiers résultats obtenus, demandant des détails sur chacune des missions, sur le sort individuel de chaque agent, sur le comportement des Anglais, le degré de leur aide, etc.

L'aide anglaise, si précieuse, si lourde

C'est un fait que nous ne pouvions engager quoi que ce fût sans leur adhésion. Ils détenaient tout et c'était normal : les transports

* Alias Bienvenue.

aériens et maritimes, les moyens de transmission... Jamais, jusqu'au dernier jour de la guerre, un câble ne passa autrement que par eux. Le fait même que nous puissions avoir un chiffre à nous n'allait pas de soi ; il fallait tout négocier pied à pied. Du premier jour jusqu'au dernier, nous n'avons eu qu'une seule et unique monnaie d'échange, la valeur des renseignements obtenus et les signes visibles d'une Résistance en voie d'organisation. Il nous fallait administrer la preuve par quatre que nous étions les mieux placés pour obtenir une masse croissante d'informations précises, fournies par des agents bénévoles qui n'auraient jamais songé à « travailler à la pièce » pour une puissance étrangère.

Depuis notre défaite, tout était naturellement différent ; nos compatriotes souhaitaient ardemment servir la cause alliée. Par centaines, ils constituaient des interlocuteurs actifs, désireux de trouver le contact. Il était cependant difficile de le trouver et ce contact gommait parfois toute différence entre Français Libres et Anglais. Du côté anglais, il existait des chefs de réseaux de renseignement jouant du doute existant entre la France Libre et les services britanniques. Certains agents exploitaient ainsi les hésitations de Français qui, vivant sur place, ne pouvaient faire la différence entre les deux centrales. J'ai en mémoire l'exemple, en 1943, d'un ingénieur avide de renseigner les Alliés. Il avait rencontré un agent du réseau « Buckmaster » qui lui avait tranquillement expliqué que la France Libre et ses services ne faisaient qu'un ! Toujours en 1943, le commandant de Prévaux décide d'entrer en Résistance et tombe sur le réseau F2 qui travaille en France. Prévaux déclare qu'il souhaite joindre le général de Gaulle *. « C'est nous, nous ne faisons qu'un », lui répond l'agent. Pour le mettre en confiance, il lui propose de faire passer par son intermédiaire un message au Général et d'attendre un message à la BBC en guise d'accusé de réception. L'agent demande ainsi à Prévaux de lui donner une phrase courte du type « Le chat a dévoré la souris » qui constituera ainsi la preuve irréfutable que le message a bien été délivré au général de Gaulle à Londres. Quelques jours plus tard, le message en question passe sur les ondes de la BBC, la supercherie de l'agent est parfaite. Prévaux, ne se méfiant plus, lui remet des plis à l'intention de la France

* Cf. Aude de Prévaux, *Un amour dans la tempête de l'Histoire,* collection « Liberté-Mémoire », Editions du Félin, 1999. (Prix de l'Académie française, prix Saint-Simon, 1999.)

Libre notamment une lettre à son ami l'amiral Auboyneau. Deux mois plus tard, il n'a reçu aucune réponse à ses plis ! Le tour est joué...

Rien n'est gratuit

Tous les renseignements que nous drainions nous-mêmes étaient portés au crédit de notre compte, et c'était ainsi, donnant, donnant, que nous obtenions des places à bord de sous-marins, des postes radioémetteurs, une place dans un biplace Lysander et, en 1943, jusqu'à huit places à bord d'appareils de modèle Hudson. Le BCRA devait faire preuve d'une patience à toute épreuve pour ne pas blesser l'amour-propre de l'officier anglais, professionnel jusqu'au bout des ongles, méfiant et susceptible — toutes qualités indispensables pour réussir dans son métier — et pour venir à bout de ce que devaient être ses réticences de principe, avant d'obtenir son adhésion finale, pleine et entière.

Lorsqu'il s'agissait d'action, de sabotages, de commandos ou de questions relatives aux maquis, c'était encore plus difficile. Il fallait, pour chaque chose, fournir la preuve, même concernant l'existence des mouvements ! Quand Christian Pineau, Henri Frenay, Emmanuel d'Astier arrivèrent à Londres, chacun faisant l'inventaire de ses forces, disait « Libé-Nord dispose de deux mille hommes sur six départements du Nord », Frenay, « de cinq mille à Combat », Jean-Pierre Lévy « de quinze cents à Franc-Tireur », aucun d'eux ne pouvait le prouver. « Mon journal clandestin tire à vingt mille... », etc. Etaient-ils de simples illuminés, tout n'était-il pas inventé ?

Jean Moulin

Durant l'hiver 1940-1941, le général de Gaulle avait non seulement commencé à croire aux chances de réussite de la Résistance en France, mais il s'y était également attaché. La métropole avait soudainement acquis à ses yeux une autre dimension : elle devenait progressivement un théâtre d'opérations ! Dans les deux derniers mois de 1941, Jean Moulin était resté à Londres mais n'était jamais venu à Carlton Gardens. J'avais alors tout ignoré de son séjour parmi nous. Ses entretiens avec le général de Gaulle s'étaient déroulés à l'hôtel Connaught, loin de tout regard indiscret. C'est Dewavrin qui l'avait introduit. Même après son faux départ, qui avait retardé son parachutage en France jusqu'au 1er janvier 1942, et qui l'avait conduit à revenir à Londres dans l'intervalle, rien n'avait filtré. En 1942, le Général avait également passé de longues heures avec Christian Pineau, l'homme du Nord, et avec ses homologues de zone sud. Sa conviction avait dès lors été acquise à la cause de la Résistance intérieure. A mesure que le temps passait, il avait mesuré le gigantesque effort qu'il lui faudrait effectuer pour ne pas décevoir les immenses espoirs placés en nous par les différents mouvements.

En 1942, un journaliste américain avait posé au Général une question qu'il croyait embarrassante : « Mon Général, quelles sont vos relations avec la Résistance intérieure ? » De Gaulle, feignant de ne pas bien comprendre, lui avait demandé ce qu'il entendait par là. Le journaliste, explicitant de son mieux sa question, s'était vu brutalement couper la parole : « Je ne connais qu'une Résistance, qu'elle émane de la Nouvelle-Calédonie, d'Afrique ou du Morvan, elle est le fait de ceux qui se lèvent pour chasser l'ennemi hors de France et rétablir la liberté ! »

Il m'apparaîtra toujours assez dérisoire d'entendre dire par la suite que de Gaulle ne voulait pas connaître la Résistance intérieure. C'est pourtant à ces hommes qu'il reçoit de France qu'il consacre le plus de temps, ce sont eux qu'il écoute avec l'attention la plus soutenue. Dès son appel du 18 juin, il est resté fidèle à la conviction qu'il lui faudrait, coûte que coûte, remplir quatre conditions pour atteindre son but : disposer d'un territoire ; lever une force armée ; parler aux Français ; se sentir soutenu par eux dans son action.

Je ne pourrai jamais admettre pour ma part la version fantaisiste selon laquelle il aurait abandonné en chemin la poursuite de l'une de ces conditions. Quant aux reproches qui lui ont été adressés de n'avoir pas été assez « gentil » avec ceux descendus des maquis, d'avoir manqué de chaleur humaine, on peut y opposer les propos qu'il a tenus, dans le désert, à ceux qui revenaient de Bir Hakeim : « Vous avez fait votre devoir ! » Il avait d'ailleurs dit la même chose aux jeunes recrues de Camberley, aux marins du *Rubis* et à ceux revenus de l'escadrille Normandie-Niémen. Tout était dit et compris, et ce n'était pas dans ses manières que d'encenser soudainement nos combattants de l'intérieur, quels que fussent leurs mérites et leur gloire.

Pour ma part, j'écoutais bouche bée ces visiteurs du soir, ces hommes de la nuit, comme tombés d'une autre planète. Cette France, tellement proche que par beau temps nous pouvions parfois apercevoir le profil des côtes, cette France dont tout nous séparait et vers laquelle notre pensée était à chaque instant tournée. Tout nous semblait mystérieux, ici, à Londres. Nous étions insatiables, et posions les questions les plus naïves. Nous songions à l'homme que nous avions face à nous, et qui à minuit avait quitté notre pays pour se retrouver devant nous quelques heures plus tard. C'était purement et simplement de la magie ! Ainsi furent les premières impressions ; par la suite, cela devint routine, mais pourtant il y avait là un exploit, chaque fois renouvelé. Ma fréquentation du BCRA me permettait d'assister à ces rencontres où je me plaisais énormément. Je faisais ainsi la connaissance d'hommes qui me semblaient prodigieux. Parmi eux Saint-Jacques, Fourcaud, Rémy... Leur contact pouvait être décevant ou me plonger dans l'enthousiasme, selon qu'ils étaient plus ou moins fatigués ou diserts, silencieux ou amicaux. Prolixes, ils ne l'étaient jamais, en tout cas pas assez à mon goût !

Dans mes carnets de l'époque, je ne les mentionne que brièvement, car tout ce qui les concerne impose le secret. Nous savons que Londres doit être bourré d'espions et qu'il ne faut pas baisser la garde. Ils ne doivent avoir d'autres contacts que ceux dictés par leur mission. Le régime imposé à chaque visiteur variait, selon les risques encourus par chacun ; il était toujours approprié. Beaucoup de ces visiteurs ont décrit leurs séjours à Londres avec talent dans leurs Mémoires, notamment Christian Pineau, dans *la Simple Vérité,* ou Emmanuel d'Astier qui dans *Sept fois sept jours* se livre à un exercice littéraire très séduisant et non dépourvu d'humour, mais peu narratif. Ses Mémoires constituent un bon reflet de ce personnage d'exception, séduisant et séducteur à l'extrême.

Pierre Brossolette

Un jour, Rémy, de passage à Londres, nous parle d'un gros poisson qu'il a pêché dans le vivier de la Résistance. Il s'agit assurément de quelqu'un de première importance, dont il commence par taire l'identité. Nous savons seulement qu'en France, il est dans le bain depuis les premiers jours. C'est de Paris qu'il se propulse : viendra ? viendra pas ? Outre que Rémy a fait de la Confrérie Notre-Dame une des plus importantes centrales de renseignement au service des Alliés, il pense que Pierre Brossolette s'est déjà considérablement dépensé sur place et s'emploie à le persuader de mettre dans un premier temps sa famille à l'abri ; puis, de venir lui-même nous rejoindre. Rémy a déjà à son actif de nous avoir donné le contact, sans en avoir été prié, avec les communistes. Ceci n'est pas à dédaigner à l'heure où, par la force des choses, Hitler va faire d'eux nos alliés.

Lundi 19 octobre 1942

Aujourd'hui je déjeune seul avec le Général.

« Je me fais maintenant une idée claire de la politique américaine », me dit-il.

Pour lui, elle sera guidée après la guerre par trois préoccupations.

La première, un souci un peu honteux mais très fort de sécurité.

La seconde, un ardent prosélytisme en faveur de la démocratie. Ils auront la vocation, plus encore par conviction que par système, de faire en sorte que s'instaurent partout des régimes « démocratiques », même en Afrique.

La troisième, l'intention formelle d'être le « chairman » de tout le système économique international avec accès aux matières premières...

A cette heure, je me crois à Ephèse, entendant la Pythie. Est-ce possible de dire plus en moins de mots ?

Le limogeage de Dejean

J'avais toujours considéré que Dejean n'était pas à sa place au commissariat aux Affaires étrangères, et ne m'étais pas privé de le dire à plusieurs reprises au général de Gaulle. Dejean avait une très singulière idée de la mission qui lui était confiée par le Général, idée qui procédait généralement de la double trahison : trahison à l'aller, puis au retour. Dejean commençait en effet par prendre des libertés lors de la livraison du message qui lui était confié ; il édulcorait comme malgré lui puis, au retour, par faiblesse, il trahissait à nouveau ! J'étais plusieurs fois monté au créneau auprès du Général pour obtenir la tête de Dejean, notamment lors de mon équipée de Berkhampstead, et j'avais toujours la désagréable surprise de le retrouver le lundi matin indemne, à son poste de travail. Cette fois-ci, il avait signé lui-même son arrêt de mort.

Depuis quinze jours, il négociait avec les Anglais les accords sur la Syrie et sur Madagascar. En langage courant, cela signifie qu'il accumulait mensonges et dissimulations. Il mentait au Général et, plus grave encore, se mentait à lui-même. Il cédait en permanence du terrain dans les négociations sur la Syrie, le cachant soigneusement, avec l'espoir fiévreux d'un joueur endetté jusqu'au cou qui pense encore pouvoir rattraper toutes ses pertes par un gain décisif. Dejean jouait la Syrie pour gagner Madagascar. Il était tranquillement en train de perdre les deux lorsqu'une douche froide le sortit de sa torpeur : c'était un télégramme de Catroux, complet réquisitoire contre sa politique. Dejean avait réussi à chloroformer le Général qui n'y voyait plus très clair dans cette affaire. Optimiste dans le vague, il retouchait chaque jour un texte amphigourique, qui plongeait le Général dans une atmosphère de torpeur.

Dans la nuit suivant le télégramme de Catroux, le Général passa le temps à envisager la manière dont il pouvait encore s'en sortir in extremis, attendu qu'il ne lui restait plus que quelques heures : Dejean devait parapher l'accord du Levant le lendemain après-midi ; il n'avait plus comme solution que de liquider Dejean le matin. C'est ce qu'il fit dès son arrivée au bureau, après vingt minutes d'entretien avec l'intéressé.

Dans la matinée, les commissaires nationaux défilent dans le bureau du Général qui, par une délicate attention, pense à les prévenir, de même qu'on se hâte d'informer des intimes de la mort d'un être cher. Pleven est immédiatement nommé, ce qui crée une grande effervescence. Aucune compensation n'a été trouvée à Dejean ; nous nous en occupons au cabinet. Bonneau vient me suggérer Kouïbychev * et j'en fais part à Palewski qui le propose au Général.

Le lendemain, le BCRA monte sur ses grands chevaux ; la nomination de Pleven ne les arrange pas car voilà six mois que des

* Kouïbychev, où Staline a retraité, puisque Moscou est sous les canons allemands.

contacts sont pris avec Massigli et que des assurances lui ont été données quant à ses fonctions à Londres. Que va-t-on faire de lui à son arrivée ? Aurait-il accepté tous ces risques pour rien ? Le BCRA veut connaître la signification de la nomination de Pleven ; est-elle ferme et définitive ou seulement provisoire ? Billotte pose la question au Général ; mais sans succès : « Qu'il vienne et on verra bien... », a-t-il répondu.

Le jour de la Toussaint, je réunis pour un entretien de deux heures Garreau et Frenay, puis Frenay, Hervé Alphand et moi-même dînons ensemble. Garreau a apporté à Frenay une montagne de renseignements sur l'URSS. Nous abordons les problèmes de l'Europe d'après-guerre. Frenay parle beaucoup de la manière dont il conviendra de faire la paix avec l'Allemagne ; éviter à tout prix de renouveler les fautes de 1919-1923, faire une paix avec l'Allemagne et non contre elle : voilà les priorités. Il pense que l'Allemagne doit reprendre vie sur le plan économique, mais sous tutelle, et qu'il faudra la priver de politique étrangère. Garreau est au contraire pour une paix de diktat. Paradoxalement, Frenay le militaire recommande une solution de réconciliation tandis que le diplomate penche pour une solution de force... En fin d'entretien, on observe que, sur ce chapitre, la France Combattante n'a pas formulé de doctrine officielle. Il paraît essentiel d'en arrêter une, d'autant, ajoute Frenay, qu'en France non occupée, les problèmes d'après-guerre sont passionnément étudiés et suivis.

Le débarquement allié en Afrique du Nord.
Déjeuner avec Churchill

Le 8 novembre au matin, les opérations militaires alliées sont déclenchées en Afrique du Nord française. Giraud a été embarqué par les Américains. La première réaction du général de Gaulle est bien évidemment très négative : « Je n'irai pas déjeuner chez Churchill » — il a été invité quarante-huit heures auparavant —, puis il se ravise : « Je dirai à Churchill : alors Roosevelt, lui aussi, veut son Mers el-Kébir ! » Il pense que les Américains courent à l'échec et qu'ils vont essuyer le feu des canons vichystes. Progressivement, il se laisse gagner à l'idée qu'il n'a rien à perdre à « causer » avec le Premier ministre. La matinée est très agitée et tout semble suspendu à cet entretien du déjeuner entre les deux hommes.

Le Général rentre rayonnant à 15 heures : « Laissez-moi avant tout écrire mon *"broadcast**" pour la BBC ; excellente conversation avec Churchill... », marmonne-t-il. A toute vitesse, il rédige son appel à l'Afrique du Nord puis consent enfin à nous raconter l'entretien. Churchill a été empressé et affectueux, idem pour Eden. « Les Français qui rentrent dans la guerre doivent le faire autour de vous et du Comité national. Nous continuerons à marcher avec vous. Notre politique ne variera pas... », a dit le Premier ministre britannique. Churchill a promis au général de Gaulle qu'il annoncera lui-même au cours d'une allocution spéciale que l'île de Madagascar passait sous l'administration de la France Combattante. Bref, rien ne manque au tableau. On se demande déjà quel jour nous partons pour l'Afrique du Nord ! Est-ce cette semaine ? Chacun rivalise de projections qu'on se plaît à prendre au sérieux mais déjà dans la soirée quelques bons esprits se demandent si Churchill n'a pas fait boire à de Gaulle quelque philtre magique et si ce dernier ne va pas se réveiller le lendemain en se disant : « Me voilà empaumé ! »

Lundi 9 novembre 1942

Ce n'est plus l'euphorie d'hier. Les nouvelles sont rares et nous n'avons pour toute source de renseignement que ce qui est du domaine public : messages d'agence, radio, presse ! Le temps semble long, il pèse lourd d'être inactif, étant seulement spectateur. Il n'est que d'échanger des idées, c'est-à-dire de giberner. On n'a même pas goût à expédier le menu fretin des affaires courantes.

Le Général, en l'absence de nouvelles, se console en rafistolant son discours du 11 novembre. Je déjeune pour ma part avec Pélabon et nous parlons de la composition d'une éventuelle délégation pour aller rencontrer Giraud **. Tout le monde est d'accord sur l'envoi d'Emmanuel d'Astier et de Henri Frenay. Ils parleront au nom

* Le Général s'est habitué à mâchonner ce mot anglais que chacun prononce autour de lui.

** Général d'armée, prisonnier depuis 1940. En prison de forteresse à Königstein s'évade avec des complicités de Vichy et des Américains. Roosevelt a besoin d'un contrepoids à de Gaulle. Giraud conserve des relations avec Pétain mais répond à l'invitation de Roosevelt d'occuper de hautes fonctions lors du débarquement en Afrique du Nord.

de la France qui résiste et diront : « Cette France-là ne connaît que le général de Gaulle. Joignez-vous à lui, unissez-vous ! » L'interrogation fondamentale reste : qui envoyer pour représenter de Gaulle ? Catroux ? C'est avant tout un rival de longue date de Giraud. Ensuite, il représente probablement ce que Giraud déteste le plus : général politicien, passant pour être de gauche et probablement franc-maçon. Bref, l'eau et le feu... Palewski pense que d'Argenlieu eût été le rêve, mais il n'est pas là... Pélabon fait observer que toutes les jeunes générations d'officiers de l'armée d'Afrique du Nord raffolent de Koenig et de Leclerc que le combat a fait surgir de nulle part. Une partie de la popularité du général de Gaulle dans l'armée réside dans le fait qu'il a su faire pousser de jeunes talents et tenir à l'écart les vieilles bourriques. Faut-il pour autant envoyer Koenig ou Leclerc ? Giraud, féru de hiérarchie, les traitera comme des enfants de chœur. Pour en imposer à Giraud, mieux qu'un général de moindre rang, il faudrait un civil, un administrateur général des colonies, un ambassadeur de grande classe ; or, nous n'avons rien de tout cela sous la main. Il est probable que le Général enverra Billotte, si les Américains et les Anglais nous y autorisent !

La journée est interminable ; à 15 heures, soudainement, l'amiral Stark arrive à Carlton Gardens. Grand émoi : il vient probablement annoncer une nouvelle importante. L'entretien avec le Général ne dure que quatre minutes ! L'amiral est simplement venu féliciter le général de Gaulle de son appel de la veille et c'est tout ; personne n'ose aborder le sujet. Stark n'est pas à son aise et le Général ne sait pas trop bien comment l'aider !

Le reste de la journée passe en conciliabules. Depuis la veille, nous n'avons plus de nouvelles ni de Giraud ni de Darlan. Le Général garde des heures chacun de ses visiteurs ; il remâche ses formules et commence à prendre peur. Il a de longs entretiens avec d'Astier et Frenay. Il songe également à envoyer Brossolette. Au soir, n'y tenant plus, Palewski demande un rendez-vous à Morton et va aux nouvelles. Je quitte mon bureau avant qu'il revienne mais Teyssot me téléphone à 9 heures et me dit que tout va très mal.

Je m'entretiens avec Jacques Bingen de la gravité de la situation. Il ne cesse de me répéter : « Je regretterai toujours de n'avoir pas joué un rôle, de n'avoir pas eu un long entretien décisif avec de Gaulle, d'homme à homme. » Il voudrait lui dire d'être plus humain, d'écouter davantage ceux qui l'entourent, de prendre des contacts avec le monde extérieur... Je réponds à Jacques : « Si je suis fermé à la grande musique, songerais-tu au cours d'un entretien décisif, d'homme à homme, à me convaincre de devenir un mélomane impénitent ? Aurais-tu l'ambition de me faire sentir, comme par un coup de baguette magique, la beauté profonde d'une symphonie ? N'attends pas davantage du Général qu'il développe subitement un contact humain avec ses semblables. »

Une lettre de Georges Mandel

Le Général a reçu une lettre de Georges Mandel, datée du mois d'août 1942 ; elle a mis trois mois à arriver. Cette lettre est passée entre mes mains et j'étais stupéfait : Mandel a l'écriture d'un illettré, la signature d'un facteur rural et fait de grossières fautes d'orthographe. Quant au contenu, avec les meilleures intentions du monde, il ne voit nullement la France, mais seulement la « politique ». Brossolette, avec beaucoup d'amertume, me disait vendredi dernier les déceptions que lui cause le Général. « Nous ne le changerons pas, lui disais-je. Nous ne l'améliorerons même pas », et je reprenais le thème déjà développé avec Jacques Bingen. « S'il en est ainsi, il ne tiendra pas trois mois en France..., dit alors Brossolette. Après tout, en admettant qu'il rentre en France en triomphateur — ce qui, avec nos alliés n'est pas si sûr —, peut-être ne sera-ce pas plus mal, quoique trois mois, ce soit bien court. » Brossolette était visiblement en veine de confidences ce jour-là ; il me dit qu'il pense que le rêve serait que le Général — le grand Charles comme il l'appelle — se retire après un an ou dix-huit mois. Il considère qu'on ira le rechercher s'il y a du grabuge mais que s'il se cramponne au pouvoir, il sera victime de la même ingratitude qu'a connue Clemenceau et sera chassé. Brossolette enchaîne : « Cette guerre n'est pas la guerre du fascisme contre les démocraties mais celle du personnalisme contre le collectivisme. » Je traduis : d'un côté, assujettissement de l'individu à l'Etat, de l'autre, épanouissement de la personne humaine...

Je conclus : « L'avenir n'appartient à personne. Qui, fin juin 1940, aurait pris un pari sur de Gaulle ? »

La journée du 10 novembre 1942 est une date importante pour la France Libre : l'amiral Darlan a signé un armistice général pour toute l'Afrique du Nord. A midi, je déjeune avec le Général. Il fait preuve d'une certaine sérénité et la clarté de ses vues est toujours excellente. Comme le dit souvent Massip, avec son humour involontaire, « il voit très grand même quand il se trompe ». Le déjeuner a commencé sous les meilleurs auspices : « Eh bien ! Tout va très bien ! Tout cela est excellent ! »

Il ne craint pas le général Giraud. Pour lui, sa position est impossible. Le lendemain, 11 novembre, il s'apprête à lancer un appel vers la France. Il pense que jamais Churchill ni Staline n'accepteront un gouvernement Giraud sans sa présence à lui, général de Gaulle. « Voyez-vous, Serreulles, quand on veut prendre de grandes décisions, il faut toujours regarder vers le haut... D'abord, parce que c'est moins encombré ! » Le Général n'a jamais eu autant confiance en Churchill que durant ces quelques jours de flottement dans le cours de la guerre. Il retrouve en quelque sorte le Churchill qu'il a connu et aimé en juin 1940 et dont il ne s'est jamais totalement dépris. « Churchill ne me lâchera pas », répète-t-il. J'ai ainsi, pour ma part, confirmation que tous les heurts survenus entre les deux hommes depuis le début de la France Libre à Londres relèvent davantage de l'amour malheureux que du divorce.

C'est Peake, diplomate chargé des relations entre le Foreign Office et le Comité national, qui vient annoncer à de Gaulle de manière informelle la nouvelle de l'armistice. Il est 18 h 30. Les hostilités ont partout cessé. L'amiral Stark doit venir l'annoncer officiellement un peu plus tard. Le gouvernement anglais a tenu à avoir le privilège de l'annonce.

Nous cherchons bien évidemment à percer le dessous des cartes de cette manœuvre. Darlan continue-t-il à jouer sa carte personnelle, comme il l'a toujours fait ? S'agit-il au contraire d'une vaste opération montée par le gouvernement de Vichy, en accord avec les Allemands ? Seraient-ce les signes avant-coureurs d'une paix négociée ? Les hypothèses et rumeurs les plus folles circulent à Carlton Gardens. Hervé Alphand me relate son entretien avec Dupuy, ambassadeur du Canada à Vichy, qui lui a dit : « Eh bien, maintenant vous comprenez ! Voilà le triomphe de notre politique. C'est préparé depuis très longtemps. Avec Giraud, nous nous sommes concilié l'armée d'Afrique du Nord, avec Darlan nous récupérons la flotte. Le gouvernement américain compte établir un gouvernement français à Alger.

— Mais comment le formerez-vous ? lui a demandé Hervé Alphand.

— Il y a des avions ; ils peuvent faire le va-et-vient entre la France et l'Algérie », lui a répondu Dupuy.

Le mercredi 11 novembre au matin, nous apprenons sans grande surprise qu'Hitler occupe le reste de la France. Nous envisageons l'attitude des Américains ; ils doivent probablement déjà avoir mis au point un gouvernement qu'ils souhaiteront installer dès la cessation des hostilités : Giraud, Noguès, Esteva, Mallarmé, Léger, Peyrouton... Darlan. Il est certain que Londres et Moscou auront du mal à reconnaître un tel gouvernement, mais auront-ils pour autant la volonté et les moyens de l'empêcher ? Le Général pense que oui ; c'est son seul et unique espoir de survie politique. Sinon, dit le Général d'un air désabusé, « c'est la guerre civile. Il travaillera partout à commencer par les indigènes de l'Afrique du Nord, puis la France. Ce sera la seule solution qui reste. Nous n'aurons plus qu'à nous faire tous communistes... »

Puis, le Général sombre aussitôt dans le pessimisme le plus noir. Il passe par des alternatives éprouvantes et interprète les événements successivement, tantôt « très favorables » et « excellents », tantôt « calamiteux »... Parfois, il s'abandonne à une colère sans bornes : « Ce n'est pas à Hitler que les Alliés font la guerre, c'est à moi », me dit-il. Il voit tous les Alliés ligués contre lui et voit tout le monde en train de l'abandonner. Il est vrai que la radio américaine, en français, relayée par la BBC, a porté la sainte fureur du Général à son comble cet après-midi en annonçant : « Honneur et Patrie ! L'amiral Darlan a lancé un appel à la flotte de Toulon. Honneur et Patrie ! L'amiral Auboyneau a lancé un appel à la flotte de Toulon. Honneur et Patrie ! »

Le général de Gaulle reçoit Peake qui vient lui dire que son gouvernement est en désaccord formel avec les Américains, mais qu'il est difficile d'officialiser ce désaccord sans poser de graves problèmes au sein de l'alliance. Le gouvernement de Sa Majesté ne peut désapprouver publiquement l'attitude américaine en Afrique du Nord. Mais Peake a des instructions visant à apporter au Général les assurances les plus fermes de son gouvernement.

Vendredi 20 novembre 1942

Après le très provisoire apaisement apporté par la déclaration de Roosevelt mercredi, nous retombons dans le pessimisme.

Le gouvernement américain a désormais mis au point une parade rhétorique pour se justifier de ses actions en Afrique du Nord. Il s'agit d'un « expédient temporaire », selon les propres mots de Roosevelt, pour parer à une situation militaire d'une importance primordiale. La phase politique doit venir plus tard et aucun engagement n'est pris par le Département d'Etat en la matière. Les « arrangements » présents sont provisoires.

Le discours de Roosevelt a cependant fait l'impasse sur une réalité tangible : partout, les autorités en place sont maintenues, malgré le fait qu'elles aient été collaboratrices de l'Allemagne nazie. Pétain est décidément gagnant sur tous les tableaux ! Il a Darlan dans le camp des alliés et Laval dans celui d'Hitler. Roosevelt justifie ses choix par la volonté d'« éviter l'effusion de sang ».

Le général d'Astier, qui revient de France en compagnie de Morandat, déclare fermement que les Français ne se satisfont nullement des laborieux efforts de Maurice Schumann pour glisser quelques discrètes allusions à travers le philtre de la censure. Ce qu'ils veulent, assure-t-il, ce sont des déclarations catégoriques, des prises de position sans équivoque. Autrement, tout ce qui est patriote en France, tout ce qui est résistant — gaulliste ou non — glissera vers le communisme, s'il ne sombre pas tout simplement dans le découragement et le renoncement.

Le général de Gaulle semble décidé à poser la question de confiance à Roosevelt et à Churchill et s'il n'obtient pas satisfaction, il semble vouloir en tirer toutes les conséquences au regard de ses responsabilités envers la France. Les Français ont plus que jamais besoin de se sentir compris, épaulés et défendus, répète-t-il inlassablement.

Je tente de toutes mes forces de ménager l'amitié franco-anglaise qui en prend un sacré coup dans cette affaire et Palewski ne m'aide pas beaucoup.

Pleven est difficile à faire bouger dans cette affaire ; comme les voies du Seigneur, il est impénétrable...

Samedi 12 décembre 1942.
C'est Washington qui est maître du jeu

De la confusion générale, on peut essayer de tirer quelques notions élémentaires.

Le gouvernement britannique a accordé comme un blanc-seing au gouvernement américain. Certes, il n'approuve pas et s'il avait fait lui-même l'opération, il l'aurait conduite autrement. Mais il n'a pas fait l'opération ! Militairement, il y a certes contribué, mais sans avoir la force de tenir en contrepartie aucun rôle politique. Pour la première fois je crois, dans l'Histoire, on voit les soldats anglais se battre pour le roi de Prusse, en l'occurrence pour l'Amérique. Les Américains, en Afrique du Nord, se battent jusqu'au dernier Anglais (seules les VIIIe et Ire armées britanniques sont engagées contre l'ennemi en Tripolitaine et en Tunisie).

Certes, à l'égard de l'Afrique du Nord, les Anglais souffraient d'un violent complexe d'infériorité. Ils s'y savaient si impopulaires — depuis Mers el-Kébir — qu'ils n'osaient pas s'y montrer ; ils se sont contentés de suivre les Américains, en débarquant plusieurs jours après eux. De tout le reste, ils se lavent les mains.

Aujourd'hui ils se déclarent impuissants à rien endiguer ; ils se disent débordés. Eden, mi-sincère, mi-comédien, pleure dans le gilet du général de Gaulle en se plaignant de n'être consulté sur rien par Washington, d'être tenu à l'écart de tout, de n'apprendre ce qui se passe en Afrique du Nord que par les journaux...

En séance à huis clos aux Communes, avant-hier, Churchill, parlant plus franc et pour fermer la bouche aux contradicteurs, a été jusqu'à dire que l'amitié américaine valait bien un Darlan. A Munich, on n'a pas fait mieux : la paix valait bien Dantzig ou le pays des Sudètes. Churchill rejoint Chamberlain. Mais à cette affirmation, on peut apporter un bémol : l'amitié américaine veut dire une alliance étroite avec la superpuissance qui domine la planète.

Le samedi 12 décembre au soir, je tourne le bouton d'une radio allemande qui émet en anglais et j'entends ceci : « Le gouvernement britannique, sans tenir le moindre compte de l'opinion publique, a abdiqué tous ses pouvoirs entre les mains de M. Roosevelt. On pense à Washington que le moment arrive de prendre directement en main l'administration de la Grande-Bretagne et de l'Empire britannique... En séance secrète, M. Churchill a déclaré aux Communes qu'il ne pouvait rien contre le maintien de l'amiral Darlan à Alger... »

Voilà ce que dit et répète à longueur de journée la propagande allemande ; c'est exactement ce que nous disons ; c'est malheureusement et, pour une fois, la simple vérité. Notre sentiment à Londres est que le seul véritable bénéficiaire du conflit provoqué chez les Alliés par l'affaire Darlan est Hitler. En réalité, nous pensons que Roosevelt est guidé dans ses actions par un souci majeur : finir la guerre avant les élections de 1944. « J'emploierai Laval si j'y trouve avantage », a-t-il dit à André Philip. Nous ignorons alors tout de sa maladie et pensons sincèrement qu'il a l'objectif de terminer la guerre, sans obligatoirement la gagner. Palewski a profité du désordre ambiant pour faire une sortie remarquée auprès du Général : « Le moment est venu pour vous de prendre la direction morale de la coalition, lui a-t-il dit tranquillement. Churchill a abdiqué et Roosevelt vient de subir une énorme perte de prestige. Il y a une place à prendre ; faites connaître vos buts de guerre, en parlant au nom de l'Europe occupée. »

Dimanche 13 décembre 1942. André Philip au saut du lit

J'ai vu André Philip longuement ce matin. Il m'avait donné rendez-vous à 10 heures à son hôtel. Mon coup de sonnette l'a, je crois, réveillé et il est apparu à la porte en pyjama, hirsute. Philip doit avoir dans les voies nasales une malencontreuse cloison qui le force à un reniflement chronique et effroyablement sonore. Il se redresse dans son fauteuil, regarde en l'air, son visage se contracte et se contorsionne et, vlan ! Il s'efforce d'en finir une bonne fois pour toutes avec cette damnée cloison en reniflant plus fort que jamais. Mais, hélas ! Un quart d'heure plus tard tout est à recommencer. A cette infortune s'ajoute un tic d'une espèce rare qui consiste à souffler entre les lèvres une sorte de « prout » lui aussi sonore. Le prout se transforme parfois en sifflement.

En côtoyant André Philip à Londres, j'ai enfin compris ce qui distingue un bourgeois élevé dans la soie comme moi d'un bon socialiste : alors que nous conversons depuis une bonne heure dans son salon, il découvre soudain qu'il n'est pas rasé et m'entraîne dans sa salle de bains. Ni son col ni sa cravate ne sont de sérieux obstacles pour se faire la barbe et je découvre que toute mon éducation est à refaire.

André Philip regrette que le général de Gaulle ne soit pas allé aux Etats-Unis depuis leur entrée en guerre. Il considère que nous aurions dû envoyer là-bas notre meilleur spécialiste de l'Afrique du Nord, le général Catroux, et que cela aurait tout changé. Les Américains qui sont des pragmatiques seraient naturellement allés vers lui et l'auraient consulté, d'autant que Catroux est accueillant et malin. Je réponds à André Philip qu'hélas Catroux était déjà mobilisé sur un autre front, au Levant, pour reprendre en main un territoire gâté par un an d'administration vichyssoise et guetté par les Anglais. Je lui explique que le général Catroux était quasiment irremplaçable à Beyrouth. Nous avons désormais le général d'Astier, ce qui n'est pas si mal. André Philip considère que lorsque le général de Gaulle ira à Washington en compagnie de Catroux, il devra y laisser ce dernier et ramener Adrien Tixier qui ferait selon lui un admirable commissaire national au Travail *. (Tixier est brûlé à Washington ; pourquoi ?) Avec Catroux à Washington, on pourrait caresser l'espoir de les voir envisager de lui confier les clés de l'Afrique du Nord à la place de l'amiral Darlan. Philip sent bien que c'est là une opération difficile tactiquement mais ne la juge pas pour autant irréalisable. L'hypothèse Catroux est bien entendu la plus favorable que la France Libre peut espérer en sa faveur, car il est beaucoup plus probable que nous devons nous attendre à voir arriver un haut-commissaire américain à Alger. Cependant, le Comité national français, s'estimant dépositaire de la souveraineté française, se considère comme seul qualifié pour désigner un haut-commissaire sur le sol français. Je doute fort, pour ma part, que le général de Gaulle accepte de se rendre à Washington au début du mois de janvier 1943 pour y rencontrer Roosevelt.

Hervé Alphand ne tient plus en place à Londres et il souhaite partir pour Washington au plus vite, afin, dit-il, de « préparer le terrain ». En réalité, il brûle d'envie de faire enfin quelque chose de concret et d'actuel. Il en a parlé au Général, qui, toujours aimable, lui a répondu : « Si cela ne fait pas de bien, cela ne fera pas de mal. » La question sera débattue lors de la prochaine réunion du

* Il faut admettre qu'avec ses manières brusques et ses propos à l'emporte-pièce, Tixier n'a pas su se faire admettre à Washington. Son avantage sur Catroux est qu'il parle bien anglais, mais il n'en a pas d'autre.

conseil. Chaque départ, chaque mutation crée de grandes tensions au sein du Comité national ; dans le cas d'Hervé, Diethelm est favorable à son départ car il se débarrasse ainsi d'un rival omniprésent ; Pleven est plutôt hostile car cela risquerait de trop mettre Hervé en valeur ! Philip y est favorable car il est désintéressé et Cassin souhaite y aller lui-même... à l'arrivée, rien ne se fera.

Philip revient de plus en plus fréquemment sur son vieux projet de Conseil national plus représentatif que notre Comité actuel. Il pense qu'un projet véritablement au point, avec un siège à Alger, pourrait considérablement gêner les Américains et contrarier leurs combinaisons obscures. Philip souhaite établir des conceptions françaises précises en la matière. Il considère d'ailleurs que le Général aurait eu tort de se précipiter à Washington ; il n'avait rien préparé, ne se fiant qu'à sa prise de contact personnelle et à ses talents d'improvisateur.

Je suis tiraillé entre deux pôles

C'est un lundi après-midi que se joue mon destin au cœur de la France Libre. Je crois qu'il s'agit du 14 décembre, le jour où les Britanniques transfèrent — enfin ! — l'administration de l'île de Madagascar au Comité national français. Mon avenir était resté en suspens depuis mon affaire de l'algarade « Berkhampstead ». Depuis un petit moment, j'avais le souhait de rejoindre un véritable théâtre d'opérations militaires et j'avais, par-dessus le marché, assez de cet ingrat métier d'officier d'ordonnance. Cela finissait, depuis peu, par se voir. J'avais donc la ferme intention de rallier les spahis en Tripolitaine, dans les bagages de Catroux qui rentrait au Caire. J'entrai alors dans une phase méticuleuse de préparation : établissement de ma liste, achat de cantine, chandails, passe-montagne, etc. Courcel m'avait prévenu qu'il faisait drôlement froid dans le désert. J'entamais mes visites d'adieu : Valin, Auboyneau, Diethelm, annonçant à chacun mon départ comme imminent, lorsque patatras ! On m'informe qu'il n'y a plus de place dans l'avion qui devait m'emmener. Me voilà plongé dans le plus grand désespoir : faute de cette occasion unique de prendre l'avion, je retombe dans l'ordre commun, c'est-à-dire un voyage en bateau. J'entrevois les semaines d'attente, le départ en bateau, le voyage par Le Cap, des mois et des mois... de longues attentes à tous les ports, pour finalement arriver au Caire probablement après la bataille. Avec l'annonce de cette nouvelle consternante, je passe une nuit blanche.

Dès le lendemain matin, un éclair me traverse l'esprit : je dois voir Dewavrin à la première heure et lui demander s'il a pour moi un emploi pour une mission en France. Je me précipite à « Duke Street », siège du BCRA, et tombe sur Dewavrin. Sans hésiter, il me répond que oui, il peut me confier une mission dont il me trace grossièrement les contours ; bien entendu, une telle décision est subordonnée à l'accord du Général.

Hors d'haleine, je cours chez le Général et lui expose la situation. Dans un premier temps, il feint de ne pas comprendre : « Vous voulez travailler au BCRA ? » demande-t-il, déjà furieux.

« Non, je veux aller en France. » Il se calme mais refuse net. Il m'affirme que je cours à un désastre certain et immédiat. « On vous a trop vu avec moi. Vous serez tout de suite arrêté », me dit-il. Il insiste sur le fait que les gens qui vont en France en mission sont des gens qui ont déjà connaissance de ce qui s'y passe et de la manière dont les Allemands se comportent. Il pense que je me ferais prendre sur-le-champ. « Non ! vous devez aller aux spahis, c'est là votre voie. Vous partirez dans l'avion du général Legentilhomme, faites-moi signer une lettre en ce sens », me dit-il ensuite. En sortant de chez lui, je ne sais si je dois me réjouir ou me lamenter sur mon sort. Je vois qu'il m'épaule pour pouvoir gagner Le Caire très vite et cela me réjouit ; en revanche, son refus de me laisser tenter ma chance pour une mission en France me peine.

Le jour même, je déjeune avec Dewavrin qui me reparle du projet. Il pense que si on réattaquait le Général sur ce thème, il y aurait peut-être une maigre chance de réussir. Dewavrin m'indique cependant qu'il ne portera que le coup de grâce dans cette affaire et me laissera le travail préparatoire. Je dis à Dewavrin que je vais faire une note pour le Général. En réalité, je ne fais rien et reste songeur toute la semaine. La semaine passe où je retourne dans ma tête toutes ces questions. Parallèlement je dois paradoxalement m'occuper de mon départ pour Le Caire !

Le vendredi, Teyssot présente la liste des passagers qui doivent accompagner Legentilhomme au Caire ; tous sont ses collaborateurs directs et le Général est invité à rayer un nom pour me faire place. Le Général recule : « Je ne peux pas faire cela à Legentilhomme, dit-il. Serreulles pourra prendre un bateau rapide jusqu'à Lagos ! » J'apprends cela quelques jours plus tard par Teyssot qui me téléphone chez moi afin de m'annoncer la nouvelle. C'est pour moi le désastre suprême ; je me sens abandonné par le Général, foutu, au fond de l'ornière. Comment me sortir d'une telle situation ? Je songe qu'il n'y a qu'une chance : écrire une lettre au Général. Aussitôt, je commence à écrire cette lettre, sans trop savoir ce que je vais y mettre.

Puis, insensiblement, je change d'idée et reviens à mon intention première ; à 1 h 30 du matin, j'ai enfin terminé une lettre : un plaidoyer pour servir en France. Le lendemain, je fais taper ma lettre au bureau et j'apprends avec effroi qu'une place est retenue pour moi à bord d'un bateau rapide pour Lagos. Je songe que ma lettre se doit d'être décisive auprès du Général. Si elle ne modifie en rien sa décision, je me résignerai à prendre le bateau deux jours plus tard. Si cela réussit, eh bien, on verra !

A 15 h 20 Teyssot remet ma lettre au général de Gaulle. A 15 h 25 il convoque Dewavrin pour 17 heures. La partie est gagnée.

En sortant du bureau du Général, Dewavrin m'informe que celui-ci est d'accord.

« Puisque vous insistez, je ne peux pas vous en empêcher..., me dit un peu plus tard le Général en me croisant. Voyez Dewavrin. Voyez Philip. » C'est tout ; et c'est magnifique !

Mercredi 20 janvier 1943

Vingt jours pendant lesquels je n'ai plus suivi le déroulement des faits heure par heure. Pour deux raisons, d'abord parce que je ne suis plus au cabinet, ensuite parce que je suis au lit depuis plus de deux semaines avec la jaunisse. Mais il n'est pas besoin d'être dans le secret des dieux pour observer que de Gaulle n'a toujours pas rencontré Giraud et que la situation à Alger ne fait que se compliquer ; la nomination, hier, de Peyrouton comme gouverneur général de l'Algérie, sur l'initiative du gouvernement américain, donne une preuve de plus de l'incohérence de celui-ci. Rien de propre ne se fera en Afrique du Nord, puis sans doute un peu plus tard en France, que sans ou contre les Américains. Ce sera commode !

Downing Street continue à regarder avec déplaisir et résignation. Comme clame Radio Boston : la guerre est entrée dans sa phase américaine ! Ce semble être aussi l'avis du gouvernement de Sa Majesté britannique.

30 janvier 1943, rencontre d'Anfa

Repris contact avec Carlton Gardens après quatre semaines de lit et de convalescence. De Gaulle est rentré ces jours derniers de Casa, où Catroux, d'Argenlieu, Palewski, Boislambert l'accompagnaient. Trouvé un Giraud pas bien fier, cerné d'éléments vichystes et lui-même « homme de 39 » (selon l'expression de De Gaulle) n'ayant rien appris ni rien compris de ce qui depuis trois ans a changé la face du monde et singulièrement de la France. Il a refusé le partage que lui offrait de Gaulle : commandant en chef pour lui, direction politique pour de Gaulle. Il a refusé parce qu'il veut être Premier consul. « Mais, a rétorqué de Gaulle, le Premier consul était un général victorieux ! » Giraud, gêné, a grommelé qu'il remporterait des victoires. « Et la France ? a encore dit de Gaulle. Vous rendez-vous compte que vous préparez la révolution ? — La France se donnera à celui qui la libérera des boches, coupe Giraud. — Si la Révolution a besoin de généraux, j'en serai ! » a répondu de Gaulle.

On voit que leurs propos furent des plus amènes. Le jour de son arrivée à Casa, de Gaulle et son compagnon ont été invités à déjeuner par Giraud qui occupait une villa voisine de la leur. Villas réquisitionnées. Celle qu'occupait de Gaulle était l'habitation du consul de Suède. « Je suis au moins heureux, a déclaré de Gaulle, que ce ne soit pas un Français qui ait été expulsé pour céder la place. » Enquête faite, la villa de Giraud appartenait justement à un Français...

Le 15 février 1943. Jean Moulin et Delestraint

Jean Moulin arrive à Londres avec Delestraint. Je me présente à Moulin sans tarder et lui dis que je suis volontaire pour aller le rejoindre en France et travailler pour lui à quelque poste qui lui convienne. Il est fatigué des passages éclairs de chargés de missions, dites techniques, souvent non annoncés (je me plaindrai ultérieurement de ce même désordre). Ils croient tout réglé en un ou deux mois de présence et quelquefois repartent sans même prendre congé. Son accueil fut d'abord froid. Après quelque éclaircissement de ma part, il devint aussitôt chaleureux. Il manquait de permanents venant de Londres. C'était mon cas. Je ne sais pas encore à quel poste il me destinera, car beaucoup de mutations sont en cours, mais il se dit d'accord pour m'accueillir à la lune de mai.

Depuis janvier je savais que je devais attendre le passage de Jean Moulin. Je ne pouvais mieux employer mon temps dans l'intervalle qu'en suivant quelques-uns des stages où des agents des services secrets anglais nous font profiter de leur expérience. Tous les agents en partance pour l'Europe occupée suivent ces stages. Tout y passe : le maniement des armes, du poignard jusqu'aux armes les plus sophistiquées et les silencieux, les poisons, l'emploi des explosifs (très poussé pour de futurs saboteurs), le chiffrage et le déchiffrage de messages, les codes, le comportement en pays occupé, les filatures, la gamme des documents administratifs à porter sur soi, les valises à double fond, etc. Parmi ces stages je pourrai faire un choix.

Ils ont lieu en pleine campagne, dans des villas ou habitations réquisitionnées. Nos instructeurs logent sur place et les cours sont intensifs. Egalement entraînés à la culture physique, à la course, etc.

18 février 1943. Romain Gary

Olivier Wormser me fait déjeuner avec un de nos aviateurs du groupe Lorraine, en brève permission à Londres. Romain Gary. D'origine polonaise, mais assimilé, semble-t-il, au point qu'il se sent apparemment mieux chez nous qu'il ne le serait en Ecosse dans une escadrille polonaise. Il travaille à un roman. Extraordinaire brassage de jeunes Européens de toutes provenances que la poussée hitlérienne a conduits jusqu'ici et animés d'une même passion : en découdre.

Dimanche 7 mars 1943

Pendant ces dix derniers jours, j'ai lu au BCRA un nombre imposant de documents envoyés de France et j'ai vu quelques représentants de plus dans nos mouvements de résistance. De ces lectures et de ces contacts, j'observe qu'à tort ou à raison on se méfie beaucoup de l'entourage du Général. Non pas seulement les vieilles douairières pétainistes d'Action française, mais les meilleurs éléments de la Résistance. Ils sont sectaires. Pour eux tout ce qui a touché aux anciens milieux politiques souffre d'un total discrédit. Tout ce qui a trempé peu ou prou dans le bain d'intrigues de l'ancien régime est l'objet de mépris (ex. Georges Boris, ancien rédacteur en chef de *la Lumière* et ami de Léon Blum).

Je déjeunais aujourd'hui avec le délégué d'un des principaux mouvements de résistance de la zone occupée. Il m'en parlait. « Pour moi, lui disais-je pour prendre un exemple, un Mendès France, qui a connu les geôles de Vichy, s'est évadé, a rallié la France Combattante et vole dans une escadrille de bombardement, un tel homme, je pense, est blanchi de tous les péchés passés ; ses électeurs ne l'acclameront-ils pas à son retour ?

— Rien n'est moins sûr, m'a répondu mon vis-à-vis, d'autant plus que vous avez choisi un mauvais exemple, car Mendès France est juif et vous n'avez pas idée de l'antisémitisme qui règne en France aujourd'hui. » La presse de Goebbels n'y est pas pour rien. Sans faire mention d'un courant anti-dreyfusard qui n'a jamais cédé.

Et beaucoup de gens en France, même parmi les mieux disposés, pensent que l'entourage de De Gaulle est composé de la demi-douzaine d'anciens parlementaires dont l'arrivée à Londres a été annoncée avec une certaine emphase (Mendès France, Pierre-Bloch, Gouin, etc.) et de quelques autres personnages de même acabit, comme Georges Boris.

Je dois ajouter qu'il s'est très bien conduit ces jours derniers. Depuis un certain nombre de mois, le Général nourrit le projet d'aller faire un tour d'Empire, cette fois-ci élargi depuis les nouvelles acquisitions du domaine familial : Djibouti, Madagascar, etc. Il ne supporte Londres, et il le supporte mal, que s'il va de temps en temps prendre une bouffée d'air tricolore en terre française. C'est pour lui comme l'insuline pour le diabétique.

Mauvais procédés

Aussi, il y a une douzaine de jours, a-t-il décidé son départ et demandé un avion aux Anglais. Là-dessus, une semaine de silence de leur part. De silence embarrassé. Le malheureux Charles Peake * ne savait où se fourrer, comment feindre la surprise ou l'ignorance.

---

* Qui assure la liaison avec le Foreign Office.

La raison en est la suivante : des élections vont avoir lieu au Levant dans deux mois. Le gouvernement de Sa Majesté se rappelle quels drames a provoqués le passage du Général à Beyrouth l'an dernier et il n'a cure que cela recommence. Il ne veut plus lâcher l'éléphant dans le magasin de porcelaine. Il s'oppose à ce que de Gaulle se rende au Levant.

Valeureux cabinet

Cela, c'est de la prudence. Mais à la prudence s'ajoute la plus stupide, la plus offensante maladresse. Au lieu de lui dire tout de suite : « Vous ne pouvez pas partir en ce moment ; nous avons besoin de vous pour préparer l'invasion de la France, etc. », ces imbéciles commencent par laisser passer huit jours, puis lui envoient un mémorandum par lequel ils lui interdisent l'accès des Etats du Levant sous mandat français. De Gaulle bondit sous l'outrage. Pas de mots pour exprimer ses sentiments à l'égard de ses geôliers. Prisonnier dans cette île !

Et le voilà qui, de sa plus belle plume, rédige un télégramme à Eisenhower où il lui explique qu'il ne peut venir le voir car le gouvernement britannique lui refuse les moyens de sortir d'Angleterre !

Il appelle Teyssot et lui donne l'ordre de faire partir ce télégramme par la voie américaine « sans en parler à personne ». Teyssot sort de chez le Général, relit le télégramme, réfléchit ; c'est impossible de se faire l'instrument, le complice d'une pareille folie. Ne voit-il donc pas que les Américains, qui le détestent, vont exulter. « Enfin, vont-ils dire, les Anglais se rangent à notre avis. Voilà assez longtemps qu'on leur a dit que de Gaulle est un fou dangereux. Aujourd'hui ils le reconnaissent enfin et l'enferment... »

Le Général espère, comme l'an dernier à Beyrouth, diviser Anglais et Américains, et, au contraire, il les soude à ses dépens.

Teyssot rentre chez le patron et lui dit qu'il ne peut exécuter son ordre. C'est son devoir d'informer Palewski, son chef direct. De Gaulle, au fond, s'en moque. Il tient chacun en si piètre estime ! « Montrez-le-lui si vous le voulez, répond-il ; cela m'est égal. »

Palewski a la même réaction que Teyssot : ce télégramme ne peut partir. Ils se risquent l'un après l'autre pour lui faire entendre raison et se font « éjecter » l'un après l'autre. Sentant leur mauvais vouloir, le Général donne l'ordre de convoquer Kittredge * pour lui remettre lui-même ce télégramme. Teyssot et Palewski n'exécutent pas. Il est 5 heures du soir ; ils espèrent gagner jusqu'au lendemain matin et obtenir que d'ici là le patron revienne sur sa décision. A 7 heures, furieux, de Gaulle charge Billotte de convoquer Kittredge ! Billotte — honneur et discipline — obéit, malgré les supplications de Teyssot-Palewski. A 7 h 30, Kittredge se présente. Teyssot le reçoit, lui fait mille excuses : c'est par erreur qu'il a été appelé... Flot de bonnes paroles. Kittredge, froissé, repart.

A 8 heures, le Général fait successivement comprendre à Teyssot et à Palewski qu'ils n'appartiennent plus à son cabinet. Mais la partie est gagnée. Charles rentre chez lui, rongé de colère ; le télégramme ne partira jamais.

Le lendemain, il reste chez lui, en civil ! puisqu'il est prisonnier !

11 mars 1943

Il nous arrive de nouveaux venus de taille :

Rien de moins que René Massigli, dont le ralliement nous était promis depuis longtemps par André Manuel. Lors de sa mission à Lyon, Manuel l'avait décidé à venir nous rejoindre. Réfractaire à Vichy de tout temps.

Rien de moins que Joseph Kessel ! Cette fois-ci, nous mettons dans le mille. Il a tout pour nous réjouir. Il est un très grand écrivain, un homme, de surcroît, merveilleux de chaleur humaine et, enfin, un grand aventurier de carrière, parmi les petits aventuriers de hasard que nous sommes. Il est accompagné d'un neveu, jeune Eliacin aux boucles blondes **. Allons-nous les garder longtemps ?

Ce sont ces deux compères qui vont écrire à Londres « rien de moins » que *le Chant des partisans*, sur la musique superbe d'Ann Marly, et qu'interprétera Germaine Sablon, la première sans doute. Ce *Chant* a fait le tour de la Terre. Jamais je ne l'ai entendu rendu de façon plus poignante que par les Chœurs de l'armée soviétique, à Moscou, en 1947.

* Adjoint de l'amiral Stark ; tous deux se révéleront amis de la France Combattante.

** Maurice Druon.

15 mars 1943

Trop fatigué pour écrire ce soir, je voudrais simplement noter :

Déjeuner aujourd'hui avec Charles-Roux : la déception de Massigli sur les sentiments véritables de Churchill à l'égard de De Gaulle, sur les méthodes de travail de ce dernier, leur optique différente des événements d'Afrique du Nord : de Gaulle sujet à la tentation qu'il n'avoue pas de laisser Giraud s'enferrer, se couler même si possible, pour qu'ensuite il vienne à Canossa. *The inconditional surrender* appliqué par de Gaulle à Giraud. Son fond de haine féroce à l'égard de ce rival malhonnête qui va maintenant (discours d'hier) jusqu'à se faire un succès en lui chipant ses idées et ses formules, tandis qu'il s'assure l'appui des Américains en leur vendant l'Afrique du Nord (les gages économiques effrayants qu'ils y prennent, gages qui aliènent l'avenir) ; Massigli heureux d'accueillir tout événement, toute démarche qui faciliteraient le rapprochement nécessaire.

De là, hiatus entre les deux hommes, sinon sur le fond, au moins quant à la façon dont ils réagissent et interprètent les événements.

La vive, subtile intelligence de François Charles-Roux. A-t-il au même degré du caractère et de la foi ? Je l'ignore, mais il est en tout cas un des hommes que nous ayons à Londres qui ait le plus fin jugement.

18 mars 1943

J'achève mon récit de l'autre jour. Voilà donc mon de Gaulle boudeur, en civil, dans sa tanière. Sans doute pense-t-il ainsi punir les Anglais qui s'en moquent éperdument. Cela aurait pu durer longtemps si, au même moment, nous n'avions reçu de France des nouvelles les plus dramatiques : déportations en masse vers l'Allemagne de tout ce qui reste de Français jeunes et valides. Appel des mouvements de résistance pour une aide immédiate et massive : envoi d'argent, d'armes, de vivres, etc.

Le Général avait dès lors mieux à faire que de rester chez lui. Son délégué en France — Jean Moulin de passage ici — accompagné du général Delestraint, adjoint militaire, sont allés le lui dire. Et Charles, docile, a oublié ses projets de voyage (voyager en de pareils moments), a renfilé son uniforme et est retourné le lendemain au bureau.

Quand de Gaulle a des griefs contre les Anglais, ce qui lui arrive au bas mot cent jours par an, il appelle son aide de camp et lui dit : « Jusqu'à nouvel ordre, je ne veux plus d'Anglais à ma table. » L'aide de camp laisse passer l'orage, attend quelques jours et réinvite des Anglais.

Un des traits qui frappe le plus Charles-Roux est l'irrégularité de son humeur. Je suis d'accord avec lui là-dessus. C'est sensible dans la manière dont il reçoit les gens et plus encore dans sa correspondance. Il pratique perpétuellement — mais sans le vouloir, car, c'est sujet à son humeur — le régime de la douche écossaise. Il passe de l'amabilité à l'extrême insolence. François me disait que tout récemment encore il avait envoyé à Catroux, dans un mouvement d'emportement, un télégramme inacceptable de ton. Sur quoi, du tac au tac, Catroux avait offert sa démission. Réponse affectueuse de De Gaulle.

Il faut reconnaître, au demeurant, que le Général est depuis bientôt trois ans soumis à une terrible tension nerveuse et est réchappé d'une forte crise de malaria ; mais il est de fait qu'il est des moments où il ne se contrôle pas. Bien au contraire, ses insolences écrites et verbales sont pour lui le moyen d'évacuer sa bile ; je dois regretter que ce soit souvent à son détriment et, du même coup, aux dépens de sa cause.

Avril 1943. Arrivée de Massigli

Massigli vient enfin d'arriver. C'est une grande nouvelle. Le Foreign Office l'accueille à bras ouverts : enfin « un des nôtres » ; son bonheur est sans mélange. Le Général le nomme aux Affaires étrangères et Pleven conserve les Colonies. « Massigli ira bientôt faire un tour à Washington », m'a dit de Gaulle. Je lui ai dit que c'était très bien mais que cela ne remplaçait pas l'action permanente d'un délégué de grande classe. Comme il lui arrive souvent quand une question l'ennuie (je le connais comme si je l'avais fait), il rompt les chiens en me demandant des nouvelles de ma femme !

La position de Massigli est claire. Elle n'a pas varié. Déjà en France, pendant le mois d'attente qu'il a passé avec Manuel, il l'exposait dans les termes mêmes où il la présente aujourd'hui. Avant de prendre les fonctions de commissaire national aux Affaires étrangères il veut prendre le temps de faire mieux qu'un tour d'horizon : une étude approfondie de la situation politique internationale. Il veut, en outre, renouer sur le terrain des relations personnelles avec les hommes d'Etat anglais et américains, avant de les affronter en tant que membre du Comité national. Il est convaincu que ceux-ci lui parleront beaucoup plus librement, lui feront part avec beaucoup plus de franchise de leurs pensées et de leurs arrière-pensées et lui laisseront connaître leurs dispositions profondes à l'égard de De Gaulle, de Giraud et du problème français en général, s'ils trouvent en face d'eux un esprit non prévenu, et un homme censé n'appartenir à aucun camp. Massigli est persuadé qu'en agissant ainsi il sert au mieux les intérêts dont ensuite il aura la charge. Mais d'autres présentent au Général les intentions de Massigli sous un tout autre jour : Massigli serait hésitant à se prononcer, il poserait ses conditions, et voudrait attendre, pour prendre fonction, que la fusion de Gaulle-Giraud fût accomplie.

Le Général n'est pas insensible à ces mises en garde.

2 avril 1943. Entendre Jean Picard

Je me demande, après tout, si pour brosser un tableau d'ensemble, le témoignage des Français qui ne résistent pas n'est pas aussi précieux que celui des Français qui résistent.

Déjeuné aujourd'hui avec Jean Picard, ex-Comité des forges. Bien orienté, résolument anglophile, Picard semble avoir toujours pensé droit ; il n'a pas résisté. Il déclare avoir eu le désir de gagner Londres fin juin 1940 lorsque, comme nous, il était à Casablanca. Il ne nous a pas rencontrés et est rentré en France où il a créé un office de répartition des fers et aciers sous l'égide de Vichy. Trouvant en décembre dernier que cela commençait à sentir le roussi, il s'est décidé à partir.

Aucun parmi nous n'a ses relations à Londres. Il est intime ami de Lyttelton, de Leathers et d'une foule de grosses légumes de la politique et des grandes affaires. Si Jacques Bingen et moi l'avions amené avec nous de Casablanca en juillet 1940, il eût sûrement rendu des services éminents... comme tant d'autres qui ne sont pas venus, ou qui, étant là, sont partis.

Une chose frappe surtout Picard après dix jours à Londres, c'est la faiblesse médiocre de nos relations avec les autorités anglaises. Il est surpris en outre que nous soyons si peu introduits, que nous ne connaissions pas mieux et davantage nos *opposite numbers.* Il me donne un exemple : il dînait avant-hier chez un vieil ami, chef de la section espagnole au Foreign Office ; ce dernier s'occupe naturellement beaucoup de tous les circuits d'évasion. Il ne connaît à Londres aucun d'entre nous. Vaudreuil, chef du service des évasions au BCRA, ignore son existence.

Lyttelton, Leathers, etc., déclarent ne connaître chez nous personne, ou presque.

Enfin, des confidences qui lui ont été faites très librement à titre personnel par des membres du gouvernement, officiels, etc., Picard observe que de Gaulle est admiré, mais qu'il n'est pas aimé. Il impose le respect mais n'éveille pas la sympathie.

Leathers a fait la connaissance de De Gaulle cet hiver à Casablanca. Il est rentré avec lui à Londres dans le même avion. Il approuve, quant à lui, l'attitude de glaciale réserve observée par de Gaulle pendant toute la conférence et vivement critiquée par beaucoup d'autres. « Mais, ajoute-t-il, quel dommage que cette impossibilité de sourire ! »

Sur la France, Picard a des opinions très nuancées. Il a au moins le mérite d'être celui qui n'arrive pas en déclarant que toute la France est derrière lui, qui ne prétend pas commander à des armées secrètes, etc.

Tous les autres, par contraste, semblent se livrer à la surenchère. Il admet — sans doute par un effort d'imagination — qu'il y ait des Français qui résistent activement.

Picard : Mais combien sont-ils ? un, deux, trois, quatre cent mille au très grand maximum.

Moi : Mais ce sont les meilleurs des Français. Ils forment une élite...

Picard : Ce ne sont pas toujours les meilleurs, ce sont souvent les plus exposés* ; mais ne m'entraînez pas sur ce terrain, je ne veux pas discuter leur mérite qui est immense. Je veux seulement rappeler qu'à côté d'eux il existe trente et quelques millions de Français qui constituent la masse, masse fluctuante, qu'il s'agit de ne pas s'aliéner, de ne pas choquer par des maladresses, de gagner ou de conserver au « gaullisme ». Cette masse qui, selon le temps,

* A la déportation, etc.

vote bleu horizon ou vote Front populaire. Cette masse est gaulliste aujourd'hui, c'est-à-dire qu'elle est hostile à l'occupant, hostile à Vichy, dans l'attente d'une libération venant des Alliés. Mais elle est modérée. Elle a l'horreur du communisme, l'horreur des solutions extrêmes, l'horreur des formules et du personnel politiques qui ont fait faillite ; elle s'est laissé contaminer profondément — c'est un fait — par l'antisémitisme et l'anticommunisme : chaque fois qu'à la radio de Londres un Juif parle (ex. Pierre-Bloch), chaque fois qu'un communiste parle (ex. Fernand Grenier), l'événement est aussitôt exploité à fond par la propagande ennemie et exploité avec succès. Le Français moyen gaulliste, modéré et bien-pensant, se laisse parfois convaincre que l'équipe de De Gaulle est décidément dangereuse et qu'elle risque de ramener en France le pire (dans le pire chacun met ce que personnellement il redoute le plus). Il n'est donc pas pour autant acquis à Vichy, mais il est perdu au gaullisme et n'est gagné que par le découragement. Il est donc très important de maintenir en haleine la masse des gaullistes, de donner à notre propagande un caractère strictement national, un ton de « neutralité » (si j'ose employer ce mot affreux, disons d'indifférence) à l'égard des partis dont parfois elle ne fait pas preuve quand elle célèbre les communistes, héros de la Résistance, etc.

Moi : Mais nous n'avons jamais rien dit de pareil !

Picard : C'est peut-être une calomnie, mais avouez que vous y prêtez le flanc. Vous en dites assez pour que vos adversaires puissent vous prêter ces propos et soient crus...

Peut-être Jean Picard, qui ne se réclame de personne, d'aucun groupe ni d'aucun « mouvement », est-il plus représentatif de la France dans son ensemble que tel ou tel « animateur » qui réclame de la radio qu'elle déverse sur la France du vitriol, encore du vitriol et rien que du vitriol.

Qu'est-ce que la France ?

Duchesne ou Schumann ?

Jean Picard, buveur d'honnête tisane, ou Fernand Grenier, homme-Thermogène ?

Leahy a dit un jour à Picard une phrase révélatrice de son indéracinable pétainisme : « Tous les Français des Etats-Unis se conduisent vraiment très mal ; je ne fais exception que pour Maurois et Saint-Exupéry qui sont parfaits. »

17 avril 1943

Un conflit qui n'est pas que de doctrine oppose vivement en ce moment des hommes qui ont entre les mains des jouets redoutables. Il ne s'agit de rien de moins que de prendre position à l'égard des anciens partis politiques, de décider s'ils seront ou non représentés dans un Conseil national de la Résistance en voie de formation, et, naturellement, cette décision engagera l'avenir.

19 avril 1943

On considère que les points de vue de Manuel d'une part, Dewavrin-Brossolette d'autre part, sont si éloignés qu'il y aura forcément un heurt brutal au retour. On se félicite en outre de la gestion de Manuel qui depuis deux mois a mené le BCRA avec calme et pondération, a évité tout incident avec le dehors, amélioré les relations avec les différents services de la France Combattante. Bref, s'est révélé un patron plus sûr que Dewavrin, à qui on reproche son goût de diviser pour régner, d'opposer les uns contre les autres, d'entretenir des zizanies, ainsi que ses humeurs changeantes, ses soudaines faveurs et ses disgrâces subites, etc.

Dewavrin et Brossolette viennent de rentrer. Manuel a remis sa démission entre les mains de Dewavrin qui l'a refusée mais a accepté qu'il prît un congé. Je n'ai encore vu Dewavrin qu'entre deux portes mais j'ai vu Brossolette assez longuement tout à l'heure.

Brossolette est dans un état nerveux impressionnant. Il est peu maître de soi, plein de fiel et de rancœur. J'irais trop loin en disant qu'il rentre avec des intentions de vengeance, mais à tout le moins avec le désir de ressaisir la barre. Son animosité est extrême à l'égard de Manuel, dont il parle sans ménagement, et, à un moindre degré, de Bingen.

A l'entendre, Moulin ne vaut pas un clou. C'est un homme de la ZNO * (aux yeux de Brossolette, c'est tout dire...) qui pendant un an a manœuvré, plus ou moins bien, avec les mouvements de la ZNO et puis c'est tout. Brûlant d'ambition personnelle, Moulin a

* Zone non occupée, autrement dit zone sud.

mis Manuel dans sa poche, puis Bingen. Les deux malheureux n'y ont vu que du feu, ils sont devenus ses jouets. Ils n'ont absolument rien compris à rien et se sont fait rouler comme des enfants. Seul Dewavrin a parfaitement compris. Gros éloge de Dewavrin, le crack de la boîte, naturellement sans aucune expérience politique, mais peu importe.

« Ah ! ajoute Brossolette, il va y avoir un terrible courant à remonter, tout à reprendre ! »

Je lui demande s'il se propose de faire suspendre les pleins pouvoirs accordés à Moulin. « Impossible, répond-il.

— Alors ? demandé-je.

— Eh bien ! nous allons étudier cela... Il y a beaucoup de formules possibles... nous ne sommes là que depuis deux jours, il faut d'abord assurer le terrain sous nos pieds. D'ailleurs, dès maintenant Moulin a échoué...

— Allez-vous le laisser se casser les reins ?

— Non, non, répond Brossolette embarrassé et feignant la subtilité, laissez-nous faire, nous l'entourerons, nous l'entourerons. On peut l'étayer, le seconder, le noyauter, l'entourer d'"œils" (des œils de Moscou, je suppose)... [Brossolette se perd dans des phrases vagues.]

— Et Manuel, va-t-il se retirer ?

— Non, non, non, aucune raison. Il changera seulement sa politique, ajoute Brossolette. Il reviendra à des notions plus saines ainsi que ce pauvre Bingen. Mais, enchaîne-t-il, la façon dont ils nous ont traités ! Ah ! Dewavrin en a lourd sur le cœur. Quant à moi, ils ont été jusqu'à me câbler que j'outrepassais mes missions, feignant d'oublier l'un des deux ordres de mission qui m'avaient été donnés. Et le voilà », ajoute-t-il. Il sort de sa poche un texte tapé à la machine sur un mouchoir et il me lit presque hors haleine deux ou trois phrases destinées à me convaincre.

Et Brossolette continue ainsi pendant longtemps sur le même ton. J'avoue ne pas retirer la meilleure impression de cet entretien. Ce qu'il démolit est plus visible que ce qu'il édifie. Je ne vois rien de constructif dans sa dissertation. Aucune solution positive. Garder Moulin, mais jeter sur lui suspicion et discrédit, garder Manuel tout en en disant pis que pendre. J'ai sans doute des vues bien simplistes mais selon moi la position de Brossolette ne pourrait se soutenir que s'il réclamait le déplacement immédiat de Moulin et de

Manuel. Puisqu'il n'en fait rien, j'ai peine à retenir de ses propos autre chose que les invectives et les incohérences.

A cela s'ajoute une vulgarité dans l'expression qui me semble viser à l'effet et n'est pas agréable. Brossolette se croit obligé sans doute de parler « peuple » pour faire gauche bon ton, comme d'autres s'interdisent le col blanc ou les mains propres. Conception française du militant de gauche.

Pour moi, la très brillante intelligence de Brossolette est en partie gâchée par ses intempérances de langage et par la passion qu'il met dans ses propos, passion qui trop souvent m'apparaît partisane. Il est difficile de manquer davantage de sérénité. Mais peut-être la sérénité est-elle incompatible avec la qualité de polémiste qui exige pour être exercée avec éclat l'inépuisable et quotidienne colère.

Samedi 24 avril 1943

J'ai eu le lendemain un entretien avec Dewavrin. Il est infiniment plus subtil, plus nuancé, plus habile. Il n'en reste pas moins qu'il est entièrement sous l'emprise intellectuelle de Brossolette. Avec une tout autre optique, d'autres procédés, une palette différente, il m'a peint le même tableau. C'est le même sujet vu successivement par Soutine et par Ingres.

En dehors de toute question d'influence intellectuelle, il est clair que Brossolette a rendu en France de grands services à Dewavrin et a considérablement facilité l'accomplissement de sa mission *. Dewavrin lui en sait gré. Brossolette connaît, par vingt ans de pratique, tout le personnel politique de la IIIe République, parlementaires, syndicalistes, journalistes, comitards de tous poils. Non seulement il connaît les hommes, mais les procédés, les combines, les astuces, les relations des uns avec les autres, les anciennes rivalités, les vieilles querelles, bref c'est un vieux singe qui sait faire la grimace. Aussi lui a-t-il été facile de mettre tout de suite Dewavrin en contact avec ceux qu'il fallait voir, de l'informer, par avance, de l'équation personnelle de chacun, etc.

Ce n'est jamais joli de voir ce qui se passe dans les coulisses,

* Notamment pour les réseaux de renseignement. La même remarque s'applique à Yeo Thomas (SOE) qui, livré à lui-même, n'aurait pas eu le sixième des contacts qu'il a eus dans le sillage de Brossolette.

c'est toujours un peu triste. Un univers de petites querelles, d'hommes qui ne s'aiment pas les uns les autres.

Brossolette qui déteste Moulin et Moulin qui le lui rend bien, Emmanuel d'Astier qui n'aime ni Moulin, ni Brossolette et ces deux derniers qui ne se rencontrent que pour exprimer des réserves à l'égard d'Emmanuel ; le général d'Astier qui soutient Moulin contre Brossolette jusqu'au jour où son frère arrive à Londres (ces jours derniers) et vient lui dire que Moulin est l'ennemi public numéro un et le même général d'Astier qui sur-le-champ change son tir ; la zone nord particulariste qui ne veut avoir rien de commun avec la zone sud ; Dewavrin qui après deux ans et demi d'intime fraternité avec André Manuel s'écarte brusquement de lui, voilà un aspect de la Résistance française, en tout cas des services qui l'administrent.

Il faut de Gaulle, son souverain mépris du subalterne, son ignorance des personnes, pour réussir à dominer ce tumulte. Jusqu'à la fin du monde les plus grandes entreprises s'accompliront au moyen de petits hommes se querellant entre eux.

Pour la majorité des hommes, l'arbre cache la forêt. Au contraire d'eux, de Gaulle voit la forêt, mais il veut ignorer qu'elle soit faite d'arbres.

L'ignore-t-il vraiment ou feint-il de l'ignorer ? Est-ce naïveté ou propos délibéré ? Après trente mois d'observation quotidienne, je ne peux trancher. Je pencherais pour croire que cette ignorance participe de son inaptitude à prendre intérêt aux cas particuliers, sa faculté d'ignorer le mesquin.

Il ne s'est pas passé de semaine ni presque de jour depuis quatre mois sans que la presse apporte quelque nouvelle sur les perspectives d'accord Giraud-de Gaulle, sur les imminents départs de De Gaulle soit pour Washington, soit pour Alger, puis sur les retards apportés à ces déplacements, au point que tout le monde en est lassé et que l'histoire du conflit des deux G est devenue une scie.

2 mai 1943. Aller à Lagardère

Si l'on jette un regard en arrière, il est visible que de Gaulle, en Algérie, n'a cessé de gagner du terrain. Depuis le 8 novembre, il n'a pas varié d'un iota, il est demeuré assis sur son rocher — que n'entame aucune tempête — et, n'allant pas à Lagardère, à attendre que Lagardère vienne à lui. Or, il est de fait que Lagardère se rapproche constamment.

Il ne s'est pas cantonné dans une attitude purement négative. Assis sur son rocher, il a expliqué amplement et en détail ce qu'était ce rocher. Ce rocher, c'est le refus de reconnaître l'armistice, d'admettre ceux qui ont été les artisans, les complices ou les profiteurs de la politique de capitulation, c'est le retour aux libertés républicaines, la volonté de voir s'établir dès maintenant une autorité française unique, gérante provisoire des intérêts de la France. Ce rocher, ce sont nos mémorandums successifs.

La chance de De Gaulle est qu'il a pu remanier ses intentions intimes sans modifier en rien son attitude. Le malheur de Giraud est que les déconvenues successives qu'il éprouve le forcent à apparaître comme une girouette.

En vérité, chacun des deux voulait le pouvoir pour soi et la soumission de l'autre. De Gaulle considérait qu'il était du devoir de Giraud qu'il se mît purement et simplement à la disposition du CNF et reçût de cette autorité, par exemple, le commandement en chef des armées françaises. Du coup, le CNF, sans autre forme de procès, se transportait à Alger et le tour était joué. Mais Giraud ne pensait pas à cela. Tout d'abord il se croyait appelé par Roosevelt (depuis Königstein *) pour être généralissime. Puis, après, il se faisait nommer commandant en chef civil et militaire. C'est depuis ce moment que de Gaulle, fort sagement conseillé par Philip, bon juriste et bon républicain, et par Massigli, bon diplomate, n'a cessé de coincer Giraud et d'ébranler sa position en lui opposant à tout coup les lois de la République.

Giraud veut-il rester commandant en chef civil et militaire ? C'est inconstitutionnel ! Le commandant en chef reçoit son commandement du pouvoir civil et n'y participe pas ! Vlan ! Le pauvre Giraud s'en arrache chaque jour un poil de moustache. Giraud veut-il que l'organe central de gouvernement soit composé des gouverneurs généraux et résidents ? C'est inconstitutionnel ! Ces hauts fonctionnaires nommés par le pouvoir central ne sauraient en être membres. Vlan ! Il s'en arrache un autre poil. Et de poil en poil, le pauvre Giraud, ballotté entre les conseils de Murphy et ceux de Peyrouton, perd progressivement son assurance.

---

* Forteresse où il était détenu.

Je crois que pour l'instant Catroux donne à Giraud le choix soit d'occuper un poste politique en qualité de vice-président de la République, ou quelque chose d'approchant, « le président de la République empêché » (comme le dit la Constitution), soit d'avoir une activité militaire, en tant que commandant en chef, ou quelque chose d'approchant.

Giraud ne pourra pas éternellement se maintenir dans la position où il est, en faisant fi de De Gaulle et du « gaullisme ». A contrecœur il navigue et se rapproche du rocher où de Gaulle, avec d'apparents changements d'humeur mais au fond sûr de lui, l'attend.

Le grandissime allié

Ce mois de mai est un nouveau moment d'intense activité diplomatique, la France Combattante assiste, impuissante, à l'intervention anglaise à Diégo-Suarez et se voit frustrée de participer à la conquête de Madagascar. Dès cette époque, les Anglais ne lèvent plus le petit doigt sans en tenir informé le gouvernement américain. On sait que, depuis Dakar, Roosevelt, en personne, a rejeté l'échec de cette expédition sur les Français Libres et que, de sa part, ce veto à notre présence jouera jusque et y compris pendant le débarquement en Normandie. Ce n'est pas une raison pour que cela mette, à chaque fois, le général de Gaulle dans tous ses états, ni pour qu'on frôle une rupture décisive entre Carlton Gardens et Whitehall.

Lors de mes brefs passages à Londres, mes visites au n° 1 Carlton Gardens, où siège désormais le Général, ne me laissent rien ignorer des angoisses de son entourage. C'est la crise. Les Anglais sont un peu penauds, car ils ne partagent pas, sans réserve, l'opinion officielle américaine — ils savent bien qu'à Dakar les torts ont été très partagés — mais ils sont contraints de s'aligner sur la position du grandissime allié. Bingen, pour sa part, m'informe que le torchon brûle entre Jean Moulin et Brossolette.

Parachuté en mai ?

Il m'est confirmé à Duke Street que je suis prévu pour un parachutage avant la pleine lune de mai. Je fais tous les préparatifs et j'entasse avec grands soins, aidé par Janine, tout ce que peut contenir une valise forcément lourde, en vue d'un long séjour dans un pays où, de l'avis de tous, je ne trouverai aucun rechange ! Du savon et autres objets de première nécessité. La date du 14 mai m'est, au dernier moment, fixée et j'apprends que je sauterai dans la région de Château-Thierry où, selon ce qui est désormais l'usage, je serai accueilli par un comité de réception. Nous embarquons donc le soir du 14 dans un quadrimoteur en compagnie de trois ou quatre autres « clients » que je ne connais pas. Train de Château-Thierry à Paris.

Un agent de liaison me conduira jusqu'à la gare de Château-Thierry et mon logement à Paris sera prévu par la délégation. J'aurai d'autre part la ressource de téléphoner de la part de « Lapin Blanc » à une amie de Yeo Thomas à Neuilly. Il vient de loger chez elle quelques semaines plus tôt. J'ai été initié à l'existence du vélo-taxi, dont pour raison de sécurité il ne faut pas abuser. Mais à l'arrivée dans une grande gare, c'est bien commode à la condition de se faire déposer à une certaine distance de son domicile.

Londres, 22 mai

Je ne suis ici encore que par erreur ; en sursis. Le 18 au soir, je volais à tire-d'aile vers la France, pour être parachuté aux environs de Château-Thierry, quand, dans un clair de lune éblouissant, la DCA allemande nous a pris à partie. L'impression est désagréable.

Coup de gong, tout tourne et l'appareil plonge : j'ai la nette perception que l'avion va s'écraser au sol. Je tente de regarder autour de moi, de voir où me retenir dans l'espoir de n'être pas projeté d'un bout à l'autre de l'immense carlingue. Instinct de conservation. Mais tout tourne et tout est trouble. Effort pour recouvrer la vue distincte des choses. Les moteurs sont au ralenti. Voilà les pires instants.

Ensuite, après un temps court que je ne peux évaluer, je reprends possession de moi. Dans la demi-obscurité, je vois mes compagnons aller et venir. L'avion a repris sa ligne de vol et tout semble rentré dans l'ordre. Je sens alors quelque chose couler le long de mon cou : j'y porte la main, c'est du sang. Je suis blessé. Lors du coup de gong initial je m'étais cru seulement pris dans un cataclysme général : j'observe à présent qu'il s'agit d'une blessure en quelque sorte personnelle, individuelle. Je regarde derrière moi : un autre blessé est étendu.

J'attribue l'accident à l'attaque d'un chasseur allemand et je vis pendant quelque temps dans la crainte qu'il revienne. On vient m'annoncer que nous rentrons et Drouot, indemne et paternel, m'enroule une bande Velpeau. Un bon quart d'heure après l'attaque, je m'aperçois que je suis également blessé au bras. J'ai lu depuis trois ans trop de récits d'aviateurs qui, blessés, demeurent aux leviers de commande, pour ne pas m'adresser quelques reproches. Circonstance atténuante : je n'ai rien en charge, je ne fais donc rien.

Rentré à l'aérodrome, j'apprends que nous avons été atteints par la Flak allemande, en l'espèce par un train armé au-dessus duquel nous avons eu la malchance de passer. Pas de projecteur, la lune était magnifique. Nous volions à 200 mètres, il nous attendait et sa première salve a été au but : on a compté sept obus dans le fuselage et des centaines de balles de mitrailleuses. Mes blessures sont le fait de shrapnels. Nous étions dix hommes à bord et trois pigeons voyageurs. Trois blessés légers et les trois pigeons tués. Etrangeté du sort : les coups ennemis ont été atteindre ces trois oiseaux minuscules tandis qu'ils épargnaient sept d'entre nous.

Blessures superficielles, quelques semaines plus tard il n'y paraîtra plus. J'attends avec impatience — ce n'est pas une formule, c'est la vérité — le début de la prochaine lune.

Moulin a déclaré dans un télégramme il y a peu qu'il me confierait le secrétariat du comité de coordination des mouvements de résistance zone nord. On en a conclu ici — peut-être un peu vite — que je serais adjoint de Rex en zone nord pour les affaires civiles.

Nous verrons. Comme je me suis toujours plu à le dire : un poste n'est rien en soi, il n'est que ce qu'en fait son titulaire.

Une série de mouvements heureux, aussi bien sur le plan de l'intérêt général que du point de vue tactique, s'opèrent. Ils sont dus à Philip. Dewavrin va faire un tour à Alger et Brossolette remplace ici, à la BBC, Schumann qui accompagne de Gaulle en Afrique du Nord.

De ces mesures on espère quelque profit : en séparant les deux hommes pour quelques semaines, permettre à Dewavrin de se ressaisir et le délivrer de l'emprise de Brossolette ; d'autre part écarter Brossolette du BCRA en lui donnant un os à ronger ailleurs (un très bel os !) : les cinq minutes quotidiennes d'« Honneur et Patrie ».

Le 27 mai 1943. De Gaulle quitte Londres pour Alger

Une étape s'achève demain, une page de l'histoire de France : l'intermède londonien. Après trois ans moins un mois, de Gaulle quitte Londres pour se transporter à Alger. Adieu ! Carlton Gardens ! Adieu St. Stephen's House depuis longtemps oublié ! Elles appartiennent désormais au passé, ces trois années douloureuses et nobles auxquelles tous ceux qui les auront vécues resteront sentimentalement attachés, comme à des années d'enfance.

Nous aurons le plus grand mal, quand nous serons de retour en France, à nous rappeler les petites laideurs qui émaillèrent notre vie quotidienne. Les querelles, les jalousies ; les mensonges. Il ne restera que la fresque ; tout se décantera. La vérité s'estompera vite. Derrière de Gaulle, preux chevalier, notre mémoire évoquera la légion des héros au cœur pur.

DEUXIÈME PARTIE

MISSION EN FRANCE

Préambule

Tout au long de cette année 1943, dont le climat est d'abord incertain, de Gaulle va devoir s'évertuer à épargner à la France Combattante de nouvelles humiliations après celles subies à Anfa face au général Giraud soutenu par les Américains.

Pour faire appliquer sa politique en France, le général de Gaulle s'appuie sur Jean Moulin, qui n'a cessé, depuis janvier 1942, d'affermir son autorité sur les mouvements de résistance intérieure. Au cours d'entretiens nocturnes en novembre-décembre 1941, de Gaulle s'exprime avec Jean Moulin comme il ne l'a peut-être jamais fait avec personne, sur ses intentions, sur son ambition nationale. Il invite Moulin à rentrer en France pour fédérer et soumettre les mouvements de résistance à son autorité. La France Libre ne dispose pas de grands moyens, mais elle les mettra à sa disposition. Un radio l'accompagnera, de l'argent viendra ; des contacts ont été pris en zone sud, que Moulin les poursuive et les intensifie. Le colonel Passy et ses services sont désignés pour lui apporter toute l'assistance technique nécessaire. Les deux hommes se reverront dans le secret. Un climat de confiance est né. De Gaulle insiste sur un point capital, pour éviter toute ambiguïté. Il ne vise pas une prise de pouvoir personnelle ; il ne jouera pas les Franco ni ne placera à la tête de chaque région un colonel ! Son but est de rétablir la République. De reprendre notre place parmi les vainqueurs ; de rendre la parole au peuple français. Dès ses premiers appels, il s'y est engagé ! Il tiendra parole. Depuis l'automne 1942, Moulin a convaincu les trois principaux mouvements de zone sud * de s'unir et de joindre leurs forces au sein d'un comité de coordination qu'il préside. C'est une prodigieuse avancée. Déjà, Moulin pense à répéter l'opération en zone nord.

En ce début d'année 1943, un conflit, qui n'est pas que de doctrine, divise les cadres de la France Combattante. Pierre Brossolette, avec un article publié au mois de novembre 1942 dans *la Marseillaise*, s'est fait durablement le champion d'un gaullisme intégral et orthodoxe qu'il a toujours prôné. Ardent défenseur d'une rénovation politique à la Libération, il prend fait et cause pour les mouvements, contre le retour programmé des anciens partis politiques de la IIIe République dans la Résistance, qu'il condamne sans équivoque. Ces derniers renaissent de leurs cendres, après une longue période de silence consécutive au hara-kiri parlementaire coupable du 10 juillet 1940. Léon Blum y a largement contribué depuis la barre du procès de Riom, où il a défendu, par ses vibrants plaidoyers, la République ; l'opinion publique se réveille. Depuis 1941, le PCF est également entré dans la guerre aux côtés des mouvements. Mais ce sont les socialistes qui se montrent les plus entreprenants dès le printemps 1942, débordant d'idées. Tandis que leurs militants peuplent les cohortes clandestines des mouvements, ils réclament une reconnaissance officielle au sein des institutions clandestines de la Résistance, créées par Jean Moulin à l'automne 1942 **.

Afin de montrer qu'ils ne sont pas en reste, les socialistes présentent plusieurs projets de réorganisation politique, dont l'un s'avère particulièrement menaçant pour l'autorité que le général de Gaulle entend exercer sur la Résistance intérieure. Rendu public par Daniel Mayer dans les colonnes du *Populaire* en novembre 1942, il consiste à proposer la création d'un vaste rassemblement politique regroupant, aux côtés des mouvements, les partis poli-

---

* « Combat » d'Henri Frenay, « Franc-Tireur » de Jean-Pierre Lévy et « Libération-Sud » d'Emmanuel d'Astier.

** Le 2 octobre 1942 a été officiellement créé à Londres le comité de coordination des mouvements de zone sud, fruit de dix mois de tractations entre Moulin et les chefs de trois plus importants mouvements de la zone : « Combat », « Libération-Sud » et « Franc-Tireur ». Les socialistes du CAS, le parti socialiste clandestin, en sont exclus.

tiques et les syndicats. Ce projet est un des ancêtres du CNR. Initialement favorable au monopole exercé par les mouvements sur la Résistance, estimant qu'eux seuls ont pris tous les risques, Jean Moulin, le 14 décembre 1942, se range pourtant avec pragmatisme derrière l'idée des socialistes. Il sait que le général de Gaulle a besoin de toutes les forces résistantes métropolitaines dans son face à face avec le général Giraud en Afrique du Nord. Il sait, aussi, que les mouvements ne pèsent pas lourd aux yeux des grandes chancelleries. Le seul atout du chef de la France Combattante, plus isolé que jamais, reste cette Résistance intérieure, qui doit désormais faire bloc derrière lui. Alors que les Alliés ont confié les clés de l'Afrique du Nord à Darlan puis à Giraud, qui maintient la législation de Vichy en vigueur, de Gaulle doit rassembler sur son nom les grandes personnalités de la IIIe République. Elles lui donneront cette audience internationale dont il a tant besoin pour gagner quelque crédit aux yeux de Roosevelt. En ce début d'année 1943, le retour des partis politiques d'avant-guerre ne peut plus être écarté. Les mouvements ont beau protester ; la raison d'Etat s'impose.

Jean Moulin envoie à Londres ses premières esquisses. Mais son revirement suscite l'ire des mouvements qui se sentent trahis. Comment pourraient-ils accepter le retour de ces partis qui n'ont pas résisté ? Il faut au représentant du général de Gaulle tout son talent et beaucoup d'obstination pour faire progresser cette idée. Il va à Londres au mois de février 1943 pour discuter de ce projet avec le général de Gaulle, accompagné du général Delestraint, chef de l'Armée secrète.

C'est à cette occasion que je le découvre pour la première fois ; très vite, son charme nous subjugue tous ; cet homme rayonne d'un subtil mélange d'autorité et de douceur. Nos services ne jurent plus que par lui ! Il a avec Jacques Bingen, devenu responsable de la section NM (non militaire) du BCRA, de longs entretiens autour des instructions portant création du Conseil de la Résistance durant lesquels Moulin lui fait modifier de nombreux points. Ressortiront de ces conversations confiantes les « nouvelles instructions » du 21 février. Le général de Gaulle a donc tranché en optant pour la création du CNR qui fait de lui le champion légitime de la République contre l'entrée de Vichy dans la guerre, sous la houlette de Giraud. Il lui faut le soutien de tous, à commencer par celui, officiel, des anciens partis.

Mais sur le terrain, les partisans de « l'autre politique » ne veulent rien entendre de ces impératifs. Pierre Brossolette chevauche désormais son propre palefroi. Parti au mois de janvier 1943 avec une mission délimitée, il tente, jusqu'au bout, de faire triompher ses idées. Faisant fi des rappels à l'ordre répétés de Londres et des nouvelles instructions que lui apporte le colonel Passy sur place, il décide, envers et contre tous, de créer un comité de coordination de zone nord, dans l'espoir de saborder les « nouvelles instructions » qu'il juge néfastes. Il empêche la constitution de la commission permanente, prescrite par le général de Gaulle, qui regroupe tous les mouvements en un seul organisme directeur, abolissant la coupure artificielle créée par les deux zones. Il est irréductiblement opposé à la création du CNR. Un officier de la France Combattante peut-il, plusieurs semaines après, occuper son temps à discuter les ordres du Général ? Brossolette le pense et agit en ce sens. En lui, l'homme politique a eu raison de l'officier. La passion, du devoir. Passy lui emboîtera le pas.

Lorsque Jean Moulin rentre en France, il trouve une situation proche de l'anarchie ; Brossolette s'est répandu en propos cruels contre lui auprès des mouvements, dénonçant son ambition * ! L'explication entre les deux hommes, inévitable, est violente. Elle n'épargne pas le colonel Passy resté silencieux devant les excès de son « adjoint ». Moulin est désormais commissaire national en mission, équivalent de ministre ; ses pouvoirs ont été étendus aux deux zones. Il ne transige ni avec les institutions ni avec l'autorité. Passy et Brossolette sont rappelés à Londres.

Cette affaire plonge le BCRA dans une situation trouble. De retour à Londres, les deux complices font face au silence réprobateur des autres responsables. Manuel a remis sa démission à Passy, qui l'a refusée. Brossolette redouble de propos acerbes contre la politique que Moulin applique sans faiblir. A la querelle de doctrine s'ajoute désormais une querelle de personnes et d'ambitions. Brossolette, avec le soutien du colonel Passy, défie ouvertement l'autorité du général de Gaulle.

En dépit de ce contexte chaotique, Moulin, dès son retour en France, reprend son ouvrage. Il réussit, malgré les difficultés rencontrées, à faire siéger les représentants des mouvements au côté des partis politiques et des syndicats au sein du Conseil de la Résis-

---

* Cf. les extraits de mon « journal de guerre », p. 273.

tance. Le 27 mai 1943, rue du Four à Paris, a lieu la première réunion de l'assemblée clandestine. Les seize membres signent à l'unanimité une motion de soutien inconditionnel au général de Gaulle. Moulin a atteint ses objectifs : la réunion de toute la Résistance intérieure derrière l'autorité morale du général de Gaulle. Comme celui-ci l'a écrit plus tard dans ses *Mémoires*, la première motion du CNR le conforte dans sa lutte contre Giraud et les Américains : « Le télégramme de Paris, transmis à Alger et publié par les postes radio américains, britanniques et français libres, produisit un effet décisif, non seulement en raison de ce qu'il affirmait, mais aussi et surtout parce qu'il donnait la preuve que la résistance française avait su faire son unité. La voix de cette France écrasée, mais grondante et assurée, couvrait, soudain, le chuchotement des intrigues et les palabres des combinaisons. J'en fus, à l'instant même, plus fort, tandis que Washington et Londres mesuraient sans plaisir, mais non sans lucidité, la portée de l'événement. »

1

LE «TESTAMENT» DE JEAN MOULIN

Mission en France. 16 juin 1943

Ma deuxième tentative pour atteindre le sol de France est la bonne : l'opération «Marguerite» du 16 juin 1943 transporte par-dessus la Manche six personnes, à bord d'un bimoteur Hudson. Nous atterrissons dans la région de Mâcon. Comme toujours, des hommes repartent en sens inverse après trois minutes d'arrêt au sol, moteurs en marche. Cette fois-ci ils sont huit et sur le terrain d'atterrissage, je croise Henri Frenay qui repart vers Londres. Nous tombons dans les bras l'un de l'autre et je remarque qu'il fait une tête d'enterrement. Je connais les tensions entre le fondateur de «Combat» et Jean Moulin, dont j'ai eu vent depuis longtemps par le BCRA lorsque j'étais à Londres. Vu sa tête, je me dis que les choses n'ont pas dû vraiment s'arranger. Je dois avouer que mes premiers pas sur la terre ferme ne sont pas prélude à quelque émotion romantique ; je suis, au contraire, accaparé par des problèmes essentiellement matériels et je maudis en particulier ceux qui, de l'autre côté, ne nous ont pas fourni de bottes en caoutchouc avant le départ, dont nous nous serions défaits à notre arrivée ; nous sommes obligés de traverser des champs boueux et détrempés à l'heure de la rosée matinale : mes souliers sont des paquets de boue. Après une marche de peut-être 600 à 800 mètres, nous recevons l'accueil chaleureux de la famille et des membres du comité d'accueil, tous des voisins. Mes souliers trempés ne constituent bientôt plus qu'un petit désagrément vite oublié quand nous félicitons l'équipe de la parfaite organisation de l'opération, dont le chef d'orchestre est, ce jour-là, notre ami Paul Rivière, chef du BOA *. On nous offre une tasse de vrai café et nous distribuons thé, café et cigarettes apportés à l'intention des locaux. Selon l'usage, chacun des voyageurs arrivant en France par les soins du SOE ouvre alors sa hotte, tel le Père Noël, et distribue le contenu à son entourage. Les enfants sont tenus à l'écart de nos arrivées, de peur que l'un d'eux raconte à l'école qu'il a vu des hommes tomber du ciel.

Nous nous délestons enfin de nos armes car la règle en France est de ne jamais en avoir sur soi. Le SOE m'a pourvu de toute la panoplie du parfait agent en mission : j'ai, dans un étui, la fameuse pilule de cyanure à croquer. Janine, ma femme, me l'a judicieusement dissimulée entre deux boutons de mon pantalon, elle est ainsi indétectable en cas de fouille. Je m'inquiète bientôt de la suite des opérations : « Que va-t-il se passer ? Que fait-on de nous ? »

Un agent de liaison va nous conduire à la gare la plus proche, pour ensuite rejoindre Lyon-Brotteaux par un « tortillard ». Nous faisons nos adieux au terrain « Marguerite », et les voyageurs de l'opération se dispersent. Une demi-heure plus tard, j'arrive à la gare, et il ne reste à mes côtés qu'un seul d'entre nous, Pierre Péry. Il revient d'un stage d'homologation de terrains auprès de la RAF en Angleterre. En route, nous bavardons et faisons plus amplement connaissance. L'agent de liaison nous laisse à la gare et nous informe qu'un autre agent nous réceptionnera à la gare des Brotteaux.

Le train est bondé et je dévisage tout le monde fiévreusement. Avide de découvrir mes concitoyens d'aujourd'hui, je scrute chaque physionomie, épiant la tenue de chacun, ses accoutrements, ses mains... Bien évidemment, je cherche à déceler la différence entre eux et moi, susceptible de me trahir. A chaque instant, je me demande s'ils « voient » ou soupçonnent qui je suis : un agent de la France Combattante en mission ! Peuvent-ils repérer des détails qui me trahissent ou au contraire suis-je fondu dans la masse ? Un point me rassure cependant : ils ne donnent pas l'impression d'être des squelettes et bon nombre ont bonne mine. J'applique méthodiquement et scrupuleusement toutes les techniques que j'ai apprises à Londres au cours de mes stages. Mon attention est mobilisée sur tout : être sur ses gardes, se méfier de tout le monde... c'est affaire de gymnastique. On nous a prévenus à Londres que le véritable

* Bureau des opérations aériennes.

danger ne venait pas des soldats en uniforme mais des agents en civil de la Gestapo ou de l'Abwehr !

Arrivés en gare des Brotteaux, un agent de liaison nous réceptionne. « Voilà donc les arrivés de la nuit », dit-il avec le sourire. Puis, il se tourne vers moi : « Je n'ai aucune instruction pour vous », me dit-il. Je reste pétrifié.

« Mais où vais-je coucher ce soir ? » lui demandé-je, inquiet. Il me répond qu'il va prévenir la centrale de mon arrivée. Aucune disposition n'a été prise pour me loger. Cette perspective, pour quelqu'un qui arrive avec l'intention de rester durablement en France, est naturellement surprenante. « Dites-leur que Serreulles est là et qu'il faut le loger ! » lui dis-je fermement. L'agent m'indique que son prochain contact est à 14 heures et qu'il me retrouvera à 14 h 30. Il s'en va et me plante là avec ma valise.

J'envisage sans plaisir l'idée de passer la nuit sur un banc ; il est bien entendu formellement interdit de descendre dans un hôtel car la police française passe régulièrement ramasser les registres et tout nouveau client est fiché. Eviter les hôtels est dans la panoplie des règles de base que nous avons apprises. Je me tourne alors vers mon compagnon de la nuit, Pierre Péry. Il est en mission pour prospecter de nouveaux sites d'atterrissage et de parachutage afin de les soumettre à la RAF pour homologation. La RAF viendra ensuite les photographier sous toutes les coutures. Péry a déjà passé plusieurs mois à Lyon et peut m'être précieux. Il m'informe du fait qu'il descend chez des amis alsaciens qui vivent repliés à Lyon depuis 1940. Je lui demande immédiatement s'il pense qu'ils pourraient me loger. « Sûrement pas ! » me répond-il. Il évoque plusieurs raisons pour cela : la sécurité, dans un premier temps, qui fait que ses hôtes ne doivent pas avoir sous leur toit plusieurs clandestins appartenant à des services différents. Par ailleurs, ils n'ont qu'un lit et une chambre à proposer. Je pourrais, m'indique-t-il, éventuellement aller prendre un repas ou une douche chez eux, dans les jours qui suivent, mais il est impossible qu'ils me logent.

Je me promène donc dans Lyon, ma valise à la main, en attendant mon rendez-vous de 14 h 30. Fort heureusement, j'ai de l'argent sur moi ; les services londoniens m'ont même doté d'une coquette somme pour l'époque, quelque 20 à 30 000 francs français. La situation me paraît tout à fait désagréable mais un seul point m'inquiète véritablement : ma couverture. Je suis censé être un agent de la compagnie d'électricité de la Ville de Paris et mes papiers ont été faits à Londres ; ils sont bien faits mais ne peuvent résister à aucun contrôle sérieux.

Mon agent de liaison revient comme prévu à 14 h 30, les mains vides. « Il n'y a rien », me dit-il. Nous prenons un nouveau rendez-vous à 18 heures, avant l'entrée en vigueur du couvre-feu. Lorsqu'il réapparaît, à ce moment-là, il est toujours sans nouvelles ni instructions me concernant. Il me trouve cependant une solution boiteuse. « Il faut bien vous loger ; je vais vous conduire à une de nos amies, infirmière, qui loge parfois à l'hôpital un de nos agents en difficulté. » Cette infirmière habite un vieil immeuble des Brotteaux et travaille de nuit, son lit est ainsi libre la nuit. Je parviens jusqu'au sixième étage en traînant ma valise (20 kilos) et me présente à elle mais, manque de chance, ce soir-là, elle est au repos.

« Justement ce soir, je ne suis pas de service et je dors chez moi, me dit-elle. Mais si vous êtes vraiment en panne, vous voyez, j'ai ma petite cuisine. Il y a là un fauteuil. Vous pouvez vous allonger dans le fauteuil et vous y passerez la nuit », ajoute-t-elle. Malgré la rusticité des lieux, je suis bien content d'être là. Les tableaux idylliques que l'on m'avait peints depuis Londres sont déjà bien lointains. Cela me montre le vrai visage des conditions précaires de la Résistance en France en 1943. Les images d'Epinal de Londres s'effacent ; on m'avait un peu doré la pilule en me disant en substance que j'arrivais comme un adjoint de Moulin, et que, dès lors, je n'aurais à faire face à aucun problème matériel, que tout serait résolu facilement, etc. Bref, en tapis volant. Rétrospectivement, je considère que cette douche froide a été salutaire pour moi : elle m'a permis d'être immédiatement dans le « bain ».

Le lendemain matin, après une toilette sommaire sur l'évier, je dois partir en même temps que ma logeuse car, impérativement, elle doit fermer la porte derrière elle.

J'avais pris le soin de convenir avec Pierre Péry de rendez-vous de rappel pour le lendemain. Je lui raconte ma situation et il paraît embêté, d'autant qu'il loge très confortablement chez les Benech, dans un beau quartier de Lyon très aéré. Il me ménage donc une plage de trente minutes dans la salle de bains de ses hôtes afin que je puisse compléter ma toilette du matin et changer de chemise. Mon rendez-vous de rappel suivant avec l'agent de liaison ne donne rien de nouveau : « Je n'ai pas vu le secrétaire de Moulin mais je le verrai dans la journée, me dit-il. Il ne sait pas que vous êtes là. »

Pendant deux jours, j'attends ainsi le contact avec Jean Moulin.

Je rumine en silence, traînant dans les squares, comme un oisif ; je ne parviens pas à lire. Lors de mes rendez-vous de rappel avec Péry, celui-ci me rassure ; il est très gentil et attentif avec moi.

Je prends enfin contact, le lendemain, avec le chef intérimaire du secrétariat de Moulin, Tony De Graaff. A ce moment-là, Daniel Cordier, secrétaire attitré de Jean Moulin, est à Paris, dépêché par son patron pour créer un secrétariat en zone nord, inexistant jusque-là. Moulin ne disposait jusqu'ici que d'une seule centrale, Lyon. Cordier va donc à Paris créer une seconde centrale homothétique de la première, avec ses propres services radio, du chiffre, ses services d'atterrissages, de parachutages, etc.

Tony De Graaff finit par m'arranger un rendez-vous avec Jean Moulin pour le soir, qui correspond à la date du 18 juin. Je dois le rencontrer à 19 heures à l'arrêt du tramway n° 9, rive droite, pont des Feuillants. Il pleut d'une pluie fine et pénétrante sous un ciel gris de plomb. J'attends dans la queue ; enfin, le n° 9 s'arrête ; les voyageurs montent et, comme le tramway s'ébranle, un homme en saute. Il est d'allure alerte et de visage jeune, quoique marquant des signes de fatigue, légèrement grisonnant aux tempes, coiffé d'un chapeau marron délavé, sans rien qui le protège de la pluie. Il a le col de veston relevé, les mains dans les poches. C'est Jean Moulin.

Il se retourne pour vérifier que personne n'a sauté du tramway derrière lui. Comme si notre rencontre était fortuite, je vais au-devant de lui, la main tendue. Nous faisons alors quelques pas en direction du Rhône, le long duquel nous marchons. Il n'est pas rasé et m'explique qu'il n'est pas retourné chez lui depuis deux nuits, son domicile ne lui paraissant plus sûr, à la suite d'une saisie d'une boîte aux lettres. Il ajoute qu'il a dormi dans des logements de secours et il s'inquiète à voix haute de ne pas pouvoir récupérer son imperméable ni ses autres vêtements.

Le jour même, me dit-il, il a perdu des heures dans des rendez-vous manqués. Est-ce une série de malchances ou le signe d'arrestations ? Il est obligé de rester deux ou trois jours de plus que prévu à Lyon, pour reprendre les contacts. Il est pourtant attendu à Paris où d'autres urgences l'attendent. En réalité, il me confie qu'il ne peut me consacrer ce soir que quelques instants ; il tenait à me rencontrer pour me souhaiter la bienvenue, mais son prochain rendez-vous est à 19 h 30. Il me fixe un nouveau rendez-vous pour le lendemain au parc de la Tête-d'Or et ajoute qu'il aura alors tout son temps et qu'il me réserve plusieurs heures. Il est sevré de nouvelles et ne sait pas ce qui se passe à Londres ni à Alger. Il a de son côté beaucoup de choses à voir avec moi. Il prend aussitôt congé par un « bonsoir » plein de charme et d'assurance.

Le « testament » de Jean Moulin

Le lendemain, je me rends au parc de la Tête-d'Or. Il fait beau et le lieu est quasi désert. Il n'y a là que des nourrices promenant de vrais bébés ; pas de Gestapo poussant des landaus ! D'entrée, Jean Moulin est avide d'écouter les nouvelles que je lui apporte. Il me confie qu'il ne m'attendait plus à Lyon dès lors que je lui avais été annoncé pour le mois d'avril par le BCRA. Je m'étonne, en revanche que le même BCRA ne l'ait pas prévenu de mon arrivée au mois de juin, par l'opération « Marguerite ». Il est enchanté que j'arrive et souhaite examiner avec moi la manière dont je pourrais lui être à la fois le plus commode et le plus utile. Il me demande si j'ai une préférence pour les questions civiles ou les questions militaires et je lui réponds que je considère que je suis à sa disposition pour m'occuper des unes ou des autres, étant donné que les questions militaires que l'on traite au niveau du délégué ne sont pas des problèmes strictement militaires : le militaire, lui dis-je, me semble alors aussi politique que les questions non militaires. Je ferai ce qu'il me demandera de faire et je n'ai pas de préférence particulière. De même, il avait été prévu à Londres que je prendrais le secrétariat de zone sud* mais je lui indique que je suis tout à fait disposé à assumer le secrétariat de zone nord. Je lui annonce la venue prochaine de Jacques Bingen, qu'il connaît bien depuis son passage à Londres avec le général Delestraint, mais je ne suis malheureusement pas capable de lui indiquer aucune date précise concernant son arrivée en France. Bingen, responsable des affaires non militaires — manière pudique de nommer la section politique — du BCRA, doit trouver un successeur à son propre poste au préalable. Moulin semble satisfait de la venue de Bingen en France. Il a eu le temps d'apprécier ses qualités à Londres puisque Jacques Bingen est l'homme qui a rédigé pour lui les « nouvelles

---

* Le secrétariat de zone sud est l'organe de coordination de la délégation du CNF pour toute la zone sud.

instructions» du 21 février, portant création du CNR, avec André Manuel. Il a assisté à toutes les réunions avec l'Etat-Major anglais où Moulin et le général Delestraint ont, pour la première fois, attiré l'attention des Anglais sur le potentiel militaire de la Résistance.

Moulin m'interroge bien évidemment sur la situation à Alger dont il ne sait rien depuis le mois de mai. Je lui annonce que le général de Gaulle a quitté Londres pour Alger le 31 mai, dans des conditions assez précaires, qu'il est parti là-bas avec un très petit état-major et que j'ignore quels vont être ses premiers pas. J'ai quitté le cabinet du général de Gaulle depuis le début de l'année 1943, et je ne suis plus dans le secret des dieux comme auparavant. J'ai tout de même continué à voir du monde dans l'entourage du Général et à lire les journaux, mais je ne connais plus le dessous des cartes. Je parle à Moulin de la dyarchie : c'est le prix que nous avons eu à payer pour la venue de De Gaulle à Alger; elle s'est effectuée dans des conditions délicates. Giraud, craignant des manifestations hostiles à sa personne et favorables au général de Gaulle, avait envisagé, dans un premier temps, d'accueillir le Général dans le Sud algérien. De surcroît, les services secrets américains sont tout-puissants et à fond derrière le général Giraud. Le poids que pèse la France Combattante, modérément soutenue par le gouvernement britannique, est très faible au regard de la coalition que les Américains dirigent. Jean Moulin, après m'avoir attentivement écouté, en vient à faire le point sur son action en France sur le plan intérieur, depuis son retour de Londres le 20 mars. Durant tout le mois d'avril, il s'est dépensé en vue de la constitution du CNR. La mise sur pied de cet organisme, regroupant seize membres issus de mouvements, de partis et de syndicats, n'a pas été facile. Il évoque la genèse de la motion qu'il a fait parvenir quelques jours avant la date de la réunion effective au général de Gaulle et qui avait reçu, me dit-il, l'assentiment individuel des principaux membres du CNR*. En

* Le 8 mai 1943, ayant appris par la BBC le départ imminent du général de Gaulle pour Alger, Jean Moulin envoie trois télégrammes. L'un constitue un manifeste de soutien à de Gaulle contre Giraud. Ce manifeste, censé émaner de tous les mouvements et partis, était en réalité un texte que Moulin avait rédigé seul à partir de ses entretiens et de ses messages antérieurs, sur lesquels les composantes de la Résistance étaient d'accord. La lenteur des communications entre les résistants ne lui avait pas laissé le temps de leur soumettre le nouveau texte. Or ce message fut immédiatement publié, commenté à la BBC, et largement diffusé par la France Combattante avant la réunion effective du CNR. Cf. annexe n° 1.

séance, il y eut la passe d'armes avec Villon et les communistes, qui jouaient de Gaulle aussi bien que Giraud ! Puis, Moulin en vient à évoquer ses priorités immédiates, et son plan de bataille pour les mois à venir.

L'urgence, me dit-il, lui dicte de s'occuper en toute priorité de la lutte contre la déportation * qui prend un tour redoutable : l'Allemagne attend cinquante à cent mille hommes de la France et le problème des réfractaires se pose. Où les caser, où les camoufler ? Il n'y a qu'une solution : les maquis ! Mais les maquis, peuplés jusque-là de quelques milliers d'hommes au total, ne peuvent absorber d'un coup tous les réfractaires au STO ; de surcroît, les Anglais refusent de les armer. Moulin veut donc développer avec les mouvements de résistance et avec les syndicats clandestins une action commune visant à accueillir ces maquisards potentiels. Il est bien clair que ce n'est pas lui, avec son modeste secrétariat, qui peut assurer l'hébergement à quiconque. C'est le devoir et la responsabilité des mouvements d'y pourvoir ! Nous devons nous y employer avec la dernière énergie.

Il évoque ensuite le rétablissement de la République.

Les Américains ont leur idée là-dessus. Les communistes aussi. Nous devons être les premiers prêts. C'est le deuxième volet de l'action à engager. Le Comité général d'études (CGE), qui y travaille depuis un an, a préparé des textes envoyés à Londres, mais il faut accélérer la cadence avec le concours des mouvements. Nous devons être prêts pour le printemps 1944 au plus tard : c'est une tâche gigantesque. Pour l'ex-préfet Jean Moulin, les institutions républicaines, ce sont de prime abord les préfectures avec la désignation d'une vingtaine de commissaires de la République à l'échelon régional et de quatre-vingt-dix préfets, garants de l'autorité de l'Etat. Ils doivent être des hommes neufs, non compromis avec le régime précédent, avec la politique de Laval, des hommes qui n'aient jamais joué de rôle dans la collaboration. Cela signifie bien évidemment un prodigieux effort de recrutement, qui doit être entrepris dès maintenant.

Enfin, troisième volet, Moulin me parle de la nécessaire coordination des différentes organisations paramilitaires. Tout

* A l'époque le terme « déportation » s'applique aussi bien aux prisonniers de guerre, aux résistants captifs qu'aux travailleurs requis par le STO. Il ne s'agit pas de la déportation des Juifs.

d'abord, l'Armée secrète, créée avec les éléments strictement militaires des mouvements de résistance. En second lieu, les maquis FTP, dirigés par des cadres communistes mais comprenant de nombreux éléments tout-venant. Une troisième composante est constituée des officiers et sous-officiers émanant de l'ancienne armée d'armistice, pour l'essentiel fidèles au général Giraud, et placés sous l'autorité de l'Organisation de résistance de l'armée, ORA. L'ORA ne comporte pas d'hommes de troupe mais a en revanche un vivier de généraux et d'officiers ralliés en France au général Giraud, dont les généraux Frère et Revers. Le projet de Moulin est simple. Il faut unifier et rassembler tous ces éléments disparates sous une étiquette commune recevant ses ordres de Londres, car c'est à Londres que sera le cerveau des opérations d'invasion du continent. Les ordres parviendront directement aux EM unifiés à l'échelon de la région. Ce seront les DMR * qui assureront les liaisons.

Après avoir écouté ce long exposé, je dis à Moulin : « Je suis à votre disposition. Vous me collez où vous jugez bon. »

Moulin ajoute : « Comme nous ne savons pas très bien ce que vous allez faire, si vous allez vous occuper des affaires civiles ou militaires, et comme mes choix en la matière ne sont pas encore arrêtés, venez donc à la réunion que j'organise dans deux jours. » L'intérêt pour moi d'y assister est de me familiariser avec quelques-uns des hommes responsables en zone sud. Moulin me confie ensuite qu'il ne veut pas entendre parler d'un représentant de Frenay à la tête de l'AS ** car Frenay n'a qu'un but, c'est de mettre la main sur l'ensemble des éléments paramilitaires en France. Frenay estime que cette fonction lui revient de droit puisqu'il a les effectifs les plus nombreux et qu'il est le seul dans la Résistance à être un officier breveté d'état-major. Les chefs des autres mouvements ne veulent rien savoir pour lui subordonner leurs meilleurs éléments. Moulin souhaite que ce soit un homme indépendant des partis et des mouvements, de façon à ne pas favoriser un mouvement au détriment d'un autre. Il considère que des éléments issus de « Combat » ne sont pas plus légitimes que ceux issus de « Ceux de la Libération » ou de l'OCM. « J'ai réuni quelques responsables dans le secteur militaire, que je voudrais entendre », me dit-il.

* Délégués militaires de région.

** Armée secrète.

Cela indique que contrairement à ce qui a été dit par la suite, l'objet de la réunion de Caluire n'était pas de désigner ce jour-là un successeur au général Delestraint. Il s'agissait seulement de réunir les avis de ceux de la zone sud après quoi, la même consultation devrait être faite en zone nord.

A aucun moment, le discours de Jean Moulin ne laisse apparaître la moindre trace d'une hésitation quant à son adhésion à l'action conduite par le général de Gaulle. Lorsqu'il me parle du général de Gaulle, dans les perspectives que j'évoque plus haut, il dit fréquemment « nous », parce que c'est plus simple, et plus clair. Il y a une symbiose totale, et comme spontanée, entre les vues de De Gaulle et les siennes. C'est d'ailleurs pour cela qu'il s'est tant dépensé pour créer le CNR, car il sait que le sort de la Résistance est intimement lié à celui du général de Gaulle. De plus, l'unité de la Résistance ne résisterait pas une minute à l'effacement du général de Gaulle. Il parle notre langage, le langage que nous avons, tous, toujours tenu, Dewavrin, Billotte, et les autres : nous formons un tout. Je retrouve à Lyon un Jean Moulin fidèle à lui-même, progressant sans hésitation dans le sillon du combat politique tracé par le général de Gaulle. Bien sûr, il est inquiet de la partie de poker qui se joue à Alger avec le général Giraud. Mais qui ne l'est pas ? C'est le combat le plus difficile que le Général ait eu à mener depuis le premier jour, beaucoup plus difficile encore que celui du Levant ! C'est tout l'avenir de la France Combattante qui est en jeu et Jean Moulin le sait bien. Nous serrons les poings car nous affrontons le monarque le plus puissant du monde, Franklin Roosevelt en personne.

A tout à l'heure, à Caluire !

Le matin du 21 juin 1943, je croise Jean Moulin en compagnie de Raymond Aubrac, sur le pont Morant. Aubrac me dit : « Nous nous rencontrerons cet après-midi mais nous n'aurons probablement pas le temps d'un aparté ; alors, comme il faut que l'on fasse connaissance, voulez-vous que l'on dîne ce soir après notre réunion de l'après-midi ? »

Aussitôt, nous convenons d'un rendez-vous ferme, au restaurant, « Chez la mère... Untel », pour 7 heures.

La suite est l'histoire dramatique de l'épisode de Caluire maintes et maintes fois racontée, commentée, étudiée.

Tout nouveau à Lyon, ne sachant pas qu'il y a deux funiculaires, je me trompe et rate le rendez-vous pour monter à Caluire. Dès que j'ai réalisé ma méprise, je m'en veux atrocement, me demandant ce que Moulin pourra bien penser de moi après cette entrée en matière minable ! Cela ne m'était pas très agréable de passer à ses yeux, dès le premier instant, pour un jean-foutre. Toute la journée, je me flagelle sur le thème : « Mais quelle ânerie ! Quel âne je suis ! » Je compte heureusement retrouver Aubrac, comme convenu, au restaurant à 7 heures. Je constate très vite que personne ne vient, et suis cette fois sûr de ne pas m'être trompé de lieu de rendez-vous ! Celui-ci était très précis et facilement identifiable. Je dîne donc seul et repars vers 8 h 30, très inquiet. Un heureux concours de circonstances vient de me permettre de m'installer au n° 11 de la rue du Puits-Gaillot, dans un bel appartement situé dans un des vieux quartiers de la ville, tout près de la place des Terreaux. C'est un bâtiment très ancien, dont les fondations remontent probablement au XIVe siècle. Il appartient au colonel Schlesser qui est aux armées du Levant tandis que sa femme habite Paris. Il offre plusieurs possibilités d'évasion par les toits en cas de coup dur ; il n'a aucun lien avec la Résistance. La concierge me tient pour un neveu du colonel et me fait gentiment le ménage. En quittant le domicile exigu de l'infirmière — qui sera décorée après la guerre —, je change du tout au tout : ma nouvelle résidence est princière ! Je l'ai conservée jusqu'à la Libération.

J'avais le lendemain matin un rendez-vous avec Tony De Graaff, le secrétaire par intérim de Jean Moulin, à 8 h 30. Je le vois arriver le visage décomposé en me disant : « Il y a eu un coup de filet, personne n'est revenu à son domicile. »

Il m'indique qu'il est le seul à connaître le domicile de Jean Moulin, qu'il y a été, et qu'il a constaté que ce dernier n'y avait pas passé la nuit. Il avait également des rendez-vous de rappel avec le colonel Schwartzfeld, présent à la réunion de Caluire, et on ne l'a pas revu non plus. Sa femme, qu'il a contactée dès la veille au soir, lui a confirmé que le colonel n'était pas rentré chez lui. De Graaff me dit qu'il faut faire une dernière investigation, avant de tirer les tragiques conclusions qui se profilent. Il me donne rendez-vous une heure plus tard à l'angle de deux rues pour délibérer et disparaît.

A 9 h 30, il revient et me dit : « Voilà, c'est le coup de filet. On n'a plus revu personne. » Je dicte aussitôt à De Graaff le câble urgent pour Londres par lequel j'annonce la catastrophe et déclare que j'assure l'intérim.

Raymond Aubrac m'a confié longtemps après la guerre que, non seulement il comptait ce soir-là venir dîner avec sa femme, mais que Jean Moulin lui avait dit qu'il se joindrait à eux.

2

L'APRÈS-MOULIN

Prologue

A Londres, je me plaignais à de Gaulle lui-même de n'être pas dans l'action. Observateur, seulement. Je gagne la France. Une semaine ne s'est pas écoulée et c'est le drame de Caluire. Ce ne sont pas des mots, c'est la vérité historique.

Moulin n'avait cessé, depuis dix-huit mois, de construire. Il s'agit de persévérer dans la même direction. C'est ce que l'intérimaire que je suis s'assignera, au travers des embûches. Pourtant, dans l'étendue de ses pouvoirs, Jean Moulin ne sera jamais remplacé ; une partie de son héritage sera perdue. La mission que l'on m'avait confiée à Londres était entourée d'un flou relatif, que mes premiers entretiens avec Moulin n'avaient pas dissipé. Avec son arrestation, la situation qui se présente à moi est nouvelle. Ignorant de tout, inexpérimenté et peu préparé aux conditions de la lutte clandestine, je dois assumer l'intérim de la délégation du général de Gaulle pour toute la France occupée. Je suis, malgré moi, et dans un contexte dramatique, le successeur de Jean Moulin.

Ma première réaction consiste à câbler à Londres les tristes nouvelles et de proposer des mesures d'urgence :

« Police a arrêté hier tous les participants soit Rex (Moulin) je dis Rex (...)

« J'assure provisoirement intérim — vous prie désigner successeur Rex (Moulin) et vous propose confier immédiatement intérim à (...) pseudo Rousseau (Bidault) chef Bip *. »

* Télégramme de Serreulles au BCRA du 24 juin 1943.

Georges Bidault, chef du BIP*, est sur place l'homme le plus proche de Moulin. C'est naturellement à lui que je pense pour reprendre l'ensemble des prérogatives de Moulin. Sur le plan militaire, comme l'avait fait Moulin après l'arrestation de Delestraint, je réclame immédiatement l'envoi d'un responsable de haut rang pour reprendre la situation en main :

« C'est après mûre réflexion et en pesant mes mots que je dis que la France mérite que les FFC (Forces Françaises Combattantes) lui envoient les meilleurs de ses *(sic)* chefs. Comme chef de l'AS il faut un Leclerc ou un Koenig ; comme adjoint à ce chef il faut des Billotte, des Morinaud, qu'on y ajoute cinq ou six capitaines et sous-lieutenants d'élite et voilà le problème résolu **. »

Les premiers messages de Londres sont réconfortants et me redonnent confiance. C'est la période de l'après-Moulin qui débute, tragique et redoutable.

La disparition de Moulin va-t-elle tout remettre en question ? Tout le laisse craindre. Certains, anxieux de s'affranchir de la tutelle de Moulin, l'espèrent. Les partisans de l'émancipation, au sein du comité central des mouvements, à savoir, en première ligne, l'OCM *** et « Combat », ont poussé très loin leur projet, puisqu'ils se préparaient à le soumettre à leur prochaine réunion. Il comporte :

a) le constat de la disparition de la délégation dirigée par Jean Moulin ;

b) la reprise des services de la délégation par une autorité collégiale composée de trois ou cinq membres du comité central désignés en son sein ;

c) l'invitation faite au général de Gaulle de présider ce comité.

Placé sous les yeux du général de Gaulle, ce projet serait un brûlot. Il était urgent pour moi d'agir, avant que ces dispositions ne se cristallisent par un vote. C'est ce qui fut fait, comme on le lira dans cet ouvrage. La bourrasque était passée, mais il restera des séquelles. Le navire est démâté mais il ne sombre pas. Avec une voile de secours, des pilotes de rencontre, il tient le cap. La délé-

---

* Bureau d'information et de propagande, créé par Moulin en avril 1942.

** Rapport de Sophie (Serreulles), courrier du 27 juillet 1943.

*** L'Organisation civile et militaire est le plus important mouvement de zone nord et dispose de nombreux éléments paramilitaires. A l'instar de « Combat » en zone sud, il tente d'exercer une forme d'hégémonie en zone nord sur les autres mouvements de taille plus modeste.

gation, pour l'essentiel, poursuit son cours. L'après-Moulin s'étend sur douze mois pendant lesquels l'autorité du général de Gaulle sur la Résistance est la plus menacée.

Georges Bidault

Après avoir eu confirmation de la vague d'arrestations, je demande à Tony De Graaff de me mettre successivement en contact avec les responsables de la Résistance à Lyon. Je rencontre ainsi Georges Bidault qui était le collaborateur le plus intime de Moulin, et le plus gaulliste de tous les responsables résistants. Il était notamment l'homme à qui Moulin avait confié en avril 1942 le Bureau d'information et de propagande, le fameux BIP, bulletin d'information destiné à Londres dont Maurice Schumann faisait son miel à la BBC. L'arrestation de Moulin est bien évidemment ressentie par lui comme une catastrophe. La Résistance, selon lui, doit continuer. Il fonde tous ses espoirs dans la désignation d'un successeur par Londres à la tête de la délégation générale et il espère, tout comme moi, que cette désignation sera prochaine. Il m'adresse des paroles pleines de bonté, comme il en a le secret, avec générosité et affection. Il partage mes préoccupations quant à l'avenir de la délégation. Je m'entretiendrai plus tard avec lui de la possibilité, pour lui, de déborder de ses responsabilités du moment et de devenir un homme au carrefour des mouvements et des partis. Il n'écarte pas totalement cette possibilité mais reste comme toujours prudent et très cardinal. Ce célibataire, professeur d'histoire au lycée, a des manières de prélat. Catholique zélé, il est un des cerveaux de la démocratie chrétienne. Je le connaissais bien entendu de réputation, notamment pour son article de *l'Aube* à l'heure de Munich qui avait eu un grand retentissement. Cet article, reproduit dans la grande presse, lui avait valu, en France et à l'étranger, une réputation d'antimunichois si affirmée que personne ne songeait sérieusement à la lui disputer.

L'évasion ?

Faire l'impossible pour tenter l'évasion de Jean Moulin devient, dans l'immédiat, mon premier souci. Il m'est signalé qu'un ancien commissaire de police, le commissaire Porte, qui a été il y a peu d'années sous les ordres de Moulin à Chartres et lui est très attaché, serait disponible à Lyon et disposé à étudier les possibilités qui s'offriraient.

Me trouvant conduit, par la force des choses, à exercer les fonctions d'intérimaire de Moulin, il est de mon devoir de prendre cette question en main. Je vois longuement le commissaire Porte. Il n'est pas un néophyte et a vécu, de l'autre côté de la barrière, tous ces problèmes. Le plus urgent est la vitesse d'exécution, établir un plan et s'y tenir ; réunir les moyens. Vu mon inexpérience dans ce domaine, mon rôle est de juger de la valeur de ce plan et d'en confier l'exécution à un responsable. Simultanément de dégager les moyens.

L'attaque frontale de la prison est tout de suite écartée. Il faut compter sur les déplacements des prisonniers entre leur lieu de détention et le lieu des interrogatoires. Il faut disposer de quelques tractions avant Citroën et de camionnettes pour le transport des hommes. Il nous faut constituer un commando d'une vingtaine d'hommes minimum. Il faut également disposer de logements appropriés pour que les hommes descendus des maquis soient hébergés et nourris. Reste enfin à régler la question du carburant.

Après consultations approfondies avec les mouvements dont tout dépend, nous sommes obligés de déclarer forfait. Tout paraît insurmontable : la distance des quelques maquis que l'on peut dénombrer, leurs maigres effectifs, la question de leur transport jusqu'à Lyon. Je ne dispose pas, bien évidemment, des quelques millions d'avance nécessaires pour monter une telle opération.

Voici ce que j'écris dans mon rapport à Londres du 14 juillet 1943, à propos de l'aide escomptée des mouvements : « En zone sud, au lendemain de l'arrestation de Moulin, j'ai confié à un spécialiste le soin de mettre sur pied une petite équipe capable de faire un coup de main en sa faveur si l'éventualité s'en présentait. Bien que depuis des mois le poste "groupes francs" figure pour plusieurs centaines de milliers de francs au budget des mouvements unis, ceux-ci n'ont été en mesure de nous fournir ni un homme, ni un véhicule, ni une arme. Je pourrais, à mon vif regret, multiplier les exemples de ce genre. »

Toute tentative pour faire évader Jean Moulin est ainsi écartée ; l'opération semble irréalisable.

Les responsables des MUR, Mouvements unis de la Résistance

Outre Georges Bidault, je rencontre également chacun des responsables des MUR *. A Londres, j'avais déjà fait la connaissance de quelques-uns d'entre eux, Henri Frenay, Emmanuel d'Astier et Jean-Pierre Lévy, toujours très accommodant à notre égard parce que absolument dénué d'ambition et de parti pris. Il joue calmement le rôle de modérateur. Par Jean-Pierre Lévy, je vois aussi Claudius-Petit, de « Franc-Tireur », qui me refait des photos pour mes faux papiers d'identité. Après ces rencontres, je n'ai une impression ni très décevante, ni très encourageante ; cela reste encore assez insaisissable pour moi. Je suis informé par nos amis lyonnais que, sans m'en prévenir, le comité de coordination de zone nord a convié son homologue de zone sud à une réunion commune interne pour la première semaine de juillet. Cette nouvelle ne tombe pas dans l'oreille d'un sourd. Mes premières visites dans le Sud doivent en tout cas être suivies d'un semblable tour de piste à Paris, d'autant que Lyon devient intenable en raison de son étroitesse. D'emblée, je fais mien le projet de Moulin, déjà lancé, de transférer à Paris la capitale de la Résistance. Tout y incite : compte tenu des immenses faubourgs, de la desserte du métro, c'est le plus grand maquis de France. Nos amis du Sud n'y ont jamais circulé et ne sont donc pas repérés, et c'est en outre le cœur du réseau ferré.

Pour gagner Paris, je peux certes utiliser mes faux papiers, mais Pierre Péry me propose de faire le crochet par Vichy pour voyager dans des wagons-lits réservés au gratin des grandes sociétés, obligé de faire de fréquentes navettes entre Vichy et leurs sièges demeurés à Paris. J'accepte donc la proposition de Pierre Péry et dîne à Vichy chez un fondé de pouvoir de la Banque d'Indochine, avec lui et sa femme. Ils savent seulement que leur ami Péry a besoin d'eux pour me procurer un voyage de tout repos. C'est un autre univers ! Ils ne savent rien de l'existence de la Résistance et supposent que j'ai « des amis de l'autre côté ». Raison de plus pour m'accueillir très discrètement, avec précaution, mais également avec déférence : ils sont clairement pro-anglais et sûrs de la vic-

* Les trois principaux mouvements de zone sud ont fusionné au mois de janvier 1943 au sein des Mouvements unis de la Résistance.

toire des Alliés. Pas la moindre question, mais sans illusions sur le panier de crabes de Vichy. Je partage mon wagon-couchette avec un « collègue » de la Banque avec qui je n'échange que bonsoir et bonjour. Aucun contrôle.

Paris

Me voilà donc à Paris ! Si je n'ai guère eu d'émotion en arrivant à Lyon, à quoi rien ne me relie de mon passé, ici, j'ai un choc. Je me sens comme en pèlerinage. A l'instant, puisque je dois choisir un nom pour mes séjours à Paris, j'en décide : on m'appellera Pèlerin. A Lyon, j'ai laissé mon autre nom : Lépicié, comme le peintre.

Le soleil est de la fête et je me sens heureux. Ces soldats allemands que je croise, je n'ai que pitié pour eux : ils sont déjà vaincus et c'est moi le vainqueur ! Il y aura encore de terribles épreuves, mais nous avons le cœur pour les affronter. Sorti de la gare d'Austerlitz, j'ai les yeux brouillés devant tant de beauté. Les bords de la Seine, Notre-Dame, l'Institut, l'île Saint-Louis ; on voudrait se mettre à genoux et remercier le ciel. Je suis tout à la joie de savourer l'instant présent.

Je n'ai aucun rendez-vous avant l'après-midi et je m'attarde dans les vieux quartiers, la place Saint-Michel, la rue Saint-André-des-Arts, cet entrelacs de petites rues dont chacune évoque un souvenir. Je marche au milieu des rues et mon pas résonne sur les pavés. Le Paris sans voitures n'est pas triste. Il s'offre pleinement à la vue. Ces hautes fenêtres, ces barres d'appui qui sont là depuis des siècles, ces nobles portails... Je suis d'abord surpris de ne pas entendre les cloches de Saint-Germain-des-Prés résonner pour mesurer le temps...

Je presse le pas et vais tout droit au temple de la rue de l'Oratoire. Une note de Daniel Cordier est dans la boîte aux lettres et me donne rendez-vous pour l'après-midi au parc Monceau. Encore une fois, quelques nourrices déambulent, poussant des landaus innocents.

Cordier, qui a je crois vingt-deux ans, paraît moins encore. Son visage est inquisiteur et ses traits marquent la fatigue. Ses grands yeux témoignent de sa confiance en la vie mais aussi de son inquiétude. De prime abord, nous parlons de Moulin. L'enquête piétine.

Les mouvements — faiblesse congénitale ou manque d'empressement — ne nous font faire aucun progrès. Je reconnais que monter pareille opération est d'une difficulté extrême. Pourtant, nous ne sommes pas les seuls à tourner autour de projets d'évasion. Avant de quitter Lyon, j'ai fait la connaissance, à sa demande, de Lucie Aubrac dont le mari a été lui aussi arrêté à Caluire. Cette femme est possédée d'une ardente passion : elle compte attaquer la voiture cellulaire qui doit transporter son mari entre la prison de Montluc et l'Ecole de santé, siège de Barbie. Le schéma est le même que celui envisagé par le commissaire Porte, mais les moyens plus artisanaux. A force d'insistance et sur les recommandations de Pascal Copeau, elle a réussi à m'extorquer 100 000 francs* pour monter son opération. C'est une somme ! Il lui a fallu du temps et des arguments pour l'obtenir, mais sa flamme a fait la différence. Elle est bien décidée à être sur les lieux et à codiriger l'attaque avec un camarade qu'ils ont appelé de Toulouse, Serge Ravanel, qui n'en est pas à son coup d'essai.

Il va de soi que Cordier sache où en est le duel Giraud-de Gaulle, aussi je lui livre les informations dont je dispose sur la situation qui préside à Alger. C'est une partie très dure pour le Général. Nous ne disposons pas à Alger des mêmes soutiens qu'à Lyon ou même qu'à Paris. En Algérie, nous n'avons jamais pu trouver de relais pour la France Combattante, sauf depuis peu avec quelques étudiants et deux amis très sûrs, René Capitant et Louis Joxe.

Je me hâte d'aborder avec Cordier ce qui m'intéresse sur le moment : la réunion commune des MUR et des mouvements de zone nord dont j'ai eu vent depuis Lyon. Je m'enquiers auprès de Cordier pour savoir si le délégué par intérim que je suis a été informé ou invité.

Daniel Cordier me confirme que Moulin, reprenant son idée initiale de réunion de tous les mouvements de zone nord et de zone sud au sein d'un comité directeur, écartée au printemps par Pierre Brossolette, avait profité de la réunion inaugurale du CNR pour la relancer et avait convoqué une réunion, à Paris, pour le 25 juin. Après l'arrestation de Moulin, Daniel Cordier, à la tête du secrétariat de zone nord, avait jugé bon de surseoir à cette réunion mais celle-ci avait été quand même maintenue, à l'initiative des mouvements « OCM » et « Combat ». De ce maintien, notre secrétariat

* A quoi, ultérieurement, 300 000 francs s'ajoutent.

n'avait eu vent qu'après coup. Les représentants des deux mouvements avaient proposé la création d'un « comité exécutif » exerçant une autorité collective pour diriger la Résistance en France et présidé, de loin, par le général de Gaulle *. J.-H. Simon **, de l'OCM, avait été chargé d'aller défendre cette thèse à Londres. C'était donc l'autonomie des mouvements en marche.

Dès mon arrivée à Paris, grâce aux rendez-vous que m'organisent Daniel Cordier et, avec le PC, le tandem Pierre Meunier-Robert Chambeiron ***, j'entre en contact avec les principaux responsables des cinq mouvements de résistance siégeant au comité de coordination de zone nord : « Front national », « Ceux de la Résistance », « Ceux de la Libération », « Libération-Nord » et l'« OCM, Organisation civile et militaire ». Le premier que je rencontre, devant l'Institut de France, est Maxime Blocq-Mascart, avec qui je devise en marchant le long de la Seine. Il me dit d'entrée de jeu : « La Résistance est majeure et nous n'avons plus besoin d'un tuteur. » Je conçois immédiatement le profit que les mouvements rêvent de tirer de l'arrestation de Jean Moulin. Blocq-Mascart ajoute que le nouveau « comité central exécutif de la Résistance », rassemblant les huit mouvements de zone nord et sud, rend obsolète le CNR « qui n'a jamais eu de vie réelle ». Je crois entendre Brossolette ! Cette perspective me donne à penser que Blocq-Mascart fait preuve d'une certaine ignorance de la situation à Londres, à Alger et plus généralement au sein de la coalition alliée.

« Vous avez bien de la chance, lui dis-je, car la France Combattante elle-même n'est pas majeure ! Qui est majeur ? Moulin n'est pas majeur, il obéit au général de Gaulle. Celui-ci n'est pas majeur. Il dépend de l'aide anglaise. Churchill et Staline ne sont pas majeurs, ils dépendent de la puissance américaine. Roosevelt est, me semble-t-il, le seul homme majeur dans cette affaire ! »

Blocq-Mascart reste pensif. Il est familier des questions financières ; je lui précise que nous n'avons même pas de quoi financer dix maquis de cent cinquante personnes, et que nous dépendons d'autrui pour tout. « Non, la Résistance n'est pas majeure »,

---

* Ce comité aurait le contrôle des services de la délégation de Moulin.

** Simon sera fusillé par la Gestapo en 1943.

*** Les deux hommes sont d'anciens collaborateurs de Jean Moulin qui a fait leur connaissance au cabinet de Pierre Cot, dont il était le chef, en 1936. Ils effectuent pour Moulin des liaisons avec les mouvements de zone nord.

lui dis-je. Je réalise que l'autorité de la délégation sur les mouvements de zone nord ne va pas de soi comme en zone sud, où elle est en quelque sorte entrée, au moins en ce qui concerne l'Armée secrète, dans les mœurs. Jean Moulin n'a pas eu le temps de battre le fer en zone nord. La mission « Brumaire * » a quelque peu brouillé les cartes et le temps a manqué à Moulin pour faire le tour de toutes les possibilités qu'offre le foisonnement de la Résistance en zone nord. D'importants mouvements de zone nord dont les activités politiques et paramilitaires ne sont en rien négligeables comme « Résistance » et « Défense de la France » sont absents.

Blocq-Mascart me dit ensuite que les mouvements ont organisé une réunion entre eux pour la semaine suivante, mais il n'est pas chargé de m'y convier ! Il lui semble difficile que j'assiste à cette réunion ! Une première réunion du « comité central » ayant déjà eu lieu, je pense qu'il est temps d'intervenir avant que se produise une véritable tentative d'émancipation.

Je prends la décision d'annuler cette réunion, prétextant des problèmes de sécurité. Daniel Cordier diffuse l'information dans les boîtes aux lettres et convoque tout le monde pour une autre réunion à peu de jours d'intervalle. Le tour est joué.

Réunir le comité central

La nouvelle réunion a lieu rue Saint-Jacques, dans une salle de la Société de géographie. Quelques chefs de mouvement sont peut-être un peu surpris de me trouver là, mais rien n'y paraît. Je connais déjà plusieurs des hommes présents et les conversations s'engagent. La camaraderie donne le ton et la première impression est bonne. Cette bibliothèque spacieuse est belle : on pourrait y tenir à trente ou quarante ! Ils savent que j'ai eu le choix du lieu. Nous siégeons autour d'un vaste tapis vert et je commence par ce qui est le plus attendu : des nouvelles de Londres et surtout d'Alger. J'évoque Caluire, dont le drame est dans tous les esprits. Après un long échange de vues, nous entendons l'OCM, Libération-Nord, et les MUR qui successivement nous parlent des régions où ils sont le

* Brumaire est le pseudo de Pierre Brossolette. Sa mission consistait, à l'origine, à établir des liaisons et des contacts utiles à la France Combattante en zone nord.

plus fortement implantés. Je conduis ces échanges le plus naturellement du monde, assis en bout de table. Ceux qui ne me connaissent pas ont vite fait de réaliser ce que je représente : l'argent, les parachutages, les liaisons radio, etc.

Yves Farge prend à son tour la parole pour attirer l'attention de tout le monde sur le problème du STO. Chacun a son mot à dire en la matière mais les propos de Farge me paraissent les plus clairs et les plus énergiques. Je propose au comité la création d'un « comité de lutte contre la déportation » dont la direction lui reviendrait. Celui-ci accepte, de même que les huit autres membres de la réunion qui entérinent ce choix. Je veillerai à ce qu'un budget exceptionnel soit attribué. Je fais réaffirmer par l'assemblée du « comité central » l'existence du CNR comme organe consultatif suprême de la Résistance et limite clairement les prérogatives de notre « comité » : il a pour tâche de coordonner l'action jusque-là sans liens entre le Sud et le Nord. Il est entendu, au cours de cette réunion, qu'il ne prendra pas le titre d'« exécutif » puisque l'exécutif n'appartient qu'au CFLN, et, en France, à sa délégation.

Lors de cette première entrevue avec des chefs des mouvements, je suis frappé de leur solidité, leur courage est impressionnant. Dans mes rapports à Londres, on ne trouvera pas trace de commentaires sur les chefs des mouvements, pour une raison très précise : ces rapports qui sont censés être des documents confidentiels à la seule attention du président du CFLN et de son commissaire à l'Intérieur sont en réalité lus et décortiqués avec avidité par les responsables des mouvements. Bref, ces rapports sont lus par ceux que nous sommes censés administrer ! Jean Moulin, avant moi, s'en était vivement ému auprès d'André Philip par un télégramme en date du 17 juin. L'ancien préfet avait eu le plus grand mal à admettre le fait que le commissaire national à l'Intérieur fasse lire ses rapports à lui, commissaire national en mission et donc ministre, à Emmanuel d'Astier, simple chef de mouvement, pendant sa présence à Londres. Il s'agissait tout bonnement d'une faute administrative et politique contre laquelle je n'avais cessé, sans grand succès, de m'élever. En rédigeant mes rapports, je veillais donc à rester suffisamment allusif dans mes jugements de valeur sur les mouvements afin que cela ne me revienne pas comme un boomerang.

La présidence du CNR

Lorsque, le 24 juin 1943, au lendemain de Caluire, j'ai câblé que j'assurais tous les services de la délégation, celle-ci, à mes yeux, représentait l'exécutif. J'ai eu tort, l'avenir le prouvera, de ne pas inclure le CNR. Je n'ai vu en lui qu'un organisme consultatif qui pouvait demeurer en veilleuse pour l'instant. Dans l'urgence c'est la délégation qui était ma priorité.

Tout en informant le BCRA des événements tragiques survenus, je proposais immédiatement la nomination de « Bip », alias Georges Bidault, à ce poste. Il y avait des arguments pour opter en ce sens. Il était l'intime de Jean Moulin. Il partageait la plupart de ses secrets et n'ignorait aucune des dissensions internes à la Résistance. Familiarisé depuis longtemps avec les mouvements, lui-même membre de « Combat » malgré son « gaullisme » intransigeant, il me paraissait le plus qualifié pour poursuivre la tâche entreprise par Moulin. Il avait été, en outre, un soutien fidèle de Moulin dans la longue marche vers l'unification des mouvements. Tout le désignait alors pour succéder à Jean Moulin à la tête de la délégation. Pendant deux mois, je renouvellerai à plusieurs reprises ma proposition en faveur de Bidault. Mais visiblement, les services de Londres ne partageaient nullement mon enthousiasme pour lui. Ainsi, pendant deux mois, j'attendrai en vain des instructions claires de Londres concernant la délégation et la présidence du CNR. Pourtant, dès le 29 juin, apprenant l'arrestation de Moulin, le général de Gaulle, depuis Alger où il réside depuis le 31 mai 1943, a réagi. Tandis qu'à Londres on fait et refait des combinaisons improbables, il tranche :

« AAA — Zone sud. Utiliser BIP (Bidault) comme intérimaire Rex (Moulin). (...)

« BBB — Zone nord. Envoyer Brossolette pour séjour un mois, lui adjoindre Sauvier (Serreulles). Devra chercher représentant nouveau en étudiant possibilités Pierrebourg, colonel Couteau.

« DDD — Les équipes nord et sud désignées ci-dessus disposeront de l'ensemble des services de Rex (Moulin) *. »

Pendant ce temps à Londres, les services sont divisés par de

* Télégramme du général de Gaulle et d'André Philip au général d'Astier et à Georges Boris du 29 juin 1943.

sourdes luttes intestines qui conduisent à interpréter avec une certaine « souplesse » les instructions du Général. Bidault ne fait pas l'unanimité autour de son nom. Quant à Brossolette, personne, excepté le colonel Passy, ne veut le voir repartir pour une mission en France. C'est dans cette confusion que je dois faire face, sur le terrain, au problème du CNR. Les membres du CNR, profitant de la disparition de Moulin, souhaitent désormais élire leur président. Un président élu signifie que le CNR prenne son envol et s'émancipe de la tutelle de la France Combattante. Or, le général de Gaulle n'a jamais envisagé de confier un tel rôle au CNR. C'est la raison pour laquelle Jean Moulin, nommé par le CNF *, présidait le CNR. Les instructions que Londres me fait parvenir au début du mois de juillet demeurent lacunaires, même si quelques lignes évoquent le CNR : « Auprès du Comité national de la Résistance, et présidant ce comité, devrait être envoyé un représentant accrédité du Comité national de la Libération **. » Mais que valent ces directives si l'on ne m'envoie personne en chair et en os ? De leur côté, les mouvements comprennent la situation d'isolement dramatique qui est la mienne. Alors que Londres n'a toujours pas été capable de nommer un successeur à Moulin, je dois me résigner à guider le choix des mouvements pour porter un des leurs à la présidence du CNR. Je fais ainsi campagne pour Georges Bidault, auprès de chaque chef de mouvement. Il est à mon sens le meilleur candidat.

Le 16 août 1943, Jacques Bingen arrive en France pour devenir mon alter ego en zone sud. Il m'apporte enfin les instructions de Londres ; peut-être des indications précises concernant la délégation et le CNR ? Je le retrouve à Paris le lendemain de son arrivée :

« Je fais l'intérim de Moulin. Qu'est-ce que tu m'apportes comme nouvelles ?

— Rien, me répond-il.

— Comment ? Tu n'as pas de nouvelles sur toutes les questions que j'ai posées ? La succession de Moulin ? Le CNR ? lui dis-je.

— Non, rien du tout », me répond-il.

Nous avons de longs entretiens sur le fond, à l'issue desquels il câble à Londres :

« Serreulles vous écrit au sujet de la présidence. Ce qu'il suggère

* Comité national français.

** Instructions d'André Manuel à Serreulles du 9 juillet 1943 concernant les mouvements de résistance.

paraît inévitable (et pas sans doute à éviter) si j'en juge par le CGE et d'autres *. »

Après de longues conversations, Bingen et moi sommes convenus que Georges Bidault doit être élu à la présidence du CNR. Dans mon rapport du 19 août 1943, j'annonce à Londres son élection prévisible :

« Le Conseil de la Résistance est en voie de désigner l'un de ses membres comme président. Après deux mois de vacance, il était temps qu'ils s'en avisent. J'ai des raisons sérieuses de penser que le choix se portera sur Rousseau (Bidault). Vous serez j'en suis sûr tous heureux de l'apprendre. Je vous confirmerai cette nouvelle importante d'ici quelques jours **. »

Le 30 août 1943, Georges Bidault est élu à la présidence du CNR. Si celui-ci entend maintenir et préserver un lien organique avec la France Combattante, il n'appartient pas au CFLN. Moulin disparu et le CNR aux mains des hommes de la résistance intérieure, c'est la tentation de l'indépendance. Comme je l'écris à Londres le 10 septembre 1943, les revendications des membres du Conseil s'affirment très vite ; quant aux prérogatives de Moulin, elles sont scindées en deux :

« Les membres du Conseil ont tenu à ce que fût précisé leur désir que le Président du Conseil de la Résistance gardât à l'égard d'Alger toute son indépendance et ne reçût du CFLN aucune délégation.

« Ainsi désormais, les tâches que cumulait Max (Moulin) sont réparties entre votre délégation et le président du Conseil de la Résistance ***. »

L'ambiguïté de cette dualité au sein des institutions clandestines éclatera un an plus tard, dans les salons de l'Hôtel de Ville.

Action contre le STO (déportation des travailleurs français)

A mesure que mes relations deviennent plus intimes avec chacun, je découvre qu'il y a une grande diversité de situations qui

* Courrier de Bingen pour Manuel, le colonel Passy, Boris et A. Philip du 23 août 1943.
** Rapport (additif) de Sophie (Serreulles), du 19 août 1943.
*** Rapport de Clovis (Serreulles) ex-Sophie, courrier du 10 septembre 1943.

recouvre un même vocable et je réalise les nuances qui se nichent dans l'appellation « résistant ». Ils ne sont pas tous clandestins, loin s'en faut. Il y a bien entendu les clandestins à cent pour cent comme le sont tous ceux venus de Londres, mais nous sommes peut-être les moins nombreux. Beaucoup continuent à habiter chez eux tout en menant des activités clandestines. La clandestinité n'est pas monocolore et propose des variantes beaucoup plus nombreuses que je ne le croyais.

Alors que les jeux sont faits et que notre organisation est en place, je constate que notre ratissage est loin d'avoir couvert tous les éléments résistants. Notamment ont été ignorés jusque dans l'été 1943 « Défense de la France » et « Résistance ». Je découvre que « Indomitus », pseudonyme de Philippe Viannay, fondateur de « Défense de la France », est précisément un des hommes dont le talent est le plus frappant. Malgré son jeune âge, il me fait une forte impression et je constate qu'il a autour de lui une très bonne équipe de jeunes universitaires.

Ayant mis en place le comité d'action contre la déportation des travailleurs français en Allemagne, confié à Yves Farge, je m'attaque à un autre pilier de l'héritage, la mise en place de l'Etat clandestin qui doit prendre le relais du régime de Vichy à la Libération. Je prends contact avec le Comité général des études * à propos du comité des désignations. Je fais la connaissance de Michel Debré. Il s'agit de nommer le futur personnel administratif de la Libération, depuis les régions jusqu'aux postes clés des administrations centrales. C'est au cours d'un déjeuner place de la Sorbonne avec Debré que la création de ce comité est évoquée. A propos de cette tâche colossale, Michel Debré a écrit dans ses souvenirs : « Je n'ai jamais su qui avait donné à Serreulles l'idée de me la confier. » J'avais en réalité entendu parler de Michel Debré à Londres. Geoffroy de Courcel m'en avait parlé, ainsi que Palewski, et je savais qu'il avait été au cabinet de Paul Reynaud. Tout le monde avait été unanime pour tenir des propos forts élogieux à son égard : on m'avait décrit un homme d'action, un très gros travailleur et surtout un homme qui n'hésitait pas à mettre la main à la pâte.

---

* Qui siège rue Séguier dans les imposants locaux du Juris classeur, qui resteront inviolés à la Libération.

L'envoi de représentants à l'Assemblée consultative d'Alger

Début août, je retrouve Emmanuel d'Astier à Lyon. Le chef de Libération-Sud accomplit sa dernière mission en France. A juste raison, il se considère comme brûlé à Lyon et loge à une quinzaine de kilomètres, chez les Martin-Chauffier, rescapés du groupe du musée de l'Homme (décapité en 1941). Si d'Astier ne demeure plus à Lyon, c'est qu'il risque de se faire prendre à chaque instant : ses photos sont affichées dans tous les postes de police, sa silhouette facile à repérer. Depuis 1942, la capitale des Gaules a été aussi celle de la Résistance, dont les activités clandestines se concentrent sur un minuscule périmètre urbain alors que la ville est quadrillée par les agents de la Gestapo et de l'Abwehr.

Nous sommes en pleine campagne, allongés dans les hautes herbes, et le temps est superbe. D'Astier rentre d'Alger, il est très détendu. C'est alors qu'il me parle des premiers pas du général de Gaulle face au général Giraud, et de la création de l'Assemblée consultative d'Alger qui relevait autrefois du gouverneur général. Elle est composée uniquement de vieux crabes d'avant-guerre et de petits notables pieds-noirs. Il observe qu'il faudrait étoffer cet embryon de représentation nationale, envoyer des hommes à nous là-bas, car de Gaulle ne peut s'accommoder d'une si pâle figuration. Pour moi, c'est la première nouvelle ! Sur-le-champ, je juge que je pourrais en faire mon affaire, si c'était utile, et envoyer à Alger des fournées de représentants de la Résistance intérieure !

Il aurait sans doute été plus prudent d'attendre des instructions avant de se lancer dans cette aventure. Mais nous sommes en août, le temps presse. Je décide d'attacher le grelot immédiatement avec les chefs de mouvement des deux zones. J'avais réuni à Paris pour le surlendemain le comité central et je mets cette question en tête de l'ordre du jour. Outre le fait que cela a le puissant intérêt pour les mouvements de se faire connaître au-dehors, je leur indique qu'il me faut une liste de personnalités sous huit jours et leur enjoins d'agir au plus vite. Je ne me dissimule pas le bouleversement qu'un départ quasi immédiat peut entraîner dans la vie familiale de chacun. Mais les transports aériens pendant l'automne exigent des solutions urgentes. Je dois avouer que ma proposition n'entraîne pas un enthousiasme démesuré chez mes interlocuteurs :

beaucoup de nos amis vivent en semi-clandestinité, conservant femme, enfants, travail, etc. Il leur sera de ce fait extrêmement difficile de tout quitter d'un coup, sans compter les risques de représailles que cela peut faire courir à leurs familles. Ils vont néanmoins prospecter autour d'eux.

Dès le 16 août, je câble à Londres pour proposer une liste de candidats possibles pour siéger à une Assemblée d'Alger et mets sur pied l'organisation logistique. J'indique à Londres qu'il faut, peu ou prou, quatre avions Hudson pour acheminer une trentaine de personnes. Nous ferons une répartition des sièges aussi équitable que possible, toujours calquée sur le modèle du CNR : des représentants des mouvements, des partis politiques, et des syndicalistes. Je n'obtiens aucune réponse à mes questions ! Londres est, sans doute, en attente de nouvelles d'Alger. Je prends alors l'initiative, sans aucune instruction, d'envoyer siéger à Alger une vingtaine de personnalités dès les mois de septembre et octobre. C'est ainsi que partent par avion pour Alger via Londres Vincent Auriol, Marc Rucart, ex-garde des Sceaux, et une brassée d'hommes et femmes triés sur le volet *.

Responsabilités de la délégation

Les activités de la délégation couvrent le vaste domaine de l'administration qui est, dans les temps ordinaires, de la compétence de plusieurs ministères. Nous passerons en revue ce qu'il faut retenir d'essentiel. Nous gardons à l'esprit ce que j'ai appelé le testament de Jean Moulin.

Je m'applique à suivre les efforts d'Emile Laffon ** et Michel Debré pour constituer la trame administrative de la Libération. J'assiste ainsi à des réunions où l'on débat, au cas par cas, des dossiers des futurs commissaires de la République et des préfets qui prendront la relève. Bingen s'occupe de son côté des affaires militaires et nous échangeons quotidiennement nos informations, tout en

---

* Cf. en annexe n° 9 la liste des futurs membres de l'Assemblée consultative d'Alger, venus de France.

** Emile Laffon, venu en 1943 à Londres, y a fait un passage météorique. Au commissariat à l'Intérieur, il est rapidement volontaire pour des missions en France. Avocat, reçu premier à la Conférence du stage, il a les qualités complémentaires d'orateur et d'administrateur.

détaillant nos avancées réciproques. C'est Closon* qui s'occupe de l'épineuse question de la composition de chaque comité départemental de la Libération, les CDL, qui doivent se calquer sur l'organisation du CNR dans chaque département. Francis-Louis Closon était venu en France avec une mission temporaire signée d'André Philip ; il n'était pas membre de la délégation. J'avais pris la décision de l'intégrer et de lui confier cette mission d'inspection dans les départements, mission qui le conduit aux quatre coins de la France. La ligne que je lui avais assignée était relativement simple : veiller à la bonne représentation de toutes les sensibilités politiques au sein des CDL en se conformant au schéma de composition du CNR, afin d'éviter une représentation quasiment monocolore communiste : c'était là l'unique moyen d'empêcher les communistes de rafler huit sièges sur dix au sein des CDL.

Le comité parisien

Je n'en veux qu'un exemple, celui du comité parisien de la Libération. Vers le début d'août 1943, Emmanuel d'Astier, qui était sur le point de partir, et cette fois définitivement, pour Alger, faisait avec moi près de Lyon un tour d'horizon des problèmes d'actualité et nous en vînmes à évoquer les comités départementaux de la Libération. C'est là-dessus que d'Astier m'a demandé si j'étais au courant du projet de création d'un comité départemental à Paris, à l'initiative de Tollet. Je répondis que je l'ignorais, mais que j'allais m'arranger pour voir ce dernier dès mon retour à Paris. Je rencontrai donc quelques jours plus tard André Tollet à Villejuif. Il me confirma qu'un comité parisien de la Libération, dont il m'énuméra les composantes, était en voie de constitution ; il y avait là trois mouvements et partis que je connaissais bien : le Front national, le parti communiste et les FTP, ainsi qu'une quinzaine d'autres dont je n'avais jamais entendu prononcer les noms et qui n'étaient bien entendu que des organisations fictives, mises en avant pour faire nombre (Union des femmes de France, Union des étudiants

---

* Il se partage la France avec Jean Mons et François Leenhardt. Leurs voyages sont une épreuve ; les trains subissent les bombardements, qui vont se multipliant. Cf. F.-L. Closon, *le Temps des passions*, coll. « Liberté-Mémoire », Ed. du Félin, 1999.

patriotes, etc.). J'ai été obligé de lui dire mon désaccord et de lui rappeler l'image que nous devions calquer : celle du CNR, dont la composition nous avait donné tant de mal et avait pris tant de mois. D'où une explosion de colère bien dans la manière de cet homme aux emportements calculés. Nous nous quittâmes sans conclure, décidés à renouer après une accalmie nécessaire. Cela a permis à Tollet de dire et d'écrire depuis la guerre que le « délégué de Londres » s'opposait à la création d'un comité parisien, ce qui naturellement est absurde. Peu de semaines après, le contact fut repris, Bingen prit le relais, puis Closon, et tout rentra dans l'ordre, non sans que dans l'intervalle j'aie échangé à ce sujet quelques paroles avec Villon représentant le Front national au CNR, en lui disant que son camarade avait pris le mors aux dents et que je comptais sur lui pour l'engager à plus de pondération. Cela m'aurait semblé de bonne guerre si, parallèlement, un représentant de Libération-Nord ou un représentant de l'OCM avait essayé de me placer devant un semblable fait accompli. Je n'y aurais pas consenti davantage, mais cela aurait témoigné d'un égal mordant. Ce ne fut jamais le cas ! Si Tollet émergea comme président du comité parisien de la Libération en août 1944, ce n'est pas parce que les communistes étaient les plus nombreux à Paris, c'est parce qu'il avait été le premier à empoigner cette affaire et à s'y consacrer avec la dernière énergie. Il en fut ainsi de beaucoup d'organismes à l'échelon national ou local, où les communistes s'imposèrent à des postes de commande grâce à l'inexpérience ou à la timidité des autres. Nous avions rencontré sur ce plan d'immenses difficultés à faire accepter ce décalque, sur le terrain, en province, et nous nous heurtions à beaucoup de refus, ce à quoi je répondais que nous ne communiquerions pas à Londres la composition d'un comité départemental de la Libération tant qu'elle ne serait pas conforme au schéma prévu. A la base, les CDL, appelés à tenir lieu de conseils généraux, tenaient avant tout à être officialisés au plus vite. Aussi disposions-nous d'un moyen de pression.

La santé

Plusieurs problèmes se posent au niveau du comité de lutte contre la déportation que certains nomment « comité Bonaventure », car c'est le pseudonyme d'Yves Farge. Tout d'abord un problème de santé : que faire des malades ou des blessés que nous avons dans les maquis ? L'autre problème est celui du ravitaillement. Nous tentions d'éviter à tout prix le ravitaillement de vive force, sur le dos des populations, par l'attaque d'une fromagerie ou d'une charcuterie. Nous voulions veiller à un bon esprit de solidarité et de responsabilité ; après tout, nous représentions l'Etat légitime, renaissant de ses cendres, et celui-ci ne pouvait voler pour survivre !

Dans le domaine de la santé, j'avais créé à l'automne deux comités de zone nord et sud. Le premier, en zone nord, était dirigé par le professeur Pasteur Vallery-Radot, personnalité bien connue, assisté d'un jeune médecin très brillant, Paul Milliez. Au soir de l'« affaire » de la rue de la Pompe, Daniel Cordier lui donne l'alerte car il y avait une chance sur mille que dans un courrier son nom n'ait pas été codé. Il lui fallait sur-le-champ changer de domicile. Pour passer clandestin, Pasteur ne fit ni une ni deux : il troqua son chapeau noir bordé contre un béret ! Il s'estimait ainsi méconnaissable.

Vallery-Radot, bien qu'il soit proche de la retraite, est très actif et bénéficie d'un impressionnant réseau de relations parmi ses confrères de province : des professeurs de faculté, des médecins, qui réussissent à introduire dans les hôpitaux et les cliniques de nombreux maquisards qu'il aurait été impossible de soigner, sans des complicités de haut niveau. Il nous faut également obtenir la complicité des médecins de campagne pour sauver des cas individuels, parvenir au moins jusqu'au chevet du malade.

Pour la zone sud, c'est un gynécologue, le professeur Meyer, qui tient ce même rôle, avec une grande efficacité.

Le ravitaillement

Sur le plan du ravitaillement, j'avais fait par chance la connaissance d'un fonctionnaire du ministère du Ravitaillement, inspecteur des Finances d'origine, détaché à l'Agriculture, Pierre Miné. Je lui avais donné le pseudo de « Pain », étant entendu qu'il resterait pour nous au ministère de l'Agriculture ; il réussit notamment à faire détourner au profit des maquis des livraisons qui étaient destinées à l'armée allemande. Il appartenait ainsi à l'étroite cohorte du SUPER-NAP, ainsi baptisé par Claude Bourdet *, également fondateur du NAP, Noyautage des administrations publiques.

Il prélevait les denrées à la source, quand il le pouvait au niveau du ministère, ce qui lui permettait de détourner de grandes quantités de matières grasses, de farine et d'autres denrées de base qui étaient dirigées sur les maquis. Ces prises étaient d'une tout autre dimension que la saisie isolée d'un camion. C'est ainsi qu'est née la « commission du ravitaillement », qui comprenait, bien entendu, des représentants des mouvements et des syndicats.

La délégation s'étoffe

Outre l'intégration de Closon à la délégation, celle-ci s'étoffait du concours d'Emile Laffon et de Jacques Maillet, ingénieur de Supaéro et bottier de Polytechnique. Maillet s'était vu confier les plans de sabotage qu'il convenait d'appliquer au jour J : plan vert, bleu...

En l'installant comme membre de la délégation nous lui donnions le contact avec les mouvements qui travaillaient de manière très désordonnée sur les questions de sabotage (il y avait deux catégories de sabotages : les sabotages utiles et les sabotages nuisibles). En grande partie, le travail consistait à limiter les sabotages indésirables. Il fallait pour cela entretenir avec l'Etat-Major interallié de Londres des contacts très suivis. Jacques Maillet avait apporté depuis Londres le plan d'action de l'Etat-Major intégré, grâce auquel il était en mesure d'orienter les mouvements dans ce secteur très sensible.

La constitution du bureau du CNR

André Philip avait requis la création d'un bureau permanent du CNR, composé de cinq membres. Sa structure légère lui permettrait ainsi de se réunir plus souvent que l'assemblée plénière de seize membres. Il allait bientôt devenir un élément essentiel des rouages institutionnels de la Résistance intérieure. Le 26 novembre 1943, la constitution du bureau est approuvée à l'unanimité par la deuxième réunion plénière du CNR.

---

* Cf. C. Bourdet, *l'Aventure incertaine,* Editions du Félin, 1997.

Le bureau se compose de cinq représentants : Georges Bidault, Villon, pour le Front national, Blocq-Mascart, pour l'OCM, Saillant, pour la CGT, et Pascal Copeau, pour les MUR. Le délégué du général de Gaulle assiste de droit aux séances mais ne vote pas.

Le bureau du CNR est le plus beau poste d'observation pour découvrir les chefs des mouvements. On y trouve les communistes, représentés par Roger Ginsburger alias « Villon », qui tranche avec les autres chefs du haut de ses vingt années de militantisme politique. Sa formidable dialectique et ses talents oratoires font de lui la personnalité dominante du bureau ; il est le seul à proposer des textes pour étayer les discussions. L'initiative des discussions revient donc exclusivement aux communistes. Au bout de deux mois, Villon tente de faire sacrer ce bureau « Comité exécutif de la Résistance ». Georges Bidault a la plus grande peine à s'opposer à ces dérives.

Dans un rapport du mois de février 1944, destiné au général de Gaulle et à Emmanuel d'Astier, Jacques Bingen a décrit l'ambiance qui règne au sein de ces réunions du bureau :

« Ces séances sont préparées sous la responsabilité de Rousseau (Bidault) avec un soin méticuleux sur le plan de la sécurité et surtout les participants sont à la fois exacts, avertis et très prudents.

« Le groupe de ces six hommes (puisque pratiquement je m'y inclus) a pris peu à peu l'habitude de travailler ensemble, certes nous y sommes de façon presque constante engorgés de messages, motions diverses à votre destination en provenance d'organismes variés, de lettres de récrimination, etc. Certes toutes les interventions des participants aux séances (votre représentant compris) ne sont pas toujours aussi brèves et intéressantes qu'elles le devraient, mais dans l'ensemble, le bureau est devenu un organisme sérieux qui travaille et dont le prestige grandit dans l'opinion de la Résistance et dont l'autorité est incontestée parmi les membres du CNR qui ne font pas partie du bureau.

« Par leurs contacts répétés six participants ont établi entre eux les liens que j'ose appeler d'amitié personnelle. »

Le bureau du CNR a la fâcheuse habitude de s'occuper de tout, notamment de questions relevant de la délégation. Une confusion générale, savamment entretenue par certains, amenait le CNR à traiter des questions qui ne l'intéressaient nullement. Quand était ainsi à l'ordre du jour la guerre dans le Pacifique, c'était le moindre mal ! Mais tous les sujets n'étaient pas toujours aussi anodins…

La première alerte pour le général de Gaulle vient de la tentative d'émancipation politique de la Résistance, au sein du CNR. Au printemps 1944, ce sont ses directives militaires qui sont discutées par le Comac, organisme militaire rattaché au CNR, contrôlé par les communistes. Le Comac prétend mener sa propre guerre sur le territoire national, sans se soucier des instructions de l'EM du général de Gaulle.

Villon

Villon était un politicien supérieurement doué et fort de caractère. S'il n'a pas tenu dans la suite de sa carrière les promesses qu'on pouvait en attendre, c'est qu'il avait appartenu à une catégorie de militants auxquels le Parti a retiré sa confiance après-guerre pour la seule raison que de trop longs contacts avec des bourgeois ne pouvaient que les avoir pollués. Il en fut ainsi de Pierre Hervé, de Charles Tillon et de quelques autres. Dans ce qualificatif de « bourgeois », j'englobe tous ceux que Lénine et Staline poursuivaient sous l'étiquette de social-démocrate. Ils les haïssaient suprêmement et les faisaient fusiller, dès une prise de pouvoir, ou pourrir dans un goulag.

L'habileté de Villon était qu'il dissimulait sous des dehors d'excellent compagnonnage des convictions à toute épreuve et une persévérance extraordinaire. Il ne se tenait jamais pour battu. Dès 1941, il avait fait ses preuves au Front national où il avait su recruter, pêle-mêle, des écrivains classés à droite, des hommes d'Eglise, des femmes, des sportifs sans étiquette politique, etc., tout ce beau monde conduit par des communistes pur jus. Si le phénomène de la lame de fond gaulliste n'avait pas emporté toutes les vieilles structures, le Front national aurait servi d'appât à une foule de ceux qui, entre 1940 et 1942, allèrent aux mouvements.

C'est Villon qui propose au bureau du CNR de s'autoproclamer « pouvoir exécutif ». Bidault temporise, atermoie, puis cède. Peut-être est-il obscurément flatté de se voir accordé par les mouvements ce que Londres lui a refusé.

Le programme du CNR

Certes, cette dualité du pouvoir exécutif nous gênera continuellement, mais moins qu'on ne pouvait le craindre. Le bureau du CNR va en effet se fixer pour des mois sur la rédaction du programme du CNR, auquel Villon tenait comme à la prunelle de ses yeux. Ce programme, apparemment oublié, continue d'imprégner la politique sociale et économique des années d'après-guerre. Tout l'appareil des grandes réformes sociales qui nous régissent encore y figure ; le Commissariat au Plan, les nationalisations des banques s'y imposent, d'autant que notre économie exsangue et l'absence de tout « marché » ne laissent pas de choix. Mendès France, dès Alger, le voyait comme une évidence.

Milices patriotiques

La dernière trouvaille de Villon fut l'adoption du projet de milices patriotiques, calquées sur le modèle soviétique. Cela faisait des mois que Villon, à chaque séance, revenait à la charge, pour en faire voter l'adoption. Créées à Saint-Pétersbourg par Lénine en 1917, souvent reproduites, notamment par Mao Tsé-toung, elles offraient l'occasion d'embrigader les travailleurs dans les usines et de les armer. Il leur restait à obéir aux ordres de chefs « nommés par applaudissements » c'est-à-dire imposés.

Le bureau du CNR se montra d'abord rétif, devant une telle innovation que rien, du passé, ne laissait prévoir. Bidault noya le poisson, puis, finalement, le Comac emporta la décision. Mais c'était en juillet-août 1944, les armées alliées avançaient à toute allure. C'était trop tard !

Les milices restèrent un vœu pieux, mais, dans le Languedoc, il faudra des mois pour qu'elles disparaissent.

Problèmes financiers. Entrée en scène de Chaban

Dans le courant du mois d'octobre, Bourgès-Maunoury, délégué militaire de zone sud, me demande de voir un jeune inspecteur des Finances de ses amis, qui brûle de nous rencontrer. Nous nous fixons un rendez-vous au bar le Diamant, place Saint-Augustin. Je vois arriver un jeune homme à bicyclette, coiffé d'un chapeau noir bordé style Sciences-po, qui retire méticuleusement les pinces de son pantalon en posant le pied à terre. Nous faisons connaissance. Il ne me faut pas longtemps pour constater que voilà une recrue de choix, et qu'il pourrait être judicieux, puisqu'il est aux Finances, qu'il coopère dès maintenant au nouvel organisme financier que nous venons de créer, le Cofi. Ce jeune homme s'appelle Jacques Chaban-Delmas.

Un grave problème de la délégation durant l'hiver 1943-1944 demeure son financement et la redistribution de l'argent aux mouvements : les parachutages sont aléatoires en raison du mauvais temps et des détournements de fonds dont les FTP sont souvent les auteurs. A cela s'ajoute que les ressources en coupures françaises commencent à s'épuiser, tant à la Banque d'Angleterre qu'à Alger ! La Banque d'Algérie a le monopole d'émission pour les francs d'Algérie, mais nullement pour ceux qui ont cours en France. Sur une illumination brillante de Jacques Bingen, nous avons décidé de créer un organisme chargé de remédier à nos problèmes budgétaires et financiers : le Cofi, Comité financier de la Résistance. La présidence de cet organisme est confiée à André Debray, directeur à la Banque de Paris et des Pays-Bas. Le Cofi accueille nombre de personnalités de qualité : l'économiste agrégé de droit René Courtin, membre du CGE, Michel Debré, auditeur au Conseil d'Etat et déjà responsable du comité des désignations, Félix Gaillard et François Bloch-Lainé. Les réunions ont lieu dans la salle du conseil de la Banque de Paris et des Pays-Bas. Nous étudions ensemble les moyens de satisfaire les besoins en financement de la Résistance qui vont croissant. Celle-ci a pris une tout autre tournure depuis que le nombre de réfractaires ayant gagné les maquis a été multiplié par vingt puis par cent. Debray va notamment rendre visite à de nombreux financiers qui acceptent de souscrire des bons du Trésor émis par la Banque d'Alger. Debray fait faire des bons spéciaux portant une griffe qui devient connue sur la place de Paris : « Bossuet ». Les bons seront payables après la Libération sur présentation de l'acte de naissance du bénéficiaire. A l'inverse, nous refusons les montants quelquefois très élevés qu'on nous offre en contrepartie d'un remboursement en Suisse ! Il y a en face de nous la masse d'argent sale des industriels compères du régime et des trafiquants en tout genre. Pierre Mendès France, commissaire aux Finances à

Alger, s'inquiète du fait que des collaborateurs notoires s'achètent des certificats de résistance par ce moyen.

Par la suite, la carrière de Chaban-Delmas dans la Résistance prend un tout autre tournant. Il quitte les affaires financières pour les affaires militaires. Nous sommes alors en pleine réorganisation des questions militaires. Le vieux schéma de l'Armée secrète est obsolète : Delestraint et Marchal ont été arrêtés et seul reste Bourgès-Maunoury, nommé en zone sud. Il opère à Lyon en qualité de super-DMR. Les premiers DMR arrivent de Londres mais aucun délégué militaire national n'est nommé en remplacement de Delestraint, au grand regret de Jacques Bingen qui aurait aimé que Bourgès-Maunoury se voie confier cette tâche.

Bingen poursuit à ce moment-là la longue marche de l'unification des éléments militaires au sein des FFI et a fort à faire avec les communistes des FTP qui se verraient bien prendre la tête d'une insurrection armée.

Chaban va alors prendre les choses en main en Ile-de-France au niveau des affaires militaires. Il se révèle vite un homme à poigne, inventif, et doué d'une véritable autorité naturelle. Il intègre la délégation à l'invitation de Parodi. Il sera le délégué militaire national que nous attendions depuis l'automne 1943.

L'arrivée à Paris de Pierre Brossolette

Pierre Brossolette arrive à Paris le 19 septembre 1943, avec une mission qu'il a obtenue à l'arraché du général de Gaulle à Alger : il doit s'occuper principalement des questions relatives à la radio et à la presse. Mais le véritable objet de sa venue à Paris a été ajouté in extremis après négociations entre le colonel Passy et André Philip, commissaire à l'Intérieur; il est chargé d'« installer » Emile Bollaert, nouveau délégué général nommé par le général de Gaulle pour succéder à Jean Moulin ; il doit se mettre à sa disposition pour lui « faciliter » la tâche.

« Si vous tenez absolument à aller au casse-pipe, eh bien allez-y », lui a dit, las, le général de Gaulle avant qu'il parte.

Pierre Brossolette est accompagné du flight-lieutenant Yeo Thomas, son complice de la mission Brumaire du printemps 1943. Ce que j'ai su de cette mission depuis Londres et ce que Brossolette m'en a dit au retour ne m'incite pas à être rassuré par cette arrivée.

Jacques Bingen et moi-même partageons les mêmes appréhensions. Il est comme Attila, partout où il passe l'herbe ne repousse pas * !

Mon rapport au BCRA du 10 septembre 1943 fait état de ces appréhensions : « J'apprends en dernière heure que Brumaire (Brossolette) vient prendre le poste auquel Baudoin (Bollaert) était appelé, tandis que ce dernier devient délégué du Comité d'Al. Baudoin (Bollaert) étant compétent pour le poste de Brumaire (Brossolette) et Brumaire (Brossolette) pour le poste de Baudoin (Bollaert), j'ai lieu de penser que selon une loi de nature chacun d'eux reviendra à sa pente. L'avenir dira quels seront les résultats de ce singulier chassé-croisé. »

Jusqu'à mon retour à Londres, en mars 1944, notre travail commun, à Bingen et à moi, sera profondément troublé par les positions que Passy et Brossolette auront prises de concert. Bien entendu, il ne subsistera rien du climat de cordialité qui avait prévalu entre nous à Londres en 1942 et jusqu'en juin 1943. Comme on a pu le découvrir dans les pages de mon journal de Londres que je publie ici **, Pierrre Brossolette me parlait alors, avec la plus grande liberté, de ceux que j'allais côtoyer. J'étais à cent lieues d'imaginer que bientôt je tomberais sous son couperet. C'est avec beaucoup de relief et une évidente férocité qu'il me campait tous ces personnages. Personne ne trouvait réellement grâce à ses yeux et son esprit critique dévorait ainsi la plupart des hommes exerçant des responsabilités dans la clandestinité. Durant des soirées entières, j'écoutais ainsi Pierre Brossolette mettre en pièces les « soutiers de la gloire » dont il avait célébré la mémoire. Il m'était apparu dans un premier temps brillant et entreprenant, l'esprit plein de vastes projets. Mais depuis son retour de France, après la mission « Brumaire », il semblait à tous nerveux, violent et angoissé. Avant mon départ de Londres, il m'avait donné des mots d'introduction pour de précieux contacts qu'il entretenait à Paris. Pourtant, cette relation faite de confiance allait basculer à Paris où je le retrouvais fermé comme un coffre-fort. Que s'était-il donc passé ? Je n'ai reconstitué le déroulement des événements que plus tard, mais il est clair que, de Gaulle parti pour Alger, plus personne ne commandait à Londres.

---

* Attila, roi des Huns, par-delà sa terrible réputation, est resté un héros national admiré et respecté chez les Tartares.

** Cf. pages 273 à 276.

En l'absence du colonel Passy, parti à Alger, c'est le colonel Manuel qui dirige le BCRA. Le 26 juin 1943 a été organisée une réunion à Londres, présidée par le général d'Astier* représentant du général de Gaulle à Londres, afin de faire face à la situation en France. Participent à cette réunion Emmanuel d'Astier, Jacques Bingen, Georges Boris, André Manuel, Henri Frenay, Jean-Pierre Lévy et Médéric, du mouvement «Ceux de la Libération». Ils tergiversent longtemps, puis optent pour une solution provisoire, en attendant que le général de Gaulle statue. Boris et le général d'Astier câblent le soir même au colonel Passy la proposition suivante : «Pour le civil proposons d'accord avec mouvements représentés à Londres que Morlaix (Meunier) zone nord et Sauvier (Serreulles) zone sud assurent intérim Rex (Moulin).»

Pendant ce temps, à Alger, Passy fait le siège du Général pour obtenir la désignation de Pierre Brossolette à la tête de la délégation du CFLN en France. De Gaulle a réagi, on l'a vu, dès le 29 juin, avec un télégramme sans équivoque à destination de Londres. Brossolette n'obtient pas le poste convoité. Les responsables londoniens, opposés à son départ pour la France, s'arrangent pour le retenir à Londres, sous le prétexte que Schumann n'est pas là et que son départ créerait un trop grand vide à la BBC. Durant tout l'été 1943, une lutte serrée oppose Passy et Boris, chacun étant le chef de file d'un clan, pro- ou anti-Brossolette. Le 16 août 1943, Jacques Bingen part finalement pour la France pour y occuper le poste de délégué de zone sud, en compagnie de Closon. De son côté, Brossolette part de Londres le 24 août pour Alger. Ayant compris qu'il ne serait pas nommé, il tente de promouvoir son candidat, Emile Bollaert, et d'obtenir une mission limitée pour lui-même, lui permettant de retourner en France. Le 2 septembre 1943, Bollaert est enfin officiellement désigné par le CFLN comme délégué général pour succéder à Jean Moulin.

Il correspond bien au profil de grand commis que de Gaulle a réclamé pour prendre la succession de Moulin. Proposé par Brossolette quelques mois plus tôt comme préfet de police à la Libération, Bollaert est cependant totalement ignorant des arcanes de la vie clandestine. Bingen et moi-même, ensemble ou séparément, lui

* Le général d'Astier était le frère d'Emmanuel d'Astier, chef de «Libération-Sud».

ferons les cours du soir. Je dois avouer qu'en dépit de l'immense volonté de cet homme, nous sommes inquiets de ce choix.

De son côté, Brossolette va exercer un magistère d'influence auprès de Bollaert. Son retour en France, au-delà de la mission qu'il s'est fait attribuer par André Philip, est donc une habile manœuvre de sa part pour s'installer à un poste charnière de l'action politique. Jacques Bingen et moi-même nous faisons un devoir d'appliquer la politique du Général. Par notre seule présence, nous lui faisons obstacle. Brossolette s'appuie sur l'homme qu'il a totalement subjugué par son intelligence foudroyante et ses talents oratoires : le colonel Passy. Depuis son arrivée à Londres en 1942, Brossolette est entré avec lui dans une relation passionnelle. Le chef du BCRA a voulu qu'ils partagent le même bureau ; ils sont inséparables. Passy est devenu le plus fervent partisan de Brossolette et de sa pensée politique.

Lors de mon premier entretien en tête-à-tête avec Pierre Brossolette à Paris, je constate combien il est fermé à mon égard. Sa religion semble déjà faite à mon encontre. J'ai écho qu'il me décrit comme un incapable qui donne des déjeuners et des dîners en ville, afin de se gagner les mouvements ! Notre entretien ne dure que quarante-cinq minutes.

Quelques jours à peine après cette entrevue glaciale éclate l'affaire de la rue de la Pompe. En fait, il n'y a jamais eu d'« affaire » de la rue de la Pompe. Autour de cet accident très limité a été construite une machine infernale. Cette « affaire » fut rapidement décrite comme une des pires catastrophes qui ait endeuillé la Résistance et dont les effets tragiques se poursuivront au fil des mois. Dans la vie clandestine, il existe un argument sans réplique, invérifiable mais décisif : la sécurité. Dès lors qu'elle est mise en cause, l'impétrant est banni.

L'affaire de la rue de la Pompe

Lorsque j'étais arrivé à Paris, au début du mois de juillet 1943, je m'étais naturellement appuyé sur le secrétariat de Jean Moulin que Daniel Cordier avait mis en place depuis le mois d'avril. Il s'agissait d'un organisme léger dont la structure allait être similaire au secrétariat de zone sud qui fonctionnait, pour sa part, depuis l'été 1942 : bureaux, secrétaires-dactylos, service radio, agents de liaison, locaux, faux papiers, etc. Daniel Cordier avait recruté, entre autres, une jeune femme de vingt-deux ans, Jacqueline d'Alincourt, dite « Violaine », dont le mari, officier de carrière, avait été tué en 1940. Depuis l'automne 1942, elle travaillait au SOAM * pour Jean Ayral, alias PAL, où elle avait été occupée successivement à tout faire : chiffrage, liaisons, locaux, faux papiers, jusqu'au moment où Daniel Cordier lui avait confié le service « locaux ». Elle devait ainsi fournir bureaux, chambres, appartements, et trouver des lieux de réunion. Dans l'été 1943, les arrivants devenaient nombreux et, en septembre 1943, « Violaine » avait été littéralement débordée par les demandes que lui avait communiquées Daniel Cordier. Le colonel Marchal, nouveau délégué militaire nommé par Londres pour la zone nord, avait été annoncé, venant d'Angleterre, ainsi que Laffon, Maillet et Closon. La délégation avait soudain un cruel besoin de bureaux et de logements de rechange. « Violaine », ne parvenant pas à satisfaire toutes ces demandes urgentes par des relations personnelles, en était arrivée, à bout de ressources, à s'adresser à des agences immobilières et notamment au Public Office Parisien, le POP, sans en informer Cordier au préalable. Ce dernier, harcelé par de nombreuses tâches, n'était pas en mesure, pour chaque cas particulier, de vérifier comment chaque local avait été trouvé. Les agences immobilières exigeant que leurs locataires justifient de leur identité et de leur solvabilité, « Violaine » utilisait, pour signer les actes de location, sa véritable identité, et donnait l'adresse où elle résidait effectivement : 88, rue de Grenelle. C'était là une imprudence dont les conséquences allaient se révéler dramatiques.

Dans le courant du mois de septembre 1943, « Violaine » louait ainsi un certain nombre de chambres, appartements et bureaux. Un jour, le POP lui avait indiqué une certaine Mme Sorlin qui souslouait quelques chambres de son appartement du 8, rue de la Michodière ; elle s'y était rendue et, trouvant le lieu très pratique, avait retenu une chambre pour le colonel Marchal. Le sort avait voulu que Mme Sorlin entretînt des relations avec la police allemande ; dès lors, la tragédie était en marche.

Le colonel Marchal, à son arrivée, avait été conduit par la jeune femme rue de la Michodière. Il y avait déposé ses valises puis était resté quelques jours sans y retourner, ayant pour règle de coucher

* Service des opérations aériennes et maritimes, créé par Jean Moulin à l'automne 1942.

chaque nuit à un endroit différent. Ceci avait laissé le temps à Mme Sorlin de fouiller ses affaires, soit par routine, soit parce qu'elle avait un soupçon quelconque. Elle avait fini par trouver des documents compromettants dans la doublure d'un veston. Dès qu'il avait réapparu rue de la Michodière, Marchal avait été arrêté. La police, enquêtant immédiatement sur l'identité du locataire, avait trouvé la piste et s'était rendue chez « Violaine », au 88, rue de Grenelle. Elle avait été arrêtée avec deux agents de liaison, Hugues Limonti, alias « Germain », et Laurent Girard, alias « Laurent ». Les policiers avaient également trouvé pêle-mêle des quittances de loyer concernant trois locaux : parmi ceux-ci, mon bureau de la rue de la Pompe, siège du secrétariat de zone nord ; ils s'y étaient précipités.

Rue de la Pompe, ils avaient découvert les bureaux du secrétariat de la délégation et avaient arrêté Pierre Péry, Mme Laure Diebold alias « Mado » et son mari. « Mado » était ma secrétaire après avoir été celle de Moulin. Ce matin-là, son mari, étranger à nos services, avait eu la malchance d'accompagner sa femme à son bureau… Dans un autre local, rue du Cherche-Midi, avaient été arrêtés pendant la nuit deux agents de liaison, Louis Rapp et Georges Archambaud. Enfin, la police avait établi une souricière dans un appartement dont je venais à peine de prendre possession en compagnie de Jacques Bingen.

L'Histoire n'a retenu jusqu'à présent que deux éléments dans cette affaire : la prétendue cascade d'arrestations qui l'a suivie et la saisie d'archives — on a parlé de valises — où figuraient de « nombreux » noms en clair. Quelle est la vérité de cette affaire ?

Le 25 septembre 1943 au matin, je descends la rue de Longchamp, longeant le lycée Jeanson-de-Sailly. J'arrive au carrefour Longchamp-rue de la Pompe où se trouve mon bureau. C'est un chemin que j'ai déjà fait plusieurs fois et que par conséquent je connais bien. D'un pas assez sûr, je m'engage pour traverser la rue de la Pompe en face du 129. A ce moment-là, je vois la porte du 129 qui s'ouvre et qui laisse apparaître une silhouette portant une valise. Je suis déjà au milieu de la chaussée et cet homme me fait signe de venir à lui. Je réalise qu'il y a danger, mais il m'est impossible de bifurquer d'un coup sans me trahir immédiatement. Je ne suis plus qu'à quelques enjambées de mon interlocuteur et je m'adresse à lui : « Que puis-je pour vous ? »

Mon vis-à-vis est interloqué ; c'est un Allemand. Derrière lui, j'en aperçois un autre. Il porte à la main droite une arme de gros calibre. Sur un ton très calme je m'adresse à lui : « Vous m'avez fait signe, n'est-ce pas ? Je vois que vous avez à la main un colis volumineux. Peut-être voulez-vous que je vous indique la station de vélo-taxi la plus proche ? »

La personne me regarde avec une certaine surprise avant de se reprendre et de me pousser dans l'entrée. « Vos papiers ! » Il referme la porte de l'entrée derrière nous. Je vais calmement à mon portefeuille où, Dieu merci, je n'ai ce jour-là qu'un seul jeu de faux papiers et je lui tends. Il m'arrache brusquement mon portefeuille pour le fouiller lui-même. Il voit ma carte qui lui indique que je suis ingénieur au service de l'électricité de la Ville de Paris. Il s'adresse à son collègue en allemand : « Il faut appeler le concierge pour savoir s'il le connaît. » Je songe avec soulagement que depuis que j'ai pris ce bureau, je n'ai pas croisé de concierge : il ne pourra donc pas me reconnaître.

Quelques instants plus tard arrive alors un bonhomme qui dit : « Je suis le concierge. » Je croyais pourtant que cet immeuble n'en avait pas. En réalité, il avait une double entrée et le concierge demeurait de l'autre côté, sur la rue de Longchamp. Il me dévisage et dit : « Non, je ne connais pas ce monsieur. » Mon gestapiste se tourne alors vers son collègue et lui dit en allemand : « C'est bien ce que je pensais, c'est un monsieur de bonne foi. » Ils ne me fouillent pas et ne regardent pas ce que j'ai dans les poches. On me rend mon portefeuille avec des excuses : « Vous comprenez que nous sommes toujours sur nos gardes, mais je vous rends votre portefeuille. Vous êtes libre. » Je les remercie à mon tour et j'ajoute que je comprends très bien : « Vous êtes dans votre rôle, comme moi je suis dans le mien de simple citoyen, celui de vous rendre service, si je peux, dans votre lutte contre le marché noir. »

Le gestapiste m'ouvre la porte et je prends congé de mes hôtes inattendus. Je me dirige d'un pas tranquille vers l'avenue Henri-Martin ; en sortant, j'aperçois à l'angle opposé une traction avant de la Gestapo avec un type au volant.

Sur-le-champ, je songe à Jacques Bingen : il faut que je le rattrape avant qu'il n'arrive. Il est peut-être déjà en train de descendre la rue de Longchamp. Dès que j'ai tourné le coin de la rue de la Pompe, je file au plus vite en courant. Je m'installe dans un café place du Palais-de-Chaillot, en attendant que Jacques sorte de la bouche du métro qu'il prend pour venir de l'appartement que nous partageons avenue de Suffren. Il est toujours un peu plus lent que moi dans sa toilette matinale et arrive généralement au bureau une demi-heure après moi.

Au bout d'un quart d'heure, je vois Jacques qui sort du métro cigarette au bec, fringant, de bonne humeur, et qui s'apprête à s'engager dans la rue de Longchamp. Je l'interpelle discrètement : « La Gestapo est dans nos bureaux. » Nous réalisons qu'il va y avoir d'autres arrestations, car Mado a probablement été prise ainsi que Pierre Péry, qui vient chaque matin au bureau. J'ignore, sur le moment, la manière dont nos locaux ont été sélectionnés ; je ne sais à peu près rien du service logement que je n'ai pas eu le temps d'examiner depuis mon arrivée ; immédiatement, je me demande d'où le coup est parti.

Je retrouve Daniel Cordier qui est déjà passé rue de la Pompe en début de matinée et qui sait que la Gestapo est descendue au siège du secrétariat. Il a tenté, sans succès, de me joindre par téléphone dans l'appartement de l'avenue de Suffren.

Comme à son habitude, il a sonné à la porte de l'entrée sur la rue de la Pompe. Cette fois-ci, il n'a pas entendu les pas de Mado résonner sur le plancher en bois, quand elle se lève pour aller appuyer sur le bouton d'entrée. Tout d'un coup, réalisant que quelque chose d'anormal se passait, il a tourné rapidement dans la rue de Longchamp ; marchant vite en direction de l'avenue Victor-Hugo, il s'est installé à la terrasse d'un café afin d'observer à distance la situation. De là, à cinquante mètres, il aperçoit un homme qui sonne à la porte du bureau de la rue de la Pompe ; à peine quelques secondes plus tard, un autre homme sort, armé d'un revolver et, passant derrière la personne qui a sonné, la pousse vers l'intérieur. En face de la porte stationne une traction avant qui, quelques instants avant, n'y était pas. Daniel Cordier réalise qu'il vient d'échapper grâce à son flair à la Gestapo.

Lorsque nous nous retrouvons, Daniel Cordier, Bingen, et moi-même cherchons bien entendu à établir d'où le coup est parti et nous ignorons encore qui, précisément, a été arrêté. Nous ne savons pas non plus si des agents de liaison sont tombés dans les filets de la Gestapo. Daniel Cordier souhaite immédiatement aller voir du côté du 88 de la rue de Grenelle, chez « Violaine », qui héberge souvent des garçons de nos services, dans le vaste appartement que des amis personnels lui ont prêté.

J'avais rencontré « Violaine » une semaine auparavant, qui m'avait conduit avec Jacques dans notre appartement de l'avenue de Suffren. Nous marchons ainsi côte à côte rue de Grenelle jusqu'au numéro 88.

La porte cochère est fermée. Nous la poussons légèrement ; dans l'embrasure, perchée sur le petit trottoir de la voûte, nous voyons la concierge, figée dans une attitude momifiée. Elle ne nous regarde pas et reste muette, comme une statue de sel. Immédiatement, nous sentons une atmosphère étrange. Puis, nous apercevons un homme qui nous tourne le dos au fond de la cour : c'est le gestapiste qui fait les cent pas. Nous laissons la porte se refermer, la Gestapo est là. Cinquante mètres plus loin stationne une traction avant. Nous nous éloignons et nous arrêtons dans un café-brasserie. Daniel Cordier m'explique que si la jeune « Violaine », chargée de tous les logements, est entre les mains de la Gestapo, elle peut révéler au pire toutes ses adresses. Nous ignorons comment elle cloisonne ses activités. Mais nous n'avons pas encore déroulé toute la pelote.

Première décision : fuir toutes les adresses procurées par Jacqueline.

Le lendemain, Germain ayant manqué tous les rendez-vous de rappel, nous en déduisons qu'il a été pris, de même que le colonel Marchal qui n'est pas venu aux rendez-vous que nous avions fixés. Je me souviens encore de Marchal me remerciant pour l'appartement, tout en m'indiquant qu'il était dans ses habitudes de « deuxième bureau » de changer d'adresse tous les soirs. Il aura eu le temps d'avaler sa pilule de cyanure.

Daniel Cordier me propose sa démission. Bien entendu, je la refuse. Il est le collaborateur le plus précieux dont je dispose à la délégation. Je dois faire face à un autre problème : la Gestapo est-elle parvenue jusqu'à mon domicile de l'avenue de Suffren ? Je reprends contact avec Mme Thomas, à qui je demande l'hospitalité pour la nuit. Elle nous accueille, Jacques et moi, dans son modeste cinquième de la rue du Mont-Cenis. Il y a là son lit conjugal, vide depuis trente-cinq ans, date du décès de son mari : elle nous le cède bien volontiers et s'installe dans la pièce à côté, sur un petit canapé. Dix jours après la prise du secrétariat de la rue de la Pompe, au cours d'un rendez-vous de rappel sous les arcades de la rue de Rivoli, j'indique à Mme Thomas que nous devons en avoir le cœur net à propos de notre appartement de l'avenue de Suffren et je lui demande d'y aller, avec une extrême prudence, afin de vérifier si la Gestapo y est venue. Je lui indique de ne pas se rendre à l'étage mais d'aller voir la concierge et de lui faire la causette : « Si son visage est décomposé, lui dis-je, faites demi-tour. »

Mme Thomas me rejoint un peu plus tard à un nouveau rendez-vous. « Tout va bien, me dit-elle, vos amis sont venus et ont tout emporté. » Elle pense que c'est moi qui ai envoyé quelqu'un chercher mes vêtements ! « J'ai eu du mal à pousser la porte car vos amis avaient retourné le tapis », ajoute-t-elle. Je la remercie vivement et la rassure, mais lui indique tout de même que les amis en question sont des agents de la Gestapo ! Sur le moment, elle a un tel choc qu'elle manque de se trouver mal. La concierge qui avait reçu des menaces de mort de la Gestapo est restée complètement muette. Un agent est demeuré quatre jours et quatre nuits à faire le siège, puis est reparti. C'était l'usage que les souricières soient levées après quatre ou cinq jours.

De son côté, Daniel Cordier tente de remettre sur pied un nouveau secrétariat en embauchant Domi, la sœur de « Germain » pris rue de la Pompe, comme secrétaire. Nous nous installons dans un nouveau local, près de la Bastille, dans un immeuble appartenant à mon père. Il y a une boutique, en rez-de-chaussée, dont nous passons les vitres à la chaux. Daniel Cordier trouve deux nouveaux agents de liaison, « Simone » et « Roland », et fait venir un nouveau radio de Lyon. En quelques jours, le nouveau secrétariat est en mesure de fonctionner.

Au total, le coup de filet de la rue de la Pompe entraîne neuf arrestations. Aucun des agents arrêté n'a parlé puisqu'il n'y aura aucun rebondissement à cette affaire ni aucune autre arrestation. Violaine, durement interrogée, n'a pas été torturée. Son système de défense a été de répéter : « Je suis veuve d'un officier français tué à l'ennemi. Je ne vous parlerai pas. » Les agents de liaison, comme elle, sont revenus des camps, sauf un, mort du typhus. J'ai été témoin de Pierre Péry lorsqu'il a épousé Jacqueline en 1945. La « cascade » s'arrête donc aux collaborateurs de la délégation. Si j'insiste, c'est que lors de nombreuses arrestations de membres des mouvements, des agents de la France Libre furent pris à cause des imprudences des résistants. Tel ne fut pas le cas dans cette affaire.

Rue de la Pompe, la Gestapo trouve des exemplaires de mes précédents courriers et de courriers de Jacques Bingen partis pour Londres à la lune de septembre. Il y a au plus deux légères serviettes de documents.

Dans mon rapport au BCRA du 7 octobre 1943, je reviens en détail sur l'« affaire » de la rue de la Pompe. J'y décris les modalités de l'arrestation du colonel Marchal alias « Hussard » et annonce la descente de la Gestapo au siège du secrétariat :

« A Paris, Hussard (Marchal) a été arrêté. La police allemande a opéré un raid sur le bureau où étaient entreposées mes archives et plusieurs de mes collaborateurs ont été appréhendés.

« J'ai dit que mes archives étaient entreposées à ce bureau. Elles étaient fort peu nombreuses puisqu'elles étaient contenues dans deux serviettes, mais elles étaient de qualité. Les pièces suivantes s'y trouvaient : textes en clair de nos câbles échangés depuis juillet, doubles de mes rapports de juillet-août-septembre, quelques documents destinés au courrier d'octobre. Vous pouvez juger plus précisément que moi-même de l'importance de ces documents puisque vous les avez entre les mains. »

On m'a dit, plus tard, que ce n'était pas l'usage, dans la Résistance, de s'étendre à ce point sur un accident de ce genre. Jamais, auparavant, tant de détails sur une prise d'archives par la Gestapo n'avaient été donnés. C'est en effet une première dans l'histoire de la Résistance : les services londoniens, habitués à recevoir à peine quelques entrefilets sur des coups autrement plus importants, subissent a contrario l'effet de loupe sur cet accident.

L'« affaire » de la rue de la Pompe survient à point nommé pour Pierre Brossolette. L'arrestation du colonel Marchal est un événement suffisamment grave pour qu'il m'en rende personnellement responsable :

« Le fait que quatre mois de courriers — avec les noms en clair —, de télégrammes, etc., ont été pris dans sa centrale a été une catastrophe et aurait provoqué l'insurrection des mouvements si ceux-là ne tenaient à ménager Sophie (Serreulles), qui est en bons termes avec eux. En tout cas, le fait qu'une telle faute dont les conséquences seront énormes ait été commise tient au fait que Sophie (Serreulles) s'en remet, pour tous les détails de la vie, à des sous-fifres, sans les commander réellement * », écrit-il au colonel Passy à Londres.

---

* Ces considérations ne sont, bien évidemment, pas très équitables à mon égard, surtout si l'on sait que de nombreuses affaires de ce type ont eu lieu, avec des circonstances autrement plus dramatiques pour la Résistance : le 15 mars, à Lyon, toutes les archives de l'Armée secrète sont saisies et quinze personnes arrêtées ; lorsque Frenay rencontre Moulin, après la prise de toutes les archives de l'AS, il lui dit : « Oui, il y a quelques personnes qui ont été arrêtées et quelques papiers ont disparu, mais absolument sans intérêt », à la suite de quoi Moulin, dans son rapport à Londres, écrit que quelques archives ont été prises mais qu'il n'y a pas lieu de s'inquiéter… Cette affaire à Lyon est dix fois plus importante que celle de la rue de la Pompe où ne sont pris que quatre ou cinq rapports et une quinzaine de télégrammes. Le 28 mai 1943, à Cluny, les archives d'Henri Frenay sont prises et sa maîtresse Bertie Albrecht arrêtée. Le 24 mars 1944, avenue de Breteuil, le bureau de Bénouville est découvert, en conséquence de quoi deux bureaux contenant les archives de la délégation des mouvements en Suisse sont découverts, cinq personnes arrêtées, dont Claude Bourdet, numéro deux de « Combat ».

Afin de nous mettre hors d'état de nuire, Bingen et moi, il réclame notre rappel à Londres. Il obtient le soutien entier de Yeo Thomas qui, par ses rapports alarmants, conforte la grande anxiété des services londoniens. Le colonel Passy lui emboîte le pas et utilise tous les moyens dont il dispose. Depuis Londres, notre quarantaine est décrétée. Les services et les agents que nous avons sous nos ordres reçoivent l'instruction de couper avec nous, leurs chefs. Le bruit court que nous sommes tombés aux mains de l'ennemi avant d'avoir été relâchés ! Nous sommes les derniers à apprendre ces faux bruits.

Bataille avec le BCRA

Passé les quelques jours d'inquiétude qui suivent l'« affaire » de la rue de la Pompe, Jacques Bingen et moi-même nous remettons au travail. Je réunis le comité central des mouvements afin d'exposer la situation. Je subis une attaque très violente d'Yves Farge, qui me reproche la nullité coupable de notre service logement et la disparition du colonel Marchal, qui cause des dégâts considérables. Je réplique avec force, les informant précisément de l'identité des agents arrêtés et du fait qu'aucun n'a parlé. Toutes les adresses de « Violaine » ont été abandonnées dans l'heure qui a suivi l'affaire. Les débats sont houleux mais je réussis à tenir tête, sur la foi que « l'incendie est éteint ». Je rappelle également à ces procureurs pressés qu'ils ont connu bien pire, sans parler des réseaux de renseignement décimés comme l'on sait. C'est la première fois en dix-huit mois que les services mis en place par Jean Moulin connaissent un accroc. C'est vrai, et j'en assume la pleine responsabilité. A la fin de la réunion, l'affaire est classée et le travail peut reprendre. Mais l'affaire n'est pas classée pour tout le monde. Les rapports que Pierre Brossolette et Yeo Thomas envoient à Londres sonnent le tocsin. Les délégués militaires régionaux, les DMR, reçoivent comme instruction de nous fuir comme la peste alors que nous sommes censés les réceptionner et les assister sur le terrain selon leurs demandes, en vue de la constitution de l'amalgame entre les différents éléments paramilitaires. Alors que notre travail se poursuit, avec la compréhension des chefs des mouvements et de nos agents, les télégrammes de Londres pleuvent :

« A Scapin (Serreulles) et Cléante (Bingen) — conformément

messages BBC pour raisons impératives sécurité suspendez toute activité. Ne gardez aucun contact avec délégués militaires ou officiers BOA. »

La confusion est à son comble. On se demande si les responsables londoniens ne sont pas tombés sur la tête ; la situation est pourtant normalisée sur le terrain. Il ne parvient à Alger que des bribes de cette affaire, d'autant que les transmissions restent pénibles, et qu'il faut, au bas mot, quinze jours avant qu'un câble parti de Paris « pour le général de Gaulle » arrive sur sa table, quand il n'est pas tronqué ou perdu en route. La guerre des télégrammes entre Londres et la délégation atteint très vite une intensité inouïe qui conduit la délégation à frôler l'extinction. Le BCRA semble bien décidé à nous mettre définitivement hors jeu. Pourtant, Jacques Bingen proteste à plusieurs reprises, allant jusqu'à brandir la menace de sa démission :

« J'apprends fortuitement aujourd'hui qu'une mise en garde aurait été envoyée par le BCRA fin octobre à ses divers réseaux de renseignement, les prévenant que Sophie (Serreulles) et Necker (Bingen) sont constamment filés par la Gestapo et qu'ils aient, par conséquent, à se méfier d'eux.

« La rumeur, qui a commencé à se répandre, va bientôt gagner de proche en proche et gêner toute notre action qui n'avait pas besoin je vous l'assure de ce handicap supplémentaire. (...)

« J'ajoute que je suis convaincu sans prétention excessive que si la Gestapo filait Sophie (Serreulles) ou Necker (Bingen) de façon constante, elle n'aurait pas manqué au bout d'un délai allant de quelques minutes à au maximum deux jours d'arrêter ces gens en mission dont le rôle important et confirmé par les papiers saisis en septembre aurait pleinement justifié une arrestation hâtive afin d'arrêter leur action malfaisante et d'essayer d'obtenir d'eux par les moyens habituels de la Gestapo des indications précieuses pour la police allemande. (...)

« Nous avons assez de difficultés dans notre travail pour ne pas être gênés par ceux qui devraient être notre soutien (.../...) je me considérerais comme relevé de mes fonctions si un démenti immédiat n'était pas notifié aux destinataires de la mise en garde et que confirmation de l'envoi des démentis *(sic)*. »

Il renouvelle ses protestations quelque temps plus tard :

« Apprends fortuitement que BCRA alerte ses réseaux et affirme que Scapin (Serreulles) et Cléante (Bingen) sont constamment filés par Gestapo. Proteste avec indignation contre ces mises en garde inconsidérées qui sabotent notre action. Il serait correct de nous prévenir par priorité. Demande explications par câble ainsi que démenti immédiat à tous vos réseaux. Si démenti non câblé par vous immédiatement me considérerai relevé de mes fonctions. Prière rendre compte à Philip. »

Le BCRA ne peut rester silencieux ; par un câble en date du 16 novembre — plus d'un mois et demi après le début de l'« affaire » —, on nous fait enfin connaître les motivations de cette mise en scène : Pierre Péry, pris rue de la Pompe, aurait parlé, dit-on à Londres ! Cela est stupide. Péry ne connaissait rien de nos activités. Rien de tel ne s'est passé. Entre-temps, pas moins de quarante-sept câbles ont été envoyés par nos soins à Londres pour tenter de stopper cette machine infernale. Enfin, le BCRA obtient notre rappel, qu'il voulait ; mais de manière incomplète. Depuis Alger, le Général a tranché : je suis rappelé à Londres ; Bollaert doit prendre le chemin d'Alger. Mais Jacques Bingen, pestiféré de la veille, reste à son poste, seul, à la tête de la délégation ; dans la plénitude de ses fonctions. Quant à Brossolette, il subit l'humiliation d'un rappel à Londres. Cet ordre est également un désaveu pour l'orchestrateur de cet automne tragique, le colonel Passy. Il n'a pas pu s'opposer au rappel de Brossolette ; pire, il a été obligé de confirmer les pouvoirs de Jacques Bingen à la tête de la délégation, en les étendant. Tout a été fait pour que son autorité sur les mouvements soit mise en péril ; des agents de Londres s'entre-déchirent aux yeux de tous ! L'autorité de Jean Moulin sur les mouvements, acquise au prix d'efforts continus durant dix-huit mois, est dilapidée en l'espace de quelques semaines. Le BCRA nous a coupés de nos services. C'est miracle que nos services n'en aient pas profité. Pierre Brossolette a refusé de rentrer à Londres avec Yeo Thomas. Il s'est posé en mentor de Bollaert. A quoi bon ? Où s'égarait-il ? A la veille de la Libération, quels étaient ses mauvais anges ? Quels étaient ses rêves ? C'est la France Combattante qui est meurtrie à travers nous. Comment avons-nous pu travailler dans un pareil climat, je me le demande encore aujourd'hui.

On serait en droit de s'étonner des longs silences du général de Gaulle, seulement rompus par l'envoi d'un ou deux télégrammes de sa plume. C'est qu'on perdrait de vue les conditions de vie à Alger pendant cette ultime période allant de l'été 1943 au printemps 1944.

La première tâche du Général, la plus difficile depuis le 18 juin 1940, est de faire front, face au président Roosevelt, solidement secondé à Alger par M. Murphy. Le général Giraud est encore dans l'été 1943 le poulain des Américains. La France Combattante doit à tout prix se maintenir. Sa seule force réside dans son unité en France et en dehors d'elle.

De Gaulle ne peut se permettre de faire le moindre faux pas : une seule étincelle de division serait fatale. Il lui faut veiller à tout. Accélérer, autant que faire se peut, l'armement de nos divisions. Maintenir le calme en Algérie qui, dans cette phase nouvelle, est acquis. Dès que Giraud a quitté le gouvernement, au mois de novembre 1943, de Gaulle le remanie et y fait entrer des hommes de poids qui ne sont aucunement des faire-valoir : Jean Monnet, René Mayer, Pierre Mendès France, Maurice Couve de Murville; ils prennent une part active aux délibérations. De Gaulle n'est plus l'homme seul qu'il était à Londres et s'en sent fortifié.

Tandis qu'à Paris la délégation est désemparée, de Gaulle a d'autres pains sur la planche : la Corse, l'armée d'Italie qu'il confie à Juin et qui s'illustrera au Garigliano, la préparation des deux débarquements, avec dans le fond du décor Paris, qu'il ne faudra pas laisser glisser à l'emprise communiste !

La longue vacance du poste de délégué a été malheureuse. Mais, le jour où Parodi était prêt à accepter le poste, à la prière d'Emmanuel d'Astier, à la condition que Serreulles reste à ses côtés, le même Serreulles recevait du BCRA un câble lui enjoignant de cesser toutes activités et d'aller se mettre au vert en attendant un avion…

Pour Charles de Gaulle, la charge était écrasante. C'est cela que nous ne pouvons oublier.

Rappel à Londres

Depuis le début du mois de novembre mon rappel à Londres est acquis. Je suis soumis aux obligations de tout départ et me rends sur les terrains qui me sont indiqués par le BOA, notre Bureau des opérations aériennes. L'attente d'un avion, en comptant le temps qu'il faut pour se rendre dans la région de celui-ci, dure environ huit jours. Chaque mois, je fais mes adieux à Bingen et me rends sur le terrain indiqué ; mais à chaque fois, l'opération échoue, et il me reste environ trois semaines avant le prochain départ, que je mets à profit pour travailler aux côtés de Jacques. En décembre 1943, janvier et février 1944, je reviens ainsi en début de mois et reprends le courant. Je ne suis plus qu'un chevalier errant ! Si je ne jouissais pas avec Bingen d'une intimité profonde qui nous permette de renouer, comme si nous ne nous étions pas quittés, mes retours à Paris seraient presque sans objet. Mais il m'assure que, même fragmentée, mon assistance lui est précieuse. La dernière lettre que je reçois de lui en fait foi *. Au reste, je ne dois rien exagérer. Je continue à suivre avec passion les progrès de nos grands dossiers avec le concours entier d'une équipe qui s'étoffe — Closon, Laffon, Debré, Bourgès, Miné, Maillet... Ma position auprès des mouvements est néanmoins considérablement affaiblie car je les tiens au courant de mon rappel, ce qui ne fortifie pas mon crédit auprès d'eux. Rappel que chacun interprète à sa manière et que moi je tiens pour un désaveu.

Pour ce départ sans cesse retardé vers l'Angleterre, j'ai joué de malchance. En décembre 1943 puis en janvier 1944, je me rends sur les lieux d'atterrissage. Hébergé chez des paysans, admirables de courage et de générosité, j'attends avec impatience et en vain le message convenu sur les ondes de la BBC. Enfin, au mois de février, un vol sur un bimoteur Hudson nous est annoncé. Je m'accorde la priorité pour enfin gagner Londres ; mes compagnons de voyage doivent être Raymond et Lucie Aubrac, et leur petit garçon. Eux aussi ont échoué les mois précédents, sur d'autres vols, également décommandés. Lucie supporte vaillamment ses neuf mois de grossesse, jour pour jour.

Bletterans. Opération Bludgeon

Dans la nuit du 8 au 9 février, l'appareil tant attendu se pose correctement à son second essai. L'opération « Bludgeon » est en marche. Dans la mesure où nous ne sommes que trois passagers et demi, nous avons prévu d'emmener avec nous plusieurs centaines de kilos de sacs de courrier, eux-mêmes en souffrance depuis deux ou trois mois. Sur le moment, je suis très impressionné par le vacarme des deux moteurs et la puissance du phare commandé par

* Cf. annexe n° 6.

le pilote, dans les instants où il pose l'appareil. Même à longue distance, un avion d'observation ennemi qui volerait dans nos environs ne pourrait le manquer. L'appareil s'immobilise rapidement mais des pluies récentes ont rendu le terrain spongieux et le Hudson s'enfonce dans le sol jusqu'aux essieux. C'est une catastrophe.

Paul Rivière, chef du BOA qui a fait ses classes en Angleterre et jouit de la meilleure estime de la RAF, est littéralement atterré : jusqu'à cette nuit, il n'a jamais connu d'incident. Cette fois-ci, il n'a pas pu anticiper la forte chute de pluies dans cette zone. Si l'appareil reste embourbé, il faudra utiliser la charge d'explosif dont chaque appareil est doté pour ce type de missions. Rivière fait peine à voir.

Le pilote est très tendu et commence à évoquer, avec Paul Rivière, l'hypothèse la pire, devoir faire sauter son appareil. Le lieutenant Afflek s'affaire autour de l'avion et parle déjà des conditions dans lesquelles il va devoir fuir jusqu'à la frontière en Espagne, avec son équipage. Pouvons-nous lui trouver une filière ? C'est précisément le moment où je vais devoir entamer des négociations avec lui ! Il est décidé, dans le meilleur des cas, à rentrer à vide avec le seul pilote anglais, qu'il a ordre de rapatrier. Sans en avoir le moindre droit, je me substitue alors à Paul Rivière, officiellement responsable des opérations. Il n'est pas question pour moi que l'appareil reparte sans les Aubrac à son bord. Lucie est sur le point d'accoucher et son mari est condamné à mort par les Allemands. Ces derniers ont en travers de la gorge son évasion à main armée. Pour comble, le chauffeur allemand de la voiture cellulaire a été tué dans l'escarmouche ! Afflek invoque le règlement et moi l'esprit d'humanité ! Je m'effacerai au profit des Aubrac. Rivière fait alors retirer tous les sacs de courrier de la carlingue. La discussion avec le commandant se poursuit et je n'ai, pour soutenir mes arguments, que mon anglais et ma cordialité. Pendant ce temps, tout le village voisin s'active autour de l'appareil. Ni les chevaux ni les bœufs amenés sur le terrain par les paysans ne suffisent à dégager l'appareil embourbé. Sur les indications du pilote et de Rivière, on creuse alors deux gouttières avec des planches en plan incliné pour permettre à l'appareil de mettre les moteurs. Nous redoutons de voir l'avion sortir pour aller s'enliser à nouveau quelques mètres plus loin. Le jour va commencer à poindre et Afflek, frappé par le stoïcisme des Aubrac — y compris par le petit garçon enfoui dans des couvertures —, consent finalement à les prendre à son bord... si l'opération réussit. Nous sommes là depuis 23 h 45 et il est 2 heures du matin, un travail considérable a été accompli.

Les gendarmes de Bletterans sont avec nous et surveillent les environs. Sans eux, et sans le concours actif de tout le village, hommes et femmes, rien n'aurait été possible. A 2 heures du matin, les moteurs ronflent à nouveau et la queue du Hudson est elle aussi sur planche. Le sol est ferme et tient bon. L'appareil franchit les haies et s'envole ; tout le monde s'embrasse et se congratule chaleureusement. Lucie, ponctuelle, accouchera d'une fille le soir même de son atterrissage, à l'hôpital de la Reine-Charlotte à Londres. Raymond Aubrac ira siéger à l'Assemblée consultative d'Alger. Quant à moi, mon départ est encore une fois ajourné.

Opération « Serbie »

Le 9 février, un câble signale à Paul Rivière une double opération Lysander prévue pour le 10, du côté de Vierzon. Cela fait un long trajet mais j'accepte, dans la journée, de m'y rendre. Rivière m'y conduit au volant de sa voiture et me réserve une place dans l'un des deux appareils qui se poseront à quatre minutes d'intervalle.

La nuit du 10 février, enfin, il va m'être permis de rentrer en Angleterre. Les deux appareils de l'opération « Serbie » se font entendre. Le premier amorce son approche. Deux fois, il prend mal son terrain et, constatant qu'il ne peut se poser, remet les gaz pour prendre de la hauteur. Pendant ce temps, au sol, nous n'en menons pas large, d'autant que nous sommes proches de Vierzon et nous entendons les sirènes d'alerte. La Feldgendarmerie en garnison dans la ville ne va tarder à rappliquer. Soudain, au troisième passage, le Lysander se présente plus mal encore et tente tout de même de se poser. Il fait « cheval de bois » avant une haie et se transforme brutalement en torche. Le troisième essai a été fatal : les flammes de l'appareil fiché au sol s'élèvent à vingt ou trente mètres. Elles vont guider les Allemands jusqu'à nous sans hésitation.

Nous sommes tous pressés de déguerpir au plus vite, autant les locaux que l'officier d'opération. Mais il y a là d'énormes sacs prêts à être embarqués, horriblement lourds. Je m'affaire à empoigner un bout de sac, plein à craquer, qui me glisse entre les doigts tandis que je porte une valise de l'autre bras. Tout cela en courant. Chacun de nous trébuche, tombe, hors d'haleine. Cette course est mon plus mauvais souvenir d'épuisement physique brutal : tout en courant, je me demande, haletant, si j'aurai assez de forces pour tenir jusqu'aux voitures cachées à distance. Le second Lysander qui attendait en vol pour se poser est rentré en Angleterre. Avant de quitter le terrain, nous faisons le tour de l'appareil en flammes : notre responsable d'opération veut s'assurer qu'il n'y a aucune trace de vie aux alentours. Le pilote, MacDonald, est carbonisé *. Pour notre part, craignant les barrages sur les routes, nous décidons de quitter au plus vite le périmètre de bouclage probable et, d'une seule traite, nous rejoignons Lyon où nous arrivons dans la matinée du 11 février. Nous avons toujours ignoré les causes de l'accident qui avait coûté la vie à ce pauvre lieutenant MacDonald. Personne, sur place, n'a parlé d'une erreur de balisage mais, au contraire, d'une erreur du pilote, qui aurait effectué cette nuit-là son premier atterrissage en territoire ennemi.

A Lyon, je suis reçu par notre cher Pierre Lambert, chef de notre secrétariat lyonnais, étonné de ma visite surprise. Je prends une nuit de repos et rentre à Paris dès le lendemain. Une fois de plus mon départ a échoué et je reste cloué sur place !

Opération réseau Phratrie

Quelques jours plus tard, je croise un ami d'avant-guerre rue des Pyramides, Antoine Masurel. Une règle sacro-sainte chez les Anglais veut que le renseignement (Intelligence Service) et l'action (SOE) s'ignorent ; nous nous y plions de notre mieux. Pourtant, je sais depuis Londres que Masurel dirige, avec Chancel, le réseau de renseignement Phratrie. Nous prenons tous deux le temps d'aller boire un porto au Bodega. A grands traits, je lui raconte mes déboires récents. Il réfléchit et me dit : « Nous aurons bientôt un

* J'ai appris plusieurs mois après cette triste opération qu'un passager — un radio — aurait survécu au crash ; blessé et brûlé, non détecté par nous, il se serait traîné jusqu'à une ferme où on l'aurait accueilli. Puis, il aurait reçu des soins auprès de bonnes sœurs avant de rejoindre finalement l'hôpital de Châteauroux, pour y être soigné par un médecin résistant. Je n'ai jamais pu véritablement vérifier cette information par la suite.

doublé Lysander dans le Cher. On pourrait peut-être te prendre ; je vais voir. »

Nous nous quittons après être convenus d'un rendez-vous prochain. Nous reprenons contact et il m'informe que je dois me rendre le 2 mars à Bourges et qu'on me conduira sur le terrain des opérations. La dernière difficulté est minime : nous devons nous tasser à trois dans un cockpit conçu pour... un passager. J'étreins, l'espace d'un voyage, Achille Peretti — du réseau Ajax — et Chancel. Nous volons en rase-mottes, pour échapper aux tirs de la Flak.

Retour à Londres

Dans la nuit du 2 au 3 mars 1944, je gagne enfin l'Angleterre, neuf mois après l'avoir quittée. Mes premiers contacts avec le BCRA sont très froids ; tout le monde semble effaré de me voir là. Je croise Dewavrin, glacé, dans un escalier, par hasard, car il a été appelé à Alger et a cédé la place à André Manuel. Il négocie la fusion avec les services de renseignement de Vichy.

Je suis convoqué par François Thierry-Mieg, chef de service au BCRA. Un an plus tôt, je l'avais accueilli avec le groupe des « Russes », dont faisaient partie Jean-Louis Crémieux-Brilhac et bien d'autres, arrivés sous la houlette du capitaine Billotte. Il souhaite m'interroger sur l'« affaire » de la rue de la Pompe.

« Je suis invité à vous voir pour que vous m'en parliez dans le détail, parce que j'ai beaucoup de questions à vous poser », me dit-il. Je lui indique que je suis tout à fait disposé à passer des heures avec lui afin de lui fournir un maximum de détails sur cette affaire. « Les services anglais m'ont alerté et voudraient en savoir davantage et y voir plus clair dans cette affaire qu'on leur a présentée comme une des catastrophes les plus tragiques qu'ait connues la Résistance française. »

A mon grand étonnement, je constate que les services continuent à s'agiter à Londres autour de cette affaire, vieille de maintenant six mois... Je subis un long interrogatoire sur la rue de la Pompe et me rends compte que les rapports reçus de Paris ont bouleversé les services britanniques.

FFI et DMR

Bingen a achevé fin février 1944 la constitution de l'état-major FFI, engagée dès septembre 1943. Trois entités sont en présence, qu'il doit mettre ensemble.

1. L'Armée secrète, sous ce vocable, nous englobons tous les éléments à vocation militaire des mouvements de résistance nord et sud. Ils forment la majorité.

2. Les FTP, dont les troupes sont faites de « tout-venant » affluant vers les maquis, mais, dans tous les cas, coiffés d'un encadrement communiste. Leur nombre, va aussi, croissant.

3. Les « giraudistes », dont la majeure partie comprend des officiers et sous-officiers (ex-armée active pour la plupart), très précieux pour l'encadrement des maquis.

C'est le mariage nécessaire de carpes et de lapins, obéissant à leurs chefs respectifs : Degliame-Fouché, Charles Tillon, général Revers.

Ce sont ces trois autorités que Bingen doit associer afin de constituer une force commune : les Forces Françaises de l'Intérieur.

Après des mois d'âpres négociations où les propos échangés ne sont pas amènes, Bingen obtient la signature des trois parties.

Le 3 mars 1944 j'apporte à Londres le document au BCRA. Ils n'y comprennent pas grand-chose au premier abord, car à Londres on ne parle que de « décentralisation ».

« Comment ? me dit-on, vous centralisez ! » C'est le contraire qui est vrai. Jusque-là on se figure à Londres que les résistants vont marcher, comme un seul homme, au pas cadencé derrière leurs chefs régionaux ! Encore faut-il que ceux-ci apprennent l'existence d'une nouvelle entité et que tous se considèrent impliqués ; il faut faire circuler le mot d'ordre dans leurs troupes, émanant de ces trois chefs.

Alors, et alors seulement, les brassards FFI pourront fleurir à toutes les manches. Il faudra informer tous ces chefs régionaux que la fusion est accomplie au sommet et que c'est la charge des DMR * de leur transmettre les ordres émanant directement du SHAEF, Etat-Major intégré. Le général Koenig (vainqueur de Bir Hakeim), membre du SHAEF à Londres, les aura sous ses ordres. Il occupe

* Délégués militaires régionaux.

le siège qui aurait été celui du général Delestraint, si celui-ci n'avait pas été arrêté par la Gestapo le 9 mai 1943.

Des DMR souvent sur le terrain depuis l'automne avaient eu du mal à se faire admettre par l'entourage et ils nous demandaient de les introniser auprès des chefs de mouvement à Paris. Il fallait leur feu vert sur la fusion. Les DMR ne tombaient pas du ciel pour les commander ! Pour transmettre les ordres du SHAEF, ils étaient largement pourvus d'agents radio avec leurs émetteurs ; ils pouvaient demander tel ou tel parachutage d'armes sur leur zone. Bref ils avaient des moyens de se faire apprécier, l'argent compris. Encore fallait-il que les états-majors à Paris se soient mis d'accord. C'est cela, semble-t-il, que Londres avait sous-estimé. La délégation organisait donc puissamment la décentralisation, à condition que le BCRA n'interdise pas nos contacts avec les DMR. Ce que fut le travail de Bingen pour obtenir de ces trois autorités leur adhésion à cette construction, alors qu'au fond elles se détestaient, ce travail passe l'imagination ! J'ai été le témoin de séances où le pauvre général Revers devant les brusques emportements de Tillon voulait rompre et quitter la salle, fatigué d'être injurié. Bingen, avec le sourire et une inlassable patience, était là pour calmer le jeu.

Après la Libération, les brassards FFI se multiplièrent à l'envi, portés par de joyeux compères qui n'y avaient aucun droit. Ils donnèrent le champ libre aux chansonniers et firent rire la France entière. Ceux d'entre eux qui s'étaient battus furent célébrés par Eisenhower comme l'on sait. Sur les arrières de l'ennemi ils avaient fait le travail de plusieurs divisions alliées.

Alger 27-30 mars 1944

Par un télégramme au général de Gaulle, je lui fais savoir que je suis à Londres et me tiens à sa disposition. Il me convoque pour le 27 ; voyage sans histoires.

Les espions allemands foisonnent à Alger. On me loge sous l'identité de « Sauvier » à l'hôtel Aletti. Je suis conduit à la villa des Glycines, villa en meulière, de taille modeste, laide, comme les Français ont su en construire des milliers partout où ils sont passés, et qui porte l'empreinte de la fin du XIXe. Le Général s'y est établi dès son arrivée fin mai 1943 et n'en bougera pas. Son bureau est sans apprêt ; il y a ses commodités. Giraud, me dit-on, occupe le palais du gouverneur général.

Dès que la conversation s'engage, je comprends que je ne m'avance pas vers l'échafaud. C'est à « Sauvier » que le Général pose ses questions, c'est-à-dire à quelqu'un en mission secrète, aujourd'hui à Alger, qui vient rendre compte, avant de repartir.

De Gaulle, comme je l'ai toujours vu, omet ce qui lui est désagréable ou pénible, le nom de Jean Moulin ne sera pas prononcé par lui. Il ne me fera pas parler du passé. C'est l'avenir qui le préoccupe et, là-dessus, il pose beaucoup de questions, sur les situations, sur les hommes. Avec Parodi qu'il vient de nommer et notre équipe, il croit repartir du bon pied.

Et Bidault ? Mon opinion est mesurée sur l'homme, avec ses clairs et ses obscurs. Il est très droit et le restera, comme il le fut avec Moulin, qui appréciait son sens politique, sa connaissance du milieu, ses habiletés manœuvrières. Il a une excellente plume et s'entend à rédiger des motions appelées à recueillir l'unanimité. Au côté d'un Moulin à poigne, il faisait merveille, car il sait arrondir les angles. Livré à lui-même, il risque d'être trop souple. Il a les manières d'un prélat, mais pas celles d'un faux frère. Conclusion : c'est un démocrate-chrétien jusqu'au bout des ongles.

Et les communistes ?

Les communistes ne sont plus ceux de 1941, où il leur fallait, avant tout, faire oublier la tare du pacte germano-soviétique. Appréciant mieux que quiconque la force de la vague gaulliste, ils ne pouvaient pas la contrarier de front. Ils ont préféré « surfer », mais sans pour autant renoncer à être eux-mêmes. C'était commode à un moment où soufflait, très fort, venant de l'Est, un vent patriotique. Cela explique la venue à Londres de Fernand Grenier*. Le parti faisait allégeance à de Gaulle et grimpait dans le cheval de Troie. De 1941 à 1943, ils s'y sont considérablement renforcés. Ils semblent décidés à rester avec nous, pour la durée de la guerre, d'autant mieux que l'URSS est devenue le troisième Grand. Thorez, sous l'autorité de Staline, les invite à la sagesse. Le maréchalissime ne veut à aucun prix gêner les Américains sur leurs arrières. Mais sachons maintenir l'unité ! S'il y a une fissure, les FTP nous donneront du fil à retordre.

Ils laisseront à d'autres la responsabilité de rompre. Ils auront

* Tandis que Jacques Duclos envoyait un émissaire à Giraud.

fait la preuve de leur discipline, mais — le verrou sauté — ils s'échapperont. Ce que j'en dis au Général, c'est ce que, depuis mon arrivée en juin 1943, je serine aux mouvements quand ils parlent de leur indépendance ! Puissions-nous, jusqu'à la fin, n'enregistrer aucun craquement.

« Faut-il les prendre dans le gouvernement ? » me demande le Général.

Je réponds : il me semble que le Général ne peut faire autrement, dès lors qu'ils sont présents à tous les échelons de notre organisation, depuis les comités départementaux jusqu'au CNR. Je ne ferais pas la même réponse à n'importe qui, mais je sais trop bien que le Général ne se laissera pas déborder, ni pour le choix des hommes, ni des postes.

Le Général appelle Soustelle qui est dans la pièce voisine : « Il faut profiter du passage de Sauvier pour qu'il soit reçu par les membres du comité central du PC présents ici. Il leur apportera des nouvelles fraîches du pays. Dites-leur de respecter le secret (à part : Avec eux, je suis tranquille.) »

Ma visite aux membres du comité central du PCF à Alger

Le lendemain, je suis reçu par le comité central. A force d'insistance, Giraud les avait récemment laissés sortir de prison. Je n'ai pas compté, mais ils doivent être une douzaine. La vedette, c'est le vieil André Marty, le mutin de la mer Noire ! Dans mon enfance, j'ai entendu parler de ce personnage fabuleux, éternel mutin, depuis 1917, le couteau toujours entre les dents, infatigable. Aujourd'hui il s'efforce de sourire, bien que cela ne lui aille pas bien.

Je fais mon boniment aux camarades qui m'accueillent très aimablement. Nous nous disons des banalités. Je leur donne, du CNR, où ils siègent, une vision idyllique. Je leur parle des FTP. Nous faisons assaut de langue de bois.

Nous échangeons tous de solides poignées de main en nous quittant. Ils me souhaitent un bon voyage de retour.

Je rends compte au Général. Visite sans surprise.

Et Pétain ?

De Gaulle, enfin, me pose la question rituelle : « Et Pétain, qu'est-ce qu'on va en faire ? — Mon Général, il vous embêtera jusqu'au bout et ne mourra pas avant la fin de la pièce. Il sera arrêté, jugé, condamné à mort. Vous le gracierez !... »

Compagnon de la Libération

Je lui parle ensuite de la délégation, « sa » délégation, qui a été trop durement malmenée dans un passé récent. Je n'ai pas besoin de m'étendre sur ce sujet. Je le conjure de désigner clairement une liste de successeurs au cas où Alexandre Parodi subirait le même sort que Moulin. S'il lui arrivait malheur, il est impératif qu'il soit remplacé sur-le-champ. Je prie le Général d'établir une liste de plusieurs noms, dans un ordre donné, qui soit l'ordre de succession de la délégation. Je rappelle au Général que je n'ai jamais eu d'ordre de mission pour prendre l'intérim en France ! J'ai agi de mon propre chef, en l'absence de toute instruction sur la politique à suivre.

Le Général m'écoute en silence, sans donner de signe d'impatience. S'il m'interrompt, c'est sur un détail. Nous ne parlons qu'à peine du CNR.

Nos entretiens se sont déroulés en deux séances. A la fin, le Général réagit et prend sa plume, décidé à régler l'avenir de la délégation en France : « Bon, Parodi. Et puis après qu'est-ce qu'il y a ? me demande-t-il. Il y a vous : deux. Il y a Bingen : trois. Puis, Emile Laffon : quatre. Je décide dans l'ordre d'ancienneté dans leur service sur le terrain ; ça me semble être pas mal. »

Le Général appelle Soustelle pour lui demander de rédiger un télégramme à l'attention de Parodi : « Dites-lui quel est l'ordre de succession en cas de malheur, pour que chacun sache où il en est. » Se tournant vers moi : « Vous rentrerez en France le plus tôt possible », me dit-il. Je lui réponds : « Mon Général, j'ai les clefs de mon appartement dans ma poche ; j'espère rentrer dans dix jours. » Nous n'échangerons pas un mot à propos de Moulin, ni de Brossolette. Et pour cause, ce dernier est tombé avec Emile Bollaert dans les conditions tragiques que l'on sait.

Pendant le déroulement de nos entretiens, le Général appelle

Soustelle et lui demande de lui « donner le décret ». Je comprends aussitôt qu'il ne peut s'agir que de la croix de la Libération et je dis au Général tout à trac :

« Mon Général, je ne peux pas accepter cette désignation, cet immense honneur que vous me faites, si vous n'y associez pas Jacques Bingen. » C'est ainsi que nous avons tous deux été nommés Compagnons de la Libération. Je suis ensuite reparti pour Londres persuadé que je prenais le chemin de la France pour y retrouver Jacques et mon poste à la délégation.

C'est depuis Londres, où je suis resté coincé par le *ban* anglais, que j'ai ensuite fait connaître à Bingen sa nomination par télégramme. Je le connais et suis sûr qu'il aura été, comme moi, ému par cette distinction *.

Le Général entend respecter le rituel. Il fait venir ses collaborateurs les plus proches, Palewski, Etienne Burin des Roziers (je crois Courcel, aussi), je suis debout devant lui dans ce petit bureau que nous remplissons et il prononce les paroles sacramentelles. Nos deux brevets me sont remis. On se doute que j'ai la larme à l'œil.

Je quitterai Alger sans avoir vu les membres du CFLN, à l'exception d'Emmanuel d'Astier. Six mois plus tard, Mendès France et René Mayer me diront leur déplaisir de n'avoir pu voir « Sauvier ». Ils avaient pourtant essayé. Ce sera dans un Paris libéré que se feront les retrouvailles.

Certes nous pouvions être fiers de recevoir une haute distinction, la plus précieuse à nos yeux ! Mais il arrive qu'il ne s'agisse que d'une fiche de consolation...

Ce n'était pas notre cas ! J'étais invité par le Général à rejoindre mon poste au plus vite. Nous étions désignés auprès de Parodi, pour rester à ses côtés.

Avant d'arriver aux Glycines, je redoutais un désaveu. En les quittant, j'étais confirmé ainsi que Bingen dans mes fonctions. Je repartais au feu avec joie, avec bonheur ! Je voulais nous croire invincibles. En tout cas, je nous sentais engagés à faire toujours mieux pour l'unité de notre Résistance. Pour « signifier », elle devait rester une jusqu'au bout.

---

* J'ai appris un peu plus tard au BCRA qu'apprenant nos nominations, Dewavrin se serait emporté. Il aurait été scandalisé que le Général ne soit pas passé par la voie hiérarchique !

Je sais bien que dans le passé, les Français ont toujours eu tendance à se morceler, à s'émietter. J'avais trop souvent vu des rapprochements trompeurs des gauches, des droites, à l'intérieur desquels il n'y avait qu'arrière-pensées, et querelles. Pour une fois, nous évitions cet écueil, nous allions pouvoir démontrer que, pour la victoire, nous saurions surmonter notre penchant héréditaire. Quelle joie nous était promise ! Quelle hâte j'avais de rejoindre Jacques Bingen. Dans un élan nouveau, nous allions poursuivre nos travaux auprès de cet homme au cœur pur, respecté de tous, de ce grand Français, Alexandre Parodi.

Retour d'Alger à Londres

A mon retour à Londres, selon l'instruction émanant du général de Gaulle, le BCRA pose immédiatement la demande auprès des Anglais pour mon passage en France. C'est là que l'on m'informe du refus anglais, qui s'abrite derrière un argument de pure forme : il y a un *ban* c'est-à-dire une interruption générale de trafic des îles Britanniques vers le continent jusqu'au jour J. Je sais pertinemment que, malgré ce *ban,* des agents passent. Je suis anéanti par une telle nouvelle alors que je me voyais déjà de retour en Paris. Je me réjouissais sans réserve de l'équipe que nous allions désormais constituer, enrichie des nouvelles recrues de ces six derniers mois. La nouvelle du *ban* anglais ricochant à Alger, le général de Gaulle, très mécontent, demande à Emmanuel d'Astier, nouveau commissaire à l'Intérieur, d'aller à Londres voir lord Selborne, ministre de la Guerre économique, l'*Economic Warfare.* Le Général refuse que sa représentation en France soit discutée par les Anglais. Pourtant, lord Selborne confirme par écrit son refus, déjà signifié verbalement à Emmanuel d'Astier, pour des raisons de sécurité. La lettre est très bien tournée, me couvrant de fleurs mais affirmant également que ma présence en France pourrait faire courir à la Résistance tout entière le plus grand danger. Le souci de la sécurité est son seul mobile.

Pour ma part, je ne puis, en conscience, faire grief à lord Selborne de sa décision. Je ne vois aucune intention perfide dans son veto. Voilà un ministre dont les services ont été intoxiqués pendant des mois par des signaux d'alarme angoissés ! Les informations proviennent d'un officier supérieur de ses propres services. Ce dernier n'est-il pas, sur le terrain, le meilleur juge ? Le ministre le suit. En principe, il aurait dû commencer par consulter son collègue français. Les bons usages de la diplomatie le voulaient. Mais à la guerre comme à la guerre ! Ce sont les Français qui ont commis la première imprudence huit mois plus tôt en invitant cet officier à joindre notre mission officielle ! Si le Général avait été à Londres, l'« affaire » aurait pris de tout autres proportions ! Il se serait agi de rien de moins que de lèse-souveraineté.

La fin de Jacques Bingen

De la première page de ce livre jusqu'à la dernière, j'évoque Jacques Bingen. Je puis dire qu'il fut et restera l'ami de ma vie entière.

Selon toute logique, Jacques Bingen aurait pu et dû rester à son poste de directeur de la marine marchande, où de Gaulle l'avait appelé en 1940.

Mais, à l'occasion de son second conflit avec l'amiral Muselier, par inadvertance, le Général accorde la marine marchande à l'amiral Muselier. Quand il a la révélation que ce département a toujours été civil et que les inscrits maritimes ne sont pas des militaires, c'est trop tard, le mal est fait.

Jacques Bingen démissionne.

Je reproduis ici une note de René Pleven, écrite à la fin de la guerre :

« Il est un domaine dans lequel la France Combattante aura failli à sa mission. C'est celui de la marine marchande. Il y a deux ans Bingen avait obtenu l'adhésion du ministère des Transports britanniques à un projet d'accord aux termes duquel les navires marchands français, alors dispersés entre les mains d'innombrables armateurs anglais, allaient être regroupés. Une clause prévoyait même la rentrée de l'Afrique du Nord dans la guerre aux côtés des Alliés et le retour, à cette date, de notre flotte de commerce sous l'autorité et le contrôle d'un gouvernement provisoire français.

« De Gaulle avait approuvé le principe de cet accord. Puis sont survenus les affaires Muselier. Jacques Bingen fut sacrifié sur les autels. Depuis rien n'a été fait. Le projet n'a jamais été repris. Les commissaires nationaux successifs à la Marine marchande ont tous manifesté la même incapacité : Muselier, Diethelm.

« Les intérêts de la France ont été ignorés, nos navires coulés n'ont pas été remplacés (nous ne bénéficiions pas du lease-lend), ceux qui restent échappent à notre contrôle. Aujourd'hui, le problème du ravitaillement de l'Afrique du Nord se serait posé en d'autres termes. L'histoire ne l'a pas voulu. »

Bingen devenu disponible, Louis Vallon, chef de la section NM (non militaire, du BCRA), lui suggère de reprendre la place qu'il doit quitter. Le colonel Passy approuve. Bingen accepte. En 1942, le BCRA est au meilleur de sa forme. Il a la confiance du Général et le mérite. Jacques Bingen se passionne pour cette Résistance, qu'il regarde au microscope. Naît en lui une vocation : aller rejoindre ceux qui sont là-bas. Moulin fait sa conquête. Il s'en ouvre à lui. On connaît la suite...

Si, de janvier à mai 44, Bingen a fait fonction de délégué général — au dire de tous avec aisance —, il n'était pas celui que de Gaulle attendait. Alexandre Parodi s'y imposa : il était le haut fonctionnaire : droiture et autorité.

Ce choix du délégué n'empêchait pas que, pour le seconder, des hommes comme Claude Serreulles, Jacques Bingen ou Emile Laffon retrouvent leurs places puisqu'ils figurent dans l'ordre de succession notifié par le général de Gaulle à Parodi le 30 mars 1944, par câble.

Mais cela ne coïncidait pas avec les rapports alarmants transmis par Yeo Thomas depuis fin septembre et maintes fois répétés concernant la sécurité. Ils visaient à évincer Bingen et moi, par tous les moyens, au besoin par asphyxie. S'étant mépris, début 1944, sur les intentions du général de Gaulle, Passy avait déjà pourvu à son remplacement par un dénommé Roland Pré. Il fut expédié dare-dare à Paris, pourvu d'instructions propres à créer le malaise entre Parodi et Bingen. Jusque-là n'avaient régné entre eux que confiance et harmonie.

Jacques Bingen fut contraint, en dépit des menaces pesant sur sa sécurité, de partir en mission d'inspection dans le Massif central, pour s'assurer que la profondeur des espaces manquait en Auvergne pour toute opération aéroportée de grand style. A Clermont-Ferrand, les services du BCRA ignoraient que l'Abwehr fût solidement embusquée dans les services des MUR depuis plusieurs mois. Pour échapper à un danger imaginaire à Paris, Bingen tombait dans les filets de l'amiral Canaris au centre de la France.

Heureusement, à Paris, Parodi disposa sans difficultés des

concours qui lui étaient nécessaires et la délégation put poursuivre son action jusqu'à la libération de Paris, désormais, toute proche.

Qui a trahi Jacques Bingen ?

Le général Gilles Lévy a publié, en 1984, aux Presses de la Cité un ouvrage intitulé *Drames et secrets de la Résistance* où il consacre un important chapitre à la fin de Jacques Bingen intitulé « Qui a trahi Jacques Bingen ? » C'est la première fois, à notre connaissance, qu'une étude approfondie est publiée à ce sujet. Le général Gilles Lévy, qui a fait de 1940 à 1944 toute sa guerre dans le Massif central et a déjà écrit un ouvrage sur l'histoire militaire des MUR de sa région, était mieux qualifié que quiconque pour mener cette enquête sur une affaire qui demeurait enveloppée de mystère. Il faut, en effet, souligner qu'il n'a jamais été retrouvé trace du corps de Jacques Bingen.

Depuis l'été 1943, la délégation, le CNR et les services nationaux des mouvements opèrent essentiellement depuis Paris. Mais en avril 1944, en raison des débarquements auxquels il faut s'attendre et des ruptures de communication qui peuvent surgir entre le Nord et le Sud, il est décidé de procéder à une certaine décentralisation et un membre de la délégation doit s'installer au sud de la Loire. Ce sera Bingen et il se propose d'établir son PC dans la région de Clermont-Ferrand, que Pierre Lambert, admirable organisateur, mettra sur pied.

Bingen prépare ce transfert avec le concours du MLN * et tout particulièrement de Jacques Baumel qui, pour son premier voyage à Clermont-Ferrand, le fait accompagner depuis Paris de sa collaboratrice Marie-Elisabeth Casset — future épouse de Claude Chayet qui sera plus tard ambassadeur de France à Pékin.

L'Abwehr

Mais on ignore qu'à Clermont-Ferrand il y a un ver dans le fruit. En effet, huit mois plus tôt, en septembre 1943, l'Abwehr décide

* Mouvement de libération nationale, issu de la fusion des MUR et des mouvements de la zone nord.

d'envoyer à Marseille un de ses agents belges, Alfred Dormal, pour s'informer des mouvements maritimes clandestins entre l'Afrique du Nord, la Corse et la métropole. Après de vaines recherches, c'est en décembre que la chance sourit à Dormal. Il rencontre sur la Cannebière un ancien camarade de l'université de Liège, Jean Libert, accompagné de René Vitou. Il leur explique sa présence à Marseille en prétendant que, recherché par la Gestapo en Belgique, il est en quête d'un passage clandestin pour l'Algérie, où il s'engagera dans l'armée. Libert, chef du service des liaisons des MUR des Bouches-du-Rhône, ayant d'instinct confiance en son ancien camarade, lui révèle son appartenance à la Résistance et lui offre de le prendre dans leurs services. Dormal demande le temps de réfléchir — il lui faut consulter l'Abwehr — puis donne rapidement son accord. Dormal quitte donc Marseille pour Paris en compagnie de Vitou.

Le service de sécurité des liaisons des MUR n'ayant rien relevé d'anormal contre Dormal, celui-ci est initié pendant deux mois aux méthodes de chiffrement et aux mécanismes de liaison. Il s'acquitte avec succès de missions délicates. Vitou lui fait connaître les ambulants de la SNCF, les boîtes aux lettres, etc. Désormais Dormal est au courant de toutes les activités de son chef et prend connaissance de tous les messages qui lui parviennent. En mars 1944, Vitou est transféré à Clermont-Ferrand et prend Dormal pour adjoint.

Vitou et Dormal sont donc les premiers informés de l'arrivée le 11 mai à l'aube de Bingen, annoncé comme un des principaux chefs de la Résistance. Dormal rend compte à l'Abwehr.

Bingen et Elisabeth sont accueillis à la descente du train par un agent de liaison qui à midi les présente à Vitou. Dormal les rejoint et ils déjeunent à cinq. Bingen décide de coucher le soir même dans un wagon-lit qui stationne en gare (usage courant à cette époque) car il prend un train le lendemain matin 12 mai à 5 heures. Son programme est en effet d'aller rencontrer d'abord Avinin * puis Ingrand, futur commissaire de la République, qui sont dans des maquis bien protégés.

Etant libre le 11 après-midi, Elisabeth emmène Bingen chez ses amis Lichnerowicz (André Lichnerowicz, illustre philosophe et mathématicien, sera professeur au Collège de France). Ils y restent pour dîner et Elisabeth dort chez eux. Elle ne reverra jamais Bin-

* Avinin, chef des MUR.

gen et regagnera Paris après diverses tribulations, en proie aux plus grandes inquiétudes.

Le même soir, à 22 heures, Dormal est reçu par Kurt Eckard, chef du poste SD-SIPO (Abwehr) pour le Puy-de-Dôme. Il l'informe que l'important personnage avec qui il a déjeuné repart le lendemain matin à 5 heures. Faute d'avoir le temps d'alerter ses propres services, Eckard convoque trois membres de la Gestapo de Clermont, un sous-officier et deux gradés, et les invite à procéder à l'arrestation de Jacques Bingen à l'aube du lendemain.

Le récit long et détaillé de l'arrestation de Jacques Bingen et de son évasion manquée est donné dans son livre par Gilles Lévy et, faute de place, nous ne pouvons le reproduire ici.

Déjà très lourdes de conséquence pour l'ensemble de la Résistance, son arrestation et sa mort sont suivies par un formidable coup de filet. Tout le secrétariat des MUR ainsi que les réseaux PTT et SNCF du Puy-de-Dôme sont démantelés de même que leurs correspondants à Limoges, Vichy, Montluçon, Saint-Flour, Montpellier, etc. Plusieurs hommes et femmes arrêtés mourront sous la torture, dont les noms figurent dans son ouvrage. D'autres décéderont à Dachau et à Ravensbrück.

Au total, une cinquantaine.

Entre-temps, Dormal avait gagné Paris.

Après la guerre, il est arrêté en Belgique, comparaît devant la Cour militaire et, le 26 juin 1948, il est condamné à mort. Il sera gracié.

Il suffit d'ajouter que les agents de la Gestapo n'ont pas le signalement de l'individu qu'ils ont mission d'arrêter. Ils voient descendre du wagon un homme porteur de cannes à pêche au lancer. Ils l'interpellent à tout hasard. Bingen proteste qu'il n'est pas l'homme recherché. Il montre ses papiers, parfaitement en règle, ils sont tentés de le relâcher lorsque l'un d'eux observe que la carte d'alimentation ne porte pas le même lieu de naissance que la carte d'identité. Bingen proteste à nouveau : il ne peut s'agir que d'une erreur d'un secrétaire de mairie.

Pour plus de sûreté les gestapistes décident de l'emmener au bureau, pour vérification d'identité. Bingen continue à protester véhémentement. Il faut appeler par téléphone la mairie émettrice, pour contrôler. Mais il est 6 heures du matin. Le prévenu doit attendre jusqu'à l'ouverture des bureaux. La salle où ils sont est occupée par deux agents : elle donne sur la rue, en entresol. Un long temps s'écoule. Un des agents quitte la pièce. Bingen en profite pour assommer celui qui le garde et est occupé à des écritures. Il saute par la fenêtre et s'enfuit. Il court et prend de l'avance sur son poursuivant. A un tournant de rue, il entre dans une impasse et se cache. L'homme revient sur ses pas et le trouve. Ils s'empoignent, se battent et roulent à terre.

Une jeune fille passe par là, se rendant à son travail. Elle voit ces deux hommes et entend des cris en langue allemande. Elle suppose qu'il s'agit de deux Allemands. Justement un camion de la Wehrmacht survient. Elle l'arrête pour signaler ces hommes qu'elle croit pris de boisson. Les hommes sautent du camion et se précipitent.

La malheureuse jeune fille est désespérée de comprendre qu'il s'agissait d'un Français et d'un homme de la Gestapo.

Plusieurs passants ont assisté à la scène. Jacques Bingen se tourne vers eux, il leur sourit et leur crie « Ne vous inquiétez pas !... » Ce sont ses dernières paroles. Il s'effondre, terrassé par le cyanure.

De Boris Vildé, géant du musée de l'Homme, à Jean Cavaillès ; de Pierre Brossolette à d'Estienne d'Orves ; de Burgard, fondateur en 1940 de « Valmy », décapité à la hache à Cologne, à Bertie Albbrecht ; de Jean Moulin à Jacques Bingen ; la liste est longue des héros dont le martyre a jalonné quatre années de vie souterraine. Ils prennent place aux côtés de nos marins, aviateurs et soldats tombés au soleil des champs de bataille. Grâce à eux tous, nous avons vécu une tragique et merveilleuse aventure, une « paradisiaque période d'enfer » comme l'écrivit Jacques Bingen dans l'un de ses courriers. Chateaubriand avait raison d'écrire que l'on « mène les Français par les songes ». Encore faut-il bien les choisir !

Si de Gaulle n'était pas intervenu, in extremis, après des mois de deuil, de dissensions et de discorde, pour redresser la situation, c'est l'image même de la Résistance qui aurait été meurtrie. Le Général a préservé l'essentiel : la pureté de notre engagement primitif. Je ferme ici le chapitre de « l'après-Moulin ».

3

DERNIÈRE MISSION EN FRANCE LIBÉRÉE

Inspection de la zone sud

Après le débarquement, le *ban* que l'on m'avait opposé est désormais levé.

Ma dernière mission en France me conduit, sous l'autorité d'Alexandre Parodi, à partager avec Jacques Maillet la responsabilité de la délégation du GPRF en zone sud, au moment où s'effectue sur le terrain la mise en place des nouvelles autorités, à mesure du départ des Allemands. Parachuté le 16 août 1944 dans les environs de Mâcon, je prends le même tortillard qui m'avait amené en gare des Brotteaux à Lyon en juin 1943, je passe quelques instants chez moi pour dire bonjour à la concierge et déposer mon sac. Dans la matinée du 17 août, je retrouve Jacques Maillet chez Bourgès-Maunoury et nous convenons ensemble que je gagnerai Clermont-Ferrand, puis Limoges, Maillet demeurera à Lyon jusqu'à la libération de la ville et à l'installation du commissaire de la République Yves Farge ; ensuite, il se rendra à Marseille. Après quoi, selon les circonstances, nous nous retrouverons à Montpellier, Toulouse ou Bordeaux. Mon ordre de mission, signé par Boris, indique que je dois me rendre à Limoges « pour aplanir les difficultés résultant de l'absence du commissaire de la République désigné ».

En arrivant à Lyon, j'observe combien la ville est plus que jamais sous la coupe de Klaus Barbie et de la Gestapo. La situation est même plus dangereuse ; on ne peut plus, sans risque d'être interpellé, suivre les bords du Rhône ou de la Saône, ni traverser un pont, car tout le monde est suspect. Le simple fait de se promener les mains dans les poches fait de vous un suspect. Il faut par conséquent prendre des mesures de sécurité draconiennes. Je quitte Lyon le 27 août en compagnie de Jacques Baumel, qui m'accompagne durant mon circuit pour représenter les MUR à mes côtés, et de Balleroy-Rueff, collaborateur de Bourgès-Maunoury. Nous partons à bicyclette, guidés par une jeune fille des MUR, Andrée Maisonnas, qui connaît par cœur les chemins de traverse et les lignes occupées par les Allemands. Elle nous conduit à travers les petits chemins et les sentiers. A trente-cinq kilomètres de Lyon, nous passons sans nous en apercevoir en territoire libéré ! Le soir, nous faisons étape à Sainte-Foy-lès-Lyon ; nous trouvons cette bourgade dans une atmosphère de liesse indescriptible ; c'est le jour même de la Libération. Les *jedburghs** sont là depuis trois jours, avec leurs casques couverts de branchages sur la tête. Ils participent à la fête commune. Nous dormons sur place et c'est ma première nuit sur le territoire libéré de la France.

Le lendemain matin, nous rejoignons le PC du commandant Mary Basset à Saint-Laurent-de-Chamoussay. Le PC est installé dans un château, chez M. et Mme de Saint-Victor qui ont mis leur propriété à la disposition de la Résistance depuis longtemps. Ils ont notamment entreposé des armes dans les caves du château et se sont engagés dans la Résistance avec la plus grande ardeur. Le lendemain, notre jeune guide rentre à Lyon en bicyclette. Baumel et moi-même trouvons une vieille guimbarde qui nous conduit jusqu'à Clermont-Ferrand. Nous entrons dans la ville libérée qui a à sa tête un ancien chef des MUR ; il tient solidement sa population. Tout est en ordre. Il me reste cependant une tâche à accomplir à Clermont-Ferrand : me vêtir correctement. Je suis en effet depuis la veille en tenue légère de cycliste, accoutrement que j'ai emprunté pour quitter Lyon à bicyclette. Mais je ne peux décemment continuer mon tour de France des régions en culotte et en tee-shirt. Ingrand est commissaire de la République et nous reçoit avec chaleur ; il fait ouvrir pour moi les Dames de France, un dimanche, où me procurer de quoi me vêtir d'un minimum de décence...

* Les *jedburghs* sont des équipes composées de trois officiers, un Français, un Anglais, un Américain, dont l'un est radio. Elles sont parachutées dans les maquis pour les guider dans leurs actions et faciliter leur armement. Il y aura une centaine de ces équipes lâchées entre la France et la Norvège.

Clermont-Ferrand

Il exerce ses fonctions sans entraves et semble très à l'aise dans son tout nouveau rôle de commissaire de la République. Depuis deux ans il dirige la Résistance dans cette région et y a noué un tissu d'excellentes relations. La ville est solidement tenue. La matinée du 29 août est consacrée à la réception des officiers et fonctionnaires à l'initiative d'Ingrand. Je reçois les dirigeants de la maison Michelin dont les patrons se sont bien conduits pendant l'Occupation, mettant leur production en sourdine et retenant un maximum de travailleurs pour les faire échapper au STO. Les responsables de Michelin doivent faire face aux premières revendications salariales de leurs ouvriers ; ils souhaitent connaître la politique du gouvernement en matière de prix et de salaires. Nous les aidons à prendre des mesures locales et transitoires n'engageant pas l'avenir mais parant au plus pressé : nourrir les populations ouvrières. Je rencontre également des universitaires de la faculté de Strasbourg réfugiés dans la région, le Puy-de-Dôme * était le département d'accueil du Bas-Rhin.

Vichy. Le folklore

« Si vous voulez, nous pouvons aller faire une incursion à Vichy », me propose Ingrand. La ville vient tout juste d'être libérée et il ne s'y est pas encore rendu ; nous sommes bien évidemment curieux de pousser jusque-là. A dix kilomètres de l'arrivée, nous sommes prévenus que la garde du chef de l'Etat nous attend ; nous voyons bientôt arriver une cohorte de douze motards en grande tenue, avec gants blancs à crispins. Une grande voiture officielle découverte, qui devait servir il y a peu encore au maréchal, nous attend pour nous conduire. Lorsque nous entrons dans Vichy, le contraste de notre cortège imposant et des allées désespérément vides de l'ancienne capitale de la Révolution nationale est saisissant. Le cortège nous conduit jusqu'à l'hôtel du Parc où nous

* Je n'ai jamais compris que les auteurs du film *le Chagrin et la Pitié* aient choisi Clermont-Ferrand pour y situer leur action, car cette ville et cette région connurent une résistance intense.

sommes attendus par un « comité de la Libération » qui a toutes les allures d'un comité fantôme. Sur place, quelques fonctionnaires prompts à venir nous assurer de leur respect se pressent autour de nous.

Nous entrons dans la mairie où nous accueille un grand portrait du maréchal que l'on a visiblement oublié de décrocher. A côté, la colle dégouline encore sous l'effigie d'un personnage qui est censé être le général de Gaulle : cette mascarade est pénible. Il n'y a rien à faire à Vichy mais, avant de partir, nous passons au parc automobile où sont garées les voitures officielles que les ministres en déroute de Vichy ont dû abandonner. Je choisis une superbe 15 CV Citroën dont on me dit qu'elle était affectée à l'amiral Abrial et qui est sans conteste une des plus neuves. On m'affecte un inspecteur-chauffeur d'élite et un garde du corps armé d'une mitraillette * ; sur le toit de la voiture, on a peint une grande étoile blanche pour signifier aux aviateurs qu'il s'agit d'une voiture officielle du nouveau régime. Nous repartons bien vite pour Clermont-Ferrand.

La journée du 30 août est consacrée à diverses réceptions. Un ordre parfait règne dans la région. J'attends néanmoins la venue de Jacques Maillet qui s'est annoncé à moi, venant de Lyon. Il est là dans la soirée. Dans l'intervalle est arrivé d'Alger, via Toulouse, José Aboulker. Ingrand nous emmène dîner à Ceyrat qui était le lieu de son dernier PC dans la clandestinité. C'est ainsi que je retrouve cet étudiant en médecine algérois, qui a été à Alger le chef de la résistance locale. Il a, à son actif, de s'être emparé de Darlan et de l'avoir coffré dans la nuit qui a précédé l'arrivée des Américains dans la ville. Il est devenu par la suite professeur agrégé de neuro-chirurgie. A Paris, pendant ce même printemps 1944, il était venu clandestin en France et avait rendu de grands services au comité de la santé que présidait Pasteur Vallery-Radot.

Limoges

Le 31, en compagnie de Jacques Baumel et de José Aboulker, je gagne Limoges où nous arrivons aux alentours de midi. Le contraste avec Clermont-Ferrand est saisissant et je réalise que la

---

* Que je libère aussitôt.

situation est critique. La ville a été libérée des Allemands pour être aussitôt occupée par les hommes du maquis qui sont partout, et en armes. Il y a foule. J'ai le plus grand mal à me frayer un chemin jusqu'à la préfecture, en compagnie de mes amis. Celle-ci est solidement tenue par les éléments FFI-FTP. Je n'ai aucun titre justifiant de ma qualité de représentant du gouvernement provisoire d'Alger, uniquement ma bonne mine. Baumel et les MUR ne pèsent pas plus lourd face aux maquis limousins. C'est le colonel Guingouin qui tient la ville : ses services occupent la préfecture et tous les bâtiments publics et il s'est installé dans les bureaux du préfet régional. Après avoir palabré pendant un long moment et après de multiples allées et venues, les hommes du maquis me laissent enfin accéder à leur chef. Je suis reçu par le colonel Guingouin en tenue de maquisard galonné et lui déclare que j'assure désormais l'intérim du commissaire de la République ! Il faut des heures d'une discussion serrée avec un homme résolu mais intelligent. Ancien instituteur, militant communiste, il a le sens des situations. Je coucherai donc le soir même à la préfecture, dans l'horrible chambre d'apparat dite « chambre du maréchal ». Le préfet régional de l'administration de Vichy, M. Freund-Valade, a disparu. Deux hauts fonctionnaires de Vichy, Mécheri, préfet délégué à Limoges, et Yrissou, délégué aux affaires économiques, ne sont pas inquiétés en raison de leur attitude à l'égard de la Résistance.

Je m'enquiers ensuite du sort du commissaire de la République officiellement désigné, Pierre Boursicot, et je finis par apprendre qu'il loge à l'hôtel du Faisan, non loin de la gare, et qu'il est malade. Je vais le voir le soir, je le trouve dans un triste état : il souffre de coliques néphrétiques. Il a été désigné comme commissaire en dernière minute, après avoir été destiné dans un premier temps à être préfet d'Angoulême. Cette nomination de fraîche date ne lui a pas permis de se faire connaître des autorités locales de la Résistance. Le fait que durant la clandestinité il n'ait pas milité dans cette région est pour lui un handicap : il demeure un inconnu aux yeux des barons des maquis. Il souffre le martyre sur son lit d'hôtel. Je le rassure sur notre présence et sur la situation en ville ; il a la volonté d'être bientôt sur pied.

J'apprends qu'une séance plénière des cinq CDL de la région est programmée pour 17 h 30 et je fais savoir que je la présiderai. Je convoque pour 16 heures les nouveaux préfets déjà en place qui vont administrer les départements de la région.

Je déjeune à l'hôtel du Faisan en compagnie de Baumel, de José Aboulker, du DMR Deschelette et de deux officiers britanniques fraîchement débarqués. Deschelette nous dresse le tableau de la situation : tous les points sensibles de la ville — préfecture, hôtel des postes, réserves de carburant, radio, commissariat, gendarmerie — sont entre les mains du chef FTP de la Haute-Vienne, le colonel Guingouin. Il est secondé par le colonel Rivier, polytechnicien et commandant FTP de la région.

La séance plénière des CDL est très instructive : j'apprends que sous l'autorité de Guingouin, les éléments les plus activistes tentent d'instaurer une république démocratique autonome du Limousin. Guingouin jouit d'une très grande popularité parmi ses hommes avec lesquels, pour la plupart, il vient de partager longuement la vie des maquis. Son entourage ne jure que par lui. Mais en homme avisé, il réalise que l'arrivée inopinée de représentants du gouvernement d'Alger ne cadre pas vraiment avec ses projets et il finit par se laisser convaincre par mes arguments lorsque je lui dresse un tableau de la situation nationale. Il comprend que sa république limousine, sous son autorité, a peu de chances de perdurer ! Il se résigne à penser qu'il ne peut faire cavalier seul, dans un pays, la France, qui a pour chef le général de Gaulle. Ses propres chefs siègent au GPRF et au CNR ! Que peut-il espérer de mieux que de leur obéir ? Il m'aura fallu des heures et des heures pour le convaincre mais en fin de journée, il me cède son fauteuil. Je m'assure d'un bureau convenable pour lui à la préfecture.

Le lendemain je réunis un certain nombre de personnalités civiles et militaires. L'après-midi, Pierre-Bloch, arrivé de Toulouse, se joint à moi pour aller à pied déposer la gerbe symbolique au monument aux morts. Le soir, nous recevons le CDL de Haute-Vienne. Les éléments les plus actifs sont peu enclins à accepter une autorité qui n'émane pas d'eux-mêmes. La situation est délicate : je dois dans un premier temps amener les autorités FTP qui contrôlent Limoges et la région à reconnaître la prééminence d'un pouvoir politique civil et à admettre que ce pouvoir sera exercé par le commissaire de la République nommé par le général de Gaulle. Par ailleurs, il faut que le commissaire de la République nommé ait recouvré la santé pour exercer ses fonctions. Après m'être entretenu à nouveau avec lui, je reçois l'assurance qu'il tiendra d'ici peu sa place, une fois rétabli.

Le samedi 2 septembre, en compagnie de José Aboulker, je fais un saut à Angoulême de façon à veiller que M. Garnier, nouvellement désigné pour être préfet de Charente, est bien en place. Nous arrivons à 11 heures et j'assiste, assis dans un fauteuil au milieu du chœur, à la messe solennelle des morts prononcée par l'évêque dans la cathédrale.

De retour à Limoges, une dernière entrevue réunit les principaux protagonistes des affaires locales. Guingouin met encore quelque temps à se laisser déposséder de son hôtel régional mais finit par céder. Le jour même, je passe avec lui une sorte de *gentlemen's agreement :* il assistera le futur commissaire de la République encore convalescent. Au final, j'obtiens l'accord définitif de tous sur l'installation officielle de Boursicot le mardi 5 septembre. L'autorité civile aura désormais le pas sur l'autorité militaire de la région qui n'est plus une zone de combats. En quittant Limoges, je m'avise qu'à égalité de fonctions, les chefs communistes ne sont pas nécessairement interchangeables. Celui de Limoges et celui de Tulle ont reçu fin juillet de leur centrale parisienne le même ordre de déclencher l'insurrection nationale. Celui de Tulle a obéi ; le résultat ne s'est pas fait attendre : des centaines de morts et blessés. Réplique foudroyante de la Wehrmacht qui a pendu quatre-vingt-dix otages dans les rues à des crochets de boucher. Celui de Limoges s'est renseigné sur le rapport des forces ; il a temporisé. Aux premiers signes de retraite, il a fait descendre ses hommes sur Limoges. Résultat : une grande popularité.

Toulouse

Je signifie à Guingouin que je reviendrai m'assurer de la passation des pouvoirs au commissaire de la République, quelques jours plus tard.

Je pars le dimanche matin 3 septembre pour Toulouse où je suis accueilli par Pierre Bertaux qui est déjà en fonction depuis quelques jours. Jacques Maillet et Pascal Copeau sont déjà sur place. Pierre Bertaux a remplacé Jean Cassou au pied levé car ce dernier a été gravement blessé — une fracture du crâne — lors de combats de rue avec les Allemands pendant la libération de la ville. Sans mandat, Bertaux à l'improviste s'est montré très habile, limitant l'agitation et assurant le retour à l'ordre sans disposer d'aucune force de police : les meilleurs éléments de gendarmerie ont en effet quitté la gendarmerie pour rejoindre les rangs de la Ire armée ! Bertaux dispose du soutien de Ravanel, chef des FFI pour toute la région Sud-Ouest. J'assiste en compagnie des deux hommes à une réunion du CDL de Haute-Garonne.

De là je me rends à Montpellier.

Montpellier

Nous voilà à Montpellier !

Le commissaire de la République désigné pour cette région, Jacques Bounin, est le seul homme nommé à ce poste qui ait voté les pleins pouvoirs à Pétain le 10 juillet 1940 ! Il est un ami personnel de Laffon et c'est Laffon qui l'avait imposé, estimant qu'il avait des talents de contact humain et de parole dont on ne pouvait se passer. Ancien député des Alpes-Maritimes, Bounin avait disposé de quatre ans pour justifier ses convictions gaullistes. Parmi ses adjoints, figurait le colonel Zeller, officier de haut grade des FFI. Zeller conseillait Bounin sur le plan du maintien de l'ordre : de nombreuses villes du bas Languedoc étaient difficiles à contrôler car leurs comités départementaux de la Libération étaient farcis de communistes qui réclamaient une épuration féroce.

Je suis retourné à Montpellier à Noël 1944 à la demande du général de Gaulle et d'Adrien Tixier, en qualité de directeur de cabinet du ministre de l'Intérieur, pour y arbitrer une crise qui sévissait dans la région à la suite de l'attaque de la prison d'Alès et de l'assassinat d'un maire dans sa cellule. J'étais au besoin autorisé à déposer sur-le-champ le commissaire de la République. Bounin, à l'instar de Bertaux, ne disposait d'aucun élément pour maintenir l'ordre. Zeller à lui seul ne pouvait remplacer plusieurs régiments de gardes mobiles et tous les hommes valides en armes avaient rejoint la Ire armée. Bounin se démenait comme un beau diable, mais avait besoin de se sentir soutenu par Paris. Il fallait faire agir la centrale communiste pour calmer les locaux. Je m'en suis chargé et n'ai eu besoin de destituer personne.

Bordeaux

Le 6 septembre, je pars pour Bordeaux. La ville avait été libérée l'avant-veille. C'est pour moi une émotion que de retrouver la métropole d'Aquitaine où s'est joué mon destin en 1940. C'est là que mon beau-frère Alphand m'a obtenu deux billets pour partir sur le *Massilia.*

Je déjeune au Splendid avec Gaston Cusin et nous passons l'après-midi à la préfecture en réunions de travail. Gaston Cusin a pris les choses bien en main et s'est fermement installé à son poste de commissaire de la République. Il a renoué avec ses réseaux de 1936, lorsqu'il organisait l'aide clandestine aux républicains espagnols pour le compte du gouvernement de Front populaire. Il me présente ses principaux collaborateurs, parmi lesquels son secrétaire général de préfecture, Maurice Papon, « recommandé par la Résistance ». Je rencontre sur place différentes autorités : le maire de la ville, le président du CDL *, le DMR, etc. En fin de matinée arrivent deux envoyés du ministre des Armées, André Diethelm : mon camarade Jacques Chaban-Delmas et Chevance-Bertin, du mouvement « Combat ». Ils ont tous les deux été élevés au grade de général. Aux alentours de 15 heures, je donne une conférence de presse puis préside le CDL. Avant de quitter la ville j'ai une dernière réunion sur les problèmes militaires avec Cusin et Chaban-Delmas.

Je rejoins Poitiers où m'attend le commissaire de la République Jean Schuhler. Tout est calme. Il est en place et ne semble pas rencontrer de gros problèmes, sinon dans le sud de sa région, avec des groupes incontrôlables qui procèdent à des opérations de razzia et à des attaques de banques. C'est le fief des fameux groupes « Soleil » et « Double Mètre » (du nom de son chef).

Oradour

Nous faisons un crochet pour nous rendre à Oradour-sur-Glane. La division Das Reich, remontant depuis la Gascogne jusqu'en Normandie où elle est appelée en renfort, a été harcelée par nos maquisards de bout en bout. Il lui aura fallu trois semaines pour rejoindre le front, au lieu des huit jours prévus. A Oradour, elle a voulu faire un exemple. Et quel exemple ! Tout le village enfermé

* Comité départemental de Libération, réduit à une simple expression, depuis qu'au printemps 1944 l'affaire Grandclément (OCM) a fait des ravages dans les rangs d'une Résistance peu affirmée.

dans l'église incendiée. Un silence funèbre règne. Pas de trace de vie. Les corps viennent d'être enlevés par morceaux. Il a fallu amener un bulldozer. Village martyr. Spectacle insoutenable.

Quatre jours se sont écoulés et je dois retourner à Limoges pour vérifier que la cohabitation entre le commissaire de la République convalescent et l'homme fort des maquis se déroule pour le mieux. Boursicot est sorti au plus vite de sa convalescence et est désireux de s'affirmer. Il a l'expérience des réunions publiques, par la pratique du syndicalisme, et sait parler en public. Guingouin l'installe littéralement dans son propre fauteuil. Je reste encore trente-six heures, le temps de prendre contact avec l'ensemble des CDL de la région. Le bilan est très positif : Guingouin a transmis pacifiquement le pouvoir à Boursicot, et les services publics du département sont progressivement repassés sous notre coupe. En quittant la ville, je suis soulagé : j'avais trouvé en arrivant une situation pré-insurrectionnelle ; à mon départ, l'Etat est restauré dans la région et je peux en faire mention dans mon rapport.

Je rentre à Toulouse, où je sais que je trouverai bientôt un avion pour me rendre à Paris.

ÉPILOGUE

Le 12 septembre 1944 au matin, je quitte Toulouse pour Paris à bord d'un monomoteur Caudron-Renault. Les conditions de vol sont épouvantables : la cabine n'est pas pressurisée et l'avion est secoué dans tous les sens ; je suis malade durant tout le vol. Nous survolons des zones encore occupées par l'armée allemande, essentiellement autour de la Loire. Notre avion passe sans encombre et pour cause : les Allemands ont assez à faire avec leur évacuation pour s'occuper de la maîtrise du ciel !

En atterrissant à l'aéroport du Bourget, un sous-préfet du nom d'Edgar Pisani est là pour m'accueillir de la part de Luizet, préfet de police. Il me parle d'une réunion qui se déroule à cette heure même au palais de Chaillot, avec le général de Gaulle, en présence de tous les membres du CNR. Il me propose de m'y conduire.

Nous filons aussitôt dans sa voiture officielle qui m'amène à Chaillot à travers Paris libéré. J'ai quitté la capitale il y a peu de mois et je la découvre pour la première fois délivrée des swastikas et des panneaux de signalisation allemands. La circulation est quasi inexistante. En cet automne 1944, l'hiver pointe déjà, et la température est glaciale pour un mois de septembre.

J'arrive au palais de Chaillot, grimpant les marches quatre à quatre. Le discours du général de Gaulle est déjà terminé et je trouve une salle en pleine ébullition. Tous mes anciens camarades sont là, issus des mouvements, du CNR ou de l'ex-délégation. Tous sont consternés et l'atmosphère est tendue. Il y a là Lucie Aubrac,

Georges Bidault, au visage blême. « C'est atroce », me dit Pascal Copeau. « De Gaulle a trahi la Résistance », déclare un autre. Tous ont l'air de suivre un corbillard. « C'est l'esprit de la Résistance qu'on veut tuer », murmure un jeune homme.

Je réalise que le discours du Général a mis le feu aux poudres ; il a en fait adressé une fin de non-recevoir aux espoirs de la Résistance de jouer un rôle politique immédiat et a consacré le décès politique du CNR, qui avait cru pouvoir lui disputer, l'espace d'un instant, l'autorité suprême. De Gaulle a opposé aux rêves du CNR la dure réalité de l'autorité restaurée de l'Etat. Et l'Etat, c'est cette légitimité qu'il a incarnée depuis son réduit londonien en juin 1940. Cette légitimité s'est aujourd'hui transformée en légalité et le CNR en fait les frais pour s'être attribué des pouvoirs que le Général ni Moulin ne lui avaient jamais reconnus. La Libération a un goût bien amer pour la foule de ces hommes sincères, de ces camarades de la clandestinité souvent venus de loin, qui croyaient sérieusement pouvoir incarner ce renouveau démocratique à l'issue de leur long combat. Leur espoir est aujourd'hui anéanti. Quant au CNR, il ne jouera aucun rôle politique, il est liquidé : lot de consolation, ses membres peuvent participer aux travaux de l'Assemblée constituante que le Général va mettre sur pied, afin d'élire la nouvelle Assemblée nationale et de restaurer la souveraineté populaire. Ils sont membres de droit de cette Assemblée. C'est une bien maigre consolation pour ceux qui ont cru incarner, depuis le 26 mai 1943, l'idéal démocratique de la Nation. Il y avait bel et bien un grave malentendu entre les intentions initiales du Général et le rôle dont les membres du CNR se sont crus investis. Ils se voyaient déjà à tous les postes de commande. Ils tombaient de leur haut. C'est le respect de l'Etat qu'en toute priorité le Général entendait restaurer. Il n'a pas un instant perdu de vue, dans l'année écoulée, les gains importants réalisés par les communistes dans l'appareil de la Résistance. Leurs continuels empiétements l'irritent. Il entend leur signifier qu'il n'est pas dupe. C'est à eux, d'abord, qu'à Chaillot son discours s'adresse.

Et tout cela, comme disait un jour Catroux, « à la cravache ».

Mais la salle était pleine de garçons et de filles dont bien peu étaient communistes. Ils y venaient dans la joie d'y voir pour la première fois, de près, de Gaulle, leur idole. Ils recevaient une douche glacée.

Ils allaient devoir refaire le douloureux apprentissage de la vie ordinaire.

POSTFACE

Nos morts ne sont pas morts pour rien.

Les peuples de l'Europe asservie ont été tour à tour libérés, nous avons eu raison de l'hydre nazie. La chute du mur de Berlin — en ce lieu même où Hitler s'était détruit — a mis fin à l'ère des goulags et des camps de la mort, déclenchée par Lénine.

Il va de soi que notre liberté, chèrement acquise, pourra, dans un avenir qui n'est à personne, connaître d'autres menaces et peut-être des éclipses. Mais nous pouvons prendre le ciel à témoin que nos peuples ne se sont jamais terrés tout entiers, comme des rats, attendant que passe la tourmente. Du cap Nord à l'Afghanistan des hommes ont dit NON, au péril de leur vie.

Pour infime que soit la part de chacun, tous ont contribué au salut de trente siècles de civilisation. L'Acropole, Saint-Pétersbourg, Prague, Paris, Florence, Jérusalem, Rome sont debout et témoignent.

Aragon a parlé pour tous : « Ils ont eu raison d'être déraisonnables. »

Je gage que, s'il était à refaire, ils referaient ce chemin.

C.B.S.

ANNEXES

1. Extrait du télégramme envoyé le 8 mai 1943 à Londres par Jean Moulin.
2. Extrait du rapport de Serreulles au BCRA sur l'arrestation de Jean Moulin. (27-7-1943.)
3. Extrait d'un rapport de Serreulles au BCRA sur la situation politique en France. (18-9-1943.)
4. Télégrammes du BCRA à Serreulles et Bingen après l'incident de la rue de la Pompe. (26-10-1943 à 7-11-1943.)
5. Lettre de protestation de Serreulles à Passy. (9-11-1943.)
6. Fac-similé de la dernière lettre de Jacques Bingen à Claude Bouchinet-Serreulles. (4-12-1943.)
7. Télégramme de Serreulles au général de Gaulle. (Mars 1944.)
8. Rapport de Serreulles à A. Parodi sur la situation politique et militaire en France libérée. (6-10-1944.)
9. Les membres désignés par la délégation pour siéger à l'ANC d'Alger.
10. Lettre de Claude Bouchinet-Serreulles à Geoffroy de Courcel en Libye. (8-11-1943.)
11. Témoignages sur Jacques Bingen.

Annexe n° 1

Extrait du télégramme envoyé le 8 mai 1943 à Londres par Jean Moulin au nom du CNR.

« Tous les mouvements et partis de la zone nord et de la zone sud renouvellent au général de Gaulle ainsi qu'au Comité national français l'assurance de leur attachement total aux principes qu'ils incarnent et dont ils ne sauraient, sans heurter violemment l'opinion française, abandonner une parcelle. Le peuple de France n'admettra jamais la subordination du général de Gaulle au général Giraud et demande l'installation rapide à Alger d'un gouvernement provisoire, sous la présidence du général de Gaulle, le général Giraud devant être le chef militaire. »

CNR : 8 mouvements, 2 syndicats, 6 politiques (André Le Troquer, Joseph Laniel, Georges Bidault, Marc Rucart, André Mercier, Jacques Debû-Bridel).

Annexe n° 2

Courrier du 27 juillet 1943. Extrait du rapport de Serreulles alias « Sophie » au BCRA après l'arrestation de Jean Moulin à Caluire.

I - *Arrestation de Max*

Max a été arrêté le 21 juin ainsi que sept membres de l'état-major zone sud de l'AS. Un collaborateur très ancien de Max, ex-commissaire de police et qui lui est d'un dévouement sans bornes, a été aussitôt appelé de Paris pour venir sur place mener l'enquête et étudier les possibilités d'évasion. Un rapport sur les circonstances de l'arrestation ainsi que les résultats de l'enquête tels que nous les possédons à ce jour est annexé à celui-ci. Je n'ai pas besoin d'insister sur l'émotion qui s'est emparée de tous et sur notre profond chagrin. Max laisse un vide bien difficile à combler. Dès que nous avons eu confirmation des arrestations le 22, il s'est agi d'assurer la continuité dans le fonctionnement des services. C'est ainsi que j'ai été conduit, faute de quiconque plus qualifié, à assurer provisoirement l'intérim de Max. Je vous ai câblé le même jour :

a) pour annoncer les arrestations,
b) pour rendre compte que j'assurais l'intérim,
c) pour vous demander de désigner d'urgence un successeur,
d) pour proposer la désignation de Rousseau, chef du BIP,
e) pour demander qu'un chef de l'AS soit désigné sans délai.

Je n'ai reçu aucune réponse à ce jour, pas même un accusé de réception non plus autres câbles que je vous ai envoyés depuis, qui appelaient tous des réponses urgentes, et dont vous trouverez plus loin les références.

J'ai trouvé auprès de tous l'accueil et l'appui le plus encourageant, en zone sud comme en zone nord.

J'avais eu la bonne fortune entre le 16, date de mon arrivée, et le 21 juin, de voir Max longuement à plusieurs reprises. Il avait eu en partie le temps de m'exposer la situation telle qu'il la voyait à ce moment. L'AS était son souci majeur. Tout ce que j'ai constaté depuis m'a confirmé combien ses inquiétudes étaient motivées.

Après avoir suggéré la nomination de Rousseau chef BIP, j'ai à nouveau câblé de ZN pour la recommander une seconde fois. Je continue à penser qu'il ne saurait être fait un meilleur choix. Je regrette seulement que votre décision, quelle qu'elle soit, se fasse tant attendre.

C.B.S.

Annexe n° 3

Courrier du 18 septembre 1943. Extrait d'un rapport de Serreulles alias « Clovis » au BCRA sur la situation politique en France

AFFAIRES POLITIQUES

A. *SITUATION GÉNÉRALE*

A mesure que se rapproche l'heure de la libération, il semble nécessaire de réviser progressivement la notion, il y a un an encore généralement admise, que la France est un désert politique.

La France qui résiste n'est pas seulement composée de cette élite de quelques centaines de milliers de patriotes qui gravitent autour des mouvements de résistance ; elle compte aussi des millions de patriotes qui, pour être plus isolés et moins directement engagés dans le combat, n'en sont pas moins actifs et habitués à prendre des risques. On évalue actuellement à plus de 200 000 le nombre des réfractaires ; les organisations de résistance ont recensé et secourent environ 40 000 d'entre eux. 160 000 autres reçoivent de millions de Français l'aide qui les fait vivre.

C'est l'opinion de ces masses qu'il s'agit de discerner, qu'elles militent ou non dans les organisations. Elles sont gaullistes ; ceci veut dire qu'elles abhorrent l'ennemi et ses complices et qu'elles briguent de reconquérir leur liberté, mais ne signifie pas qu'elles soient apolitiques. Au contraire, l'enjeu de leur lutte est d'essence politique : c'est animés de volontés précises que les Français mènent le combat. Leur désaffection profonde pour leurs anciennes intrigues, leur dégoût des querelles passées, cette réconciliation nationale qui est l'événement capital de la vie française des trois dernières années ont pu faire croire que les Français avaient définitivement rompu avec toutes leurs anciennes attaches.

A voir le tour que prennent leurs préoccupations d'aujourd'hui, il apparaît bien plutôt qu'ils sont décidés à tirer leçon des échecs de l'avant-guerre et à prendre revanche de leurs désillusions pour faire triompher demain — et cette fois dans une atmosphère renouvelée — les idées auxquelles ils sont demeurés fortement attachés. Celui que ses convictions poussaient hier à voter pour un candidat SFIO peut être parfois écœuré aujourd'hui de ce qu'était alors le parti, mais il n'en souhaite que plus impatiemment pour demain la constitution d'un grand parti socialiste « pur et dur » qui réponde à ses espoirs de toujours.

Le Français conservateur et libéral, qui rêve à l'aube de chaque victoire de voir revenir le stable équilibre des années 1900, et le petit-bourgeois dévoué défenseur des intérêts d'une haute bourgeoisie avec laquelle il n'a rien en commun mais vers laquelle toutes ses ambitions le suscitent, demain comme hier, persisteront sans doute à voir dans la loi de l'offre et de la demande la règle d'or des échanges et à se choisir pour bannière la rassurante lavallière de M. Louis Marin.

Quant aux individualistes farouches, qui sont des millions en France, qui n'ont rien au monde de plus cher que leur indépendance, qui se refuseront toujours à être des camarades, parce qu'ils n'appartiennent pas à un groupe, pour être des citoyens parce qu'ils sont des individus, le parti radical-socialiste pourra avoir depuis longtemps disparu, qu'ils continueront de penser radical.

On voit mal, enfin, de nos jours ce qui pourrait détourner les communistes de leur attachement à un parti à qui ne manquent plus désormais ni les lauriers de la victoire ni l'auréole du martyre.

Si les liens qui unissent les travailleurs à la vie syndicale sont moins de nature politique que d'ordre professionnel, ils n'en sont pas pour cela plus fragiles ; le syndicaliste rallie un mouvement de résistance pour y mener une action paramilitaire, comme il s'inscrivait jadis à un club pour y jouer au football. Mais ici comme là, il demeure un syndicaliste.

Si l'on doutait encore de la fidélité des Français à leurs convictions traditionnelles, à ce que Pierre Brossolette a si justement appelé leurs « familles spirituelles », il suffirait pour s'en convaincre de se référer à l'inquiétude chronique que manifestent quelques chefs des mouvements de résistance à l'égard des partis et des syndicats, opposée à la sérénité parfaite avec laquelle les partis et les syndicats voient dans les mouvements militer les leurs.

Non, la France n'est pas un désert politique. Au contraire, il apparaît à mille signes que les patriotes, conscients des grands devoirs qui leur incombent, se préparent pour les assumer. C'est à la veille de la libération un symptôme encourageant que ce réveil de l'esprit politique.

C.B.S.

Annexe n° 4

Télégrammes du BCRA à ses agents Serreulles et Bingen, délégués du CFLN en France. Après l'incident de la rue de la Pompe, le colonel Passy, appuyé par Pierre Brossolette et Yeo Thomas, décide par mesure de sécurité de couper Serreulles et Bingen des services de la délégation.

BRAL à Scapin et Cléante

26.10 à Sec nord — Après incidents du mois de septembre veuillez nous faire connaître quels sont actuellement les agents en contact avec Secrétariat Nord. Répondre d'urgence.

26.10 — à Sec nord — Avons reçu câbles Sec nord — avons reçu câbles Sophie du 15.9 nous informant 1 Agent Daniel arrêté. 2 Organisation Grac continue direction Fabrus et Caius. Comme suite à nos instructions à Necker, tous câbles destinés à Sec nord et Sec sud prendront numérotation nouvelle.

7. 11 à Cléante — Nous donnons ordre impératif couper tous contacts avec nos délégués militaires et officiers Sap et Boa. Ne voyez Scapin en aucun cas.

1. 11 à Scapin et Cléante — Conformément aux messages BBC pour raisons impératives sécurité suspendez toute activité. Ne gardez aucun contact avec délégués militaires ou officiers BOA.

7. 11 — à Sec nord — Suivant ordre général de Gaulle Scapin Briant Baudoin si possible doivent être acheminés sur Londres lune novembre.

Annexe n° 5

Courrier de Serreulles au colonel Passy à Londres. Serreulles proteste contre les mesures prises à son encontre par le BCRA, après l'incident de la rue de la Pompe.

Rédigé le 9 novembre 1943 — CLE 5/25
arrivé le 9 février 1944

Note de Clovis pour Arquebuse
(Copies à André P. [Philip] et Georges B. [Boris])

Mon cher Arquebuse,

Je désire attirer votre attention sur des faits graves qui se sont sans doute produits à votre insu et au sujet desquels je vous prierai de vouloir bien intervenir sans tarder.

Ne voilà-t-il pas qu'un de vos sous-ordres s'est avisé, sur la foi de je ne sais quelles tendancieuses informations, que j'étais devenu « contagieux ». Aussi, ont-ils d'une part câblé à tous les agents avec lesquels vous avez des liaisons directes et qui sont susceptibles d'entretenir des relations avec moi, de couper immédiatement tout contact et m'ont-ils, d'autre part, signifié que je devais immédiatement interrompre mes activités et gagner un refuge.

Il est d'abord important de faire une enquête sur la source de ces informations. Elles ne peuvent qu'émaner d'un esprit singulièrement affaibli ou d'un agent provocateur.

Il serait bon, en second lieu, de recommander à vos services de ne prendre des initiatives de ce genre qu'après mûres réflexions et après s'être assurés du bien-fondé des propos colportés.

Je n'ai pas besoin de vous dire qu'en raison de leur outrance même, les consignes de vos services n'ont été ici prises au sérieux par personne. La plupart des personnes touchées sont venues me trouver en me demandant à quoi rimait cette extravagance et ce que Londres pouvait bien savoir de ce qui se passait ici dans une semblable conjoncture.

Vous qui connaissez comme nous-mêmes les conditions du travail ici, je n'aurai pas de peine à vous convaincre qu'une information de ce genre ne peut être prise en considération par personne. En effet, de deux choses l'une : ou bien je suis surveillé, ou bien je ne le suis pas. Si je le suis, je suis le premier à le savoir et ce n'est que dans ce cas que je peux prendre moi-même l'initiative de vous demander d'en avertir tous les amis.

Vous savez comme moi que si la police laisse souvent courir des gens dont elle sait pouvoir se saisir quand elle le veut parce qu'ils vivent dans la légalité, jamais, en revanche, elle ne laisse filer un clandestin dont elle risque à tout instant de perdre la trace. Tout au plus arrive-t-il parfois qu'un service de police très sûr de lui file l'un d'entre eux pendant plusieurs jours jusqu'à ce qu'il les amène à un lieu de réunion, ou à une centrale.

En ce qui me concerne, je ne suis certes pas à l'abri d'un accident, comme tout le monde, mais JE SAIS que jusqu'à la minute où je dicte cette lettre je ne suis ni filé ni surveillé. Je vous épargnerai le détail des mesures de contrôle que je prends pour m'en assurer et suis bien obligé de vous demander de me croire sur parole.

Aussi penserez-vous comme moi que s'apparentent à un criminel sabotage des initiatives comme celles que viennent de prendre vos services. Elles ont causé, Dieu merci, le minimum de dégâts, chacun ayant assez de bon sens pour rectifier de lui-même, mais elles ont produit une mauvaise impression sur les méthodes de travail du BCRA et je le regrette d'autant plus que, vous le savez, je n'ai jamais cessé d'en être un vigoureux défenseur. Aussi est-il urgent de rappeler au calme ceux de vos collaborateurs qui perdent la tête. Nous avons ici une vie trop difficile pour qu'on puisse du dehors se permettre d'en aggraver les risques.

Très amicalement à vous,

C.B.S

Annexe n° 6

Lettre de Jacques Bingen à Claude Bouchinet-Serreulles, rappelé à Londres suite au conflit au sein de la délégation.

Le 4 décembre 43.

Mon vieux Claude,

Je ne sais pas, comme toi, dire beaucoup de choses en peu de mots. Ton départ est pour moi l'écroulement d'un Monde : ensemble nous étions forts, joyeux, solides ; seul, je sais que je vais peiner à la tâche, soutenu par la pensée de ce que toi tu as su faire seul.

Tu sais – et je te prie de le dire à Charles – que je ferai tous mes efforts pour être digne de notre équipe, l'équipe du 73, et de <u>sa</u> mission.

Que d'étapes déjà franchies fraternellement ! Sache bien que mon affection pour toi s'est transformée en une admiration réfléchie ; tu m'es très cher.

Bon courage, vieux Claude. Sois calme et fort et net là-bas comme tu le fus ici. Tu as une mission à remplir qui n'est ni moins difficile ni moins nécessaire que la mienne. Il faut que tu reviennes ici, à <u>ton</u> poste et pas ailleurs.

Dis-toi bien que ton devoir est d'abattre tous les obstacles ; tant pis si ta route est ardue, marécageuse, semée de chausses-trapes. C'est dans l'adversité que se révèlent les vrais caractères ; à toi de donner une nouvelle preuve de ta solidité ; à toi de parcourir allègrement et sans faiblir ton chemin de Passy !

Je t'embrasse avec Janine,
mes deux amis

J

Mes pensées seront avec vous deux pendant les douze coups de minuit, le 31 décembre.
Comme l'année 43 fut belle !

Annexe n° 7

Télégramme de Serreulles au général de Gaulle, à Alger. Rappelé à Londres après la confusion créée au sein de la délégation par Pierre Brossolette, Serreulles écrit au général de Gaulle qui l'invite à venir le rencontrer à Alger.

Si j'en crois Reuter discussions porteraient essentiellement à Alger sur participation communiste et politique monétaire. Serais infiniment désireux vous apporter d'urgence éléments d'information. La Résistance française ayant sur ces problèmes des opinions très définies. Respectueusement.

Annexe n° 8

Rapport de Serreulles à Alexandre Parodi, dernier successeur de Jean Moulin à la tête de la délégation en France du CFLN. De retour en France pour une mission d'inspection dans les régions libérées, Serreulles adresse à Alexandre Parodi un rapport sur la situation politique et militaire.

Toulouse, le 6 septembre 1944

M. Claude SERREULLES
à M. Alexandre PARODI c/o Ministère de l'Intérieur Paris

A la suite de mon voyage dans les régions administratives de Clermont-Ferrand, de Limoges et de Montpellier (je n'ai fait que passer rapidement à Toulouse, où ma présence n'était pas utile en raison de celle de M. Maillet), je crois bon de vous rendre compte succinctement des impressions qu'il m'a laissées.

Situation politique :

Dans l'ensemble, la Libération s'est effectuée de façon heureuse. Les troubles graves que certains redoutaient, au lieu d'être la règle, ont été l'exception. Très rares ont été les effusions de sang. On estime à environ deux cents les exécutions sommaires qui auraient eu lieu à Limoges, dans les premières vingt-quatre heures de la Libération et cet exemple semble unique. Presque partout, les traîtres ont été sur-le-champ déférés à des cours martiales. Les FTP dans la Haute-Vienne, dans la Corrèze, dans le Gard, se sont fait remettre par des banques, sous la menace des armes, des sommes d'argent considérables, mais ces cas, pour désastreux qu'ils soient, sont isolés et s'étant produits dans le tumulte des premières heures, ils ne sont pas répétés.

A l'exception de la région de Limoges, où le processus fut le plus lent, les commissaires de la République ont rapidement imposé leur autorité ; partout, ils s'emploient à assurer la prééminence du pouvoir civil sur le commandement militaire.

Dans toute la zone sud, le caractère politique de la Résistance est au moins aussi accusé que son aspect militaire. Aussi, les comités départementaux de la Libération font-ils montre d'une grande activité ; ils ont manifesté, surtout au début, l'intention et parfois la volonté de gouverner directement le département ; souvent, ils ne se sont résignés que malaisément à la prise de pouvoir du préfet. Partout où le préfet, appuyé par le commissaire de la République, fit preuve d'énergie et sut comprendre l'esprit des hommes de la Résistance, il fit sans difficulté prévaloir son autorité. En Corrèze, le comité de la Libération a opposé son veto à la mise en place de M. Piemont. En raison de sa flagrante incapacité, j'ai dû le suspendre.

Les comités de la Libération — et ceci est encore plus vrai des comités locaux que des comités départementaux — ne représentent que très imparfaitement la variété des opinions de leur département ou de leur commune. Pratiquement figurent immuablement des délégués du PC, du PS, du FN, du MLN et de la CGT, que ces organisations aient ou non une existence réelle sur place. C'est ainsi que, dans l'Aveyron, département d'opinion en majorité modérée, les modérés, quoique très résistants, brillent par l'absence, tandis que dans les Pyrénées-Orientales, le FN, qui n'y est pas introduit, a imposé la présence d'un délégué. A la faveur de l'élargissement des comités départementaux et de la mise sur pied des nouvelles municipalités, il est nécessaire d'inviter les commissaires de la République et les préfets à obtenir une plus impartiale représentation des diverses nuances de l'opinion résistante.

La population, dans son ensemble, après la fièvre des premières heures, passe par une phase de détente. Elle est à la fois heureuse de la liberté retrouvée et, en même temps, elle n'en croit pas ses yeux ; elle est abasourdie par la souveraineté de l'opération. D'instinct, les masses populaires font confiance au gouvernement du général de Gaulle. Les éléments qui pourraient lui être hostiles, à savoir la minorité possédante qui a servi et soutenu Vichy, sont en proie à la plus grande confusion. Eux non plus ne se sont pas encore ressaisis. Ils ignorent ce qu'ils doivent attendre de ces hommes nouveaux dont ils ne savent rien. Ils sont, en général, fort inquiets et la présence dans toutes les villes des forces armées du maquis n'est pas pour les rassurer.

Dans cette conjoncture, il apparaît que le gouvernement, malgré la faiblesse de ses moyens, peut tout. L'attente est immense. Jamais autorité sur le seul nom de son détenteur et, quant au reste, inconnue, n'a joui d'un plus ample crédit.

Pour l'immédiat, tous les travailleurs attendent et déjà réclament une hausse des salaires. J'ai invité les commissaires de la République à leur donner sans tarder de premières satisfactions sur le plan local, en attendant les mesures d'ordre général que va prendre le gouvernement. M. Boutin, dans son rapport que je joins à ce courrier, vous rend compte des dispositions qu'il a adoptées dans ce sens. Il conviendra également de donner sans délai aux commissaires de la République des instructions précises en ce qui concerne les prix. Pour l'instant, ils ne tolèrent aucune hausse.

Les commissaires de la République de Clermont-Ferrand, de Toulouse, de Montpellier, ont déjà pris des contacts avec les grands industriels de leurs régions respectives. Ils en ont retiré l'impression que la plupart de ceux-ci s'attendent à ce que de profondes réformes interviennent sans délai dans la gestion de leurs entreprises et qu'ils se résignent à cette fatalité.

La résignation dans leur camp est la note dominante de l'heure. Le directeur de la Banque de France de Nîmes n'oppose pas de résistance à quatre FTP en armes qui viennent lui extorquer 233 millions de francs. Il ne s'agit pas d'un cas isolé.

Situation militaire :

Je n'insisterai pas sur les problèmes que pose la situation militaire, sachant que M. Maillet et M. Aboulker viennent de vous les exposer.

Il est facile de les résumer ainsi :

a) Les FFI ne sont pas commandés. Elles ont des chefs jusqu'à l'échelon de la compagnie ou du bataillon ; au-dessus, elles n'en ont pas. L'indiscipline est si répandue qu'elle conduit souvent à un état voisin de l'anarchie. Des chefs de bande surgissent, qui s'assurent une clientèle. A ces bandes, il faut du pain et des jeux. Leurs chefs les entraînent dans les villes libérées pour y trouver ceci et cela. Quand l'occasion se présente, ils s'emparent au surplus des pouvoirs civils (exemple : Limoges).

b) Les FFI n'ont que des commandants territoriaux, chefs départementaux et chefs régionaux, qui, de surcroît, n'exercent qu'une autorité de façade. Ce système interdit toute mobilité aux FFI.

c) La fusion CDL, FTP, ORA au sein des FFI est très incomplète. Les FFI n'ont pas de cohésion.

d) Dans les régions à l'ouest du Rhône, les FFI semblent préférer souvent au combat ou à la recherche du combat l'occupation des villes récemment abandonnées par l'ennemi.

A cette situation, il faut apporter deux remèdes :

— donner aux FFI des chefs capables de s'imposer à elles sans conteste ;

— décider du sort des FFI.

Des décisions urgentes me semblent nécessaires et je doute que le général de Gaulle puisse les prendre sans avoir visité les régions de zone sud.

Je pars tout à l'heure pour Bordeaux, où je ne pense pas que M. Cusin ait encore reçu aucune visite. Après quoi, je compte retourner à Limoges, afin de voir si M. Boursicot est enfin en place.

Sauf avis de votre part, je gagnerai ensuite Paris.

C.B.S.

Annexe n° 9

Les membres désignés par la délégation pour siéger à l'ANC d'Alger.

Cette nuit-là fut la seule fois où deux bombardiers Hudson atterrirent successivement sur le même terrain et dans la même nuit, embarquant sur Londres dix-huit passagers. Les messages personnels BBC concernant cette opération étaient les suivants : indicatif du chef d'opération (Galvani) : « De Carnaval à Mardi-Gras » ; phrase d'accord : « Ils seront deux à entendre le chien ce soir » ; phrase d'exécution : « Le Chien sanglant va hurler ».

Parmi les dix-huit passagers se trouvaient Vincent Auriol, Bordier-Brunschwig, Roger Farjon, Juste Evrard, Jean-Jacques Mayoux, Claudius-Petit, Ferdinand Buisson, Marc Rucart, André Le Troquer, Albert Gazier, Juste Evrard, André Lecompte-Boinet, Lucie Aubrac, Emilienne Moreau, Jacques Chaban-Delmas, Daniel Mayer, etc. Ces personnalités, qui avaient été regroupées à Lyon ou dans sa banlieue en vue de leur départ, furent acheminées en deux fois par train. Le premier groupe partit pour Cuiseaux le 17 octobre, guidé par Pierre Boutoule, alias Sif B ou Daniel. A leur arrivée, vers 21 heures, une bétaillère de la Maison Morey les emmena à Villevieux. Là, Fernand Marillier, dit « Paul », le fromager du coin et chef des équipes SAP du secteur de Bletterans, avait organisé l'hébergement de nos clients dans des maisons amies et sûres : les dames du château (Suzanne Bergerot épouse Wurtz, Marguerite et Cécile Bergerot), les familles Michelin, Château, Carmentrand, Bruandet et d'autres. C'est dans l'une de ces familles, celle de Marius Desarbres, que Vincent Auriol passa la nuit du 17 au 18, de même qu'Albert Gazier.

Le deuxième groupe de neuf passagers, accompagné cette fois par Jannick (Galvani bis), partit de la même gare des Brotteaux pour se rendre directement à Saint-Amour où, ainsi que pour le premier groupe, une bétaillère les conduisit directement sur le terrain où les deux avions devaient atterrir quelques heures plus tard.

Les messages personnels étant passés comme prévu aux trois émissions de l'après-midi, l'équipe de réception se rendit sur le terrain vers 11 heures du soir avec les partants pour préparer le balisage, en même temps que les équipes de protection (dont faisaient partie les gendarmes de Bletterans) prenaient position aux alentours de l'aire d'atterrissage.

Entre-temps, mon adjoint Galvani ter (Pierre Ulmer), et moi-même étions arrivés de Lyon en voiture pour diriger l'opération. Londres imposait un ordre de priorité d'embarquement pour les passagers. Or tous voulaient être les premiers à monter dans l'avion. Il fallut donc faire preuve d'autorité pour tenir à l'écart les passagers du deuxième appareil qui attendait le décollage du premier pour se poser. Ce furent Jannick (Galvani bis) et Galvani ter qui eurent la tâche ingrate de les amener à la raison.

L'opération se déroula normalement si ce n'est que le deuxième avion, déporté par un vent de travers, faillit faucher les hommes qui tenaient les lampes de balisage. Ils ne durent leur salut qu'à une fuite éperdue devant les puissants phares de l'appareil. Moi-même étant le premier sur la ligne, je n'ai eu que le temps de me coucher entre les deux roues du train avant, perdant ainsi ma pipe et mes lunettes. Ce sont les gendarmes de Bletterans qui le lendemain, pendant l'enquête de la Gestapo, les retrouvèrent et me les rendirent huit jours plus tard.

Dès que les avions furent repartis, vers 1 heure et demie du matin, tout le monde s'enfuit et les quatre arrivants furent emmenés à Cuiseaux où Hubert Tabart nous accueillit dans sa jolie maison et nous offrit le casse-croûte rituel.

Je voudrais dire aujourd'hui que la Résistance a pu triompher grâce aux efforts combinés de femmes et d'hommes provenant de toutes les catégories sociales. Quel qu'ait été leur emploi dans l'Organisation, ils ont tous été indispensables, radios, agents de liaison, équipiers des terrains de parachutage et d'atterrissage. Sans eux, les dirigeants de la Résistance n'auraient rien pu faire. Ce sont eux qui ont incarné en leur temps le véritable esprit de résistance et dont l'exemple devra rester dans la Mémoire.

Paul Rivière dit « Charles Henri »

Annexe n° 10

Lettre, de Paris, de Claude Bouchinet-Serreulles en date du 8-11-43 au capitaine Geoffroy de Courcel aux armées reçue le 25-02-44 dans le désert libyen.

Mon cher Geoffroy,

Depuis août 42, si nous n'avons pas correspondu, je t'ai constamment suivi ; j'ai su de quelle façon tu t'es distingué au printemps de cette année et je t'en félicite en toute affection. Puis la radio m'a appris cet été que le Général t'avait rappelé à ses côtés et plusieurs voyageurs m'ont donné de tes nouvelles.

Je serais heureux que tu m'écrives parfois ; non seulement pour être informé de l'état de ta santé, mais encore pour qu'un pont soit jeté entre nos deux univers. Il me serait souvent agréable et précieux de connaître vos préoccupations, vos désirs ou vos soucis et je répondrai toujours bien volontiers à tes questions.

Il est inutile de te dire que je vis une très passionnante expérience ; quel que soit l'avenir qui me soit réservé, j'ai la certitude de connaître les heures les plus riches et les plus pleines de mon existence. Se consacrer à une tâche au point de se fondre en elle, de s'identifier à elle, de n'agir plus qu'en fonction d'elle, voilà qui ne suffit certes pas pour réussir mais qui permet d'atteindre à un degré d'intensité où la vie est belle et exaltante.

Les conditions de notre travail ne permettent que malaisément de le décrire. Je crains bien que notre vie secrète le reste à tout jamais. Impossible de tenir registre de nos observations ou de nos pensées. Et comme il sera vain et plat de les relater après coup. Intransmissible message...

L'idée que de loin l'on se fait des choses est artificielle et sommaire, naturellement, en dépit des récits les plus imagés. Je m'attendais, entre autres, à trouver quatre-vingt-quinze pour cent des Français hâves et misérables. Il n'en est rien. Les malheurs qui frappent l'immense majorité de la population des villes n'atteignent en rien les gens riches ni les gens des campagnes.

Jamais l'injustice ni l'inégalité sociale n'ont atteint un tel paroxysme. Jamais l'argent n'a été gagné plus vite ni de façon plus immorale. Il n'en est pas nécessaire pour cela de s'aboucher directement avec les Allemands, il suffit de s'improviser intermédiaire dans la vente de n'importe quel produit rationné. C'est immédiatement la course aux millions. On cite des négociants en laine, en cuir, en volailles ou en peaux de lapin qui ont atteint le milliard. Aussi le luxe le plus éhonté et le plus voyant voisine-t-il partout avec la misère. Les masses ouvrières, les employés, tous les gens à salaire ou à revenu fixes meurent de faim. Les paysans, les industriels, les commerçants (alimentation, vêtements, etc.), les débrouillards de tout poil regorgent d'argent. A ceux-là rien ne manque : on trouve tout comme avant-guerre. Les paysans, à vendre aux innombrables démarcheurs du marché noir qui se battent à qui achètera le plus cher, ne savent plus où mettre leur argent : ils l'empilent dans leurs lessiveuses.

Les Allemands sont les plus gros clients de ce marché noir qu'ils utilisent largement pour razzier tout ce qu'ils ne trouvent pas au taux officiel, mais ils sont très loin d'être les seuls. J'ajoute par parenthèse qu'à encourager le marché noir ils ont un autre avantage ; ils font arrêter un beau jour pour trafic illicite l'intermédiaire qu'ils ont fructueusement employé jusque-là, puis le font relâcher à la condition que l'homme s'engage à les servir et sous la menace de représailles sur la famille, etc. Beaucoup d'indicateurs à leur solde n'étaient ainsi à l'origine que de vulgaires margoulins, mais la pente est rapide.

Jamais, chez ceux qui possèdent, le désir de jouissance n'a été plus exacerbé ni plus provocant. Jamais, pour les autres, la misère ne fut, par contraste, plus douloureuse. Puisque c'est sur l'alimentation que portent d'abord les restrictions, tout le souci des profiteurs est de manger davantage encore et plus grassement qu'autrefois. S'empiffrer est à la mode et le fin mot du snobisme est de mourir d'indigestion.

Rue Royale, chaque soir, des voitures et des fiacres, dont la file s'allonge jusqu'au boulevard Malesherbes, attendent pour les porter jusqu'à leur lit des clients que leur panse trop pleine empêche de marcher. Maxim's restera comme le symbole de cette période scandaleuse. Mais dans toutes nos villes il est d'innombrables

Maxim's clandestins et sordides, où, sur le marbre, à la lumière d'un bec Auer, les initiés, munis du mot de passe, viennent engouffrer des foies gras à cinq cents francs la portion. Et ces festins noirs se prolongent jusqu'à l'aube tandis que dehors les femmes du quartier font la queue dans l'espoir de quelques choux-raves ou d'une poignée de radis.

Voilà pourquoi la France réclame des sanctions.

Quant aux gens des villes, ils ont une pauvre mine et les gamins aux yeux cernés ont les jambes comme des allumettes. Et c'est un navrant spectacle, dans le métro ou les trains de banlieue, que de les voir, à peine assis, s'endormir.

Je dois te quitter à présent, un peu vite, car le temps presse. A bientôt.

Très amicalement à toi.

C.B.S.

P.S. Je ne pourrai pas relire, avant qu'elle parte, cette lettre dictée à la hâte. Excuse donc les fautes et le style décousu.

Annexe n° 11

Pour commémorer le quarantième anniversaire de la mort de Jacques Bingen, j'avais publié un cahier dans la revue *Espoir* d'octobre 1984. Je reproduis ici des fragments de témoignages, écrits déjà avec quarante ans de recul. Que tant de ses proches, que des témoins venus de tous les horizons aient répondu si spontanément à mon appel montre mieux que tout discours qu'il s'agissait d'un être d'exception, de quelqu'un, comme l'a écrit Yves Farge, dont « le sourire se voyait de très loin ».

Penché sur la rampe

Par Michel Debré

(…) *Je fus, en août 1943, l'un des premiers à le rencontrer. Je fus sans doute, en mai 1944, le dernier à le voir avant qu'il ne s'en allât vers son destin. Les souvenirs que je relate sont tels que je les ai vécus et sentis alors que les événements se déroulaient.* (…)

Bingen assista fréquemment aux séances du Comité général d'études de la Résistance, notamment à celles qui étaient consacrées à la préparation de la Libération. Il n'y apportait pas seulement le point de vue de la délégation. Très vite, il avait fait corps avec la Résistance et, comme Bouchinet-Serreulles, s'efforçait d'ajuster les points de vue d'Alger et de Paris.

Je me souviens, en particulier, de trois rencontres.

La première eut lieu avenue Victor-Hugo, un matin de l'hiver 1943-1944. La Résistance alors cherchait de l'argent. L'action de la Gestapo rendait difficiles les liaisons avec les sources extérieures de financement au moment même où la vie du maquis réclamait un effort considérable. Bollaert m'avait demandé de me rendre auprès du tout-puissant président de la Banque de Paris et des Pays-Bas, Finaly, qui avait fait savoir qu'il était disposé à avancer de fortes sommes. Bingen, mis au courant, jugea sans doute qu'il fallait me décrire le personnage, c'est-à-dire mettre en garde ma naïveté. J'avais rendez-vous au domicile du banquier, rue de Villejust, si mes souvenirs sont exacts. Bingen, tout en marchant, me décrivit l'action de Finaly, tel qu'il l'avait connu avant-guerre et c'est pour rendre crédible son commentaire qu'il leva le voile sur son passé et ses attaches familiales. C'était en fait un transfert de capitaux et une bonne opération financière. Il n'était pas dans les mœurs de la Résistance, telle que je la concevais, de se prêter à des opérations de ce genre. Quand je fis le récit de mon entrevue à Bingen, il ne parut pas surpris.

La seconde rencontre fut un dîner tête à tête dans le petit appartement qu'il occupait occasionnellement dans le XVIe *arrondissement* non loin du quai, qui alors s'appelait de Passy. Il désirait que je lui fasse le point de mes travaux sur les nominations de préfets au jour de la Libération et lui, de son côté, maintenant que nous nous connaissions bien, désirait me faire part de difficultés qu'il rencontrait dans ses rapports avec certains dirigeants des mouvements de la Résistance. (...)*

Une flamme en mouvement
Par Jacques Chaban-Delmas

Jacques Bingen était comme une flamme en mouvement. Durant ces mois d'action clandestine commune, je me suis, à plusieurs reprises, étonné de ce que l'ennemi ait tant manqué de perspicacité. Il suffisait de le voir passer dans la rue, entrer ou sortir d'un de ces cafés où nous étions souvent conduits à donner nos rendez-vous, pour être saisi par ce feu qui brûlait en lui et qui en faisait un être à part, c'est-à-dire exactement le genre d'être insupportable aux nazis et à leurs suppôts.

A la fin de l'année 1943, Jacques Bingen va agir principalement à Paris et bientôt assurer l'intérim de délégué général du Comité français de libération nationale, dès avant l'arrestation d'Emile Bollaert. A ce moment, Jacques Bingen a suggéré d'émettre des « bons de la Résistance » similaires aux « bons du Trésor » et de les placer auprès des entreprises ou des particuliers, assortis de la garantie du Comité français de libération nationale, à Alger. Le Cofi (Comité de financement) fut chargé de l'opération. François Bloch-Lainé, Michel Debré, Pierre de Bénouville et moi-même, nous nous abouchâmes avec un directeur de la Banque de Paris et des Pays-Bas. Les réunions initiales se firent au siège social de la

* 8, avenue Frémiet.

banque, rue d'Antin, en présence de Jacques Bingen... Comme André Debray était le frère de l'évêque de Meaux, nous décidâmes d'une signature commune, « Bossuet ». Les sommes ainsi recueillies furent d'un secours inestimable pendant ces mois marqués par tant de malheurs. Jacques Bingen en avait bien été l'inventeur.

Je n'oublierai pas Jacques Bingen.

Nous étions gais, presque insouciants

Par Gaston Defferre

Son arrestation, sa mort me semblaient contraires à son destin. Il avait une telle aisance dans la vie clandestine, un tel naturel. Il paraissait si heureux d'assumer les lourdes responsabilités qui lui avaient été confiées qu'il paraissait hors d'atteinte. (...)

C'était un esprit fin, distingué, cultivé et il avait de l'humour. Je me souviens d'une conversation sur Marcel Proust que j'étais en train de lire avec passion pendant mes innombrables voyages en France et mes trajets dans le métro, à Paris. Le réseau que je dirigeais avec André Boyer, mort en déportation, avait été décimé. Je devais changer de pseudonyme.

Il m'a posé la question : « Comment vous appellerez-vous à l'avenir ? » J'ai cité le nom d'un personnage de Proust. Il m'a alors conseillé d'attendre d'avoir fini ma lecture. Quelque temps après, j'ai compris. J'ai choisi un autre nom.

Tito... ïser la zone sud

Par Maurice Bourgès-Maunoury

(...) *Bingen, après Bouchinet-Serreulles, jouait un rôle principal dans tous ces développements inhérents à une situation d'autant plus compliquée qu'elle n'était pas toujours comprise par les services de Londres, services qui nous coiffaient sans bien connaître l'atmosphère et les complications inhérentes à la clandestinité.*

L'habitude de la clandestinité s'associait chez Bingen à un tempérament anxieux et à un esprit très organisé. Il eut à assurer au niveau national le long intérim entre l'arrestation de Bollaert et la prise en charge par Parodi de la délégation civile nationale.

Avant l'arrivée du colonel Ely, futur chef d'état-major de l'Armée, il appuiera avec fermeté et conviction les initiatives que nous avions prises avec Chaban-Delmas sur le plan des zones nord et sud et sur le plan national sans recevoir la moindre confirmation de Londres jusqu'en mai.

Bingen nous déclara que s'il était arrêté, il ne serait plus maître de son comportement. Il y avait dans son affirmation à la fois le présage de l'utilisation de sa pilule de cyanure et la conscience de sa fragilité dans un caractère pourtant très robuste.

Il accepta cependant, désigné comme délégué civil zone sud, de rejoindre son commandement et me dit même : je vais avec toi « titoïser » la zone sud ! Il y avait dans son ton non pas de la forfanterie mais de la gouaille du Parisien qui se moquait de lui-même.

TABLE

Cet ouvrage a été composé
*par l'**Imprimerie Bussière***
et imprimé sur presse Cameron
*par **Bussière Camedan Imprimeries***
à Saint-Amand-Montrond (Cher)
en octobre 2000

Edition exclusivement réservée
aux adhérents du Club
Le Grand Livre du Mois
15 rue des Sablons
75116 Paris
réalisée avec l'aimable autorisation des éditions Grasset

N° d'Impression : 1867-003468/1.
Dépôt légal : octobre 2000.

Imprimé en France

ISBN 2-7028-6208-X